'IAITH OLEULAWN'

'Iaith Oleulawn'
Geirfa Dafydd ap Gwilym

Dafydd Johnston

Gwasg Prifysgol Cymru
2020

www.gwasgprifysgolcymru.org

Mae cofnod catalogio'r gyfrol hon ar gael gan y Llyfrgell Brydeinig.

ISBN   978-1-78683-567-3
e-ISBN 978-1-78683-568-0

Cydnabyddir cymorth ariannol Cyngor Llyfrau Cymru ar gyfer cyhoeddi'r llyfr hwn.

Cysodwyd gan Eira Fenn Gaunt, Pentyrch, Caerdydd.
Argraffwyd gan CPI Antony Rowe, Melksham.

CYNNWYS

DIOLCHIADAU

Mae'r astudiaeth hon yn ffrwyth dros ddeugain mlynedd o ymwneud â barddoniaeth Dafydd ap Gwilym, ac elwais ar gyngor a chymorth amryw ysgolheigion yn ystod y cyfnod hwnnw. Carwn ddiolch yn arbennig i'm tiwtor cyntaf ym Mhrifysgol Caer-grawnt, Patrick Sims-Williams, i'r diweddar J. E. Caerwyn Williams, y diweddar D. J. Bowen, y diweddar R. Geraint Gruffydd a Marged Haycock yn Adran y Gymraeg Prifysgol Aberystwyth, i'r diweddar Gilbert Ruddock a Sioned Davies yn Adran y Gymraeg Prifysgol Caerdydd, i'm cydweithwyr ar y prosiect a gynhyrchodd olygiad newydd o'r cerddi pan fûm yn Adran y Gymraeg Prifysgol Abertawe, A. Cynfael Lake, Sara Elin Roberts, Elisa Moras ac Ifor ap Dafydd, Huw Meirion Edwards o Brifysgol Aberystwyth a Dylan Foster Evans o Brifysgol Caerdydd, ac i'm cydweithwyr presennol yng Nghanolfan Uwchefrydiau Cymreig a Cheltaidd Prifysgol Cymru, Ann Parry Owen, Andrew Hawke, Jenny Day a staff eraill Uned Geiriadur Prifysgol Cymru, John Koch a Daniel Huws. Rwy'n ddiolchgar i ddarllenydd dienw Gwasg Prifysgol Cymru am awgrymiadau gwerthfawr, i Elin Lewis am ei llygad craff, ac i Llion Wigley a staff eraill y wasg am eu cymorth a'u gwaith effeithlon. Ni allwn fod wedi cyflawni'r gwaith hwn heb gefnogaeth gariadus fy ngwraig Celia, a chyflwynir y gyfrol iddi hi gyda diolch o'r galon.

Byrfoddau

B	*Bwletin y Bwrdd Gwybodau Celtaidd*
BD	*Buched Dewi*
BDG	*Barddoniaeth Dafydd ab Gwilym*
CA	*Canu Aneirin*
CBT I	*Gwaith Meilyr Brydydd a'i Ddisgynyddion*
CBT II	*Gwaith Llywelyn Fardd I ac Eraill*
CBT III	*Gwaith Cynddelw Brydydd Mawr I*
CBT IV	*Gwaith Cynddelw Brydydd Mawr II*
CBT V	*Gwaith Llywarch ap Llywelyn 'Prydydd y Moch'*
CBT VI	*Gwaith Dafydd Benfras ac Eraill*
CBT VII	*Gwaith Bleddyn Fardd a Beirdd Eraill*
CDG	*Cerddi Dafydd ap Gwilym*
CLlH	*Canu Llywarch Hen*
CMCS	*Cambridge/Cambrian Medieval Celtic Studies*
CMOC	*Canu Maswedd yr Oesoedd Canol*
DG.net	Dafydd ap Gwilym.net
GBDd	*Gwaith Bleddyn Ddu*
GC	*Gwaith Casnodyn*
GDBMW	*Gwaith Dafydd Bach ap Madog Wladaidd*
GDC	*Gwaith Dafydd y Coed*
GDE	*Gwaith Dafydd ab Edmwnd*
GDG	*Gwaith Dafydd ap Gwilym*
GDLl	*Gwaith Dafydd Llwyd o Fathafarn*
GEO	*Gwaith Einion Offeiriad a Dafydd Ddu o Hiraddug*
GG.net	Guto'r Glyn.net
GGDT	*Gwaith Gruffudd ap Dafydd ap Tudur*
GGGr	*Gwaith Gruffudd Gryg*
GGLl	*Gwaith Gruffudd Llwyd a'r Llygliwiaid Eraill*
GGM II	*Gwaith Gruffudd ap Maredudd II*

GGM III	*Gwaith Gruffudd ap Maredudd III*
GGrG	*Gwaith Gronw Gyriog*
GHDaf	*Gwaith Hywel Dafi*
GIF	*Gwaith Iorwerth Fynglwyd*
GIG	*Gwaith Iolo Goch*
GLGC	*Gwaith Lewys Glyn Cothi*
GLlBH	*Gwaith Llywelyn Brydydd Hoddnant*
GLlGMH	*Gwaith Llywelyn Goch ap Meurig Hen*
GMBen	*Gwaith Madog Benfras*
GMD	*Gwaith Madog Dwygraig*
GMW	Evans, *A Grammar of Middle Welsh*
GP	*Gramadegau'r Penceirddiaid*
GPB	*Gwaith Prydydd Breuan a Cherddi Dychan Eraill o Lyfr Coch Hergest*
GPC	*Geiriadur Prifysgol Cymru*
GTA	*Gwaith Tudur Aled*
IGE	*Cywyddau Iolo Goch ac Eraill*
LPBT	*Legendary Poems from the Book of Taliesin*
LlA	*The Elucidarium and other tracts in Welsh from Llyvyr Agkyr Llandewivrevi*
LlB	*Llyfr Blegywryd*
LlDC	*Llyfr Du Caerfyrddin*
LlI	*Llyfr Iorwerth*
LlU	Johnston, *Llên yr Uchelwyr*
MED	*Middle English Dictionary*
ML	*The Letters of Lewis, Richard, William and John Morris*
OBWV	*The Oxford Book of Welsh Verse*
OED	*The Oxford English Dictionary*
Pen	llawysgrif yng nghasgliad Peniarth
PKM	*Pedeir Keinc y Mabinogi*
RM	*The Text of the Mabinogion from the Red Book of Hergest*
TYP	*Trioedd Ynys Prydein*
WG	Morris-Jones, *A Welsh Grammar*
YBH	*Ystorya Bown De Hamtwn*
YCM	*Ystorya De Carolo Magno*

Rhagymadrodd

Ystyrir Dafydd ap Gwilym yn un o feirdd mwyaf yr iaith Gymraeg, ar gyfrif ei ddychymyg llachar, ei hiwmor cyfrwys a dwyster ei weledigaeth ar fywyd, ymhlith nifer o resymau eraill. Ond y wedd ar ei waith sy'n hanfodol i'r astudiaeth hon yw ei ddawn trin geiriau. Er bod 'amlder Cymraeg' yn elfen anhepgor yn hyfforddiant pob bardd yng Nghymru'r Oesoedd Canol, ni fu neb cyffelyb i Ddafydd ap Gwilym na chynt na chwedyn o ran creadigrwydd egnïol ei ddefnydd o holl adnoddau'r iaith, o'r cyffredin sathredig i'r diarffordd ddysgedig. Mae'r ymhyfrydu mewn geiriau, eu sŵn, eu synnwyr a'u blas, yn beth amlwg yn ei holl gerddi, ac mae'n rhan o hunanddelwedd y bardd. Wrth atgoffa merch fod ei fawl iddi'n haeddu tâl cyfeiriodd at ei farddoniaeth ei hun fel *iaith oleulawn*, disgrifiad a wireddir gan helaethder geiriol disglair y frawddeg estynedig:

'Yr adlaesferch*, wawr dlosfain,   *merch wylaidd
Wrm* ael, a wisg aur a main,   *tywyll
Ystyr, Eigr, ystôr awgrym*,   *cerrig rhifo
Is dail aur, a oes dâl ym,
Ymliw* glân o amlwg lais,   *cerydd
Em o bryd, am a brydais
I'th loywliw, iaith oleulawn,
A'th lun gwych, wyth liwne gwawn.' (72.1–8)

Ac mewn cerdd am effaith andwyol siomedigaethau serch arno mae Dafydd yn darlunio ei gyflwr cynt fel hyn:

Gynt yr oeddwn, gwn ganclwyf,
Yn oed ieuenctyd a nwyf . . .
Yn lluniwr berw oferwaith,
Yn llawen iawn, yn llawn iaith. (82.3–4, 9–10)

Defnyddir y gair *berw* gan Ddafydd yng nghyswllt y weithred o gyfansoddi neu ganu cân,[1] ac yma ynghyd â *llawn iaith* mae'n cyfleu argraff o fwrlwm sy'n gorlifo ohono'i hun yn fynegiant cyforiog o lawenydd. Y brwdfrydedd ieithyddol hwn yw un o'r pethau mwyaf apelgar am farddoniaeth Dafydd ap Gwilym.

Yn sgil poblogrwydd cerddi Dafydd ap Gwilym gan ddatgeiniaid a chopïwyr llawysgrifau, diogelwyd dros saith mil o linellau o'i farddoniaeth, corff o waith sy'n cynnig cyfle i archwilio holl ystod yr iaith dan ei ddwylo ac i dynnu casgliadau am hanes y Gymraeg yn ei gyfnod.[2] Mae'r corff hwn yn fwy o lawer na'r hyn a oroesodd o waith unrhyw un o'i gyfoeswyr, ac yn sgil hynny mae tuedd i orbwysleisio rhagoriaeth Dafydd am fod cymaint mwy o dystiolaeth i'w chael. Y gwir amdani yw bod beirdd fel Casnodyn, Madog Benfras, Gruffudd Gryg, Llywelyn Goch ap Meurig Hen a Iolo Goch yn arddangos rhai o'r un doniau barddol a'r un math o greadigrwydd ieithyddol, er ar raddfa lai.

Mae'r cynnydd diweddar yn ysgolheictod y Gymraeg wedi darparu nifer o adnoddau testunol sy'n caniatáu inni gael golwg weddol lawn ar gyd-destun ieithyddol Dafydd ap Gwilym am y tro cyntaf. Ar gyfer y farddoniaeth cynhyrchodd dau o brosiectau Canolfan Uwchefrydiau Cymreig a Cheltaidd Prifysgol Cymru olygiadau safonol o ganu rhagflaenwyr a chyfoeswyr Dafydd, sef Cyfres Beirdd y Tywysogion a Chyfres Beirdd yr Uchelwyr. O ran y rhyddiaith, mae nifer o olygiadau o destunau unigol i'w cael erbyn hyn, ond yr adnodd mwyaf defnyddiol yw'r cronfeydd data a gynhyrchwyd gan adrannau Cymraeg Prifysgolion Aberystwyth a Chaerdydd sy'n cynnwys testunau llawysgrif y cyfnod 1250–1425 mewn ffurf chwiliadwy.[3] Cwblhawyd argraffiad cyntaf *Geiriadur Prifysgol Cymru* yn 2002, ac mae'n ganllaw cwbl anhepgor ar gyfer olrhain hanes geiriau.[4] Ac yn 2007, yn sgil prosiect a ariannwyd gan Gyngor Ymchwil y Celfyddydau a'r Dyniaethau, cyhoeddwyd golygiad newydd o holl gerddi Dafydd ap Gwilym ei hun ar ffurf ddigidol, gan gynnwys mynegair llawn.[5] Rhwng yr holl adnoddau hyn, felly, mae cyfle yn awr i astudio geirfa Dafydd ap Gwilym mewn modd cyflawnach nag y gellid erioed o'r blaen.

Yr oedd y bedwaredd ganrif ar ddeg yn gyfnod o ansefydlogrwydd mawr yn hanes yr iaith Gymraeg a achoswyd gan y newidiadau cymdeithasol a'r dylanwadau ieithyddol newydd a ddaeth yn sgil y Goncwest Edwardaidd. Cafodd cydgyffwrdd rhwng ieithoedd gryn sylw gan ieithegwyr yn ddiweddar fel sbardun i newid ieithyddol,[6] a bu'n ffactor bwysig yn hanes y Gymraeg ers y cyfnod cynharaf, fel y gwelir wrth drafod geiriau benthyg ym mhennod 5. Roedd ardaloedd y Mers yn y de a'r dwyrain wedi bod yn amlieithog ers dyfodiad y Normaniaid yn yr unfed ganrif ar ddeg, a gyda datblygiad y trefi yn ganolfannau milwrol a masnachol a'r mewnfudo a gafwyd o ddiwedd y drydedd ganrif ar ddeg ymlaen, ynghyd â gwaith yr uchelwyr fel swyddogion llywodraeth leol, daeth amlieithrwydd yn fwyfwy cyffredin drwy Gymru gyfan. Y tebyg yw bod Dafydd a llawer o'i gyfoeswyr ymhlith yr uchelwyr a'r dosbarth bwrgeisiol yn medru dwy neu dair iaith rhwng y Gymraeg, Ffrangeg neu Eingl-Normaneg, a Saesneg yn ogystal â Lladin fel iaith ddysg.[7] Mae amlieithrwydd yn beth canmoladwy yng ngherddi Dafydd: defnyddir y term *ieithydd* am Lywelyn ap Gwilym a Rhydderch ab Ieuan Llwyd ac am y ceiliog bronfraith (6.12, 10.39, 49.14), a meddir yn ormodieithol am yr aderyn hwnnw:

> Pregethwr maith pob ieithoedd . . .
> Saith ugeiniaith a ganai (49.7–10)[8]

Trefedigaeth Seisnig oedd Cymru'r bedwaredd ganrif ar ddeg, a Lloegr hithau wedi bod yn drefedigaeth Normanaidd, ac mae ôl-drefedigaethedd yn theori briodol ar gyfer trafod sefyllfa ddiwylliannol gymhleth o'r fath.[9] Cysyniad canolog ôl-drefedigaethedd yw hunaniaeth amwys a hybrid neu gymysgryw, a hawdd y gellir cymhwyso hynny i'r astudiaeth o ieithwedd. Mae beirniaid wedi tynnu sylw at ddau air benthyg o'r Saesneg yng ngherddi Dafydd a allai symboleiddio hybridedd, a'r ddau'n digwydd yng nghyd-destun amlieithrwydd, sef *mwtlai* < *motley* am y bioden frith sy'n dysgu pob iaith (36.57, gw. y dyfyniad ym mhen. 2), a *medlai* < *medley* am y brethyn amryliw y gobeithiai'r bardd ei gael gan Elen Nordd, y Saesnes *â'r lediaith lud* (120.18 a 28).[10]

Yn naturiol ddigon, pwysleisiwyd meistrolaeth Dafydd ap Gwilym ar yr iaith Gymraeg yn gyson gan feirniaid, ac yn enwedig gan ei olygydd cyntaf, Thomas Parry, a'i galwodd yn 'feistr rhonc ar yr iaith Gymraeg'.[11] Prin y gellid anghytuno â'r farn honno o ystyried defnydd Dafydd o ieithwedd hynafol (gw. pen. 3) yn ogystal â'i ddyfeisgarwch wrth lunio tarddeiriau a geiriau cyfansawdd newydd (gw. penodau 6 a 7), ac yn wir defnyddiodd Dafydd ei hun y gair *meistrol* yng nghyswllt barddoniaeth fwy nag unwaith (gw. pen. 6). Ond eto, yn hytrach na synio am yr iaith fel offeryn goddefol yn nwylo ei defnyddwyr, gwell efallai yw meddwl yn nhermau perthynas ddwyffordd rhwng awdur ac iaith, a'r amgylchfyd ieithyddol amlieithog yn ffurfio ei feddylfryd ac yn lliwio ei ymateb i'r byd o'i gwmpas. Damcaniaeth sylfaenol yn yr astudiaeth hon yw bod cefndir amlieithog Dafydd ap Gwilym wedi ei wneud yn hynod o effro a sensitif i amrywiaeth ac amwysedd mewn iaith a bod hyn yn wedd hanfodol ar ei greadigrwydd barddol. Mae hyn yn gyson â'r ffaith fod nifer o gyfoeswyr Dafydd yn arddangos yr un math o ddoniau barddol ag ef, ond nid yw o reidrwydd yn dibrisio'r elfen o athrylith unigolyddol chwaith, gan mai yn y cerddi a ddiogelwyd wrth enw Dafydd y gwelir y gallu mwyaf i fanteisio ar gyfleoedd creadigol y cyfnod cyffrous hwn.

Yn sgil ei gefndir amlieithog perthynai Dafydd i fyd llenyddol ehangach Prydain a chyfandir Ewrop. Tynnwyd sylw droeon at themâu rhyngwladol yn ei gerddi, a buddiol yw gweld ei eirfa hefyd yng nghyd-destun y duedd gyffredin yn yr Oesoedd Canol diweddar i estyn cwmpas iaith lenyddol a chynnwys elfennau poblogaidd anffurfiol. Un o seiliau barddoneg yr Oesoedd Canol, a ddeilliai o lawlyfrau rhethreg y cyfnod clasurol, oedd y dosbarthiad rhwng tri math neu lefel o arddull, sef yr arddull aruchel neu ddyrchafedig (*gravis*), yr arddull ganolig (*medius*) a'r arddull seml neu isel (*humilis*). Gellir adnabod pob un ar waith yng ngherddi Dafydd, fel y sylwodd D. J. Bowen, a'r nod amgen yw'r cymysgu arnynt o fewn yr un gerdd.[12] Soniodd yr hanesydd llên Ffrangeg Paul Zumthor am y newid a fu mewn cywair (*registre*) rhwng arddull gyson aruchel beirdd llys y ddeuddegfed ganrif a chanu serch telynegol y bedwaredd ganrif ar ddeg sy'n llawn anghysondebau a gwrthdrawiadau.[13] Roedd ieithwedd yn elfen hanfodol yn y cywair newydd, a dwy nodwedd benodol y tynnodd Zumthor sylw atynt sydd hefyd yn gyffredin iawn yng ngherddi Dafydd yw ebychiadau a ffurfiau bachigol.[14] O gerddi'r bardd Ffrangeg Colin Muset y rhoddodd Zumthor ei brif enghreifftiau o'r newid hwn, ac archwiliwyd y gymhariaeth rhwng hwnnw a Dafydd ap Gwilym gan Helen Fulton.[15] Bardd Almaeneg a gymharwyd â Dafydd yn yr un modd o ran ei ddefnydd o gywair cymysg yw Walther von der Vogelweide.[16]

Gwedd arall ar yr un duedd ieithyddol yn llenyddiaeth Ewrop sy'n berthnasol iawn i waith Dafydd ap Gwilym yw'r symudiad tuag at ieithwedd fwy diriaethol sy'n dynodi'r byd materol.[17] Mae'r duedd hon i'w gweld ar wedd gadarnhaol yn y canu serch telynegol o ran y manylu ar fwynderau corfforol a byd natur, ac ar wedd fwy negyddol yn y cerddi storïol digrif a elwir yn *fabliaux* ac a geir yn Ffrangeg, Saesneg a nifer o ieithoedd Ewropeaidd eraill, yn ddienw gan amlaf.[18] Dyma'r math llenyddol sy'n arddangos materoldeb iaith yn fwyaf amlwg, ac er na cheir gan Ddafydd esiampl o *fabliau* yn ystyr lawn y term, fel a geir gan Chaucer yn 'Chwedl y Melinydd', mae cerddi fel 'Trafferth mewn Tafarn' (73) a 'Tri Phorthor Eiddig' (68) yn sicr yn perthyn i'r un byd, a hwnnw'n fyd llawn rhwystrau i'r carwr eiddgar. Dyma un rheswm pam y cofnodwyd cynifer o eiriau am y tro cyntaf yng ngwaith Dafydd (gw. pen. 4), am ei fod yn cyfeirio at bethau materol na fu sôn amdanynt mewn llenyddiaeth o'r blaen.

Yr awdur estron sy'n cynnig y gymhariaeth fwyaf diddorol â Dafydd ap Gwilym yw ei gyfoeswr iau Geoffrey Chaucer (*c.*1342–1400), arloeswr mawr ym myd barddoniaeth Saesneg y cyfnod. Sylwyd droeon ar gyfatebiaethau rhwng gwaith y ddau fardd o ran eu cyfraniad adnewyddol i'w traddodiadau barddol, ac yn benodol eu defnydd coeglyd o gonfensiynau *amour courtois* a'r persona hunan-wawdlyd.[19] A'r cyswllt mwyaf arwyddocaol at bwrpas yr astudiaeth hon yw'r modd y bu i'w cefndir amlieithog ysgogi creadigrwydd llenyddol. Er nad oes sicrwydd mai Dafydd ap Gwilym a Chaucer oedd yn gyfrifol am ddwyn i'w hieithoedd bob un o'r geiriau a gofnodir yn eu gwaith am y tro cyntaf, mae'n amlwg bod y ddau fardd yn ymhyfrydu mewn newydd-deb ac amrywiaeth ieithyddol. Ffrangeg oedd yr iaith uchel ei statws yn Lloegr a Chymru fel ei gilydd, ac mae geiriau benthyg ohoni'n britho iaith y ddau fardd, ond tynnodd y ddau hefyd ar gyweiriau isel eu hieithoedd cysefin, a hybridedd yr iaith lenyddol gymysgryw newydd yw nod amgen eu barddoniaeth.[20]

Er mwyn gweld cynhysgaeth ieithyddol Dafydd ap Gwilym a gwerthfawrogi newydd-deb ei waith ei hun, mae'r corff mawr o ganu gan Feirdd y Tywysogion o'r ddeuddegfed ganrif a'r drydedd ganrif ar ddeg a Gogynfeirdd diweddar y bedwaredd ganrif ar ddeg yn hollbwysig fel safon o'r arddull aruchaf. Ac i gael darlun cyflawn o ddatblygiad yr iaith yn y cyfnod rhaid ystyried rhychwant o destunau rhyddiaith hefyd sy'n cynrychioli arddull fwy canolig. Ceir gweld i Ddafydd dynnu'n helaeth ar ieithwedd lenyddol a sefydlwyd yn y drydedd ganrif ar ddeg mewn chwedlau, llyfrau cyfraith a gweithiau crefyddol a hanesyddol. A gwelir yr iaith yn cael ei chyfoethogi trwy eirfa newydd mewn testunau rhyddiaith yn ystod ei oes ei hun, yn gyfieithiadau o'r Lladin a'r Ffrangeg ac yn weithiau gwreiddiol fel y gramadegau barddol. Cynrychiolir yr arddull isel gan y canu dychan, genre a fu'n ddylanwad pwysig ar iaith Dafydd hefyd, er na chofnodwyd llawer ohono mewn llawysgrifau tan ar ôl ei amser ef.

Gosodir y cefndir llenyddol hwn ym mhennod gyntaf yr astudiaeth, gan gychwyn gyda'r hyn a wyddys am amgylchiadau Dafydd ei hun a'r diwylliant cyfoethog yng Ngheredigion yn hanner cyntaf y bedwaredd ganrif ar ddeg. Crefft cerdd dafod sydd dan sylw yn yr ail bennod, a gwelir bod angen adnoddau geirfaol helaeth iawn i ateb gofynion mesurau'r awdl a'u harddull astrus. Roedd Dafydd hefyd yn arloeswr ar y cywydd, a bu'r mesur yn gyfrwng iddo ganu ar bynciau newydd gan amrywio cywair ieithyddol a chyflwyno elfennau o'r iaith lafar. Rhaid ystyried goblygiadau'r gynghanedd, nid yn unig fel caethiwed ond hefyd fel anogaeth greadigol i estyn yr iaith i'r eithaf.

Gellir edrych ar gerddi Dafydd ap Gwilym fel rhyw fath o groesffordd ieithyddol, gyda geiriau hynafol sy'n digwydd am y tro olaf ar y naill law, ac ar y llaw arall lawer iawn o eiriau'n ymddangos am y tro cyntaf, a rhai am yr unig dro yn hanes yr iaith. Y cyfuniad hwn o'r hen a'r newydd yw'r peth mwyaf trawiadol am iaith Dafydd ap Gwilym, a dyma'r pwnc sydd dan sylw yn y tair pennod nesaf. Benthyciadau o'r Ffrangeg a'r Saesneg yw rhai o'r geiriau newydd, ond y mae nifer sylweddol yn eiriau cynhenid a oedd eisoes wedi ennill eu plwy yn yr iaith lafar yn ôl pob tebyg. Tipyn o syndod, yn wir, yw deall bod *difyr, llidiard, mymryn, siarad, talcen*, i gyd wedi eu cofnodi am y tro cyntaf yng ngwaith Dafydd ap Gwilym, ac mai ef oedd y cyntaf i ddefnyddio *bach* yn gadarnhaol. Arwydd o ysbryd mentrus Dafydd yw hyn i raddau, ond arwydd hefyd fod newid mawr ar droed yn yr iaith ei hun yn ystod y cyfnod hwn.

Fel cyfansoddwr a datganwr yr arferwn feddwl am Ddafydd, yn naturiol, ond fe dybiwn i ei fod hefyd yn wrandäwr tan gamp, ac yn un a graffai nid yn unig ar iaith ddyrchafedig dynion, yn benceirddiaid, yn bregethwyr ac yn uchelwyr, ond hefyd ar iaith merched mewn cyd-destunau anffurfiol, lle byddai rhai o'r newidiadau ieithyddol hyn i'w clywed gyntaf. Gwelwn ym mhennod 10 fod *rheg y loywferch* yn eglwys Llanbadarn (137.35) wedi ysgogi chwarae geiriol sy'n manteisio ar newid yn ystyr y gair *rheg* yn yr iaith lafar, a sylwer mai o enau merch y daw'r enghraifft gynharaf o'r ferf *hurtio* yn 72.10 (gw. pen. 9).

Un o gryfderau mawr yr iaith Gymraeg yw ei morffoleg hyblyg, sef yr amryw ddulliau sydd o ffurfio geiriau newydd trwy ychwanegu rhagddodiaid ar ddechrau gair, megis *cyf*- a *di*-, ac ôl-ddodiaid ar ddiwedd gair, megis *-ol* ac *-us* i greu ansoddeiriau, a *-deb* ac *-wch* i greu enwau. Trafodir geiriau tarddiadol o'r fath ym mhennod 6, gan ganolbwyntio ar y nifer sylweddol sy'n digwydd am y tro cyntaf yng ngherddi Dafydd. Elfen flaenllaw yn ei eirfa yw'r geiriau cysyn-iadol fel *gwladeiddrwydd, teuluwriaeth* a *breuoledd*, ac mae'r rhain yn creu naws haniaethol sy'n wrthbwynt i'w synwyrusrwydd diriaethol. Dichon mai ffrwyth addysg eglwysig yw hyn, ac o bosibl dylanwad ysgrifau dysgedig mewn meysydd fel y gyfraith, diwinyddiaeth a'r gramadegau barddol.

Canolbwyntir ym mhennod 7 ar y geiriau newydd a luniwyd trwy gyfuno dau air annibynnol mewn gair cyfansawdd, megis *diweirferch, tewlwyd* a *pysgodfwyd*. Mae geiriau cyfansawdd yn nodwedd amlwg iawn ar farddoniaeth Gymraeg y bedwaredd ganrif ar ddeg, fel y buasent ym marddoniaeth oes y tywysogion, a gellir eu hystyried i ryw raddau yn rhan o'r arddull farddonol aruchel, ac yn fodd i ateb cyfuniadau cynganeddol anghyffredin, fel y gwelir yn y llinell 'Dyddgu ddiwaradwyddgamp' (87.1). Ond camgymeriad fyddai eu gweld yn ddyfais lenyddol yn unig, oherwydd fe'u ceir yn ddigon cyffredin yn yr iaith lafar hyd heddiw, yn enwau fel *arfordir*, yn ansoddeiriau fel *penboeth* ac yn ferfau fel *llygad-dynnu*. Gwell yw gweld hyn eto yn gyfuniad o ddysg lenyddol a phriod-ddulliau poblogaidd, fel sawl nodwedd arall ar farddoniaeth Dafydd ap Gwilym.

Yn nhair pennod olaf yr astudiaeth troir at ystyron geiriau, gan gychwyn ym mhennod 8 gyda'r meysydd semantaidd sy'n eu clymu wrth ei gilydd. Bardd serch oedd Dafydd ap Gwilym yn bennaf, ond mae ei eirfa ffigurol yn tynnu ar nifer o feysydd eraill, a phob un â'i ieithwedd arbennig. Er ei fod yn cael ei weld yn rebel yn erbyn moesoldeb Cristnogol gan amlaf, mae defodau a moeseg yr eglwys yn amlwg iawn yn ei iaith a'i ddelweddaeth. Felly hefyd terminoleg Cyfraith Hywel Dda, a da yw cofio mai un o noddwyr Dafydd yng nghanolbarth Ceredigion oedd Rhydderch ab Ieuan Llwyd, arbenigwr ar y gyfraith a pherchennog y Llyfr Gwyn enwog. Maes llai cydnaws â'r diwylliant Cymraeg ar y pryd, efallai, oedd masnach, ond serch hynny mae'r ieithwedd fasnachol yn ddigon amlwg yng ngwaith Dafydd, ac nid yw hynny'n syndod o gofio bod nifer o'i gerddi wedi eu gosod mewn amgylchfyd trefol. Ac yn treiddio'r cwbl y mae ymwybyddiaeth o statws cymdeithasol a amlygir mewn geiriau llwythog eu cynodiadau, a rhai ohonynt yn dangos ôl dylanwad Normanaidd, megis *mwyn* a gymerodd beth o ystyr y Ffrangeg *gentil* 'bonheddig' yn y cyfnod hwn.

Serch a natur oedd prif bynciau Dafydd ap Gwilym, ac yn hanfodol i'r ddau yr oedd ei ymateb synhwyrus i harddwch y gwrthrych. Mae iaith y synhwyrau, felly, yn flaenllaw yn ei waith, yn enwedig y golwg a'r clyw. Mae llawer i'w ddweud am ei ddefnydd o dermau lliw am fyd natur a phobl, a'r pwnc sydd â'r nifer fwyaf o gyfystyron yn ei holl waith, efallai, yw disgleirdeb wrth ddisgrifio gwynder croen, sef y nodwedd a edmygid fwyaf o ran harddwch merch.

Dilyniant rhesymegol i'r synwyrusrwydd hyn yw'r effaith ar feddwl y carwr, sef y wedd fewnol ar brofiad serch. Roedd gan Ddafydd eirfa helaeth ar gyfer y meddwl a'i anhwylderau, a'r emosiynau dwys a phoenus a enynnir gan gariad. Ynfydrwydd neu ffolineb y carwr yw'r brif thema yn y maes hwn, a defnyddir y termau *pwyll*, *amhwyll* a *gorffwyll* yn aml. Y galon yw lleoliad pennaf yr emosiynau megis hiraeth, yn unol â'r safbwynt traddodiadol, ond darlunnir cariad yn meddiannu'r corff cyfan gyda chyswllt clòs rhwng y galon a'r meddwl. Ceir yr argraff fod y bardd yn estyn ei adnoddau ieithyddol i'r eithaf wrth ymdrin â seicoleg cariad, a dyma un o'i gyfraniadau mwyaf i ieithwedd y traddodiad barddol Cymraeg.

Un o ganlyniadau ansefydlogrwydd ieithyddol y bedwaredd ganrif ar ddeg oedd bod nifer o eiriau'n newid eu hystyr neu'u naws, gan fagu cynodiadau negyddol yn aml, a chan fod yr hen a'r newydd yn cydfodoli am gyfnod gallai amwysedd godi'n hawdd. Gwelir ym mhennod olaf yr astudiaeth i Ddafydd fanteisio'n helaeth ar y cyfleoedd hyn i greu amwysedd, a hynny fel techneg farddol sy'n cyfoethogi rhai cerddi penodol. Mae'r hoffter o amwysedd yn nodwedd arall sydd ganddo'n gyffredin â Chaucer – a Shakespeare hefyd o ran hynny. Dyma farddoniaeth gyfrwys a soffistigedig dros ben sy'n amlygu natur lithrig ei hiaith ei hun.

Mae Dafydd ap Gwilym yn fardd sy'n rhoi'r argraff o fod yn agos atom, fel petai'n sefyll y tu allan i lif amser, a hynny nid yn unig am ei fod yn gymeriad canolog yn ei gerddi ei hun, ond hefyd am fod cyfran fawr o'i iaith yn gyfarwydd inni heddiw, a bod modd felly inni amgyffred llawer o'i linellau yn weddol rwydd. Un rheswm am hyn yw'r arfer o gyflwyno cerddi Beirdd yr Uchelwyr mewn orgraff fodern; petaem yn eu gweld yn orgraff Cymraeg Canol (fel y cyflwynir y chwedlau rhyddiaith gan amlaf), byddai'r dieithrwch yn ein taro'n gryfach. Ond peth mwy twyllodrus o lawer yw'r geiriau sydd wedi aros yr un fath o ran eu ffurf ond sydd wedi newid eu hystyr neu eu naws. Hawdd iawn yw darllen y rhain fel Cymraeg modern a cholli eu hergyd yng nghyd-destun y gerdd. Rhaid gwneud ymdrech ymwybodol i ymbellhau oddi wrth y bardd 'diamser' hwn, er mwyn ei weld o'r newydd a phrofi peth o syndod ei gynulleidfa wreiddiol. A thrwy wneud hynny gallwn ennill dealltwriaeth newydd o gyflwr yr iaith ar yr adeg arbennig honno yn ei hanes ac mewn perthynas â'n hiaith ni heddiw.

1

Y Bardd a'i Gefndir

Cefndir personol Dafydd ap Gwilym

Prin yw'r ffeithiau pendant am fywyd Dafydd ap Gwilym, ond mae'r hyn sy'n hysbys am ei gefndir a'i amgylchiadau yn ddigon o sail i dynnu rhai casgliadau am y dylanwadau ieithyddol a fu arno.[1] Perthynai Dafydd i ddosbarth yr uchelwyr, a thrwy ei dad gallai olrhain ei ach i ddynion a fu'n flaenllaw yng ngwasanaeth y Norman-iaid er y ddeuddegfed ganrif, ac yn eu plith noddwyr beirdd ac o leiaf un a fedrai'r gelfyddyd farddol ei hun: Gwilym Gam ap Gwilym ab Einion Fawr o'r Tywyn ap Gwilym ap Gwrwared ap Gwilym ap Gwrwared Gerdd Gymell ap Cuhelyn Fardd.[2] Gellir casglu y byddai gwybodaeth o'r Ffrangeg yn rhan o gynhysgaeth deuluol Dafydd, yn ogystal ag ieithwedd y traddodiad barddol. Aelod arall o'r tylwyth a gyfunai'r ddau ddiwylliant oedd Llywelyn ap Gwilym, ewythr Dafydd (brawd ei fam, Ardudful, o bosibl), gŵr a ddaliodd swydd cwnstabl Castellnewydd Emlyn. Yn ei farwnad angerddol iddo galwodd Dafydd ei ewythr yn brydydd ac yn ieithydd (6.12), ac mae'n dra phosibl i Ddafydd dreulio cyfnod ar faeth yn ei lys a dysgu crefft cerdd dafod ganddo yn ogystal â champau eraill priodol i uchelwr.

O ran ei gefndir daearyddol roedd gan Ddafydd gysylltiadau â sawl ardal a fyddai'n sicrhau ei fod yn gyfarwydd ag amrywiaeth rhanbarthol y Gymraeg. Plwyf Llanbadarn Fawr yng ngogledd Ceredigion oedd ei gynefin, a byddai'r cyswllt â'i ewythr yn mynd ag ef i Ddyffryn Teifi a gogledd Penfro. Mae traddodiad cryf yn ei gysylltu ag Abaty Ystrad-fflur, a dichon iddo gael rhan o'i addysg yno a fyddai'n cynnwys dysgu darllen ac ysgrifennu a pheth gwybodaeth o'r iaith Ladin. Roedd diwylliant seciwlar yr ardal honno'n gyfoethog iawn hefyd, a honnodd R. M. Jones mai'r ardal rhwng Ystrad-fflur, Parcrhydderch (Llangeitho), Llanddewibrefi a Glyn Aeron oedd 'canolfan seciwlar ddeallol bennaf Cymru yn hanner cyntaf y bedwaredd ganrif ar ddeg'.[3] Byddai'r croeso a gafodd Dafydd gan deulu Glyn Aeron yn fodd iddo ymgydnabod ag amryw fathau o lenyddiaeth Gymraeg mewn llawysgrifau, fel y gwelir yn adran nesaf y bennod hon.

Er na ddibynnai ar glera am ei fywoliaeth, yn ôl pob tebyg, câi Dafydd groeso yng nghartrefi ei gyd-uchelwyr, ac mae profiad y bardd teithiol yn cael cryn sylw yn ei gerddi mawl a serch. Gwelir iddo deithio i'r gogledd ac i'r de, gan ymweld â Gwynedd droeon, a hefyd â llys Ifor Hael yn nwyrain Morgannwg, ardal o'r Mers a fuasai'n agored i ddylanwadau Normanaidd ers amser maith. Byddai'r teithiau hynny'n ei arwain yn anochel i rai o'r trefi castellog a sefydlwyd gan y Normaniaid yn y de ac yn sgil y Goncwest Edwardaidd yn y gogledd, megis Aberystwyth yn ei fro gynefin. Er i Ddafydd addunedu yn un o'i gerddi i Ifor na fyddai'n mynd *undydd i drefydd drwg* (14.19), y gwir amdani yw bod cerddi eraill yn dangos apêl cyfoeth a bwrlwm y trefi'n ddigon clir, yn enwedig y cywydd mawl i dref Niwbwrch, neu Rosyr, ym Môn (18), a dichon iddo berfformio ei gerddi serch i gynulleidfaoedd yn y trefi.[4]

Ar un olwg gellir gweld y trefi hyn, gyda'u garsiynau milwrol a'u breintiau masnachol cyfyngedig i Saeson, yn drefedigaethau estron lle câi'r Saesneg rwydd hynt i ffynnu, fel y tystiodd Dafydd ei hun wrth alw Caerfyrddin yn *Saesnectref* (1.50). Ond nid oedd y rhaniad hiliol a ieithyddol mor ddu-a-gwyn bob amser, a gellir dyfynnu tystiolaeth o gymathu o un o gerddi eraill Dafydd lle mae'n sôn am Elen Nordd, gwraig masnachwr gwlân yn Aberystwyth, *â'r lediaith lud* (120.18). Mae'r ffaith fod y Saesnes hon yn straffaglu i siarad Cymraeg yn awgrymu bod angen dysgu'r iaith er mwyn cyfathrebu â'r Cymry lleol – ac mae digon o enghreifftiau o fewnfudwyr yn cael eu cymathu i'r diwylliant Cymraeg yn ystod y cyfnod hwn. Mannau lle roedd ieithoedd yn cydgyffwrdd ac yn gwrthdaro oedd y trefi, a byddai profiad Dafydd ynddynt yn ei wneud yn effro iawn i'r gydberthynas rhwng ieithoedd, a'r cyfleoedd i fenthyg ac i elwa ar ei gilydd (a defnyddio dau o'r amryw dermau masnachol a arferir ganddo ef).

O ran dyddiadau einioes Dafydd ap Gwilym, yr unig beth pendant y gellir ei ddweud yw ei fod yn ei flodau yn ystod y 1340au, gan fod yr ychydig gyfeiriadau yn ei gerddi y gellir eu dyddio yn perthyn i'r degawd hwnnw. At hynny y mae gennym dystiolaeth Iolo Goch yn ei farwnad i Ddafydd mai byr oedd ei fywyd.[5] Rhesymol, felly, yw tybio iddo farw tua 1350, a gosod dyddiad ei eni oddeutu 1315, a dechrau ei yrfa farddol yng nghanol y 1330au. Perthynai, felly, i'r ail genhedlaeth wedi'r Goncwest Edwardaidd a gwblhawyd yn y 1280au, ac arwyddocâd hynny o safbwynt ei gefndir ieithyddol yw y byddai effaith y newidiadau cymdeithasol a ddylanwadodd ar yr iaith wedi cael amser i ddod i'r amlwg yn llawn.

Yn sgil tranc y tywysogion, yr uchelwyr oedd y dosbarth uchaf ymhlith y Cymry. Llwyddodd yr uchelwyr i sicrhau eu safle trwy weinyddu'r drefn wleidyddol newydd mewn llywodraeth leol a thrwy wasanaeth milwrol yn ymgyrchoedd y Goron, fel y gwelir yng ngyrfa Syr Rhys ap Gruffudd o sir Gaerfyrddin, perthynas arall i Ddafydd. Byddai nifer o'r uchelwyr yn amlieithog oherwydd gofynion eu gwaith gweinyddol a chyfreithiol a gweithgareddau masnachol gan rai, ond y Gymraeg fyddai prif iaith eu llysoedd ac ni welwyd eto y duedd i gefnu ar yr iaith a ddaeth yn gyffredin erbyn cyfnod y Tuduriaid. Cynheiliaid pwysig eraill i'r diwylliant Cymraeg oedd gwŷr eglwysig megis Hywel, deon Bangor, gŵr hyddysg yng nghrefft cerdd dafod yn ôl tystiolaeth Dafydd (cerdd 8), nid annhebyg efallai i Einion Offeiriad, awdur y gramadeg barddol, a byddai gwŷr fel hyn yn ddolen gyswllt â'r diwylliant Lladinaidd rhyngwladol.

Roedd Dafydd yn aelod blaenllaw o garfan o feirdd serch a ganai ar fesur newydd y cywydd, gyda Madog Benfras, Gruffudd Gryg, Gruffudd ab Adda ac Iorwerth ab y Cyriog yn gyfoeswyr iddo, a Iolo Goch a Llywelyn Goch ap Meurig Hen rywfaint yn iau. Mae'r beirdd hyn i gyd yn dangos doniau creadigol tebyg i rai Dafydd, ond bod y doniau hynny'n amlycach yn ei achos ef am fod llawer mwy o'i gerddi wedi goroesi. Roedd mesur y cywydd yn hanfodol i'r canu newydd hwn, ac yn gyfrwng ar gyfer ieithwedd nes at yr iaith lafar gyfoes nag eiddo'r hen awdlau ac englynion. Er mwyn gwerthfawrogi hyn mae angen camu'n ôl a gosod y cefndir llenyddol, gyda golwg arbennig ar gynhysgaeth ieithyddol Dafydd ap Gwilym.[6]

Y cefndir llenyddol

Er bod llafaredd yn wedd bwysig ar ddiwylliant llenyddol y bedwaredd ganrif ar ddeg, a bod dibyniaeth helaeth ar y cof, wrth gyfansoddi a throsglwyddo cerddi efallai,[7] ac yn sicr wrth eu perfformio, roedd ysgrifen hefyd yn ddigon cyffredin a byddai Dafydd yn hen gyfarwydd â darllen testunau llenyddol mewn llawysgrifau, fel y dengys nifer o gyfeiriadau yn ei waith at lyfrau, megis *Rhyfeddod llyfr dalensyth* (111.69), sef y math o lawysgrif uchel ei bri a gynhyrchid ar gyfer uchelwyr fel Llyfr Gwyn Rhydderch (gw. isod). Arwydd o'r lle canolog a oedd i'r llyfr yn y diwylliant yw'r ffaith mai ffigurol yw nifer o'r cyfeiriadau hyn, fel *Llyfr dwned Dyfed* am Lywelyn ap Gwilym (5.1, gw. isod ar y gramadeg barddol), *Llyfr cariad fydd i'w hadaf* (105.45) am lw Morfudd, *Llafur ffôl yw llyfr ei ffug* (92.36) am y Gŵr Eiddig a *llyfr cyfraith yr iaith iawn* (22.14) am y bardd Gruffudd Gryg.[8] Gwelir yng ngweddill y bennod hon fod digon o gyfleoedd i Ddafydd ymgyfarwyddo â gweithiau llenyddol y gorffennol a rhai cyfoes mewn llawysgrifau.

Y beirdd cynharaf a enwir ganddo yw Taliesin a Myrddin, dau a gysylltid â'r Hen Ogledd, ac er mai ffigwr chwedlonol oedd yr ail mewn gwirionedd diau fod Dafydd yn ystyried y ddau'n feirdd hanesyddol. Wrth foli Ifor Hael mae Dafydd yn ei gyflwyno'i hun yn etifedd i draddodiad oesol canu mawl Taliesin i Urien Rheged:

> Rhoddaf i hwn, gwn ei ged*,   *rhodd
> O nawdd rugl neuadd Reged,
> Bendith Taliesin wingost
> A bery byth heb air bost. (15.33–6)[9]

Ond o ran dylanwad ieithyddol ei ragflaenwyr barddol pwysicaf oedd Beirdd y Tywysogion, sef y beirdd llys a ganai fawl i arweinwyr taleithiau annibynnol Cymru – Gwynedd, Powys a Deheubarth yn bennaf – yn ystod y ddeuddegfed ganrif a'r drydedd ganrif ar ddeg, hyd at ddiwedd annibyniaeth wleidyddol Cymru yn y 1280au.[10]

Defnyddir y term Gogynfeirdd hefyd weithau, ond gall hwnnw gynnwys y beirdd a barhaodd i ganu yn yr hen arddull hyd ddiwedd y bedwaredd ganrif ar ddeg. Cerddi Beirdd y Tywysogion a gynrychiolai safon glasurol barddoniaeth aruchel, sef yr hyn a alwodd Dafydd yn *fenw Cynddelwaidd* (8.40) gan gyfeirio at y meistr mwyaf, Cynddelw Brydydd Mawr.[11]

Prif nodweddion ieithwedd Beirdd y Tywysogion oedd geiriau hynafol a ddeilliai o'r hen ganu arwrol, geiriau cyfansawdd a defnydd helaeth o ansoddeiriau ac enwau ffigurol, a thrwy'r cyfuniad hwn dyrchefid y cerddi ymhell uwchlaw iaith bob dydd. Dyma esiampl o'r ieithwedd nodweddiadol mewn darn am y tywysog Madog ap Maredudd gan Gynddelw:

> Eryfasam-ni feddw fedd y Drefwen
> Ym muchedd gwledig, gwladoedd berchen,
> Madawg mur cyhoedd, niferoedd nen,
> Meidriad cad cadrddor, câr côr cyfrben,
> Medrais fodd fy rhwyf ar fy rhwychren;
> Mechdëyrn meddgyrn meddgwyn peniadur,
> Medel gwŷr gwaedfur, oesgur asgen,
> Maws, masarn cadarn, calon iäen,
> Moes ysbwys ysbys echrys Ochren,
> Mygedawg ei hoedl, hoed ar orffen,
> Mygr yd laddai Loegr hyd leudir Tren;
> Mynw tra glew, llew llawr mwynfawr, mesbren,
> Mur gwryd, gwynfyd gwen elfydden:
> Nid llawen fy mryd ym mro Gyngen,
> Ar llary llaw hyged, gweled gwyddlen.[12]

Mae'r sôn am yfed medd arglwydd yn dwyn i gof thema'r milwyr yn 'talu am eu medd' yn y *Gododdin*, lle defnyddir y ferf *eryfed* a'r enw cyfansawdd *meddgwyn* 'gwledd o fedd', yn ogystal â'r ansoddair cyfansawdd *mwynfawr* yn enw'r arglwydd sy'n rhoi'r medd, Mynyddawg Mwynfawr.[13] Geiriau eraill a geir yn y *Gododdin* yw *hoed* 'hiraeth', *maws* 'hyfryd', *mygr* 'gwych' a'r trosiadau *medel* a *mur* am filwyr, ac mae *Mechdëyrn Beirdd* yn deitl ar awdur y gerdd, Aneirin, yn y Trioedd.[14] Nodweddiadol hefyd yw'r cystrawennu llac sy'n caniatáu pentyrru epithetau, a gallai hwnnw fod yn batrwm ar gyfer arddull

15

sangiadol y cywyddau cynnar a drafodir yn y bennod nesaf. Er nad oedd y gynghanedd wedi ymffurfio'n system o reolau caeth yn y cyfnod hwn, mae yma lawer o addurn seinegol, o ran y cymeriad dechreuol, cyflythreniad ac odlau o fewn y llinell, a'r brifodl a gynhelir ar hyd y darn (sef y gwahaniaeth mwyaf rhwng mesurau'r awdl a'r cywydd). Er mwyn cynnal addurn mor gywrain roedd gofyn adnoddau geirfaol helaeth a'r gallu i ffurfio geiriau newydd trwy gyfuno ac ychwanegu rhagddodiaid ac ôl-ddodiaid, fel *cadrddor, cyfrben, hyged* ac *elfydden* yma. Dyfynnir enghraifft drawiadol o'r defnydd o'r rhagddodiad *di-* gan Gynddelw yn y bennod ar ffurfiant geiriau (pen. 6).

Byddai'r technegau barddol a welir yng ngherddi Beirdd y Tywysogion yn sicr yn rhan ganolog o unrhyw hyfforddiant barddol a gafodd Dafydd, boed hynny gan ei ewythr neu gan athro barddol proffesiynol. Ond er mwyn medru astudio'r cerddi a chymhwyso eu crefft i'w waith ei hun byddai angen mynediad i destunau ysgrifenedig, ac yn hyn o beth roedd cefndir Dafydd yng Ngheredigion yn allweddol. Diogelwyd cerddi Beirdd y Tywysogion mewn un llawysgrif hollbwysig, sef Llawysgrif Hendregadredd, casgliad a luniwyd tua 1300, yn ôl pob tebyg yn Abaty Ystrad-fflur.[15] Gallasai Dafydd fod wedi gweld Hendregadredd yn yr abaty, neu yn fwy tebygol yng nghartref Ieuan Llwyd a'i wraig Angharad, Glyn Aeron yng nghyffiniau Llangeitho, lle'r aeth y llawysgrif rywbryd yn ail chwarter y ganrif a lle'r ychwanegwyd nifer o gerddi gan feirdd cyfoes, gan gynnwys dwy o waith Dafydd ei hun, sef yr englynion i'r Grog o Gaer (1), testun sydd o bosibl yn llaw'r bardd ei hun, a'r farwnad i Angharad (9). Argraff o fardd yn dangos ei gampau ar yr hen arddull glasurol a geir yn y ddwy gerdd, ac mae'n dra phosibl bod y ddwy wedi eu comisiynu gan deulu Glyn Aeron fel cyfansoddiadau teilwng o'u lle ochr yn ochr â champweithiau'r gorffennol (a rhai ohonynt yn fawl i gyndeidiau Ieuan Llwyd o linach frenhinol Deheubarth). Ac os bu i Ddafydd bori yn Llawysgrif Hendregadredd, hawdd dychmygu iddo gael cymorth gan aelodau o'r teulu i ddehongli'r cerddi astrus ynddi, o gofio'r hyn a ddywedodd Llywelyn Goch ap Meurig Hen am Rydderch ab Ieuan Llwyd a'i gyfaill Llywelyn Fychan (y canodd Dafydd gerdd 10 iddynt): *deallu barddlyfr da a ellynt*.[16]

Yn ogystal â chlasuron y traddodiad mawl, byddai Dafydd wedi gweld yn Hendregadredd gynseiliau pwysig i'w ganu serch mewn 'rhieingerddi' gan Gynddelw a Phrydydd y Moch lle mae'r bardd yn cymryd arno bersona'r carwr gostyngedig er mwyn moli tywysogesau,[17] ac yn enwedig yng ngherddi Hywel ab Owain Gwynedd,[18] bardd o'r ddeuddegfed ganrif, gyda'u cyfuniad hynod o ostyngeiddrwydd y carwr a chwant rhywiol eofn. O ran ieithwedd benodol, gellir gweld dylanwad Hywel yn nefnydd Dafydd o eiriau i ddisgrifio merched, *llywy*, *gwymp*, *claer*, *gŵyl*, *bechanigen*,[19] a *hoed* i ddynodi ei hiraeth amdanynt (gw. pen. 3), a hefyd y cyffelybiaethau am liw croen merched, eira, ewyn ton a gwylanod. Mae 'Gorhoffedd' Gwalchmai ap Meilyr yn gerdd arall a fuasai wedi apelio'n fawr at Ddafydd, yn enwedig o ran y dathliad o fyd natur yn yr haf.[20] Bardd serch tipyn nes at gyfnod Dafydd ei hun yw Iorwerth Fychan o ddiwedd y drydedd ganrif ar ddeg, y copïwyd dwy awdl o'i waith i dudalennau gwag yn dilyn cerddi Hywel ab Owain yn Hendregadredd. Ganddo ef y ceir yr enghreifftiau cynharaf o *hoyw* yn moli merched,[21] a *gorffwyll* 'gwallgofrwydd' yn cyfeirio at serch,[22] thema bwysig yng ngwaith Dafydd (cymh. 127.22, a gw. pen. 9). Gellid hefyd weld llinell olaf cywydd Dafydd i'r wylan, *Fy nihenydd fydd y ferch* (45.30), yn adlais o linell gan Iorwerth, *Yni wnêl orffen fy nihenydd*, yn enwedig o sylwi ar y cyfeiriad yn yr un gerdd at ganu Myrddin i Wenddydd (cymh. 45.23), a bod y bardd yn gresynu *na bûm Ofydd*.[23]

Rhagflaenydd arwyddocaol arall i Ddafydd ym maes y canu serch ar ddechrau'r bedwaredd ganrif ar ddeg oedd Gruffudd ap Dafydd ap Tudur. Gan mai ffynhonnell y pum cerdd o'i waith a oroesodd yw Llyfr Coch Hergest, llawysgrif a luniwyd tua diwedd y bedwaredd ganrif ar ddeg, nid oes wybod sut y cafodd Dafydd weld (neu glywed) ei gerddi, ond gallwn fod yn bur sicr ei fod yn gyfarwydd â'i waith gan iddo ailadrodd cwpled cyfan ganddo.[24] Mae cerdd Gruffudd ar ffurf achos llys yn erbyn merch am ladd y bardd trwy ei dirmyg yn dystiolaeth bwysig bod thema marwolaeth y carwr yn ddigon adnabyddus i fod yn destun cellwair (cymh. 'Pererindod Merch' 129), ac mae'r ieithwedd gyfreithiol yn gynsail i'r achos a gyflwynir yn 'Y Ceiliog Bronfraith' (49). Themâu eraill sy'n achub y blaen ar waith Dafydd yw'r oed yn y deildy ym mis Mai,[25] caru dibechod Adda ac Efa,[26] a'r gwayw yn drosiad am boenau serch.[27] Gruffudd biau'r enghraifft gynharaf o'r gair *llatai* am negesydd serch,[28] a chwaraeodd ar ddwy ystyr *enaid*, 'ysbryd' ac 'anwylyd' yn yr un modd ag y gwnaeth Dafydd wedyn.[29]

Bardd y cawn achos i gyfeirio at ei waith sawl tro wrth drafod geirfa Dafydd ap Gwilym yw Casnodyn, cyfoeswr hŷn ac un arall a gafodd nawdd yng Nglyn Aeron ac y diogelwyd rhai o'i gerddi yn Llawysgrif Hendregadredd. Molawdau i ferched bonheddig a'u teuluoedd yn null yr hen rieingerddi yw ei gerddi serch yn y bôn, ac mae eu harddull amleiriog a'r geiriau cyfansawdd niferus yn creu naws urddasol fel y gwelir yn llinellau hirion y pennill hwn ar fesur gwawdodyn o awdl i Wenllïant, gwraig Syr Gruffudd Llwyd a disgynnydd o'r un llinach frenhinol â theulu Glyn Aeron:

> Main firain riain gain Gymräeg,
> Mwyn forwyn hunddwyn, hoenddygn gysteg;
> Mynych lle llewych lliw ehöeg—ym
> Man y'm dug gwelwlym ar rym redeg.[30]

Mae'n debyg y dylid deall *mwyn* yn yr ystyr 'bonheddig' yma, dan ddylanwad y Ffrangeg *gentil*, fel a welir yn aml yng ngherddi Dafydd (gw. pen. 8 ar ieithwedd gymdeithasol).[31] Ond arweiniai dylanwad ieithyddol Casnodyn i gyfeiriad tipyn llai dyrchafedig hefyd, sef y math o eirfa isel a ffiaidd a geid yn yr englynion dychan rhyngddo ef a Thrahaearn Brydydd Mawr. Y rhain yw'r esiamplau cynharaf o ddychan estynedig yn y Gymraeg, ac felly nid yw'n syndod bod nifer o eiriau yn digwydd ynddynt am y tro cyntaf yn hanes yr iaith, fel *bygegyr* 'gwenynen ormes',[32] *chwydu*,[33] *mawn*,[34] *mws* 'drewllyd'[35] ac *ŵyll* 'drychiolaeth'.[36] Ceir *sothach* ganddo hefyd mewn cyfeiriad dilornus at *sothachiaith* beirdd iselradd, a hynny mewn molawd i Ieuan Llwyd o Lyn Aeron.[37] Defnyddir y geiriau hyn i gyd gan Ddafydd gydag ergyd negyddol, fel y gwelir ym mhennod 4. Mwy o syndod yw'r geiriau sy'n digwydd am y tro cyntaf mewn cerddi dychan ond a ddefnyddir gan Ddafydd mewn ystyr gadarnhaol, sef *darn* am yr wylan (45.4),[38] *min* yn aml iawn am wefusau cariadon[39] a *bach*[40] a geir yn ddilornus yn llysenw gŵr Morfudd y Bwa Bach, ond â chryn anwyldeb am ferched a chreaduriaid eraill. Gair o gywair gwahanol sy'n digwydd am y tro cyntaf yn englynion dychan Casnodyn yw *gwladaidd*,[41] os cywir y dyb mai calc ydyw ar y Ffrangeg *paysan* (gw. pen. 8), a bu hwn a'i darddeiriau'n fodd i Ddafydd fynegi dirmyg yr uchelwr tuag at daeogion.

Yn Llyfr Coch Hergest y diogelwyd yr ymryson rhwng Casnodyn a Thrahaearn Brydydd Mawr, ymhlith corff mawr o ganu dychan a roddwyd ar glawr am y tro cyntaf yn y llawysgrif honno (er bod ambell gerdd o natur gyffelyb yn nhrydedd haen Hendregadredd). Efallai mai trwy gyfrwng perfformiad llafar y daeth Dafydd yn gyfarwydd â'r cerddi, a'i fod yn eu hefelychu wrth ganu ei awdl ddychan i Rys Meigen (cerdd 31). Un arall o awduron canu dychan y Llyfr Coch y gallai Dafydd fod wedi ei adnabod yng Nglyn Aeron yw Llywelyn Ddu ab y Pastard, a gwelwn yntau hefyd yn tynnu ar haen o iaith lafar gydag *ellyll*,[42] gair y gwnaeth Dafydd dipyn o ddefnydd ohono.

Mae'r canu dychan yn un arwydd o ansefydlogrwydd a newid yn y traddodiad barddol yn hanner cyntaf y bedwaredd ganrif ar ddeg. Ymgais i osod safonau newydd, o ran crefft ac o ran moesoldeb y canu, oedd y gramadeg barddol a luniwyd yn y 1320au, yn ôl pob tebyg, gan Einion Offeiriad ac a ddiwygiwyd tua 1330 gan Ddafydd Ddu o Hiraddug. Gwŷr eglwysig oedd y ddau awdur, a cheidwadol ar y cyfan oedd eu hagwedd at gerdd dafod, yn enwedig o ran yr anghymeradwyaeth o ddychan. Mae awdl Einion i'w noddwr Syr Rhys ap Gruffudd yn efelychiad hynod gywrain o arddull draddodiadol y canu mawl (er bod ynddi ddau fesur newydd).[43] Serch hynny, mae llawer o'r penillion enghreifftiol yn ei ramadeg wedi eu tynnu o gerddi serch, a gellir bod yn bur sicr iddynt ddylanwadu ar Ddafydd ap Gwilym gan ei fod yn adleisio rhai ohonynt yn ei waith.[44] Unwaith eto, cartref Ieuan Llwyd ac Angharad yw'r lleoliad mwyaf tebygol ar gyfer y dylanwad hwn, yn rhannol am fod gan Einion dir yn yr un ardal, ac yn arbennig am fod pump o'r penillion yn enwi rhyw Angharad, sef, mae'n weddol sicr, gwraig Ieuan Llwyd.[45] Er na ellir cysylltu unrhyw gopi llawysgrif o'r gramadeg â Glyn Aeron, mae'n bosibl bod testun ohono ar blygion sydd bellach ar goll o Lyfr Gwyn Rhydderch (ac a fu wedyn yn ffynhonnell ar gyfer fersiwn Llyfr Coch Hergest), neu mewn llawysgrif ar wahân.[46]

Gwelir ym mhenillion enghreifftiol y gramadeg lawer o themâu canolog cerddi Dafydd, a'r rheini'n nodweddiadol o serch cwrtais Ewrop, megis anhunedd a phoenau'r carwr, oed y cariadon yn y goedwig a chaneuon yr adar yn cyfleu teimladau'r bardd. O ran ieithwedd, mae'r penillion ar y mesurau traddodiadol yn glasurol eu mynegiant ar y cyfan, ond gydag elfennau cyfoes hefyd, fel y gair *hoyw* (gw. pen. 8) sy'n cyfleu disgleirdeb Angharad yn yr englyn proest hwn, lle gwelir hefyd thema ynfydrwydd y carwr:

> Angharad, hoyw leuad liw,
> Yng nghuriaith lewychwaith law,
> Wyf o'th gariad, glwyfgad glew,
> Ynfyd drwy benyd i'm byw.[47]

Ar y llaw arall gwelir iaith symlach o lawer yn yr enghreifftiau o fesurau nas defnyddiwyd gan Feirdd y Tywysogion, fel y darn hwn o awdl-gywydd digynghanedd sy'n pledio rhagoriaeth yr ysgolhaig fel carwr gyda rhagfarnau cymdeithasol a fyddai wrth fodd calon Dafydd, gan gynnwys yr enghraifft gynharaf o *diwladaidd* 'cwrtais':

> O gwrthody, liw ewyn,
> Gwas difelyn gudynnau,
> Yn ddiwladaidd, da ei lên,
> A'i awen yn ei lyfrau,
> Cael yt filain aradrgaeth,
> Yn waethwaeth ei gyneddfau.[48]

Peth arall sy'n tystio i'r argraff a wnaeth y gramadeg barddol ar Ddafydd yw ei ddefnydd o'r gair *dwned* 'gramadeg' yn drosiad am ei ewythr: *Llyfr dwned Dyfed* (5.1). Tardda *dwned* trwy'r Saesneg *donet* o enw'r gramadegydd Lladin Donatus, ac er na cheir y gair yn y gramadegau eu hunain tan ganol y bymthegfed ganrif,[49] ni all fod amheuaeth beth yw sail y trosiad, yn enwedig o gofio disgrifiad Dafydd o'i ewythr fel *prydydd, ieithydd* (6.12).

Roedd y gramadeg hefyd yn bwysig fel gwaith rhyddiaith yn ymdrin â materion dysgedig ac athronyddol, a chyfrannodd i ddatblygiad yr iaith trwy ei ddull manwl o ddiffinio a gwahaniaethu, a'r defnydd helaeth o enwau haniaethol. Byddai Dafydd yn sicr wedi ymddiddori yn yr adran ar 'pa ffurf y moler pob peth', ac yn enwedig ym mhriodoleddau canmoladwy merch ddibriod:

> Riein a uolir o bryt, a thegwch, a chymhendawt, a disymylder, ac eglurder mod a deuodeu, a haelyoni, a diweirdeb, a molyanrwyd, a

boned, a lletneisrwyd, a charedicrwyd, ac idi y perthyn serch a charyat.[50]

Mae'r rhan o'r trioedd cerdd yn y gramadeg sy'n manylu ar y tri dosbarth o feirdd yn gymorth i ddehongli defnydd Dafydd o derminoleg y grefft:

Tri ryw gerdwr yssyd: clerwr, teuluwr, a phrydyd.
Tri pheth a berthynant ar glerwr: ymbil, a goganu, a gwarthrudaw.
Tri pheth a berthynant ar deuluwr: kyuanhedu, a haelyoni, ac eruyn da yn deulueid heb rwy ymbil amdanaw.
Tri pheth a berthynant ar brydyd: clotuori, a digryfhau, a gwrthneu gogangerd.[51]

Defnyddia Dafydd y term *prydydd* (< *prydu* 'llunio, barddoni') amdano'i hun nifer o weithiau, yn enwedig yng nghyd-destun clodfori (e.e. 12.14 am Ifor Hael, a 119.2 am Forfudd), a dengys dosbarthiad y gramadeg arwyddocâd y term am ei ewythr yn 6.12. Ond yn ei ymddiddan â'r brawd llwyd mae Dafydd yn amodi'r term gydag *eilun* 'rhith', gan gyfaddef mai *eilun prydydd oeddwn* (148.8).[52] Ac yn ei gondemniad deifiol o waith y beirdd mae'r brawd yn mynd i'r eithaf arall gan ddefnyddio'r enw torfol *clêr* a oedd yn sail i ffurf unigol y gramadeg:

Nid oes o'ch cerdd chwi, y glêr,
Ond truth* a lleisiau ofer,   *celwydd
Ac annog gwŷr a gwragedd
I bechod ac anwiredd. (148.29–32)

Yr un naws sydd i'r gair yma ag yn y testun crefyddol *Elucidarium* yn Llyfr yr Ancr, lle mae'n cyfieithu'r Lladin *ioculatores*, sef y math isaf o ddiddanwyr:

Pa obeith yssyd yr gler. Nyt oes yr vn. Kannys oe holl ynni ymaent yn gwassanaethu y diawl.[53]

Digwydd *clêr* gydag ergyd negyddol mewn mannau eraill yng ngherddi Dafydd, am Rys Meigen (31.74), am ddatgeiniaid (107.11, lle mae'n odli ag *ofer* eto) a'r ansoddair *clerwraidd* am fardd iselradd (8.33). Ond fe'i ceir hefyd mewn ystyr niwtral am feirdd yn gyffredinol,[54] a'r ferf *clera* 'barddoni am dâl' yn y cywydd mawl i dref Niwbwrch sy'n *lle diofer i glera* (18.11). Felly roedd gan y bardd le i herio'r brawd am ei ddefnydd o derminoleg, gan dynnu sylw at y gyfatebiaeth rhwng eu gweithgareddau:

> Cyn rheitied i mi brydu
> Ag i tithau bregethu,
> A chyn iawned ym glera
> Ag i tithau gardota. (148.53–6)

Ac ychydig yn nes ymlaen yn y gerdd mae'r term anghyffredin *cyfanheddu* 'diddanu' yn adleisio'r disgrifiad o ddyletswyddau'r teuluwr yn y gramadeg:[55]

> Ac amser i bregethu
> Ac amser i gyfanheddu (148.65–6)

Ac eto fel enw haniaethol:

> Cyd caro rhai sancteiddrwydd
> Eraill a gâr gyfanheddrwydd. (148.75–6)

Dyma arwydd clir bod Dafydd yn gweld ei ganu serch yn perthyn i radd y *teuluwr*. Term oedd hwnnw a darddai o *teulu* yn yr hen ystyr 'gosgordd, aelodau llys', gan ddynodi statws bonheddig (cymh. *bardd teulu* y cyfreithiau yn Oes y Tywysogion). Ceir *teuluwyr* ganddo am feirdd serch (19.54), a *teuluwas* amdano'i hun (141.9) ac am Fadog Benfras (19.50). Ac efallai mai cyfeiriad at y trydydd cymal am y teuluwr yw'r disgrifiad o'r iwrch: *Talofyn gwych teuluaidd* (46.11), hynny yw, llatai bonheddig.[56]

Term am fardd iselradd a ddefnyddir gan Ddafydd amdano'i hun wrth ofyn cymod gan Forfudd yw *croesan* (97.30).[57] Mae ergyd negyddol y term yn amlwg yn yr enw haniaethol *croesanaeth* sy'n cyfeirio at ganu dychan ddwywaith (30.53, 31.19) ac yn dynodi anlladrwydd rhywiol yn 141.14. Gellid dadlau fod *croesan* yn ddeublyg yn 97.30, yn hunanfychanol amdano'i hun fel bardd, ond gydag awgrym o anlladrwydd sy'n fodd cynnil o atgoffa Morfudd am y boddhad rhywiol yn eu perthynas.

Llawysgrif arall a oedd yn rhan bwysig o gefndir llenyddol Dafydd ap Gwilym yw Llyfr Gwyn Rhydderch. Cynnyrch Abaty Ystrad-fflur oedd y llawysgrif hon hefyd, yn ôl pob tebyg, y tro hwn ar gomisiwn ar gyfer Rhydderch ab Ieuan Llwyd, gŵr y canodd Dafydd ffug-farwnad iddo (cerdd 10). Mae'r cyswllt daearyddol a phersonol yn ddiamau, a'r unig broblem yw dyddiad y llawysgrif. Roedd Rhydderch ryw ddeng mlynedd yn iau na Dafydd, ac o dderbyn y dyddiad tua 1350 a gynigir gan Daniel Huws ar gyfer llunio'r llawysgrif mae'n amheus a oedd y Llyfr Gwyn ar gael yn ddigon buan i fod yn ddylanwad ar y bardd.[58] Gan nad yw'r dyddiad hwnnw'n un haearnaidd, gellid damcaniaethu fod Dafydd wedi bod yn dyst i'r broses o gasglu cynnwys y Llyfr Gwyn yn y 1340au. A hyd yn oed os na fu i Ddafydd weld y llyfr yn ei ffurf derfynol, mae'n dal yn arwyddocaol fel esiampl o ddiwylliant llawysgrifol y cyfnod a'r math o destunau llenyddol a oedd yn cylchredeg yn yr ardal.

Prif gynnwys y Llyfr Gwyn yw'r chwedlau rhyddiaith, sef *Pedair Cainc y Mabinogi*, y Tair Rhamant a gweddill y *Mabinogion*, ynghyd â chyfieithiadau o chwedlau Ffrangeg cylch Siarlymaen ac *Ystorya Bown de Hamtwn*, a Thrioedd Ynys Prydain y gellir ei weld yn fath o fynegai i'r chwedloniaeth frodorol.[59] Mae ambell gyfeiriad penodol yn ei gerddi yn ddigon i brofi bod Dafydd yn gyfarwydd â rhai o leiaf o'r chwedlau hyn. Y cyfeiriad mwyaf echblyg yw'r un sy'n aralleirio darn yn chwedl Peredur fab Efrog lle mae'r arwr yn gweld gwaed hwyaden farw yn ystaenio'r eira a brân yn ymborthi ar y cig, ac yn cael ei atgoffa o liwiau ei gariadferch.[60] Un gwahaniaeth bach rhwng y gerdd a'r chwedl yw mai mwyalchen yw'r aderyn marw yn y gerdd, nid hwyaden; dichon fod y newid yn fwriadol, ond y mae hefyd yn bosibl bod y bardd yn dibynnu ar ei gof yn sgil clywed y chwedl yn cael ei darllen ar goedd, sef y ffordd y byddai'r mwyafrif o bobl y cyfnod yn profi'r chwedlau.[61]

Enghraifft o gyfeiriad llenyddol lle'r adleisir gair penodol yn y chwedl wreiddiol yw hwn am y ceiliog bronfraith yn 'Offeren y Llwyn':

> Pellennig, Pwyll ei annwyd,
> Pell siwrneiai'r llatai llwyd. (39.7–8)

Digwydd y gair *pellynic* ym *Mabinogi* Pwyll am y teithwyr y cynigiai Rhiannon eu cludo ar ei chefn,[62] ond mae'n bosibl mai cyfeiriad at daith Pwyll ei hun i Annwfn sydd yma. Ceir yr un cyfuniad geiriol mewn cywydd arall, 110.27–30, lle chwareir ar *pwyll* fel enw cyffredin ac fel enw priod (gw. y drafodaeth ym mhen. 9).

O ran dylanwad cyffredinol, un elfen bwysig yn ieithwedd y chwedlau fyddai'r termau a ddynodai statws cymdeithasol, yn ansoddeiriau fel *mwyn*, *disyml* a *dyledawg*, ac yn enwau am arglwyddi fel y ddau hyn mewn llinell am Lywelyn ap Gwilym sydd eto'n dwyn i gof y *Pedair Cainc*:

> Pendefig, gwledig gwlad hud—is dwfn (6.21)[63]

Hoff driawd y beirdd mawl oedd y 'Tri Hael', ac mae digon o gynseiliau yn y traddodiad mawl i'r arfer o ychwanegu enw noddwr yn bedwerydd, fel y gwnaeth Dafydd i Ifor gan ddatgan:

> Rhoddaf yt brifenw Rhydderch. (13.14)

Ond fel y sylwodd R. Geraint Gruffydd,[64] mae'r arfer o ychwanegu Arthur yn bedwerydd sy'n rhagori ar y tri traddodiadol yn amlwg yn y casgliad o Drioedd yn Llyfr Gwyn Rhydderch, a dichon mai yn y fan honno y cafodd Dafydd y syniad o ychwanegu ei gariad i'r triawd 'Teir Gwraged a gauas pryt Eua' (TYP triawd 50).[65] Mae teitl y triawd, gan gynnwys yr union ffurf ferfol, wedi ei fydryddu yn llinellau agoriadol y cywydd 'Merch Ragorol':

> Tair gwragedd â'u gwedd fal gwawn
> A gafas yn gwbl gyfiawn
> Pryd cain, pan fu'r damwain da,
> A roes Duw Nef ar Efa. (130.1–4)[66]

Mae'n bosibl mai trioedd y Llyfr Gwyn oedd ffynhonnell Dafydd ar gyfer y gair hynafol *rhuddfoawg* (108.8), a byddai enghreifftiau eraill ar gael iddo yng ngherddi Llawysgrif Hendregadredd (gw. pen. 3). Ar y llaw arall, mae *ellyll*, gair llafar ei naws a gofnodwyd am y tro cyntaf yng ngherddi Dafydd, i'w weld yn nheitlau dau driawd newydd yng nghasgliad y Llyfr Gwyn, 'Tri Tharw Ellyll' a 'Tri Gwyd Ellyll' (TYP 63, 64, gw. pen. 4).

Yn y ffug-farwnad i Rydderch cymherir galar Llywelyn â galar Amlyn am ei gyfaill Amig (10.15–16), sef cyfeiriad at chwedl Ewropeaidd a oedd yn *exemplum* o gyfeillgarwch ffyddlon. Cyf-ieithiwyd *Kedymdeithyas Amlyn ac Amic* o'r Lladin yn gynnar yn y bedwaredd ganrif ar ddeg, a chadwyd y testun cynharaf ohono yn Llyfr Coch Hergest tua diwedd y ganrif,[67] ond tybed a oedd ar un o blygion coll y Llyfr Gwyn ac mai dyna pam y cyfeiriodd Dafydd at y chwedl yn ei farwnad i berchennog y llawysgrif? Gellid cynnig dadl debyg am *Chwedleu Seith Doethon Rufein*, y cyfeiriodd Dafydd atynt ddwywaith fel safon o ddoethineb.[68]

Testunau crefyddol a dysgedig sydd yn rhan gyntaf Llyfr Gwyn Rhydderch fel y mae heddiw, a lluniwyd casgliad pwysig arall o ddeunydd crefyddol yn 1346 gan un o ysgrifwyr y Llyfr Gwyn, sef y llawysgrif a elwir 'Llyfr Ancr Llanddewibrefi', a gomisiynwyd gan Gruffudd ap Llywelyn o Rydodyn yn sir Gaerfyrddin.[69] Cynhwysai'r ddau lyfr hyn nifer o draethodau'n egluro pwyntiau sylfaenol y ffydd, *Purdan Padrig*, a bucheddau Dewi, Beuno a nifer o santesau, a'r cwbl yn gyfieithiadau o'r Lladin yn bennaf. Y tebyg yw mai o Abaty Ystrad-fflur y tarddodd y rhan fwyaf o'r deunydd hyn yn y pen draw, a dichon i Ddafydd weld rhywfaint ohono yno yn ei ieuenctid. Er na ddisgwylid i gynnwys y gweithiau crefyddol hyn fod yn ysbrydoliaeth i farddoniaeth Dafydd ap Gwilym, mae lle i gredu iddynt ddylanwadu ar ei eirfa.

Mae nifer o eiriau newydd yn gyffredin rhwng Llyfr yr Ancr a cherddi Dafydd. Termau crefyddol yw rhai ohonynt (gw. pen. 8), sef *caniadaeth, gras, lleian, seilm* a *llith*.[70] Mae eraill yn dermau dysgedig mwy cyffredinol eu defnydd, fel *clêr* a nodwyd uchod, *metel, solans* (cymh. *solas* 14.40), *wermod, ysgrowling* 'glud' (54.62) a *rhuddell* 'gwinau' a geir ddwywaith yn y disgrifiad o bryd Crist yn Llyfr yr Ancr a chan Ddafydd am lygaid Angharad o Lyn Aeron (122.37).[71] Gair cyntaf y gerdd orchestol honno yw'r term moesegol *cynghorfynt* 'cenfigen' a geir nifer o weithiau yn Llyfr yr Ancr a hefyd yn nhrydedd gainc y *Mabinogi* a dau destun arall yn y Llyfr Gwyn.[72] A'r pwysicaf o'r geiriau newydd hyn yng ngwaith Dafydd yw *natur*,[73] benthyciad o'r Ffrangeg neu'r Saesneg *nature* 'anian', a ddefnyddir ganddo am y gwynt (*natur ebrwydd, sych natur* 47.35, 37), am y mab maeth (*natur gŵyl* 77.34), am y bardd ei hun (*natur drwg* 132.20) ac am fedd Rhydderch (*natur boen* 10.29).[74] Gan fod *natur* yn air mor gyffredin heddiw, mae angen ymdrech i werthfawrogi newydd-deb y gair dysgedig hwn.

Elfen bwysig yn iaith Dafydd ap Gwilym yw'r eirfa gyfreithiol, fel y gwelir ym mhennod 8. Roedd traddodiad llawysgrifol cryf ym maes Cyfraith Hywel o'r drydedd ganrif ar ddeg ymlaen, ac er nad oes llawysgrifau penodol y gellir tybio i Ddafydd eu gweld, diau iddo gael digon o gyfle i weld testunau ysgrifenedig trwy law ei ewythr, Llywelyn ap Gwilym, ac yn nes ymlaen trwy Rydderch ab Ieuan Llwyd.[75] Ac mae'r un peth yn wir am weithiau hanesyddol, *Brut y Brenhinedd* a *Brut y Tywysogion*, a ymgorfforai draddodiad y gallai Dafydd dynnu arno am eirfa wleidyddol megis *brenhiniaeth* a *tywysogaeth*, dau derm a ddefnyddir yn ffigurol yn ei ganu serch (72.48, 120.39, 98.12, 111.22).

Mae diarhebion yn achos arbennig gan fod i o leiaf rai ohonynt fodolaeth ar lafar gwlad yn ogystal ag mewn casgliadau ysgrifenedig, gan gynnwys un yn Llyfr Gwyn Rhydderch.[76] Pa fodd bynnag yr oedd Dafydd yn gyfarwydd â diarhebion, roeddent yn elfen bwysig yn ei gefndir llenyddol am eu bod yn cynnwys tipyn o eirfa sathredig ei naws, fel *baw*, *tam* a *cont*, tri gair a gofnodwyd am y tro cyntaf mewn casgliadau o'r drydedd ganrif ar ddeg.[77] Dyma gipolwg ar y cywair llafar a ddaeth i'r amlwg yng ngherddi Dafydd, fel y gwelir ym mhennod 4, mewn cyferbyniad ag ieithwedd lenyddol a dysgedig y rhan fwyaf o'r llawysgrifau a fu dan sylw yn y bennod hon.

2

Crefft Cerdd Dafod

Roedd gofynion mydryddol yn ffactor a effeithiai'n fawr ar ieithwedd y cerddi, fel cyfyngiad a hefyd fel ysgogiad i amlhau ffurfiau a chyfystyron ac i ehangu cwmpas yr iaith. Gellir canfod tyndra parhaus yng ngwaith Dafydd ap Gwilym rhwng caethiwed a rhyddid, rhwng gorchest a ffurfioldeb ar y naill law, a symlder anffurfiol ar y llall. Ar un olwg roedd hyn yn fater o gyferbyniad rhwng yr hen a'r newydd, a'r cywydd yn gyfrwng symlach a mwy hyblyg na'r hen awdlau, ond mae'r un tyndra rhwng y ddau begwn i'w weld o fewn y cywydd ei hun hefyd.

Mesurau

Yn y cerddi ar fesurau'r awdl a'r englyn y gwelir crefft fwyaf cywrain Dafydd, ac mae'r elfen o orchest ynddynt yn fwy hyd yn oed nag yng ngherddi Beirdd y Tywysogion. O'r saith awdl a geir ganddo, un yn unig, cerdd 7, sydd yn yr hen ddull, sef darn ar un mesur ac un odl. Ceir englynion unodl union ar ddechrau'r chwe awdl arall (cerddi 5, 8, 9, 11, 17 a 31), dull a ddaeth yn gyffredin yn rhan gyntaf y bedwaredd ganrif ar ddeg.[1] Yn yr awdl i Ifor Hael (11) mae'r pedwar englyn ar yr un odl â'r toddeidiau sy'n dilyn, sef *-or*, er mwyn pwysleisio enw'r gwrthrych, ac yn yr awdl ddychan i Rys Meigen (31) ceir un ar bymtheg o englynion ar yr odl *-ai*, gorchest fawr ynddi'i hun, diau er mwyn cryfhau ergyd y dychan a phrofi rhagoriaeth y bardd dros y clerwr iselradd.

Prif gorff yr awdl yw'r darnau unodl estynedig, a'r mesur mwyaf cyffredin yn y rhain yw'r toddaid, gydag odl gyrch bob yn ail linell. Dyma enghraifft o'r awdl farwnad i Angharad, lle mae'r brifodl yn arwain at enw'r gwrthrych yn y llinell olaf:

> Gwedd, dig argywedd*, deigr gawad—a'i gwlych,   *niwed
> Gwyrdd fy ngrudd a chrych, fawrnych farwnad.
> Gwenwyn ym ei chŵyn, ni chad—o'm ystlys,
> Gwanas* gywirlys, gŵn ysgarlad.   *cynheiliad
> Gwaith drwg i olwg fyddai wyliad—caeth,
> Gwaeth, cyfyng hiraeth, cof Angharad. (9.75–80)

Yr unig fesur arall a geir ganddo yw gwawdodyn byr, sy'n gyfuniad o gwpled nawban a thoddaid ym mhob pennill. Dyma ddau bennill olaf yr awdl i Ieuan Llwyd ab Ieuan Fwyaf, lle mae'r odl yn cynhyrchu nifer o eiriau haniaethol:

> Dibwl, difygwl* bendefigaeth,   *di-ofn
> Diball, dyn arall nid un wriaeth,
> Difai, dôr erfai*, dewr arfaeth—drudchwyrn,   *gwych
> Difan* aur dëyrn dwfn wrdaaeth.   *di-fai
>
> Da fygylarf* gwŷr, Lŷr filwriaeth,   *arf sy'n dychryn
> Difygylodd* fi, da fugeiliaeth.   *gwnaeth yn ddi-ofn
> Dwbled ym, rym rwymedigaeth—llurig
> Dyblig, mad edmig*, yw'r mau dadmaeth. (7.41–8) *anrhydedd

Yn ogystal â'r englynion sy'n rhan o awdlau, fe geir pedair cyfres o englynion sy'n ffurfio cerddi annibynnol, ac yn eu plith y mae dwy o gerddi mwyaf gorchestol Dafydd, sef 'I'r Grog o Gaer' (1) sy'n cynnwys pump a deugain o englynion unodl union fel y saif ac yn ôl pob tebyg hanner cant yn wreiddiol, a 'Marwnad Llywelyn ap Gwilym' (6) sy'n cynnwys pymtheg ar hugain o englynion unodl union a phroest. Cynhelir yr un odl dros nifer o englynion o fewn y ddwy gyfres hyn. Cyfresi byrrach a symlach yw 'Englynion yr Anima Christi' (2) ac 'Englynion i Ifor Hael' (12).

Yr eithaf arall o ran symlder mesur yw'r traethodl, y ceir un esiampl ohono yng ngwaith Dafydd, 'Y Bardd a'r Brawd Llwyd'

(148), yn ogystal ag ambell un arall ymhlith cerddi'r apocryffa.[2] Nid oedd y traethodl yn un o'r pedwar mesur ar hugain swyddogol, ond gellir edrych arno fel ffurf gyntefig ar y cywydd. Cwpledi odledig o linellau seithsill yw sylfaen y ddau fesur, ond nad oedd trefn arbennig ar aceniad odlau'r traethodl, ac nad oedd cynghanedd yn ofynnol ynddo o gwbl.[3] Roedd y mesur plaen hwn yn addas iawn ar gyfer cyflwyno dadl ffurfiol ar ffurf ymddiddan, gan ganiatáu cyferbynnu pwrpasol fel y gwelwyd wrth drafod terminoleg lenyddol y gerdd yn y bennod flaenorol (e.e. y cyfochredd rhwng *sancteiddrwydd* a *cyfanheddrwydd* yn 148.75–6).

Mae'n debyg mai o dan ddylanwad esgyll yr englyn unodl union y trefnwyd odlau'r cywydd deuair hirion – a rhoi iddo ei enw llawn – yn acennog a diacen am yn ail. Hyd yn oed gyda hynny o gyfyngiad, roedd y mesur yn dal i fod yn ysgafnach o lawer na mesurau'r awdl am fod y brifodl yn newid gyda phob cwpled ac felly nad oedd angen stôr o eiriau gyda'r un terfyniad er mwyn canu arno.

Enghraifft o'r dynfa at gaethiwed a chymhlethdod yng ngwaith Dafydd yw'r dewis a wnaeth ar ddau achlysur i ganu cywydd cyfan ar un odl, hynny yw yr un fath ag awdl. Cywyddau sy'n dathlu'r haf yw'r ddau, sef 'Mis Mai' (32) ac 'Yr Haf' (34), ac mae enwau'r mis a'r tymor yn ffurfio'r odl acennog yn ail linell pob cwpled. Er bod canfod digon o odlau diacen yn gryn her, mae terfyniadau berfol yn gymorth hawdd ei gael yn y ddau gywydd, ac mae geiriau thematig yn y ddau a fyddai'n elfen yn y dewis cychwynnol o brifodl, sef *mwnai* sy'n cyfleu delweddaeth cyfoeth am fis Mai (32.11), ac *Addaf* sy'n cyflwyno thema'r haf fel paradwys (34.1). Dengys y darn hwn y modd y mae enw'r tymor yn canu fel y gloch osber ar ddiwedd pob cwpled, a hefyd y naws egnïol a dathliadol a greir gan y berfau person cyntaf a gradd eithaf ansoddeiriau:

> Deune geirw, dyn a garaf
> Dan frig, a'i rhyfig yw'r haf.
> Cog yn serchog, os archaf,
> A gân ddiwedd huan* haf,   *heulwen
> Glasgain edn, glwys ganiadaf,
> Gloch osber am hanner haf.
> Bangaw* lais eos dlosaf,   *huawdl
> Pwyntus hy mewn pentis haf,

Ceiliog, o frwydr y ciliaf,
Y fronfraith hoyw fabiaith haf,
Dyn Ofydd, hirddydd harddaf,
A draidd, gair hyfaidd*, yr haf. (34.19–30)   *beiddgar

Cymeriad

Er nad yn hanfod strwythurol mewn mesur, roedd clymu dechrau llinellau ynghyd trwy ailadrodd yr un sain, sef cymeriad dechreuol, yn nodwedd ar awdlau Beirdd y Tywysogion, ac felly hefyd ar awdlau Dafydd ei hun fel y gwelir yn y dyfyniadau uchod.[4] Gorchestion trawiadol yw'r cymeriad ar *ll*- a gynhelir ar hyd yr awdl i Lywelyn ap Gwilym (5) a'r un ar *g*- yn nhoddeidiau'r awdl i Angharad (9); mwy cymesur yw'r tri gwahanol gymeriad sy'n rhannu penillion yr awdl i Ieuan Llwyd (7) yn dri grŵp o bedwar.

Mae cymeriad yn un o addurniadau'r awdl a ddefnyddiwyd er mwyn dyrchafu mesur y cywydd. Er mai'r cwbl a oedd yn ofynnol yn ôl y rheolau oedd clymu dwy linell y cwpled ynghyd trwy gymeriad (fel y gwelir yn y darn o 'Yr Haf' uchod), mae cywyddau Dafydd yn llawn o gyfresi lle mae'r cymeriad yn ymestyn ymhell y tu hwnt i ffiniau'r cwpled, yn enwedig mewn darnau disgrifiadol lle nad oes fawr o gyswllt cystrawennol rhwng y llinellau. Y gorchestion mwyaf yw'r ddau gywydd sy'n cynnal yr un cymeriad ar eu hyd, un i Ddyddgu (89) ar *d*- ac un i Forfudd (103) ar *h*-. Yn y ddau achos mae'r geiriau sy'n ffurfio'r cymeriadau yn pendilio rhwng mawl a chŵyn: *hoyw, hael, hudoles, hawdd, heddwch* am Forfudd, a *heinus, herwr, hiraeth, hual* am gyflwr y bardd yn yr ail gywydd.

Yr unig beth angenrheidiol i greu cymeriad oedd cyfatebiaeth rhwng cytseiniaid dechreuol y llinellau (neu rhwng cytsain a llafariad), sef yr hyn a elwir yn gymeriad llythrennol. Ond yn aml iawn bydd y gyfatebiaeth yn ymestyn i'r cytseiniaid dilynol gan greu cymeriad cynganeddol rhwng geiriau cyntaf y llinellau, fel yn y cwpled hwn sy'n dangos strwythur seinegol cyffredin:

Hualwyd, cadwynwyd cof,
Haul y dawn, hoelied ynof. (131.43–4)

Gan fod cymeriad cynganeddol rhwng y ddwy linell, a bod cynghanedd groes yn yr ail, mae gair cyntaf y cwpled hefyd yn cynganeddu â'r gair ar ddechrau ail hanner yr ail linell, gan ddanlinellu'r cyswllt ystyr rhwng y ddwy ferf yn yr achos hwn. Ac mae'r gynghanedd sain yn y llinell gyntaf yn fodd i osgoi undonedd o ran cynganeddiad y cwpled.[5]

Mae'r cymeriad cynganeddol yng nghwpled agoriadol 'Mawl i'r Haf' yn cysylltu'r geiriau allweddol *tad* a *tadwys* yn yr un math o berthynas drionglog:

Tydi'r haf, tad y rhyfig,
Tadwys, ced brywys*, coed brig (35.1–2)   *anrheg wych

Ymestynna'r cymeriad llythrennol *t*- dros wyth llinell gyntaf y cywydd, gan gynnwys y termau pensaernïol *tŵr* a *tyddyn*, a gellid dadlau ei fod yn sefydlu sain thematig ar gyfer y gerdd gyfan sy'n cwmpasu *twf, tadmaeth* a *teml* (9, 14, 19, 20) ac efallai y ffurfiau treigledig *dyfu* a *deyrn* (38 a 49), ac yn dychwelyd gyda llais awdurdodol yr haf ei hun ac uchafbwynt y teitl mawreddog *tywysog*:

'Taw, fawlfardd, tau ofalfydr,
Taw, fost feistrol hudol hydr.
Tynghedfen ym, rym ramant,
Tywysog wyf,' tes a gant (35.31–4)

Cynghanedd

Elfen arall o addurn a drosglwyddwyd o'r awdlau a'r englynion er mwyn dyrchafu statws y cywydd, yn ôl pob tebyg, yw'r gynghanedd. Llawn iawn, a gorchestol yn aml, yw cynganeddiad yr awdlau a'r englynion.[6] Dyma enghraifft o gynghanedd sain ddwbl yn ail linell toddaid o'r awdl i Lywelyn ap Gwilym, lle mae *ffrwythdud* yn gweithredu fel gair olaf y gynghanedd gyntaf a gair cyntaf yr ail gynghanedd:[7]

Llawnaf, dianaf, daioni—mynud*,   *cwrtais
Lluniaeth ffraeth, ffrwythdud*, glud glodfori. (5.31–2) *gwlad ffrwythlon

Yn y llinell hon o 'Y Cleddyf' gellir dadlau bod y gynghanedd orchestol yn atgyfnerthu ymhoniad arwrol y bardd ac yn cyd-fynd â'r ieithwedd draddodiadol:

Coelfain* brain brwydr, treiglgrwydr trin (71.27)   *gwobrwywr

Ar y llaw arall, digynghanedd yw'r esiampl o gywydd deuair hirion yn y gramadeg, ac fe geir rhai llinellau digynghanedd, neu anghyflawn eu cynghanedd,[8] yn ambell un o gywyddau Dafydd, megis 'Y Seren' (50) a 'Merched Llanbadarn' (137). Mae'n bosibl bod y ddwy hyn yn gerddi cynnar, ond eto fe welir defnydd strategol o linellau digynghanedd i ddynodi trobwyntiau allweddol mewn cerddi eraill sydd yn sicr yn perthyn i gyfnod diweddarach yn ei yrfa. Yn 'Dyddgu a Morfudd' ceir cyferbyniad chwyrn rhwng y paragraff o fawl addurnedig i Ddyddgu a'r llinell ryddieithol hon:

    Nid felly y mae Morfudd,
    Ond fal hyn, faroryn rhudd (92.17–18)

Mae'n debyg bod Dafydd yn manteisio yma ar oddefiad yng nghyfnod cynnar y cywydd yn caniatáu llinell ddigynghanedd ym mraich gyntaf y cwpled,[9] ond mae dechrau'r ail linell yr un mor blaen, ac megis er ei waethaf y daw cynghanedd sain iddi yn sgil y ddelwedd sy'n cyfleu natur angerddol y ferch hon. Mae crefft y cwpled yn ddrych, felly, i ddeuoliaeth agwedd Dafydd tuag at Forfudd. A gwelir yr un patrwm yn union yn 'Morfudd fel yr Haul'. Yn dilyn paragraff agoriadol cywrain yn moli lliw disglair Morfudd, wrth droi i gwyno am ei hanwadalrwydd cawn y cwpled hwn:

    Mawr yw ei thwyll a'i hystryw,
    Mwy no dim, a'm enaid yw. (111.15–16)

Unwaith eto mae llinell gyntaf y cwpled yn hollol ddigynghanedd, ac adferir cynghanedd yn yr ail gan gyfaddefiad o'r dynfa anorfod ati. Ac efallai y gellir canfod yr un patrwm ar raddfa ehangach yn 'Yr Euryches', cywydd sy'n diolch i Forfudd am rodd o gae bedw. Cyflwynir y ddelwedd thematig gan y gair cyntaf un, ond mewn llinell sy'n ddigynghanedd:

Euryches y cae mangoed (94.1)

Digwydd yr un gair eto ychydig yn nes ymlaen yn y gerdd, a'r tro hwn saif yn y bwlch rhwng dau ben cynghanedd draws:

A'm cain euryches ni'm cawdd* (94.11)   *digia

Rhaid aros hyd llinell olaf y gerdd cyn cael y gair wedi ei gynganeddu. Techneg a welid yn yr awdlau oedd ailadrodd gair cyntaf cerdd ar ei diwedd, neu ar ddiwedd rhan ohoni,[10] ond y pwynt arbennig yma yw bod llinell olaf y gerdd yn cwblhau potensial cynganeddol y gair, a hynny yn briodol ddigon trwy gyfeirio at y gyfathrach rywiol yr oedd y rhodd megis yn ernes ohoni:

Gwyn ei fyd y gwan a fai –
Eurai fy llaw ar fy lles –
Ar uchaf ei euryches. (94.38–40)

Dibynnai'r defnydd strategol o linellau digynghanedd ar gyferbyniad rhwng eithafion crefft, a'r gallu i amrywio rhyngddynt, peth nad oedd yn bosibl yng nghyfnod diweddarach y cywydd pan oedd safonau'r grefft yn fwy cyson ac anhyblyg.[11] Fel yn achos datblygiadau ieithyddol ei gyfnod, gwelir Dafydd yn achub ar gyfle a fodolai dros dro i greu gwrthgyferbyniad er mwyn effaith gelfyddydol.

Mae'r mwyafrif mawr o gywyddau Dafydd yn gyflawn eu cynganeddiad, ond mae'r mathau o gynganeddion yn amrywio o'r ysgafnaf a phlaenaf posibl i'r rhai mwyaf cymhleth a chelfydd, fel y gwelir yn y darn hwn o 'Cyngor y Bioden':

Myn y nef, yr oedd hefyd
Y bi, ffelaf* edn o'r byd,   *cyfrwysaf
Yn adeilad, brad brydferth,

Ym mhengrychedd* perfedd perth,   *drysni
O ddail a phriddgalch, balch borth,
A'i chymar yn ei chymorth. (36.27–32)

Mae'r odl lusg rhwng *nef* a *hefyd* yn y llinell gyntaf yn fodd i glymu ebychiad dramatig i mewn i rediad y naratif heb golli'r blas sgyrsiol,[12] ac mae'r gynghanedd draws ysgafn (traws fantach) rhwng *bi* a *byd* yn nau ben yr ail linell yn gadael digon o le ar gyfer y disgrifiad crafog *ffelaf edn*.[13] Wedyn daw tair cynghanedd sain yn olynol sy'n llenwi'r llinellau trwy gyfuniad o odlau a chyseinedd, gan fanylu ar weithgaredd y bioden. Cloir y frawddeg yn daclus gan gynghanedd groes gytbwys ddiacen, un amlwg ond heb fod mor drwm ei heffaith â'r cynganeddion sain.

Mae'r gyfran o gynghanedd sain yn y darn hwn yn nodweddiadol o gywyddau Dafydd a'i gyfoeswyr (er nad yw bob amser cyn uched â 50 y cant), ac yn sicr mae'n ffrwyth dylanwad yr awdl ar gynganeddiad y cywydd.[14] Gan mai cadwyno trwy odl a chyseinedd a wneid yn y gynghanedd sain, hawdd oedd cynnwys gair cyfansawdd neu haniaethol yn y safle cyntaf neu'r ail, fel *pengrychedd* a *priddgalch* yma, ac fel *tywysogaeth* yn y ddwy linell hyn am Forfudd sy'n manteisio ar y rhyddid i ateb cytsain gyntaf gair amlsillafog yn hytrach na'r gytsain acennog, sef y gynghanedd a elwir yn sain drosgl:

Mamaeth tywysogaeth twyll (98.12 – gw. isod)

Mamaeth tywysogaeth tes (111.22)

Mae effaith y gadwyn yn amlycach fyth mewn cynghanedd sain gadwynog, lle mae'r cyseinedd yn ateb gair sy'n sefyll rhwng y ddwy odl fel bod pedair elfen yn y gynghanedd, fel yn ail linell y cwpled hwn:

Hoywdeg riain a'm hudai,
Hael Forfudd, merch fedydd Mai. (103.1–2)

Cwpled cyntaf un o'r cywyddau sy'n cynnal yr un cymeriad llythrennol ar ei hyd yw hwn, ac felly mae'r pum gair yn yr ail linell wedi eu clymu i'w lle trwy gyfatebiaeth seinegol.

Cymhwyster hollbwysig i'r cynganeddwr oedd y gallu i amrywio ffurfiant geiriau trwy ychwanegu rhagddodiaid ac ôl-ddodiaid a thrwy eu cyfuno yn eiriau cyfansawdd. Gwelir esiamplau trawiadol o'r ddwy dechneg ym mhenodau 6 a 7, a bodlonwn yma ar ddau gwpled o un o'r cerddi i Ifor Hael sy'n dangos crefft gyffredin y cywyddwr. Yn hwn ffurfir odlau'r gynghanedd sain yn y llinell gyntaf gan ddau ansoddair yn y radd eithaf (ac *euraf* 'mwyaf buddiol' yn ddefnydd anghyffredin), ac mae'r rhagddodiad negyddol yn fodd i roi ystyr gadarnhaol i'r ansoddair *dieiddil* sy'n ffurfio gair cyfansawdd gyda *gŵr* i roi aceniad priodol i'r gynghanedd groes a'r brifodl yn yr ail linell:

> Dewraf wyd ac euraf gŵr
> Dy ddilyn, dieiddilwr (13.3–4)

Ac yn y cwpled hwn gwelir dau air cyfansawdd yn cyseinio â'i gilydd i ffurfio ail a thrydedd ran cynghanedd sain gytbwys ddiacen, y naill, *ffrwythlawn*, yn hen air cyffredin, a'r llall, *ffraethlyw*, yn gyfuniad pwrpasol:[15]

> Myfi yw, ffraethlyw ffrwythlawn,
> Maer dy dda, mawr yw dy ddawn. (13.7–8)

Roedd geiriau cyfansawdd o'r math hwn yn rhan o'r addurn a ddyrchafai arddull y cywydd (fel y gwelir yn esiampl y gramadeg), ac yn yr achos hwn maent yn cyferbynnu â'r geiriau unsill sy'n llunio cynghanedd groes gytbwys acennog yn yr ail linell. Gwelir yn y ddau gwpled hyn fel yr oedd aceniad odlau'r cywydd yn annog amrywio rhwng symlder a chymhlethdod o ran ieithwedd.

Y sangiad

Mae'r cwpled uchod hefyd yn cynnwys enghraifft o nodwedd arall ar arddull y cywydd, sef y sangiad. Ymadrodd sy'n torri ar draws prif rediad y frawddeg yw sangiad, fel math o sylwadaeth arni ond heb gyswllt cystrawennol. Felly yn yr achos hwn, y prif osodiad yw *Myfi yw . . . maer dy dda*, ac mae *ffraethlyw ffrwythlawn* yn sangiad sy'n cyfeirio, nid at y bardd ei hun (fel y gellid meddwl), ond at y sawl a gyferchir, sef Ifor. Mae hon hefyd yn esiampl o batrwm cyffredin lle mae dau air y sangiad yn ffurfio ail a thrydedd ran cynghanedd sain, a gellid dadlau bod yr arddull sangiadol yn gyfrifol i raddau am amlder y gynghanedd sain.

Dylid nodi bod modd deall rhai sangiadau fel ymadroddion ansoddeiriol yn disgrifio'r enw o'u blaen yn uniongyrchol, ac mai penderfyniad golygyddol yw gosod coma i'w gwahanu oddi wrth yr hyn sy'n eu rhagflaenu.[16] Er enghraifft, yn llinell olaf yr englyn hwn am Ifor Hael, gellid hepgor y coma a deall *euriaith Ofydd* fel disgrifiad o Ifor, 'yn meddu ar iaith wych Ofydd',[17] yn hytrach nag yn ymadrodd enwol a allai ddynodi iaith y prydydd y cyfeirir ato yn yr ail linell. Eithr yn y drydedd linell mae'n rhaid cymryd *hawddgar hydd* yn sangiad gan ei fod yn torri ar draws y gystrawen *Ofer bedwar . . . wrth Ifor.*

O ufudd-dawd, ffawd a ffydd—a chiried★,   ★elusengarwch
    A charu ei brydydd,
    Ofer bedwar, hawddgar hydd,
    Wrth Ifor, euriaith Ofydd. (12.13–16)

Mae sangiadau gan amlaf yn cydblethu'n esmwyth â'r prif osodiad, gan ei atgyfnerthu ac ymhelaethu arno, ond gallant hefyd dynnu'n groes gan greu barddoniaeth amlweddog. Yng nghwpled olaf 'Mis Mai a Mis Tachwedd' gellir gweld y sangiad yn sylw coeglyd ar y felltith ddi-rym yn y brif frawddeg:

Dêl iddo, rhyw addo rhwydd,
Deuddrwg am ei wladeiddrwydd★. (33.43–4)   ★anghwrteisi

Dyma ateb y bardd i gyhuddiad merch ei fod yn llwfr; italeiddiwyd y sangiadau, a gwelir eu bod yn fodd iddo frolio ei natur fonheddig, i bwysleisio peryglon rhyfel, ac i leoli ei waith fel carwr mentrus:

Cyd bwyf was, *cyweithas*★ *coeth*,   ★tyner
Llwfr yn nhrin, *llawfron*★ *rhynoeth*,   ★mynwes
Nid gwas, *lle bo gwyrddlas gwŷdd*,
Llwfr wyf ar waith llyfr Ofydd. (72.17–20)

Mae'r sangiad *cyweithas coeth* yn gwrthbwyso'r cyfaddefiad o wendid hyd yn oed cyn ei gwblhau. Enghraifft arall o sangiad yn achub y blaen ar rywbeth negyddol yn y llinell ddilynol yw'r darn yn 'Trafferth mewn Tafarn' lle mae'r adroddwr yn sôn am ei lety ac yn prysuro i sicrhau ei gynulleidfa fod hwn, er yn *llety* . . . *cyffredin* (h.y. agored i'r cyhoedd), eto'n *urddedig ddigawn*, hynny yw, yn ddigon urddasol i ddyn o'i statws ef (73.4–6, gw. y dyfyniad ym mhen. 10). Yn 'Trafferth mewn Tafarn' y gwelir y defnydd helaethaf a mwyaf creadigol o sangiadau, at bwrpas digrifwch yn un peth, fel pan ohirir y glec dros bedair llinell yn y frawddeg *Trewais . . . fy nhalcen wrth ben y bwrdd* (73.35–8), ac yn enwedig ar gyfer y sylwadau gan yr adroddwr sy'n agored i'w deall mewn mwy nag un ffordd, fel *balch o febyd fûm* (73.4) lle dibynna'r dehongliad ar ddwy ystyr *balch* (gw. y drafodaeth ar amwysedd yn y gerdd ym mhen. 10).

Gall amwysedd godi gyda sangiad yn sgil ansicrwydd at beth y cyfeirir, ai'r hyn sydd o'i flaen yn y frawddeg ynteu'r hyn sydd ar ei ôl, fel y gwelir yn y cwpled hwn am y seren:

> Hi a ddengys ym heb gudd,
> Em eurfalch, lle mae Morfudd. (50.39–40)

Naturiol, ar yr olwg gyntaf, yw deall y sangiad *em eurfalch* yn gyfeiriad at y seren, sef goddrych y frawddeg, yn enwedig yn sgil y ddelwedd *maen mererid* amdani ychydig linellau'n gynharach. Ond mae cynghanedd yr ail linell yn clymu'r sangiad wrth enw Morfudd, ac mae *em hoywbryd* yn ei disgrifio hithau'n gynharach yn y gerdd. Erbyn cyrraedd diwedd y cwpled mae'n rhaid i'r gwrandäwr, neu'r darllenydd, ailystyried ergyd y sangiad. Mewn gwirionedd mae'r ddeuoliaeth hon yn hanfodol i'r gerdd gan fod delweddaeth meini gwerthfawr yn fodd i uniaethu Morfudd â'r seren, ac felly mae'r sangiad yn cyflawni dwy swyddogaeth yma, gan gyfeirio yn ôl ac ymlaen. Achos mwy cymhleth, am fod ein dealltwriaeth o ystyr y sangiad yn dibynnu ar y gwrthrych y cyfeirir ato, yw *wirion wedd* (80.45) a drafodir fel enghraifft o amwysedd posibl *gwirion* ym mhennod 10.

Math arbennig o sangiadau yw'r rhai a geir mewn cerddi ymddiddan lle mae'r bardd yn annerch y llall yn barchus i'w wyneb ac yna fel petai'n troi i'r neilltu i ddweud pethau dilornus amdano wrth y gynulleidfa. Yr enghraifft gliriaf o hyn yw'r sgwrs â'r bioden. Dylid pwysleisio nad oes dim gwahaniaeth ffurfiol sy'n gymorth i adnabod y math hwn o sangiad, ond dehongliad fel hyn yw'r unig ffordd o wneud synnwyr o'r cymysgedd rhyfedd o gwrteisi a chasineb a welir yn atebion y bardd i'r aderyn (er mai anodd yw bod yn sicr am statws pob sangiad).[18] Yn y darn hwn mynegir ofergoel gyffredin am y bioden yn yr ail linell (a osodir mewn cromfachau yma[19]) a chymerir bod honno i'w llefaru wrth y gynulleidfa:

'Dydi bi, du yw dy big,
(Uffernol edn tra ffyrnig),
Taw â'th sôn, gad fi'n llonydd,
Er mwyn Duw, yma'n y dydd.
Mawrserch ar ddiweirferch dda
A bair ym y berw yma.' (36.41–6)

Yn yr ail ateb mae'r pendilio rhwng y ddau lais yn amlycach:

'Mae i tithau, (gau gymwy*),	*helbul
Swydd faith a llafur sydd fwy:	
Töi nyth fal twyn eithin,	
(Tew fydd crowyn* briwydd crin).	*cawell
Mae yt blu brithddu, cu cyfan,	
(Affan a bryd*, a phen brân).	*wyneb diffaith
Mwtlai* wyd di, mae yt liw teg,	*cymysgliw
(Mae yt lys hagr, mae yt lais hygreg),	
A phob iaith bybyriaith bell	
A ddysgud, breithddu asgell. (36.51–60)	

Yn ganlyniad i'r dull hwn ceir cyferbyniadau chwyrn o ran cyweiriau iaith, er enghraifft rhwng lledneisrwydd *cu cyfan* a chwerwder *affan a bryd*.[20] Tebyg yw'r cyferbyniad rhwng *ŵr hael* ac *anwr hyll* am ei gysgod (63.21, gw. pen. 4). Hawdd dychmygu y gallai'r bardd neu ddatgeiniad greu cryn ddigrifwch trwy amrywio goslef y llais ac efallai ystum y corff wrth adrodd y darnau hyn.

Yn 'Dan y Bargod' mae Dafydd yn cyfarch Morfudd yn ganmoliaethus – *wiwlun* (98.3) – ac yn cwyno am ei thwyll mewn sangiad o'r neilltu – *geirffug ferch* (5). Yr un patrwm sydd yn y cwpled hwn, mae'n debyg, a'r ddelwedd yn yr ail linell ar gyfer y gynulleidfa yn unig:

Morfudd, fy nghrair diweirbwyll,
(Mamaeth tywysogaeth twyll) (98.11–12)

Nid mewn sgyrsiau yn unig y gwelir y ddyfais hon ar waith. Yn 'Morfudd yn Hen' sonnir am y brawd du yn y trydydd person, gan ddangos parch at ei rym ysbrydol, ond mae'r disgrifiadau a'r delweddau anifeilaidd yn cyfleu dirmyg at ei olwg salw:

Rhöed Duw hoedl, rhad didlawd,
(Rhinllais frân), i'r rhawnllaes frawd.
A geblynt, ni haeddynt hedd,
Y brawd o gysgawd gosgedd
Nêr a rifer o Rufain,
(Noeth droed, ŵr unwallt nyth drain.
Rhwyd yw'r bais yn rhodio'r byd,
Rhyw drawsbren), rhad yr ysbryd,
Periglor*, gerddor geirddoeth,   *offeiriad
(Barcutan), da y cân, Duw coeth.
Mawr yw braint siartr ei gartref,
(Maharen o nen y nef). (150.1–12)

Mae'n debyg bod y ddeuoliaeth yn y darn hwn yn adlewyrchu'r cymysgedd o elyniaeth a pharchedig ofn yn yr agwedd boblogaidd at y brodyr, ac mae'n ddiddorol bod Dafydd yn cyfeirio'n benodol yma at bobl sy'n 'cablu' y brawd (fel y gwnâi'r beirdd gan amlaf).

Dyfalu

Dyfais nodweddiadol o'r cywyddau cynnar, ac un yr oedd ei gwreiddiau o bosibl yn y canu dychan,[21] ond y gellid ei defnyddio at bwrpas mawl neu gŵyn, yw dyfalu. Gan fod dyfalu yn disgrifio gwrthrych trwy bentyrru cymariaethau dychmygus â phethau tebyg o bob math mewn cyfosodiad â'i gilydd heb gyswllt cystrawennol, a'r rheini'n bethau cyffredin a di-urddas yn aml ac enwau nifer ohonynt yn eiriau benthyg, byddai'n arwain bron yn anochel at amrywiaeth chwil o ran ieithwedd,[22] fel y gwelir yn y darn hwn am y niwl:

Cae anghlaer mewn cyfynglwybr,
Carthen anniben yn wybr,
Cwfl* llwyd yn cyfliwio llawr,   *penwisg
Cwfert* ar bob cwm ceufawr,   *gorchudd
Clwydau uchel a welir,
Clais mawr uwch garth, tarth y tir.
Cnu tewlwyd gwynllwyd gwanllaes,
Cyfliw â mwg, cwfl y maes,
Coetgae glaw er lluddiaw* lles,   *rhwystro
Codarmur* cawad ormes (57.19–28)   *gwisg ddur

Dengys y darn hwn bwysigrwydd cymeriad llythrennol i gysylltu llinellau mewn rhestr ddigystrawen. Dengys hefyd y math o eirfa faterol, yr enwau am bethau bob dydd, sy'n nodweddiadol o ddyfalu. Fel y gwelir ym mhenodau 4 a 5, roedd hon yn elfen newydd amlwg yn ieithwedd Dafydd, gan gynnwys geiriau benthyg fel *cwfl*, *cwfert* a *codarmur* yma.

Cyfystyron

Yn sgil holl ofynion y grefft roedd geirfa helaeth yn angenrheidiol i fardd, sef yr hyn a eilw'r gramadegau'n 'amlder Cymraeg'.[23] Roedd gan Ddafydd nifer o eiriau cyfystyr ar gyfer prif bynciau ei farddoniaeth y gallai ddewis ohonynt i ateb gofynion mydryddol ac er mwyn amrywio mynegiant. Esiampl dda yw'r cyfystyron sydd ganddo ar gyfer merched. Y term safonol yn yr iaith gyffredin oedd *merch*, ac fe geir yn agos i gant o enghreifftiau yn ei gerddi (gan gynnwys fel ail elfen mewn geiriau cyfansawdd), yn aml yn odli'n gyfleus â *serch*. Dau derm arall sydd yr un mor gyffredin ganddo yw *bun* a *dyn*. Roedd *bun* yn gyfyngedig i'r canu serch yn unig erbyn y cyfnod hwnnw, ac er y gallai *dyn* (a'r ffurfiau bachigol *dynyn/dynan*) gyfeirio at y ddau ryw mae'n debyg mai llenyddol oedd y defnydd ohono am ferch yn benodol a'r treiglo anghyson mewn ymadroddion fel *y dyn dduael* (81.12).[24] Enghraifft o amrywio cyfystyron i ateb gofynion cynghanedd yw'r ddwy linell hyn o'r cywydd 'Merch Ragorol':

Maddau bun a meddu byd (130.46)

Maddau'r dyn a meddu'r da (130.52)

Tipyn llai niferus yw'r enghreifftiau o *rhiain* (22),[25] a *morwyn* (26).
Ceir y ddwy ym mharagraff cyntaf 'Merched Llanbadarn', lle mae
morwyn yn un o'r termau sy'n dosbarthu merched yn ôl oedran a
phrofiad rhywiol, a *rhiain* yn benagored:

> Pla ar holl ferched y plwyf!
> Am na chefais, drais drawsoed,
> Ohonun yr un erioed,
> Na morwyn, fwyn ofynaig★,   ★deisyfiad
> Na merch fach na gwrach na gwraig.
> ....
> Pa ddrwg i riain feinael
> Yng nghoed tywylltew fy nghael? (137.2–6, 9–10)

Gellid defnyddio ansoddeiriau'n enwol, gydag elfen o fawl i bryd
a gwedd, megis yr ansoddair syml *gwen* sy'n digwydd am y tro
cyntaf yn yr ystyr 'merch hardd' yng ngwaith Dafydd (36 o enghreiff-
tiau),[26] a *llywy* (130.18),[27] a'r ansoddeiriau cyfansawdd *meinir* (14),
meinwar (5) a *meinwen* (2). Wedyn ceir ymadroddion ffigurol sy'n
cyfleu anwyldeb: *fy myd* (12 enghraifft), *gwyn fy myd* (4) ac *enaid*
(4). Ac yn olaf gellid cyfuno nifer o'r rhain yn eiriau cyfansawdd
newydd fel *gwenddyn* (74.7) a *rhieinferch* (19.1). Gair cyfansawdd a
gofnodwyd am y tro cyntaf yn ei waith, ac a gafodd beth defnydd
yn yr iaith fe ymddengys, yw *gwreignith* yn 'Y Gal'. A barnu wrth
yr elfennau a'r cyd-destun ei ystyr fyddai merch ifanc aeddfed yn
rhywiol:

> Y mae llygad i'th iaden★   ★corun
> A wŷl pob gwreignith yn wen. (85.29–30)[28]

Gwelir gwerth cyfystyron ym mharagraff cyntaf 'Trafferth mewn
Tafarn' lle mae'r adroddwr fel petai'n ymhyfrydu yn ei stôr o eiriau
i ddynodi'r ferch – chwech mewn wyth llinell – gan gyfleu ei awydd
amdani yr un pryd:

Canfod *rhiain* addfeindeg
Yn y tŷ, f'un *enaid* teg.
Bwrw yn llwyr, liw haul dwyrain,
Fy mryd ar *wyn fy myd* main,
Prynu rhost, nid er bostiaw,
A gwin drud, mi a *gwen* draw.
Gwaraeau a gâr gwŷr ieuainc,
Galw ar *fun, ddyn* gŵyl, i'r fainc (73.7–14)

Yn nes ymlaen y daw'r gair cyffredin *merch*, fel petai'r adroddwr wedi ei osgoi tan hynny, yn elfen mewn gair cyfansawdd,[29] a dim ond wedyn y cawn air wedi ei ailadrodd:

Gwneuthur, ni bu segur serch,
Amod dyfod at hoywferch
Pan elai y minteioedd
I gysgu; bun aelddu oedd. (73.21–4)

Mae nifer y geiriau'n dynodi arglwydd a drafodir ym mhennod 8 hyd yn oed yn fwy, ac er bod mwy o le i ganfod gwahaniaeth ystyr rhwng rhai ohonynt, mae'r amrywio yn elfen bwysig mewn cerddi mawl fel 'Marwnad Llywelyn ap Gwilym' (6) a 'Mawl i'r Haf' (35). O ran y mawl i harddwch merched, y wedd a bwysleisir fwyaf yw lliw gwyn eu croen, a gyfleir gan yr ansoddeiriau hyn (yn ogystal â delweddau fel eira ac ewyn): *aur, can, cannaid, claer, disglair, eglur, eirian, euraid, fflwch, gloyw, golau, gwyn, hoyw, hyloyw, llathr, llathraid, llywy, mygr, pefr.*

Thema fawr sy'n codi yn sgil yr harddwch hwn yw dioddefaint y carwr a ddynodir gan yr holl enwau hyn: *afar, bâr* (82.13), *cawdd, clwyf, coddiant, cur, cystudd, dig* (32.17), *digofaint, dolur, gloes, gofal, gofid, gwayw, haint, hiraeth* (gw. pen. 9), *hoed, llid, nych, poen.*

Trosiadau am farddoni

Mae'r trosiadau sydd gan Ddafydd am y weithred o gyfansoddi cerdd yn ddadlennol iawn o ran y ffordd y syniai am y grefft. Un a geir yn aml gyda chyflythreniad cyfleus â *gwawd* 'cerdd fawl' yw gweu, fel y gwelir yn y llinellau hyn o ddwy gerdd am Ddyddgu:

> Ni chysgais, ni weais wawd,
> Hun na'i dryll, heiniau drallawd. (86.15–16)

> Hefyd cyd bo fy nhafawd
> I Ddyddgu yn gwëu gwawd (120.35–6)

Yr un trosiad, ond â'r gwrthrych yn ddealledig, sydd yn *gweais yn gywir* am ei gerddi i Forfudd (107.17), ac yn yr awdl i Ifor Hael, *gwell y plethaf . . . gwawd y tafawd yt* (11.7–8). At grefft y gwehydd yn plethu edafedd y cyfeirir (gan adlewyrchu pwysigrwydd gwlân a brethyn yn economi Cymru yn y cyfnod), a hynny'n debyg i'r modd y cydblethir seiniau yn y mesurau a'r gynghanedd, fel y dengys y sangiad am dafod y bardd yn y cwpled hwn:

> Mi a dyngaf â'm tafawd,
> Ffordd y try dydd, gwëydd gwawd (15.5–6)[30]

a hefyd *gwehydd-dy gwawd* am ei galon, sef tarddle ei gerddi (102.4). Ar y llaw arall, mae'r syniad o gydblethu brigau a changhennau'r coed hefyd yn berthnasol (cymh. *wŷdd weyddiaeth* am y coed 7.2), yn enwedig yng nghyswllt caneuon yr adar sydd fel beirdd:[31]

> Clywed siarad gan adar,
> Clerwyr coed, claerwawr a'u câr:
> Cywyddau, gweau gwiail,
> Cywion, priodolion dail (37.17–20)

Symbol o ffrwythloneb a harmoni byd natur yw cydwead y coed (cymh. 35.38), ac efelychiad o hynny yw gwaith llaw merch yn plethu rhodd serch fel y gwelir yn y cerddi'n diolch am het fedw (113) a garlant o blu paun (134). *Glân wead* yw'r garlant (134.25), a gellir gweld cyfatebiaeth rhyngddo a gwaith y bardd a ddynodir gan *eilio* a oedd yn gyfystyr â gweu:[32]

Boreddydd, bu wawr eiddun*,   *dymunol
Y bu ym gyfarfod â bun,
Yn ungof serch, iawn angerdd*,   *celfyddyd
Yn ael coed yn eilio cerdd.
Erchais i'm bun o'm unoed
Blethu cainc o blith y coed (134.1–6)

Mae'n debyg bod *cainc* yn air mwys yma, sef cangen o fedwen a hefyd tôn gerddorol a fyddai'n gyfeiliant (gair arall sy'n cynnwys y bôn *eilio* 'plethu') i gerdd, yn enwedig o gofio bod *plethiad* yn derm technegol mewn cerdd dant, fel y gwelir yng nghywydd Dafydd am gainc delyn lle ceir delwedd y *brwyd*, sef offer gweu neu frodio:

Llyma'r gainc ar y fainc fau,
O blith oed yn blethiadau
O deilyngfawl edlingferch*   *merch fonheddig
A brydais i â brwyd serch. (91.5–8)

Yr un oedd bôn *eilio* ag *adail* ac *adeilad*, sef yn wreiddiol y gwaith o gydblethu gwiail i wneud mur, ac mae hwn hefyd yn drosiad am farddoni yn yr ymryson, lle mae Dafydd yn cyhuddo Gruffudd o ddwyn ei ddeunydd:

Pawb a wnâi adail pybyr
O chaid gwŷdd, a iechyd gwŷr.
Haws yw cael, lle bo gwael gwŷdd,
Siwrnai dwfn, saer no defnydd. (24.43–6)

Dyma gysylltu â delweddaeth offer y saer coed sy'n fodd i foli crefft beirdd (gw. pen. 8), fel *ysgwîr mawl* am Gruffudd Gryg (22.12) a *Canwyr i'r synnwyr a'r sôn* am Fadog Benfras (20.26).[33] Ond a dychwelyd at ddelwedd y we ac at yr ymryson a'i ysbryd beirniadol, fe'i cawn ar wedd negyddol a choeglyd mewn sangiad yn cyfeirio at gwpled o waith Gruffudd Gryg, sef gwe'r pry copyn:

Gwae di na elly'n hy hyn,
Gwadu'r cwpl, gwe adrcopyn,

Am ddeugyw, amau ddigawn,
Eryr a iâr, oerwr iawn. (28.15–18)

Cysyniad pur wahanol o'r broses o farddoni a gyfleir gan y term *berw*. Tra bo *gweu* ac *eilio* yn pwysleisio'r wedd grefftus, yr addurn cymhleth a chywrain, awgryma *berw* ryw lif geiriol digymell ac afreolus fel hylif yn gorlifo'n fyrlymus. Roedd y trosiad eisoes yn hysbys am y math aruchaf o farddoniaeth, fel y gwelir ym marwnad Gwilym Ddu o Arfon i Drahaearn Brydydd Mawr lle gosodir Trahaearn yn olyniaeth Beirdd y Tywysogion:

Da gyforun★ un Einiawn—ab Gwalchmai   ★unsain
A ganai, ffynnai fal berw ffynnawn.[34]

Cyffelyb yw defnydd Dafydd o'r gair wrth gyfeirio at waith Cynddelw:

Nid fal Bleddyn, dyn diburoraidd★—ras,   ★angherddorol
    Y cân eddylwas★ ferw Cynddelwaidd. (8.39–40)   ★dyn amcanus

Felly hefyd, *croyw gerdd ferwloyw* yw ei gerdd ei hun yn yr englynion i'r Grog (1.103),[35] *berw aur bill* yw cân yr ehedydd (44.3), ac mae'r gainc delyn yn *ferw celfyddber* (91.17). Yn atgof Dafydd ohono'i hun yn ei ieuenctid cyn dioddef cystudd cariad rhoddir yr argraff mai iaith oedd yr elfen a oedd yn llenwi ac yn berwi drosodd yn sgil cryfder ei deimlad:

Yn lluniwr berw oferwaith,
Yn llawen iawn, yn llawn iaith (82.9–10)

Mae *oferwaith* yn amwys yma, gan fod *gofer* 'gorlif' yn bosibl fel elfen gyntaf gan ategu *berw*. Nid oes enghraifft ganoloesol o'r ferf *goferu* am ystyr yn gorlifo o'r naill linell i'r llall mewn cerdd, ond mae'n seiliedig ar yr un syniad am leferydd fel hylif yn llifo.

Prif ystyr *oferwaith*, serch hynny, yw cerdd ddigrif a dibwys,[36] a dengys hynny nad oedd *berw* o reidrwydd yn derm positif ynddo'i hun. Gellid ei amodi'n negyddol fel y gwneir am farddoniaeth anghrefftus Rhys Meigen sy'n *ynfydferw* (31.87), a hefyd yn nefnydd dilornus y bioden o'r gair yn 'Cyngor y Bioden' i awgrymu rhyw barablu dwl a di-fudd:

> Mawr yw dy ferw, goegchwerw gân,
> Henwr, wrthyd dy hunan. (36.35–6)

Yn ei ateb myn Dafydd gyfiawnhau'r ystyr gadarnhaol ar sail teilyngdod yr ysbrydoliaeth:

> Mawrserch ar ddiweirferch dda
> A bair ym y berw yma. (36.45–6)

Serch o'r iawn ryw yw'r ysbrydoliaeth eto yn y llinellau hyn o'r cywydd yn dathlu cusan:

> Ni ddaw o'm tafawd wawdair
> Mwy er merch, berw serch a bair,
> Eithr a ddêl, uthrwedd wylan,
> Ar fy nghred, i Luned lân. (83.47–50)

Yr un math o ganu serch angerddol sydd mewn golwg yn y gair cyfansawdd *gwawdferw* am y bardd yr honnir i'r ferch ei ladd yn 'Pererindod Merch':

> O alanas gwas gwawdferw
> Yr aeth, oer hiraeth, ar herw. (129.11–12)

Mae hylif yn thematig yn y gerdd hon yn sgil yr apêl ar yr afonydd i roi rhwydd hynt i'r ferch ar ei phererindod i Dyddewi, a daw'r gair *berw* yng nghyswllt afon Aeron:

> Aeron, ferw hyson hoywserch,
> Gad trwod fyfyrglod ferch. (129.35–6)

Mae *ferw hyson hoywserch* yn sangiad arall sy'n amwys o ran cyfeiriad. Ar un olwg mae'n well yn cyfeirio ymlaen, gan fod *hoywserch* yn arwain at y ferch, a *berw* yn gweithio'n iawn fel cerdd o glod iddi, a honno'n *hyson*.[37] Ar y llaw arall, mae serch yn ddigon priodol yng nghyswllt berw afon oherwydd y delweddau am liw croen merched, fel *wedd berw nant* (107.38) a *liw berw hardd bas* (123.57),[38] ac felly gall y sangiad gyfeirio'n ôl at yr afon yn ogystal. Yr holl bwynt, mewn gwirionedd, yw bod yn rhaid gadael i'r sangiad gyfeirio'r ddwy ffordd er mwyn amlygu'r cyswllt hanfodol rhwng dŵr rhedegog, barddoniaeth a serch a grisielir gan amwysedd *berw*. A thybed a ellir gweld arwyddocâd yn y ffaith fod afon Aeron yn llifo trwy fro teulu Glyn Aeron a oedd mor werthfawrogol o'r canu serch?[39]

Sylwadau'r bardd am iaith

Mae Dafydd yn tynnu sylw'n aml at iaith ei gerddi ei hun, ac yn hynny o beth dilynai esiampl rhai o Feirdd y Tywysogion, megis Cynddelw Brydydd Mawr a welai ei feistrolaeth ar iaith yn sylfaen i'w statws barddol – *Ydd wyf pen prifeirdd o'm prifiaith*.[40] Iaith addurnedig y traddodiad mawl oedd gan Ddafydd mewn golwg gan amlaf wrth iddo ymffrostio yn ei iaith, fel y gwelir yn y cyfeiriad at *awdliaith* yn yr englynion i'r cusan:

> Gwn awdliaith ddysgraith weddusgroyw—i'm rhodd
>   Gwell no rhuddaur otoyw*;   *ysbardun
>   Gynhadlwr* min haeddwin hoyw,   *cynullwr
>   Geneudlws bun ganeidloyw. (84.13–16)

Diau fod dwysedd y geiriau cyfansawdd yn yr englyn hwn, a'r cymeriad cynganeddol cywrain ar *g-n-dl*, yn fodd i brofi'r honiad ei fod yn medru iaith yr awdl (a hynny, mae'n debyg, yn cynnwys mesur yr englyn). Ac mae'r ansoddeiriau sy'n dilyn yn dadlennu tipyn am ei ddelfrydau barddol. Ail elfen *dysgraith* yw'r term cyfreithiol *rhaith* 'deddf, rheol' (a welir yn *rheithgor*), sy'n awgrymu corff o reolau dysgedig yn pennu cywirdeb, sef yr un ddelfryd ag a welir yn ei ddisgrifiad o'r bardd Gruffudd Gryg fel *llyfr cyfraith yr iaith iawn* (22.14), ac yn ei sylw am y crachfardd Rhys Meigen, *cyfraith fydriaith ni fedrai* (31.31).[41] Priodoldeb iaith i'r pwnc a awgrymir gan *weddus*, ac enghraifft o'r egwyddor honno yw *arwyrain* 'moliant' a ddefnyddir gan Ddafydd am ei gerddi i Ddyddgu (120.31), sef hen derm am fath o gerdd fawl fel y gwelir yn rhai o deitlau Llawysgrif Hendregadredd.[42]

Mae *croyw* yn air cyfoethog ei gynodiadau a ddefnyddir am farddoniaeth yn yr englynion i'r Grog hefyd: *dwygerdd groyw* (1.68), *croyw gerdd ferwloyw* (1.103, gw. uchod ar *berw*). Am leferydd yr ystyr yw 'eglur, hyglyw', fel am yr ehedydd, *mwyn groyw yw'r llais* (44.32), a byddai hynny'n ddigon priodol am ddatganiad o gerdd.[43] Ond am y gerdd ei hun yr hyn a olygir yw hyglyw mewn ystyr ehangach, hynny yw, un sy'n lledaenu clod ei gwrthrych yn helaeth yn sgil ei safon ddisglair. Ystyr debyg sydd mewn dwy enghraifft sy'n cyfleu enwogrwydd y grog yn yr un gerdd: *croywrym eirglaer* (1.3), *crair croywgain air* (1.52) ac felly hefyd efallai *y grog groywgadr* (1.29–30). Gellir gweld *croyw* yn air thematig yn yr englynion i'r Grog, gyda chyfanswm o wyth o enghreifftiau[44] yn cyfeirio hefyd at ddŵr afon Tywi (1.160, cymh. 51.28 am afon Dyfi) ac at furiau tref Caerfyrddin, *croyw Gaer galchliw nyf* (1.86), gan greu cwlwm o ystyron sy'n cwmpasu purdeb, melyster a disgleirdeb.[45]

Gwelir y syniad o ddisgleirdeb yn ail linell yr englyn a ddyfynnir uchod, ac mae'n codi mewn disgrifiadau eraill o iaith y bardd, megis *euriaith Ofydd* (12.16), *bwyf befriaith* (108.39) ac *euraf bob morwyn o eiriau mawl* (145.3–4). Gellir gweld cyfatebiaeth rhwng iaith 'oleulawn' y bardd a lliw'r ferch yn y darn o 'Merch yn Edliw ei Lyfrdra' a ddyfynnwyd ar ddechrau'r rhagymadrodd (72.7), ac efallai fod yr un peth yn wir yn nes ymlaen yn yr un gerdd, os deellir *hoyw* yn yr ystyr 'disglair':[46]

> Minnau â'r geiriau gorhoyw
> Pe'th gawn, liw eglurwawn gloyw (72.43–4)

Trown yn y bennod nesaf at ddisgleirdeb ieithwedd yr hen lenyddiaeth.

3

Geirfa Hynafol

Roedd cyfran sylweddol o eirfa cerddi Dafydd ap Gwilym yn hynafol yn yr ystyr ei bod yn nodweddiadol o lenyddiaeth gynharach ac yn enwedig o gerddi Beirdd y Tywysogion. Mae'r un peth yn wir i raddau am unrhyw fardd Cymraeg o'r Oesoedd Canol, wrth gwrs, gan fod astudio ac efelychu clasuron y gorffennol yn rhan o hyfforddiant barddol pob un ohonynt. Cawn weld bod Dafydd yn defnyddio geiriau traddodiadol a arhosodd yn rhan o eirfa gyffredin Beirdd yr Uchelwyr tan ddiwedd yr Oesoedd Canol. Ond un peth sy'n neilltuol am ieithwedd Dafydd yw'r nifer o hen eiriau a gofnodir am y tro olaf yn ei waith (heblaw mewn geiriaduron). Awgryma'r patrwm hwnnw fod yr iaith lenyddol ar y pryd yn mynd trwy gyfnod o drawsnewid. Mae Dafydd yn adnabyddus fel arloeswr a weddnewidiodd iaith y traddodiad barddol trwy ei ddefnydd o eiriau newydd, fel y cawn weld yn y bennod nesaf, ond roedd hefyd yn ddigon parod i arddel hen eiriau, nid yn unig yn ei awdlau lle disgwylid ieithwedd draddodiadol, ond hefyd o dro i dro yn ei gywyddau. Bydd y bennod hon yn canolbwyntio ar y geiriau hynny a ddiflannodd o'r iaith, i bob golwg, ar ôl ei amser ef.

Wrth ystyried hen eiriau mae angen gwahaniaethu rhwng y rhai a fuasai'n bur gyffredin yn y traddodiad llenyddol ar y naill law, a'r rhai na cheir ond ychydig o dystiolaeth gynharach drostynt ar y llaw arall. Dosbarth bychan yw'r ail, ond mae'n cynnwys ambell air diddorol sy'n arwydd o agwedd eclectig Dafydd at iaith. Mae'n bosibl fod rhai o'r geiriau a gofnodwyd yng ngwaith Dafydd yn unig (gw. isod) yn perthyn yma mewn gwirionedd, ond nad oes enghreifftiau cynharach ohonynt wedi digwydd cael eu diogelu, a dichon hefyd fod ambell air prin wedi ei golli'n llwyr yn sgil llygru testunau'r cerddi.

Gadawodd testunau Cyfraith Hywel eu hôl ar gerddi Dafydd o ran terminoleg arbenigol y gyfraith, fel y ceir gweld ym mhennod 8, ond bu iddynt ddiogelu hefyd rai geiriau prin am bethau a oedd yn wrthrychau'r ddarpariaeth gyfreithiol, ac mae tri gair o'r fath i'w cael gan Ddafydd. Roedd *cynnwgl* yn enw ar fath o ddilledyn clytwaith, a cheir yr unig enghraifft o'r gair y tu allan i'r cyfreithiau yn yr awdl ddychan i Rys Meigen (31.29). Nid yw'n ddamwain, efallai, fod darlleniadau'r llawysgrifau ar gyfer y darn hwnnw yn llwgr, os bu i'r gair *cynnwgl* ddiflannu o'r iaith yn fuan ar ôl cyfnod Dafydd ap Gwilym.[1] Tybed faint o eiriau prin eraill a gollwyd am yr un rheswm heb adael unrhyw olion?

Gair arall yn yr awdl ddychan sydd hefyd i'w gael yn y cyfreithiau yw *ysgai* 'saim' (31.34), ac mae'r ffaith fod hwn yn digwydd mewn cerddi dychan eraill o'r bedwaredd ganrif ar ddeg yn arwydd o gywair isel y gair. Gair uwch ei statws oedd *enderig* 'bustach' am fod y creadur hwnnw'n bwysig ar gyfer aredig y tir, fel y nodir yn y cyfreithiau. Defnyddiodd Dafydd y gair amdano ei hun mewn sangiad pryfoclyd sy'n cydio yn y ddelwedd o Ddyddgu fel tir heb ei aredig:

Yn dir gŵydd, – enderig wyf (92.12)

Mae'n debyg mai'r gynghanedd oedd yr ysgogiad i ddefnyddio *enderig* yn y fan honno, ond er mwyn i'r ddelwedd sydyn weithio mewn perfformiad o'r gerdd mae'n rhaid bod y gynulleidfa'n gyfarwydd â'r gair fel rhan o'u hiaith lafar, er nad oes fawr ddim tystiolaeth ddiweddarach drosto heblaw mewn diarhebion.[2] Gallai diarhebion fod yn gyfrwng i gadw geiriau prin yn fyw, fel *gwrthgrif* am lygaid y bardd yn 89.49 efallai, gydag awgrym o syllu'n awchus.[3]

Ceir enghraifft gynnar iawn o *llewym* 'llwynog' yn y gerdd 'Pais Dinogad' (yn y ffurf *llewyn*),[4] ond enwau lleoedd yw'r unig dystiolaeth dros y gair wedyn nes i Ddafydd ei ddefnyddio, eto am Rys Meigen druan (31.77). *Brut y Brenhinedd* yw'r unig dystiolaeth arall dros *ethrycyng* 'cyfwng cul', gair a ddefnyddiodd Dafydd am ei bibell wynt ei hun (101.10).

Gall enghraifft gynharach o air fod yn werthfawr o ran pennu ei ystyr a'i naws, fel yn achos *ysgodigaw* sy'n cyfleu ymateb Dafydd wrth weld ei gysgod ei hun:

> Ysgodigaw draw ar draws
> Ohonof fal gŵr hynaws (63.7–8)

Yr unig esiampl arall o'r gair y tu allan i eiriaduron yw un yn *Cronicl Turpin*, un o chwedlau Siarlymaen, sy'n cyfeirio at feirch yn dychryn neu'n rhusio,[5] ac efallai fod y cyswllt hwnnw'n rhan o'r digrifwch yma. Gellid dychmygu'r bardd yn dynwared symudiad sydyn ceffyl wrth berfformio'r gerdd.

Gair a welir mewn amrediad o ystyron yn yr hen lenyddiaeth, ond sy'n brin ar ôl amser Dafydd yw *dyrain* a ddefnyddiwyd ganddo am gân aderyn a gyhoeddai ddyfodiad merch i'r oed (38.23, gw. y dyfyniad ym mhen. 9). Mae'r ystyr 'gorfoledd' yn gweddu'n dda, ond awgryma'r ychydig enghreifftiau diweddar yn GPC fod awch rhywiol yn rhan o'r ystyr hefyd.

Fel y nodwyd uchod, mae'n bur debyg bod rhai o'r geiriau a gofnodwyd yng ngwaith Dafydd ap Gwilym yn unig yn eiriau hynafol ond nad oes enghreifftiau cynharach wedi digwydd goroesi. Mae hynny'n weddol sicr yn achos *digust* yn un o'r cywyddau mawl i Ifor Hael:

> Hyd y gwŷl golwg digust,
> Hydr* yw, a hyd y clyw clust (13.33–4)   *nerthol

Mae'n glir o'r cyd-destun mai 'eglur' yw ystyr y gair, a gellir cysylltu *cust* â'r un gwreiddyn â *cudd*,[6] felly mae tystiolaeth yma am air na wyddid am ei fodolaeth fel arall. Awgrymwyd yn GPC mai gair geiriadurol yn unig oedd *cynar* 'hwch', ond wrth ailolygu cerddi Dafydd daeth dwy esiampl i'r fei, un am sŵn y rhugl groen (62.26), a'r llall am yr hen wraig yn 'Tri Phorthor Eiddig':

> Cynar nychled yn cwynaw
> Ei chlun, drwg ei llun, a'i llaw (68.19–20)

Collwyd y ddwy yn nhestun GDG oherwydd cymysgu â *cynnar*, ac mae'n siŵr mai dyna'r rheswm am ddiflaniad y gair o'r iaith wedyn. Gellir dadansoddi *argor* 'cledrwaith' (11.23 a 115.33) fel *ar-* + *côr* (gw. GPC d.g. *côr³*). Geiriau unigryw eraill sy'n fwy anodd eu dehongli yw: *gwalabr* (50.38 – ffurf ar *golwybr*?), *gwennwys* (102.12), *mursogan* (38.43 – i'w gysylltu â *mursen*?), *mywydd* (86.30 – ffurf ar *muchudd*?), *ballasg* (95.45) ac *ymlöyn* (75.24).

Yn achos geiriau sy'n gyffredin yng ngherddi'r Gogynfeirdd (gan gynnwys rhagflaenwyr Dafydd ar ddechrau'r bedwaredd ganrif ar ddeg) a rhyddiaith Gymraeg Canol ac y ceir yr enghreifftiau olaf ohonynt yng ngwaith Dafydd, gallwn fod yn weddol hyderus ei fod yn eu defnyddio oherwydd eu rhin hynafol. Anodd yw tynnu llinell bendant o ran terfyn ar ddefnydd gair, ac mae ambell un o'r geiriau a drafodir isod i'w cael hefyd gan gyfoeswyr iau Dafydd fel Gruffudd ap Maredudd, y mwyaf ceidwadol o'r Gogynfeirdd diweddar, ac Iolo Goch, bardd a fu'n gyfrifol am drosglwyddo tipyn o eirfa'r hen ganu llys i'r cywydd mawl (fel *arwyrain* a geir gan Ddafydd am ei ganu i Ddyddgu, gw. pen. 2). Diau petai'r cwbl o ganu'r cyfnod wedi goroesi byddai tipyn mwy o enghreifftiau i'w gweld gan gyfoeswyr Dafydd.

Roedd i bob *genre* neu faes llenyddol ei briod ieithwedd, ac felly ystyrlon yw dosbarthu yn ôl tri phrif *genre* y canu llys, sef crefydd, mawl seciwlar a'r rhieingerdd.

Yn englynion Dafydd i'r Grog o Gaer y gwelir dylanwad canu crefyddol y Gogynfeirdd gliriaf, a hynny'n benodol mewn tri enw hynafol am Dduw, sef *pair* a *peryf* 'arglwydd' (1.71, 61, 81) a *gwyrthefin* 'goruchaf' (1.94).[7] Hen air arall am arglwydd oedd *muner* a ddefnyddir am yr Apostol Pedr (4.21), a diddorol yw nodi enghraifft o'r un gair mewn awdl fawl ddienw i un o hynafiaid Dafydd, Cuhelyn Fardd.[8]

Mewn cerddi eraill gwelir Dafydd yn cymhwyso hen eirfa grefyddol at ganu serch a natur. Gair sy'n dynodi anialwch fel encilfa ysbrydol yn bennaf yw *didryf*,[9] ond fe'i defnyddiwyd gan Ddafydd am ddeildy y cariadon: *Gwir ddodrefn o'r gaer ddidryf* (37.7, cymh. 126.25). Cyd-destun ysbrydol sydd i'r esiamplau cynharaf o *diwenydd* 'gwynfydedig', ond cnawdol yw achos y llawenydd yn englynion Dafydd i'r cusan (84.12 – cerdd sy'n cyfeirio at *awdliaith*, gw. y dyfyniad ym mhen. 2).

Nid oedd ieithwedd grefyddol yn hyfryd ac aruchel bob amser wrth gwrs. Gair cyffredin yn yr hen gerddi crefyddol yng nghyd-destun uffern oedd *affan* 'poen', diau oherwydd y gyfatebiaeth gynganeddol rhwng y ddau air.[10] Manteisiodd Dafydd ar gysylltiadau *affan* wrth ei ddefnyddio am y bioden (36.56), a gallai ddisgwyl i'r gynulleidfa werthfawrogi'r ergyd gan iddo gyfarch yr aderyn fel *uffernol edn* ychydig linellau'n gynharach. Arwydd clir nad oedd *affan* yn air byw erbyn diwedd yr Oesoedd Canol yw'r ffaith i'r geiriadurwr John Davies, Mallwyd ei gamddeall gan roi iddo'r ystyr *profundus*.

A throi at fawl seciwlar, gwelir y defnydd dwysaf o hen ieithwedd yn 'Marwnad Angharad', cerdd sy'n edrych fel ymarferiad llenyddol ymwybodol yn deyrnged i noddwraig ddiwylliedig a'i gŵr (perchnogion Llawysgrif Hendregadredd, lle y diogelwyd copi o'r gerdd), a hithau efallai'n dal yn fyw. Ceir yma hen eiriau o'r rhieingerddi a'r canu arwrol, fel *addien* 'hardd' (9.65), *berthedd* 'cyfoeth' (9.72), *bronllech* 'tristwch' (9.53), *gwrygiant* 'cryfder' (9.55, cymh. 113.21), *saffwy* 'gwaywffon' (9.59) ac *urael* 'lliain main' (9.26 a 51). Mae *garthan* (9.57) yn hen derm am frwydr, ac ymddengys mai Dafydd ei hun a luniodd y tarddair *gartheiniad* 'amddiffynnwr' (9.61) am Ieuan Llwyd. Geiriau eraill yn yr awdl sydd rywfaint yn fwy cyffredin yn llenyddiaeth y cyfnod, ond eto'n hynafol eu naws, yw *aele* 'truenus' (9.5), *alaf* 'cyfoeth (9.7), *aelaw* 'lluosog' (9.8), *girad* 'chwerw' (9.20, 21, 35), *gwrm* 'tywyll' am aeliau merch (9.51, cymh. 69.12, 124.20) ac *ardduniant* 'anrhydedd' (9.55).

Hawdd yw gwerthfawrogi rhin yr ieithwedd draddodiadol yn yr awdlau,[11] ond mewn cerddi eraill gwelir defnydd mwy annisgwyl o hen eiriau, megis *amddyfrwys* 'cadarn' am y galon (102.12). Hen derm am arglwydd oedd *gwerling*, a cheir yr unig enghraifft ohono ar ôl oes y tywysogion mewn cywydd gan Ddafydd sy'n sôn am ei ryfyg yn caru merch mor fonheddig â Dyddgu, gan ei gymharu ei hun ag anifail yn dringo coeden uchel *fal gwerling gwŷdd* (87.12).[12] Anodd gwybod a oedd hyn yn fwriadol goeglyd, a chyfyd cwestiwn tebyg yn achos ei ddefnydd o'r hen air *rhuddfoawg* amdano'i hun:

> Cyweithas★, hoywdras, hydrum★,   ★hynaws ★grymus, rhydd?
> Cyfoethawg, rhuddfoawg fûm; (108.7–8)

Ceir deg enghraifft o'r gair yng ngherddi Beirdd y Tywysogion, bob amser yng nghyd-destun rhyfela, a digwydd hefyd yn nheitl y triawd *Tri Ruduoawc Enys Prydein*.[13] Cynigiwyd yr ystyr 'anrheithgar', ac os cymerir ei fod yn gyfystyr â *cyfoethawg* yn y dyfyniad uchod mae'r datblygiad yn ddealladwy. Ond eto, yn y llinell flaenorol nid yw'r tri ansoddair yn gyfystyr â'i gilydd.[14] Yr unig enghraifft arall o'r gair yng nghyfnod Beirdd yr Uchelwyr yw hon gan Iolo Goch yn disgrifio helmed Tudur Fychan o Benmynydd:

> Helm gribawg ruddfoawg fyth (GIG IV.73)

Nid yw'r cyd-destun yn llawer o gymorth i bennu union ystyr y gair yma chwaith. Efallai ei bod yn arwyddocaol mai'r unig feirdd a ddefnyddiodd *rhuddfoawg* ar ôl oes y tywysogion yw dau a gafodd gyfle i weld Llawysgrif Hendregadredd a'r trioedd yn Llyfr Gwyn Rhydderch yng nghartrefi Ieuan Llwyd ac Angharad a'u mab Rhydderch. Os bu iddynt weld y gair ac efallai ei drafod gyda'u noddwyr, nid oes wybod sut yn union y buasent yn ei ddeall, heblaw ei fod yn briodol i ddisgrifio milwr grymus a mawreddog.[15] Mae'r achos hwn yn dangos mor chwannog oedd y Cywyddwyr cynnar i fanteisio ar rin hen eiriau, ond y mae hefyd yn rhybudd i ni beidio â rhagdybio iddynt etifeddu gwir ystyron y geiriau hynny trwy draddodiad di-dor.

Rydym ar dir sicrach yn achos y gair *dwfn* yn yr ystyr arbennig 'byd', a dichon fod y ddwy enghraifft yng ngherddi Dafydd yn tynnu ar ei wybodaeth o hen chwedloniaeth, gan fod y ddwy'n cyferbynnu rhwng y byd hwn ac isfyd odano. Efallai fod ei ddisgrifiad o'i ewythr yn cyfeirio at Fabinogi Pwyll Pendefig Dyfed a'i arhosiad yn Annwfn:

> Pendefig, gwledig gwlad hud—is dwfn (6.21)

Ac mae'r isfyd yn cael ei enwi yn 'Mawl i'r Haf' wrth i'r tymor esbonio lle mae'n mynd yn y gaeaf:

> I ochel awel aeaf
> I Annwfn o ddwfn ydd af. (35.39–40)

Mae'r llinell honno'n dwyn i gof un gan Gynddelw Brydydd Mawr am yr Arglwydd Rhys:

Yn annwfn, yn nwfn, yn nyfnder—yd farn (CBT IV 8.9)

Nid yw'n syndod bod ieithwedd yr hen rieingerddi hefyd yn
ddylanwad ar ganu serch Dafydd, a cherddi'r bardd-dywysog Hywel
ab Owain Gwynedd yn arbennig, fel y gwelwyd eisoes.[16] Gair
nodweddiadol o naws aruchel y rhieingerddi yw *llywy* '(merch)
hardd' a geir deirgwaith gan Ddafydd (102.37, 130.18, 131.19) ac
eto gyda rhagddodiad yn y ffurf unigryw *golywy* am Angharad
(9.56).[17] Ystyr debyg oedd i'r ansoddair *gwymp*, a gellir dychmygu
i'r llinell hon o waith Hywel greu cryn argraff ar Ddafydd wrth
iddo bori yn Llawysgrif Hendregadredd:

Cefais-i bymp o rai gwymp eu gwyngnawd (CBT II 6.78)

Tybed ai'r llinell honno a ysgogodd yr ymadrodd sy'n mynegi
ymateb Dafydd wedi iddo weld Dyddgu am y tro cyntaf yn nhŷ
ei thad:

Nid hawdd er hyn hyd heddiw,
Hoen wymp, ym gaffael hun wiw. (86.7–8)

Un arall o eiriau Hywel i gyfleu lliw croen merched yw *claer*, gair
y gwnaeth Dafydd dipyn o ddefnydd ohono. *Lleucu glaer* yw un
o'r merched a enwir yn 'Gorhoffedd' Hywel (CBT II 6.65), a sonia
Dafydd yntau am ei gariad fel *gloyw Forfudd glaer* (111.20).

Un o hoff eiriau Dafydd am liw merch oedd *gne*, gair bach hawdd
ei gynganeddu a'i gyfuno ag *unne, deune, cydne, gorne*. Gellir olrhain
hwn hefyd i gerddi'r Gogynfeirdd, lle'r cyfeiriai at ddynion yn
ogystal â merched yn wreiddiol, ond erbyn y bedwaredd ganrif ar
ddeg roedd yn rhan o ieithwedd y rhieingerdd fel y gwelir yn llinell
gyntaf awdl Casnodyn i Wenllïant wraig Gruffudd Llwyd, *gne
gwawn*.[18] Ceir y gair gan Gruffudd ap Maredudd am ei ymddangosiad
ei hun, ond ni ddaeth yn rhan o iaith y Cywyddwyr diweddarach.[19]

Gair pwysig yng ngwaith Dafydd a darddai o gerddi'r Gogynfeirdd,
ac efallai Hywel ab Owain yn benodol, yw *hoed* 'hiraeth, gofid'.[20]
Mewn marwnadau i ddynion y mae'r enghreifftiau cynharaf o'r
gair, ond fe'i cymhwyswyd gan Hywel at wewyr serch:

Ton a galon hon, hoed a gafas
Er twf main riain ruddaur wanas. (CBT II 11.11–12)

Mae *hoed* a *hoedran* yn eiriau cyffredin yng nghanu serch rhagflaenwyr Dafydd megis Iorwerth Fychan, Gruffudd ap Dafydd ap Tudur a Chasnodyn, ac ym mhenillion enghreifftiol y gramadegau,[21] ac fe geir *hoed* gan Ddafydd mewn cyd-destun marwnadol (21.15, 28.62), ac mewn tair enghraifft ar ddeg yn cyfeirio at ei hiraeth am ferch, fel hon am delyn serch:

Ei llorf a'm pair yn llwyrfarw
O hud gwir ac o hoed garw. (135.57–8)

A cheir y gair cyfansawdd *hoedran* am yr uchenaid:

Ef yw gwynt hydref hoedran. (101.24)

Gwelir peth defnydd o *hoed* ym marwnadau'r bedwaredd ganrif ar ddeg, ond ni fu'n rhan o ieithwedd y Cywyddwyr diweddarach, a gellir ei ystyried yn air sy'n nodweddiadol o ganu Dafydd ap Gwilym a'i gyfoeswyr.[22]

Yn ogystal ag ieithwedd a berthynai i genre arbennig, roedd geiriau mawl amlbwrpas yn gaffaeliad mawr i fardd a ddathlai gymaint ar y byd o'i gwmpas. Gair defnyddiol iawn a etifeddodd Dafydd gan Feirdd y Tywysogion oedd *mygr* 'gwych'. Fe'i defnyddid yn gyffredin am arwyr, a hefyd gan Gynddelw a Phrydydd y Moch am feirch,[23] yng Ngorhoffeddau Gwalchmai a Hywel ab Owain Gwynedd am geirw,[24] ac eto gan Walchmai am y tywydd.[25] Mae'r pymtheg enghraifft sydd gan Ddafydd ap Gwilym yn cyfeirio at amrywiaeth o wrthrychau gan gynnwys crog a thref Caerfyrddin, Ifor Hael, tyfiant Mai, caneuon adar, cleddyf, cainc telyn ac wyneb Morfudd.[26] Dengys yr olaf effaith fawreddog y gair:

Mawr ddisgwyl Morfudd ddisglair,
Mygrglaer ddrych mireinwych Mair. (111.25–6)

Ceir ambell enghraifft o *mygr* gan feirdd diweddarach, yn sgil dylanwad Dafydd ap Gwilym efallai, ond ni ddaeth yn rhan o ieithwedd fawl Beirdd yr Uchelwyr.[27]

Yr hyn sy'n gyffredin i'r geiriau dan sylw yn y bennod hon yw eu bod oll wedi diflannu o'r iaith, i bob golwg, yn fuan ar ôl amser Dafydd ap Gwilym. Ond o ran eu cefndir a'u cywair maent yn amrywio'n fawr, ac felly hefyd y rhesymau am eu diflaniad. Perthynai rhai i ieithwedd lenyddol aruchel oes y tywysogion, fel *rhuddfoawg*, ac eraill yn dal yn fyw ar lafar efallai ond yn eiriau tafodieithol cyfyng eu cylchrediad a ddisodlwyd gan dermau mwy safonol, fel *cynar* gan *hwch*. Mae'r ffaith fod nifer ohonynt yn brin iawn ac o darddiad ansicr yn arwydd o agwedd eclectig Dafydd at iaith. Naturiol yw cymryd bod pob un gair yn y cerddi yn gwbl ddealladwy i'r gynull-eidfa wreiddiol, ond tybed a fyddai rhai mewn gwirionedd yn rhyfeddod ac yn her i'r gwrandawyr, a bod hynny'n rhan o apêl y cerddi? A llawn cymaint o ryfeddod, mae'n siŵr, fyddai rhai o'r geiriau a drafodir yn y bennod nesaf, geiriau sathredig nas clywyd mewn cyfansoddiad llenyddol erioed o'r blaen.

4

Geirfa Newydd

Mae dros naw cant o eiriau wedi eu cofnodi am y tro cyntaf yng ngherddi Dafydd ap Gwilym. Mae'r ffaith foel hon yn ddigon trawiadol, ond bydd angen ei hamodi mewn sawl ffordd, gan wahaniaethu rhwng geiriau hollol newydd a rhai eilradd a luniwyd ar sail bonau a geid yn gynharach, a hefyd geiriau benthyg o ieithoedd eraill. A dylid pwysleisio fod llawer o lenyddiaeth gynharach ar goll, ac na allwn fod yn sicr mewn unrhyw achos penodol mai Dafydd ap Gwilym oedd yr awdur cyntaf i ddefnyddio'r gair. Gan fod llawer mwy o'i gerddi wedi goroesi nag o waith yr un o'i gyfoeswyr, nid yw'n syndod bod mwy o enghreifftiau cynharaf i'w cael ganddo. Anodd hefyd yw rhoi dyddiad manwl ar destunau sy'n perthyn yn fras i'r un cyfnod â Dafydd yng nghanol y bedwaredd ganrif ar ddeg, er enghraifft y gweithiau rhyddiaith yn Llyfr yr Ancr neu'r corff o ganu dychan, ac felly ofer fyddai ymgais i roi ffigwr penodol ar y geiriau a gofnodwyd am y tro cyntaf yng ngwaith Dafydd. Serch hynny, mae'r dystiolaeth yn ei chrynswth yn ddigon i brofi newydd-deb cyfran fawr o'i eirfa, a bydd y bennod hon yn amlygu ei awydd i ehangu geirfa barddoniaeth trwy gynnwys geiriau newydd o sawl math.

Parhaodd y rhan fwyaf o'r geiriau newydd hyn yn rhan o'r iaith ar ôl amser Dafydd, ac yn wir mae llawer ohonynt yn gyffredin iawn hyd heddiw. Ond y mae hefyd gryn nifer o eiriau sy'n digwydd yng ngwaith Dafydd yn unig, sef cyfanswm o 126 heb unrhyw brawf o'u defnydd na chynt na chwedyn (heblaw mewn geiriaduron, a'r rheini gan amlaf yn cyfeirio at ddefnydd Dafydd o'r gair). Dichon petai mwy o waith cyfoeswyr ac olynwyr Dafydd wedi goroesi y byddai esiamplau eraill o rai o'r geiriau hyn i'w cael. Nodwyd yn y bennod flaenorol yr ychydig eiriau cynradd yn y dosbarth hwn sy'n debygol o fod yn hŷn. Mae rhai eraill yn eiriau benthyg, a'r tebyg yw na fu iddynt ennill eu plwy yn y Gymraeg, yn wahanol i'r mwyafrif mawr o fenthyciadau a geir yng ngherddi Dafydd.[1] Ffurfiau eilradd yw'r gweddill, hynny yw geiriau a ffurfiwyd trwy ychwanegu rhagddodiad neu ôl-ddodiad i fôn gair arall, megis *dylawn* < *llawn* a *mamaethaidd* < *mamaeth* (gw. pen. 6), ac mae'r rhan fwyaf o'r bonau hynny wedi eu cofnodi'n gynharach. Gan nad oes enghreifftiau o'r ffurfiau hyn yn unman arall, y tebyg yw mai Dafydd a fathodd y rhan fwyaf ohonynt at achlysur penodol. Er enghraifft, y gair *baches* am Forfudd yn y darn hwn lle mae'r bardd yn cwyno na chafodd unrhyw wobr am ei ffyddlondeb:

> Ni chefais, eithr nych ofal,
> Nid amod ym, dim o dâl,
> Ond ei myned, gweithred gwall,
> Deune'r eiry, dan ŵr arall
> I'w gwneuthur, llafur nid lles,
> Yn feichiog, fy nyn faches. (107.27–32)

Gwelwn yn y man fod *bach* ei hun yn un o'r geiriau cyffredin a ddaeth i'r amlwg am y tro cyntaf yng ngwaith Dafydd, ond nid yw'n syndod mai hon yw'r unig enghraifft o *baches* gan nad oes patrwm o ffurfio ansoddeiriau benywaidd gyda'r terfyniad -*es*. Serch hynny, mae'r gair yn talu am ei le yma trwy gyfleu anwyldeb sy'n cyferbynnu'n deimladwy â chwerwder y brif frawddeg, gan lunio cynghanedd boenus o anghydnaws â *feichiog*. Tybed a oedd y ffurf anarferol yn ymgais i sicrhau gair unigryw i fynegi cryfder ei deimlad?

A throi at y geiriau y mae tystiolaeth iddynt barhau'n rhan o'r iaith, gallwn eu dosbarthu eto'n rhai cynradd, eilradd a benthyg. Mae 191 o'r rhain yn eiriau benthyg, ac er bod rhai efallai'n rhan o'r iaith lafar eisoes mae'n bur debyg mai dyma'r tro cyntaf i'r rhan fwyaf gael eu harfer mewn llenyddiaeth, ac felly byddai'r benthyciadau hyn yn cryfhau newydd-deb iaith y cerddi'n fawr. Trafodir meysydd semantaidd y geiriau benthyg ym mhennod 5.

Ffurfiau eilradd yw mwyafrif mawr y geiriau sy'n digwydd am y tro cyntaf yng ngwaith Dafydd, sef rhyw 450. Fel y gwelir ym mhennod 6, roedd amrywiaeth helaeth o ragddodiaid ac ôl-ddodiaid yn fodd i lunio enwau, ansoddeiriau a berfau newydd. Ffrwyth creadigrwydd ieithyddol Dafydd ei hun yw'r rhain i gryn raddau, ond maent hefyd yn adlewyrchu tueddd yn iaith y cyfnod. Yng ngwaith Dafydd y ceir yr esiamplau cynharaf o ddau ansoddair sy'n gyffredin iawn hyd heddiw, sef *difyr* 'dymunol' (133.25) a *diflas* 'gwael' (24.19). Mae'n annhebygol mai ef fu'n gyfrifol am eu bathu, a gwell yw eu gweld yn arwydd o'i barodrwydd i fanteisio ar ddatblygiadau yn yr iaith lafar.

Ar ôl rhoi cyfrif am y geiriau benthyg a'r ffurfiau eilradd, erys craidd o ryw gant a hanner o eiriau cynradd a gofnodwyd am y tro cyntaf yng ngwaith Dafydd. Rhaid pwysleisio'n syth nad awgrymir am eiliad mai Dafydd a luniodd yr un o'r geiriau hyn. Dengys geiriau cytras yn yr ieithoedd Celtaidd eraill fod llawer ohonynt yn tarddu o gyfnod cynharaf yr iaith,[2] ac mae eraill yn rhy gyffredin ar lafar i fod yn fathiadau gan fardd. Ni honnir chwaith mai ef o reidrwydd oedd y cyntaf i ddefnyddio pob un o'r geiriau hyn mewn llenyddiaeth. Er enghraifft, tebyg mai hap a damwain sy'n gyfrifol am y ffaith mai yng ngwaith Dafydd y ceir yr esiampl gynharaf o'r gair *echnos* (68.23).[3] Nid hawlio rhyw flaenoriaeth i Ddafydd ap Gwilym dros ei gyfoeswyr yw'r nod wrth drafod y geiriau newydd yn ei waith, ond yn hytrach tynnu sylw at y newid mawr a oedd ar droed yn yr iaith yn y bedwaredd ganrif ar ddeg. Ac am y rheswm hwnnw bydd rhai geiriau'n cael sylw sy'n digwydd hefyd gan awduron a oedd mwy neu lai'n gyfoes â Dafydd, a hynny heb boeni pa un oedd gynharaf. Ni ellir dyddio testunau'n ddigon manwl i brofi blaenoriaeth, a'r darlun cyffredinol sy'n bwysig beth bynnag.

Rhybudd arall rhag gorbwysleisio newydd-deb ieithwedd Dafydd ap Gwilym yw'r achosion lle bo gair cynradd wedi ei gofnodi am y tro cyntaf yn ei waith ef ond bod ffurf eilradd arno ar gael yn gynharach. Esiampl eglur yw'r gair *broch* a geir gan Ddafydd am sŵn ci (68.44, gw. isod), a'r tarddair *brochawg* 'ffyrnig' a geir mewn dihareb a gofnodwyd yn y drydedd ganrif ar ddeg.[4] Dyna brofi mai mater o ddamwain yw diffyg enghraifft gynharach o *broch* (fel y gellir casglu hefyd o'r cytrasau Celtaidd). Tebyg yw hi yn achos *cyfog*, *rhwystr* a *rhus*, gan fod y berfau *cyfogi*, *rhwystro* a *rhusio* wedi eu cofnodi mewn testunau cynharach – er y dylid ystyried y posibilrwydd bod yr enwau'n ôl-ffurfiant o'r berfau.

Cyn troi at y geiriau a barhaodd yn bur gyffredin ymhell ar ôl amser Dafydd, dylem nodi rhai prin eu defnydd sy'n edrych fel hen eiriau'n dod i ddiwedd eu hoes, yn debyg i'r dosbarth a drafodwyd yn y bennod flaenorol, ond nad oes enghreifftiau cynharach ohonynt i'w cael. Geiriau felly yw *cychwior* 'perthynas' ac *eiddigor* 'arglwydd' yn yr awdl i Ifor Hael (11.34 a 38), *lledw* 'cyfoethog' (17.45) a *pabl* 'bywiog' am dyfiant yr haf (35.8). Yn y canu mawl y ceir y geiriau hyn, a naws aruchel sy'n perthyn iddynt.[5] Un arall sy'n ddigon cyffredin gan Feirdd yr Uchelwyr ond yn brin wedyn, am na ddaeth yn rhan o iaith y Beibl mae'n debyg, yw *gwaisg* 'gwych, parod', a geir bum gwaith gan Ddafydd.[6] Mae naws aruchel y gair yn amlwg yn y cwpled hwn am un o'r tair a gafodd bryd a gwedd Efa:

> Policsena ferch Bria',
> Gwaisg o grair yn gwisgo gra*. (130.7–8)   *ffwr

Gwahanol iawn yw naws y rhan fwyaf o'r geiriau a gofnodir am y tro cyntaf yng ngwaith Dafydd. Geiriau o iaith gyffredin y cyfnod ydynt, rhai nodweddiadol o'r iaith lafar a nifer ohonynt ag ergyd ddilornus yng nghyd-destun cwyn neu ddychan. Enwau am bethau materol bob dydd yw llawer ohonynt, yn greaduriaid o fyd natur, yn offer a gwrthrychau crefft, yn ddillad ac yn rhannau o'r corff.

Yn ei gerddi ef y digwydd enwau'r ehedydd, y cyffylog a'r ystlum am y tro cyntaf, y gair benthyg *pi* am y bioden (36.28, 60.33), *byrfwch* am fwch gafr (145.22), *glöyn Duw* am iâr fach yr haf (134.26; ceir *glöyn* yn yr ystyr 'marworyn' yn 88.44 sydd hefyd yn enghraifft gynharaf) a *madyn* yn llysenw ar y llwynog (60.24).[7] Dau derm o fyd planhigion a berthynai i grefft yr adarwr oedd *gwrthlys melgawad* (131.5, gw. nodiadau DG.net). Modd i ddathlu cariad yw rhai o'r pethau naturiol a enwir: ffrwyth y *ffridd* yw'r cnau cyll sy'n arwydd o gariad Morfudd (95.58), a *bagluryn* serch yw'r cae bedw (19.16). Ac mae geirfa newydd yn codi hefyd yng nghyswllt rhwystrau cariad: *begegyr* (gwenynen ormes) oedd y Gŵr Eiddig (116.9) â barf debyg i *ffanugl* (116.59).[8] Cyffelybir anadl Eiddig i fwg *mawn* (115.30), gair a geir mewn cerdd ddychan o waith Casnodyn,[9] ac i *bwll mawn* yr aeth Dafydd i drybini wrth geisio cyrraedd cartref ei gariad yn y nos (59.42).

Un o'r enwau a roddir ar y pwll mawn hwnnw yw *marwddwfr* (59.40), ac er bod dwy elfen y gair cyfansawdd yn ddigon cyffredin yn gynharach gellir nodi hwn fel gair newydd gan ei fod wedi parhau ar lafar yn y cyfnod modern yn y ffurf *marddwr* am ddŵr y môr pan fo'n llonydd (cymh. *merddwr* < *merf*), a hon yw'r unig dystiolaeth sydd gan GPC cyn geiriadur Pughe.

Gwelir yng ngherddi Dafydd ddwy enghraifft gynnar o'r ansoddair *cannaid* yn enw, 'yr un disglair', a geid ar lafar gynt am yr haul neu'r lleuad, ac a ddefnyddir ganddo'n drosiadol am y seren (50.23) ac am ffenestr (65.49).[10] Ac ansoddair arall a ddefnyddir yn enwol fel trosiad am y seren yw *gloyw*, 'diferyn o wlith' (50.38), priod-ddull nas cofnodwyd fel arall tan y bedwaredd ganrif ar bymtheg. Ar y llaw arall, yn ei waith ef y digwydd *tlws* fel ansoddair am y tro cyntaf (yn hytrach na'r enw 'gem'), a hynny am yr eos ac am ferch (34.25, 45.24, 72.1). Ganddo ef hefyd y ceir yr enghraifft gynharaf o bell ffordd o'r enw *plu* am eira, yn y gair cyfansawdd *eirblu* sy'n drosiad am liw croen Dyddgu yn 46.40.[11]

O'r enwau am wrthychau a gofnodwyd am y tro cyntaf yng ngherddi Dafydd, mae rhai yn llythrennol, fel *camlas* am ddwy ffrwd a redai i afonydd Tywi a Theifi (1.171, 5.5), a'r *twlc* moch a oedd yn lloches i'r ci yn 'Tri Phorthor Eiddig' (68.30),[12] a mwy yn ffigurol mewn darnau o ddyfalu, fel *toron* 'mantell' am y niwl (57.30), a'r *mynawyd* sy'n ddelwedd am wayw serch (127.33), ac mewn dychan, fel *cwch* am Eiddig (116.45), cyffelybiaeth bwrpasol gan fod y gŵr ar y pryd ar ei ffordd i Ffrainc mewn llong, sef y gair urddasol am lestr hwylio (cymh. *cerbyd* yn ddilornus am Rys Meigen, 31.1).[13]

Mae ymwybyddiaeth o'r corff yn gryf iawn ym marddoniaeth Dafydd, o ran pryd a gwedd ac o ran pleserau a phoenau corfforol, ac felly nid yw'n syndod bod nifer o eiriau yn y maes hwn yn digwydd am y tro cyntaf yn ei waith, yn enwedig yng ngherddi'r troeon trwstan. Dyma'r adroddwr yn baglu dros y dodrefn yn 'Trafferth mewn Tafarn':

> Briwais, ni neidiais yn iach,
> Y grimog, a gwae'r omach,
> Wrth ystlys, ar waith ostler,
> Ystôl groch ffôl, goruwch ffêr. (73.31–4)

Y rhain yw'r esiamplau cynharaf o *ffêr*, a *gomach* 'coes', a hefyd *crimog* am ran isaf y goes.[14] Ac wedyn daw'r esiampl gynharaf o air am ran arall o'r corff, sef y *talcen*, oherwydd mae'n bwrw hwnnw'n glec yn erbyn y bwrdd.[15] Yn ganlyniad i hyn oll mae ganddo *hagr wyniau hyll* (73.65), a dyna'r enghraifft gynharaf o *gwŷn* 'dolur'.[16] Dau air am rannau o'r corff sydd heb fod mor gyffredin wedyn yw *(e)neidrwydd* 'arlais' (116.51) a *mablygad* am gannwyll y llygad (112.31).[17]

Dafydd biau'r cywydd cynharaf yn moli gwallt merch, ac ynddo ceir yr enghraifft gyntaf o *llyweth* am gudyn o wallt (114.7), gair sy'n digwydd eto yn y rhybudd i'r ferch honno, sef Morfudd, y bydd pob llyweth o'i gwallt yn llwydo ryw ddydd (150.30). Ond yn y darlun digrif ohono'i hun yn 'Y Drych' cawn *ffluwch* am fwng o wallt blêr, gair a barhaodd ar lafar yn yr ystyr honno yng Ngheredigion yn ôl GPC:

A'r ffluwch bengrech ledechwyrth
Bob dyrnaid o'i said a syrth. (132.15–16)[18]

Dau air newydd a geir ganddo am goes gyda naws ddilornus yw *hegl* am y rhugl groen a *llorp* am ei gysgod ei hun (62.20, 63.28).[19] Difrïol hefyd yw'r gair *pidin* sy'n digwydd, nid yn ei gerdd am ei gal ei hun lle byddai'n anghydnaws â'r broliant, ond am aelod noeth pererin tlawd (102.19). Roedd rhai enwau'n gyffredin i gyrff pobl ac anifeiliaid: digwydd *ffwrch* 'gafl' am y tro cyntaf yng ngherddi Dafydd am yr iwrch, y llwynog a'r rhugl groen (46.1, 60.12, 62.36), a cheir yr enghraifft gynharaf o *palfais* am y corff dynol yn y disgrifiad o'r hen wraig yn 'Tri Phorthor Eiddig' (68.22).[20] Mae Dafydd fel petai'n ymhyfrydu ym mhoenau'r wraig *nychled* honno, ond mewn mannau eraill mae *nych* yn dynodi ei wewyr serch ei hun, a *geri* 'bustl' fu iddo pan drodd y chwarae'n chwerw (128.26, 36).[21] Gair prin am ryw fath o boen neu barlys yw *gosgel* (119.7), oni dderbynnir tystiolaeth Iolo Morganwg fod y gair ar lafar.[22]

Gair sy'n adlewyrchu'r elfen gorfforol gref yng ngherddi Dafydd yw *min*. Er bod y cytrasau Celtaidd yn cadarnhau'r ystyr 'gwefus', am lafnau arfau y defnyddid y gair yn bennaf yng nghyfnod y tywysogion.[23] Yr enghraifft gynharaf am y corff dynol, yn drosiadol o bosibl a chydag amwysedd rhywiol, yw un yn 'Gorhoffedd' Hywel ab Owain Gwynedd, *pell fy min / I wrthi*,[24] esiampl arall efallai o ddylanwad Hywel ar Ddafydd. Mewn cerdd ddychan gan Gasnodyn mae'n fodd i wawdio gwefusau mawr Trahaearn — *camel min uchel*.[25] Dafydd oedd y cyntaf i wneud defnydd helaeth o'r gair yn gadarnhaol mewn canu serch, gan adlewyrchu newid yn yr iaith lafar o bosibl. Ceir pump ar hugain o enghreifftiau yn ei waith, y rhan fwyaf yng nghyd-destun cariadon yn cusanu (wyth ohonynt yn 'Cusan' 83), a hefyd yn yr ystyr 'ymyl' ac am lafn, a'r geiriau cyfansawdd *mingam* (132.32), *minffug* (92.46), *naddfin* am lestr (8.37) a'r adferf *finfin* ddwywaith am gariadon, gan gynnwys y llinell hyfryd hon:

Cydchwerthin finfin a fu (133.36, cymh. 65.32)

Math o air sy'n dod i'r amlwg am y tro cyntaf yng ngwaith Dafydd, ac sy'n debyg o fod yn tarddu o gywair llafar isel, yw'r enwau am bethau diflas a brwnt, sef *sothach, soeg, sorod, llaid* a *rhwd*. Y canu dychan oedd priod le geiriau o'r fath, fel y gwelir yn yr awdl i Rys Meigen lle ceir *soeg, soegen* a *rhwd* yn yr ystyr 'baw' (31.55, 83, 84).[26] Mae *soeg* hefyd yn fodd i fynegi dirmyg tuag at y tri Sais yn 'Trafferth mewn Tafarn' (gw. isod), a *sorod* am yr ysgyfarnog fudr (75.13), ac mae *llaid* yn rhan o'r dyfalu negyddol am y rhew (54.29). Ond mwy annisgwyl yw canfod *sothach* mewn cerdd am ryfyg y bardd yn ceisio ennill Dyddgu, lle gellir gweld y gair yn cyfrannu at y dôn ddeublyg sy'n gyfuniad o edmygedd a haerllugrwydd:

Saethydd a fwrw pob sothach,
Heb y nod â heibio'n iach,
Ac ergyd hefyd difai
Yn y nod, a iawn a wnâi.
Ergyd damwain, rieinfun,
O gant oedd ddyfod ag un.
Ergyd damwain, fun feinael,
Em deg ŵyl, ymy dy gael. (87.19–26)

Dyma esiampl o ieithwedd dychan yn dod i mewn i'r canu serch 'parchus'.[27] Mae'n werth nodi bod tarddiad *sothach* yn aneglur; teg cymryd mai'r terfyniad difrïol *-ach* (a welir yn *cwrrach* 'cyfrol garpiog' 24.21, ac efallai *gwestfach*, 'lletywr' 62.19) yw'r ail elfen, ond nid yw *soth* yn air hysbys.[28] Mae tarddiad ansicr yn beth cyffredin ymhlith geiriau sy'n nodweddiadol o gywair llafar isel, fel *soeg* a *sorod* ac esiamplau eraill isod.

Os cynhwysir enghreifftiau cynharaf o ymadroddion hefyd, yna dylid nodi yn y cyswllt hwn *baw diawl*, enw am y sbeis drewllyd asiffeta, ond sydd efallai i'w ddeall yn fwy llythrennol lle mae Dafydd yn melltithio ei gysgod a'r Gŵr Eiddig (63.44, 116.22). Mewn gwirionedd mae'r gair *baw* ei hun yn brin yn yr iaith lenyddol cyn amser Dafydd, gydag ond un enghraifft mewn dihareb o'r drydedd ganrif ar ddeg,[29] ac felly gellir gweld y defnydd helaeth o'r gair yng ngherddi Dafydd (24.20, 31.34, 64, 53.34, 63.29 a hefyd y tarddeiriau *bawheion* 122.15, *bawddyn* 125.22 a *gofawai* 31.30) fel esiampl arall o dynnu ar ieithwedd is-lenyddol.

Heb fod mor ddirmygus ei naws, ond eto'n cyfleu rhywbeth diwerth, yw *mymryn*, gair y ceir yr enghraifft gynharaf ohono gan Ddafydd, a'r unig un mewn barddoniaeth a nodir yn GPC:[30]

> Ni wnâi hi erof fi faint
> Y mymryn, gwenddyn gwynddaint. (144.39–40)

Mae anghydnawsedd yma eto o ran tôn rhwng y gair hwn a'r geiriau cyfansawdd clodforus sy'n ei ddilyn. Gwelir negyddiaeth ysgubol gyffelyb yn y defnydd o'r geiryn bach *dim* yn 'Siom' a ddyfynnwyd ar ddechrau'r bennod hon (107.28) ac yn 'Rhag Hyderu ar y Byd' (108.12, gw. y dyfyniad ym mhen. 11). Mae'r olaf yn enghraifft gynnar o'r ystyr 'dim byd' heb ferf negyddol (datblygiad o'r ystyr 'unrhyw beth').[31]

Gair bychanol ei naws a gofnodwyd am y tro cyntaf mewn dihareb o'r drydedd ganrif ar ddeg[32] yw *tam* am fymryn o fwyd yn y llinell hon:

> Nid tam o ginio amaeth (88.9)

Un tebyg ei ystyr sy'n digwydd am y tro cyntaf mewn canu dychan yn y bedwaredd ganrif ar ddeg yw *darn*.[33] O'r tair enghraifft a geir yng ngherddi Dafydd, mae dwy hefyd yn ddiraddiol, am y ffenestr fach a'i rhwystrodd rhag cusanu ei gariad (65.8), ac am ei gal ei hun, *pen darn imp* (85.16). Ond yn y disgrifiad o'r wylan ymddengys naws y gair yn niwtral, ac yn debycach i'r modd y'i defnyddir yn yr iaith fodern:

Darn fal haul, dyrnfol* heli. (45.4)   *maneg ddur

Mae enwau sy'n cyfleu dirmyg at bobl yn nodwedd o'r iaith lafar, ac mae gan Ddafydd nifer sy'n digwydd am y tro cyntaf. Benthyciadau o'r Saesneg yw *hocrell* am ferched (92.4 a 143.37), *begr* am y Gŵr Eiddig (*anlladfegr* 114.31), *carl* (62.39), *grafil* 'dihiryn' yn yr ymryson (30.54) a *herlod*. Mae ergyd yr olaf yn amlwg yng nghwyn y bardd am sarhad merch iddo yn 135.15 (gw. y dyfyniad ym mhen. 5).

Tebyg mai o'r Hen Ffrangeg *virgene* 'gwyry' y benthyciwyd *mursen* a ddefnyddir yn negyddol am ferched (48.25 a 46, 83.42),[34] ac yn ddeifiol iawn gan un o ferched Llanbadarn am olwg merchetaidd y bardd:

'Y mab llwyd wyneb mursen
A gwallt ei chwaer ar ei ben.' (137.29–30)

Gair ansicr ei darddiad yw *hurthgen* 'hurtyn' a geir ganddo am ei gysgod ei hun (63.35),[35] ond dengys yr enghreifftiau yn GPC ei fod yn air cyffredin ar lafar i mewn i'r cyfnod modern. Tebyg yw ystyr *delff*, ac mae'r ffaith fod hwn yn digwydd bedair gwaith yng ngherddi Dafydd yn awgrymu ei fod yn gyffredin ar lafar yn ei gyfnod, fel y mae yn y de hyd heddiw. Os cywir y tarddiad a gynigir yn GPC o *delw*, mae'n enghraifft o ddatblygiad seinegol afreolaidd yn yr iaith lafar, a hynny er mwyn mynegi dirmyg, ond efallai hefyd fod dylanwad o'r Saesneg *delf* 'cloddfa, pwll' gan awgrymu labrwr gwledig. Gweddai hynny i gyd-destun defnydd Dafydd o'r gair wrth felltithio'r sawl a gloddiodd y pwll mawn (59.43, gw. isod). Nid yw'n syndod gweld *delff* yn cyfeirio ddwywaith at y Gŵr Eiddig (55.35, 115.24), ac mae'r enghraifft arall yn un nodedig iawn am un o'r Saeson yn 'Trafferth mewn Tafarn':

Syganai'r delff soeg enau (73.55)

Mae'r cyfuniad o *delff* a *soeg* yn rymus iawn yma yn cyfleu llabwst dreflog,[36] ac mae'r ferf *syganu* yn chwarae ei rhan yn y darlun ffiaidd hefyd. Digwydd y ferf hon bedair gwaith yng ngherddi Dafydd, bob tro yn cyflwyno araith union gan gymeriad gelyniaethus i'r bardd, sef y bioden (36.33), y Gŵr Eiddig (55.41), un o ferched

Llanbadarn (137.25) a'r Sais hwn. Ategir y patrwm gan ddefnydd Madog Benfras o'r gair am eiriau llym y brawd du (GMBen 2.11). Grym negyddol oedd i'r rhagddodiad *sy-* (cymh. *syfudr* 61.33), ac awgryma'r cyd-destun ryw sŵn annymunol tebyg i hisian neu grawcian, ac annhebyg i ganu swynol yr adar eraill yn 'Cyngor y Bioden' ac i'r sibrwd rhwng cariadon a gyfleir gan y gair benthyg *hustyng* yn gynharach yn 'Trafferth mewn Tafarn' (73.17, 20, cymh. 48.26).[37]

Mae lleferydd a chyfathrebu'n elfen bwysig ym marddoniaeth Dafydd, a cheir geiriau newydd ganddo am wahanol fathau o leferydd. Un sydd wedi cadw ei flas negyddol hyd heddiw yw *cecru* a ddefnyddir am gerdd Rhys Meigen (*cecrwawd* 31.37) ac am gysgod y bardd (63.27, gw. isod), ac a geir ychydig yn ddiweddarach gan Ddafydd y Coed mewn cerdd ddychan i offeiriad (GDC 7.4). Gair a ddefnyddir yn hunan-wawdlyd am ei gerdd ei hun yw *mwngial* (65.2, gw. isod), a'r un bôn sydd yn *difyngus* (39.24) am gân y ceiliog bronfraith yn 'Offeren y Llwyn' gyda'r feirniadaeth ymhlyg ar lefaru aneglur yr offeiriad plwyf.

Ar y llaw arall, gair sy'n amwys ei ergyd yw *siarad* a geir ddwywaith gan Ddafydd. Y rhain yw'r enghreifftiau cynharaf o'r gair, ac mae'r ddwy'n cyfeirio at sŵn adar, y naill yn annymunol am wyddau (cyffelybiaeth am ddrws gwichlyd):

Gwaeddodd fal siarad gwyddau (68.37)

a'r llall am ganu swynol adar y goedwig sy'n debyg i feirdd:

Clywed siarad gan adar,
Clerwyr coed, claerwawr a'u câr:
Cywyddau, gweau gwiail,
Cywion, priodolion dail;
Cenedl â dychwedl dichwerw,
Cywion cerddorion caer dderw. (37.17–22)

Nid oes tarddiad amlwg ar gyfer *siarad*: mae GPC yn cymharu'n betrus yr Ocsitaneg *charrado* 'sgwrs', ond posibilrwydd arall yw'r gair onomatopeig Saesneg *chatter*, er bod angen trawsosod cytseiniaid os gwelir y Gymraeg yn fenthyciad. Defnyddiwyd *chatter* yn wreiddiol am drydar adar a dod wedyn i gyfeirio at iaith ddynol, a'r un peth yn union yw hanes y gair Cymraeg. Erbyn y bymthegfed ganrif defnyddid *siarad* am bobl,[38] ac mae'n dra phosib bod hynny'n wir yn amser Dafydd a bod y gair yn rhan o'r darlun anthropomorffig o'r adar, yr un fath â *clerwyr, priodolion* a *cenedl*. Pa fodd bynnag, mae'r ffaith mai cerddi Dafydd yw'r dystiolaeth gynharaf o air a ddatblygodd mor sydyn wedyn yn tystio i'w ymwybyddiaeth gref o newid iaith.

Fel y gwelwyd wrth drafod y gair prin *ysgodigaw* (63.7) yn y bennod flaenorol, roedd Dafydd yn hoff o ddefnyddio geiriau a gyfleai ystum neu weithred gorfforol, ac a roddai gyfle efallai am berfformiad dramatig digrif. Geiriau cyffredin yw'r rhain gan amlaf, fel *cwympo* a *syrthio* ar y rhew (54.17–24) a dros ddodrefn y dafarn (73.29–41), *cloffi* wrth fynd ynghlwm yn y fiaren (56.41–8), cerdded yn daer gyda *gogwydd cyw gŵydd lle câi gawn* (96.32), *plygu* a *pengamu* yn llinellau cyntaf ac olaf 'Merched Llanbadarn' (137.1, 44) a merch yn tywallt gwin dros y gwas (74.50). Hen air sy'n cyfleu rhyw gropian neu orweddian yw *ancrain* am gyflwr y bardd y tu allan i dŷ ei gariad ar noson rewllyd (54.1). Dau air am symudiadau corfforol a welir ganddo am y tro cyntaf ac sy'n dal i fod a naws lafar gref iddynt yw *ysbonc* am yr ergyd a drawodd ar glo drws Morfudd (98.8), ac *ysgwd* a geir bum gwaith yn cyfleu hyrddiad neu hergwd, yn bur ddilornus am ruthro gwyllt yr ysgyfarnog (75.22 a 32), amdano'i hun ac am ei gal (63.46, 85.44), ac am weithred merch yn ei daflu o'r neilltu fel hen faril (118.44).[39] Ac ystyr debyg sydd i'r gair benthyg *hwp* am ei hergwd i'r drws yn 68.35.

A dychwelyd at enwau dilornus am bobl, un math arbennig yw'r rhai sy'n adlewyrchu ofergoelion yr oes. Mae'r rhain yn amlwg iawn yn 'Ei Gysgod' lle mae'r bardd yn ymateb yn ffyrnig i honiad y cysgod ei fod wedi dod i ddangos iddo sut un oedd e:

> Nage, ŵr hael, anwr hyll,
> Nid wyf felly, dwf ellyll.
> Godrum gafr o'r un gyfrith*, *ymddangosiad
> Tebygach wyd, tebyg chwith,
> I drychiolaeth hiraethlawn
> Nog i ddyn mewn agwedd iawn.
> Heusor* mewn secr yn cecru, *porthmon

Llorpau gwrach ar dudfach* du;   *ffyn
Bugail ellyllon bawgoel,
Bwbach ar lun manach moel; (63.21–30)

Mae *anwr hyll* yn y llinell gyntaf yn sangiad a leferid o'r neilltu wrth
y gynulleidfa (gw. pen. 2) gan wrth-ddweud y cyfarchiad parchus
yn rhan gyntaf y llinell. Anodd gwybod beth oedd union ystyr *anwr*,
ond gellid ei ddeall yn llythrennol yma fel creadur annynol, a byddai
ystyr felly'n gyson â delweddaeth thematig y darn. Bod goruwch-
naturiol oedd *ellyll* yn sicr, a cheir chwe enghraifft yng ngherddi
Dafydd, gan gynnwys un o'r ffurf fenywaidd *ellylles* am y dylluan
(61.32), sydd gyda'r rhai cynharaf o'r gair.[40] Gellir casglu rhywfaint
am natur yr *ellyll* o gyd-destun y rhain, sef mai creadur y nos ydoedd
(58.32) a'i drigfan dan y ddaear (59.32). Awgryma'r ymadrodd *yr
ellyllon a'u plant* (59.32) fod pobl yn synied am y rhain fel ciwed
niferus yn debyg i'r tylwyth teg, fel y gwelir hefyd yn y ddelwedd
uchod o'r cysgod fel *bugail ellyllon*.[41] A'r enghraifft fwyaf dadlennol
yw hwn o 'Dan y Bargod' lle mae'r bardd yn sefyll y tu allan i dŷ
ei gariad yn y nos, ac yn ei ddarlunio ei hun fel corff heb enaid
(rhywbeth tebyg i'r hyn a elwir yn *zombie* heddiw):

Yna y mae f'enaid glân
A'm ellyll yma allan. (98.41–2)

Ceir yma hefyd yr enghraifft gynharaf o air a ddaeth yn gyffredin
iawn am ysbryd, fel arfer gyda'r ffurf gysefin *drychiolaeth*. Darllenodd
Parry *ddrychiolaeth* yn GDG, ond mae'r llawysgrifau i gyd yn darllen
drychiolaeth sy'n rhagdybio'r ffurf gysefin *trychiolaeth* (ffurf a geir eto
yn 56.38 am y fiaren). Mae hwn yn bwynt pwysig gan ei fod yn
effeithio ar darddiad y gair. Yn ôl GPC elfen gyntaf *drychiolaeth* yw
drych, hynny yw, ymddangosiad, rhith. Ond a derbyn y ffurf a
arddelwyd gan Ddafydd, rhaid deall yr elfen gyntaf, yn gam neu'n
gymwys, fel *trwch* 'anfad', sydd wrth gwrs yn newid ergyd y gair yn
sylweddol gan gyflwyno syniad o ddrygioni. Digwydd y gair *trwch*
ei hun un ar ddeg o weithiau yng ngherddi Dafydd, ac mae'r ystyr
'drwg, anfad' yn gweddu bob tro, gan gynnwys dau gyfeiriad at y
Gŵr Eiddig fel *y trwch* (116.30 a 36).[42] Efallai y gellir ystyried hyn
yn ddatblygiad newydd, gan mai gair gwahanol o bosibl yw *trwch*

'toredig, clwyfedig' (cymh. y ferf *trychu*) a geir yn gyffredin gan
Feirdd y Tywysogion.[43] A dichon i'r gair hwn beri i Ddafydd
ailddehongli *drychiolaeth* (cymh. *drem > trem*).[44]

Gair cyffredin am ddrychiolaeth sy'n digwydd am y tro cyntaf
yma yw *bwbach*,[45] ac yn nes ymlaen yn y gerdd gwelwn y ferf
gyfatebol wrth i'r bardd wadu iddo ddychryn plant: *Ni fwbechais
rai bychain* (63.48). Mae naws blentynnaidd y gair yn amlwg ym
'Marwnad Siôn y Glyn' gan Lewys Glyn Cothi lle sonnir am y mab
bach yn: *ofni'r bib, ofni'r bwbach*.[46] Ni chynigir tarddiad yn GPC,
ond tybed ai gair cyfansawdd afryw, *bw + bach*, yw hwn? Ceir *bw*
yn yr ystyr 'braw' gan Ddafydd (44.56), a thrafodir ei ddefnydd o
bach isod. Enw arall o'r un maes, er nad yr enghraifft gynharaf un
ohono,[47] yw *ŵyll* a geir yn nes ymlaen yng nghyfarchiad y bardd
i'w gysgod (63.34), ac mewn dwy gerdd arall o waith Dafydd am
y dylluan (61.41) ac am y cloc: *Melin ŵyll yn malu nos* (64.34).

O gofio bod yr holl fodau goruwchnaturiol hyn yn cyfeirio mewn
gwirionedd at y bardd ei hun ar ffurf ei gysgod, mae'n arwyddocaol
bod y cysgod yn ei rybuddio gan ddefnyddio gair cysylltiedig ag
ofergoelion am bwerau'r fall, sef *rhaib* 'dewiniaeth' (eto yr enghraifft
gynharaf): *Mae rhaib i'th ddwyn* (63.20, cymh. 61.9). Ac er na fyddem
heddiw yn cysylltu'r gair *hunlle* ag ofergoelion, dylem nodi'r defnydd
ohono fel cyffelybiaeth am y modd y mae rhyw ferch yn dwyn ei
gwsg o hyd: *Henlleidr unrhyw â hunlle* (75.72, eto'n enghraifft gyn-
haraf).[48] Nid yw'n glir beth yw ail elfen *hunlle* (nid *llef* fel y tybid
yn ddiweddarach), ond mae'n debyg bod pobl yn arfer synio am y
peth fel math o ysbryd drwg, a sylwer bod geiriadur William Salesbury
yn rhoi *ŵyll* am 'A night mare'.

Gair cyffredin a ddefnyddir mewn ystyr neilltuol sy'n adlewyrchu
ofergoelion poblogaidd yw *teulu* yng nghwpled olaf 'Yr Adfail':

> 'Aeth talm o waith y teulu,
> Dafydd, â chroes. Da foes fu.' (151.41–2)

Yr adfail ei hun sy'n llefaru yma ac yn esbonio bod llawer o bobl
wedi marw o ganlyniad i waith y fall, sef teulu neu osgordd Gwyn
ap Nudd, pennaeth y tylwyth teg (cymh. *tylwyth Gwyn* 57.32).[49]

Ffordd arall o gyfleu natur pobl a chreaduriaid oedd trwy ansodd-
eiriau, ac mae gan Ddafydd nifer sy'n digwydd am y tro cyntaf yn

ei waith. Mae'r ffaith fod pob un o'r rhain yn negyddol eu hergyd yn dweud tipyn am y math o ieithwedd y tynnodd arni ar gyfer geiriau newydd. Mae rhai o'r geiriau hyn yn dal yn gyfredol heddiw, ac eraill wedi diflannu o'r iaith ers tro, ond mae lle i gredu bod pob un wedi bod yn gyffredin ar lafar ar un adeg. Enghraifft bendant o hynny yw *erfain* 'haerllug' a geir yn yr ymryson â Gruffudd Gryg (28.11) ac a oedd yn dal i fod ar lafar yn yr un ystyr yn y de pan gyhoeddwyd y rhan berthnasol o GPC yn 1966. Llinell Dafydd yw'r unig enghraifft ysgrifenedig o'r gair a nodir.

Nid yw'n syndod gweld Dafydd yn defnyddio gair mor hallt am ei wrthwynebydd mewn ymryson, ond mae hefyd yn arfer geiriau tebyg eu naws amdano'i hun, fel *ysgoywan* 'anwadal' (42.12) a *gwamal* 'ofer':

> Cerdd wamal fu'r mwngial mau (65.2)

Rhwng yr ansoddair a'r ferf ddilornus (gw. uchod) mae hwn yn ddisgrifiad pur ddiraddiol o'i waith fel bardd, ac yn cyferbynnu â'r ymffrostio a nodwyd eisoes yng nghyd-destun ieithwedd hynafol.[50]

Ansoddair blasus a ddefnyddir yn hunan-wawdlyd am y bardd ei hun yw *trwsgl* sy'n cyfleu i'r dim y math o gymeriad a gyflwynir yn 'Trafferth mewn Tafarn':

> Haws codi, drygioni drud,
> Yn drwsgl nog yn dra esgud. (73.47–8)[51]

Ymadrodd a ddefnyddir yn aml wrth drafod hon a cherddi tebyg iddi yw 'troeon trwstan', a phriodol felly yw nodi bod y gair *trwstan* ei hun i'w gael am y tro cyntaf yng ngwaith Dafydd, eithr nid am ei helyntion ef ei hun ond am ymgais seithug y Gŵr Eiddig i ladd yr ehedydd:

> Trwstan o'i fawr amcan fydd (44.60)

Llinell o gywydd llatai yw honno, a gofynion genre sy'n esbonio'r defnydd gwahanol o *trwsgl* a *trwstan*. Gellid yn hawdd gymhwyso'r llinell at y darlun o'r bardd ei hun mewn cerddi eraill, ac mae bodolaeth y gair yn ei waith yn arwyddocaol ynddi'i hun.

Mae ansoddeiriau o'r fath yn nodweddiadol o'r canu dychan wrth gwrs, fel y gwelwn yn yr awdl i Rys Meigen lle ceir yr enghreifftiau cynharaf o *chwiltath* 'chwilgar' (31.44, 81)[52] a *chwai* 'chwim' (31.44, 46 a 38.11), dau air y mae eu tarddiad yn aneglur. Efallai i *chwai* gynnig cyfle cynganeddol ym meddwl y bardd, oherwydd ddwy linell ar ôl ei ddefnyddio am y tro cyntaf fe'i ceir eto mewn gair cyfansawdd sy'n cynganeddu â gair isel iawn ei naws a welir yma am y tro cyntaf, sef *chwydu*:

Banw★ chweidwrw ban chwydai (31.46)[53]   ★porchell

Gallai gair newydd gynnig odlau pwrpasol hefyd, fel y gwelir yn y defnydd o *ffrom* 'ffyrnig' am y cyffylog,[54] gair a fyddai'n arwain meddwl y bardd at y dom y gwthiai'r aderyn ei big iddi, gan ddarparu prifodl â'r gair cyfansawdd *meinffrom* (53.53–4) a chyfle am gynghanedd lusg â *tomawg*:[55]

Treiddiai yn ffrom wrth domawg (53.45)

Gellir dweud peth tebyg am *mws* 'llaith, drewllyd',[56] gair sy'n disgrifio'r ci yn 'Tri Phorthor Eiddig', gan ddarparu odl â'r ail borthor mewn cynghanedd sain:

Ciliais yn swrth i'm gwrthol
I'r drws, a'r ci mws i'm ôl. (68.45–6)

Dylem nodi hefyd y defnydd newydd o'r gair *llwfr* yn yr ystyr 'llaith' yn y gair cyfansawdd *llwfrddrew* am yr un ci (68.7). Tebyg mai *mws* yw elfen gyntaf *mystrych* 'brwnt' sy'n digwydd mewn sangiad yn cyfeirio at y rhugl groen: *rhyw feistri fystrych* 'rhyw gamp aflan' (62.14), enghraifft arall o gyfuniad geirfaol anghydnaws, a gair benthyg mawreddog o'r Ffrangeg *maistrie* yn cael ei ddilyn gan air o'r cywair dychanol.

Ansoddair a ddaeth i'r amlwg am y tro cyntaf yng ngwaith Dafydd yw *bach*.[57] Gan fod hwn wedi bod yn air mor gyffredin ers ei amser ef mae'n syndod nad oes cofnod ohono cyn y bedwaredd ganrif ar ddeg, ond mewn gwirionedd *bychan* oedd yr unig air mewn Cymraeg Canol.[58] Mae'n amlwg bod *bach* yn perthyn yn agos i *bychan*, ond nid yw'n glir sut yn union. Gellid dadlau bod *bach* yn dalfyriad o *bachgen*, ond y broblem gyda hynny yw nad yw *bachgen* ei hun wedi ei gofnodi cyn y bedwaredd ganrif ar ddeg, a hyd yn oed wedyn gair prin ydoedd, gan mai *mab* oedd y gair safonol am 'boy'.[59] Posibilrwydd mwy addawol yw bod *bach* yn dalfyriad o *bachan*, ffurf amrywiol ar *bychan* a geir mewn rhai llawysgrifau o'r bedwaredd ganrif ar ddeg.[60] Os felly, y cyd-destun mwyaf tebygol ar gyfer datblygiad o'r fath fyddai cylch y teulu lle byddai *bach* yn cyfleu anwyldeb tuag at blant, fel y mae hyd heddiw, ac efallai hefyd ddirmyg tuag at oedolion.

Ceir un ar hugain o enghreifftiau o *bach* yng ngherddi Dafydd (o gymharu â naw enghraifft o *bychan/bechan*, gair sy'n cyfleu maint yn unig), ac mae naws deimladwy y gair yn amlwg ym mhob un.[61] Anwyldeb yw'r prif deimlad a gyfleir, gan gyfeirio at adar – *eos befrdlos bach* (20.39, cymh. 38.15, 108.27)[62] – at y cae bedw a roddodd Morfudd iddo (94.15), at y seren (50.22), at ei galon ei hun (102.1 a 10) a nifer o weithiau at ferched. Dynodi oedran yn weddol niwtral a wna yn ei gŵyn na chafodd yr un o ferched Llanbadarn – *Na merch fach na gwrach na gwraig* (137.6). Fel arall mae'n fodd i fynegi cryfder ei deimlad tuag at ei gariadon, weithiau mewn cyfuniad â ffurf ar *bychan*: *ddynan fechan fach* (95.9), *Fy nyn bychanigyn bach* (104.12). A'r enghraifft fwyaf teimladwy o'r cwbl, efallai, yw'r ffurf fenywaidd unigryw ar yr ansoddair, *baches*, mewn cerdd yn cwyno am frad Morfudd (107.32, gw. uchod).

Gwelir *bach* hefyd gydag ergyd negyddol yn y gŵyn am faint y ffenestr gyfyng (65.10), ac eto wrth i'r bardd fychanu ei *bwyll bach* ei hun (74.18), ac yn ddirmygus iawn am y taeog â'r rhugl groen: *salw ferw fach . . . o begor yn rhith bugail* (62.15–16).[63] Mae'r enghreifftiau hyn yn bwysig fel ateg i'r defnydd am ŵr Morfudd, (y) Bwa Bach, a enwir ddwywaith yng ngherddi Dafydd, unwaith wrth anfon y gwynt yn llatai:

Nac ofna er Bwa Bach (47.16)

ac eto mewn cywydd a gyfansoddwyd ar ôl i Forfudd ei briodi:

Aha! wraig y Bwa Bach! (110.40)

Cyfeirir deirgwaith at y gŵr hwn mewn dogfennau cyfoes wrth yr enw 'Bwa Bychan',[64] a gellir casglu mai felly y câi ei adnabod yn gyffredin, efallai am ei fod yn fyr ac yn grwca.[65] Y cwestiwn sy'n codi wedyn yw pam y newidiodd Dafydd y llysenw o *bychan* i *bach*. Ni roddwyd sylw i'r cwestiwn hwn o'r blaen, efallai am nad oedd newydd-deb *bach* yn hysbys. Rhaid cydnabod bod yr enw Bwa Bach yn haws ei drin o fewn fframwaith y cywydd, gan ffurfio cynghanedd sain anghytbwys ddyrchafedig yn y ddau achos, ond nid yw hynny ynddo'i hun yn rheswm digonol dros y newid, gan fod Dafydd yn hen ddigon medrus i fydryddu unrhyw ffurf a fynnai. Effaith yr ansoddair sy'n bwysig, ac os defnyddid *bach* gan amlaf am blant gellid dweud mai'r effaith oedd diraddio'r gŵr trwy roi'r argraff ei fod yn blentynnaidd, yn hollol wahanol i *bychan* a oedd yn briodol fel epithet parchus am ddynion. Dichon hefyd fod chwarae yma ar yr enw *bach* 'bachyn' gan gyfeirio at siâp ei gorff.[66]

Y gair *bach* yw'r enghraifft fwyaf trawiadol o barodrwydd Dafydd i dynnu ar eirfa'r iaith lafar anffurfiol, a hynny mewn ffordd ddeublyg gan arfer yr un gair gyda chryn deimlad yn gadarnhaol ac yn negyddol. Er mwyn iawn werthfawrogi ergyd y gair rhaid cofio ei fod yn y broses o godi yn y byd ac ennill ei blwy yn yr iaith safonol, braidd fel y gwelsom yn achos *siarad*. Man cychwyn y daith honno i'r ddau air a nifer o rai eraill a drafodwyd yma, mae'n dra thebyg, oedd cylch y teulu, ac felly priodol yw cloi'r arolwg hwn o eirfa newydd Dafydd ap Gwilym trwy sylwi ar ddau air a ddynodai'r ieuengaf a'r hynaf o aelodau'r teulu, sef *baban* a *nain*. Ceir *baban* ddwywaith gan Ddafydd,[67] y ddau dro yn yr ymadrodd *buarth baban* a olygai gorlan fechan i gadw baban yn ddiogel. Fe'i defnyddir yn ffigurol am wain ei gleddyf, a'r odl lusg yn cyferbynnu rhwng dwy oedran:

> Rhwysg mab o fuarth baban (71.37)

Ac eto'n drosiad am dref Niwbwrch lle mae'n dilyn delwedd gartrefol arall:

> Pentan, buarth baban beirdd (18.18)

Mae'r bennod hon wedi nodi sawl gair ffiaidd o'r awdl ddychan a ganodd Dafydd i Rys Meigen, ond gall dychan hefyd gynnwys ambell air dymunol sy'n dynodi diffygion y gwrthrych, ac un o'r rheini yw *nain*, gair plant sydd yma'n cyflwyno Rhys fel truan dideulu:

> Cor oediog, neb nis credai,
> Cwr adain, heb nain, heb nai. (31.11–12)

Math o ieithwedd sy'n haeddu sylw yma oherwydd ei newyddeb fel elfen yn y farddoniaeth, er bod rhai o'r geiriau'n digwydd mewn testunau cynharach, yw ebychiadau, llwon, cyfarchiadau a melltithion.[68] Mae'r rhain yn ddigon cyffredin mewn testunau rhyddiaith Cymraeg Canol, yn enwedig mewn ymddiddan, ond maent yn brin yn yr hen ganu llys, a gellir eu hystyried yn rhan o duedd y cywyddau cynnar i nesáu at yr iaith lafar. Ac mae'r math hwn o ieithwedd yn elfen gyffredin rhwng Dafydd ap Gwilym a'i gyfoeswr iau Geoffrey Chaucer.[69]

Sŵn sy'n fynegiant o deimlad cryf, yn aml yn onomatopeig, ond heb fod yn air ystyrlon ynddo'i hun (yn wreiddiol o leiaf), yw ebychiad. Ceir un enghraifft o'r gair *ebwch* (bôn y ferf *ebychu*) gan Ddafydd yn cyfeirio at ei rwystredigaeth yn 'Disgwyl yn Ofer':[70]

> Pe bawn, myn y Pab annwyl,
> Yn y llwyn, anneall hwyl,
> Cyd y bu'r gŵr, cyflwr cail*, *corlan
> Ebwch gwae, wrth y baich gwiail,
> Gwyn ac addwyn ei hwyneb,
> – Gwae fi! – ni welwn i neb. (146.27–32)

Ebychiad gan y bardd ei hun yw *gwae fi* yma sy'n adleisio gofid y gŵr ar y lleuad dan ei faich drain. Mae'r gair *gwae* yn un o ebychiadau mwyaf cyffredin yr iaith, ac yn sgil ei arfer i fynegi gofid a galar datblygodd yn enw hefyd. Hwn yw'r unig ebychiad a geir yn aml gan Feirdd y Tywysogion, mewn marwnadau'n bennaf, a cheir 64 o enghreifftiau yng ngherddi Dafydd.[71] Ebychiadau eraill a geir ganddo yw: *a* (cyfarchiad, 83.52), *aha* (110.40), *ie* (83.9, 149.28), *och* yn mynegi galar (44 o enghreifftiau),[72] *ochan* (69.41, 92.1),[73] *oio* (102.1, 109.63, 124.6), *wb* yn mynegi dirmyg (59.30, 81.18, 98.18,

107.38, 132.24)[74] a *wi* sy'n cyfleu ymhyfrydu (34.18, 83.29, 93.46, 106.53, 127.10, 135.63).[75] Mae llwon sy'n cadarnhau datganiad neu addewid yn cael cryn dipyn o sylw yng nghanu serch Dafydd. Dwy gerdd sy'n canolbwyntio'n benodol ar lwon yw 'Llw Morfudd' (105) am y ddefod o dyngu ffyddlondeb rhwng cariadon (gw. y dyfyniad ym mhen. 8), a 'Llw Gau' (141) sy'n cyhuddo merch o dyngu llw ffals yn gwadu cyfathrach rywiol. Er mwyn gwrth-ddweud ei chelwydd mae'r bardd yn tyngu ei lw ei hun ar enw Duw, a dyma efallai'r enghraifft gynharaf o ailadrodd y geiryn *do* i gadarnhau ffaith:

> Deddyw* o'i phen lw diddim,   *daeth
> Do do – o gŵyr Duw ado dim. (141.15–16)

Gall cerdd fod yn weithred o dyngu llw ynddi'i hun, fel y gwneir yn niweddglo 'Y Llw':

> Oni chaf, araf eurair,
> Hon i mi, liw hoywne* Mair,   *harddwedd
> Nid oes, mau einioes annudd*,   *cuddiedig
> I'm bryd o gwbl ddifri brudd,
> Myn delw Gadfan – ai dilyth*? –   *di-feth
> A'r grog fyw, fynnu gwraig fyth. (140.19–24)

Gwelir yma fformiwla fwyaf cyffredin y llwon, sef *myn* (neu'r ffurf amrywiol *ym*) gydag enw Duw neu un o'r seintiau neu wrthrych cysegredig. Roedd ymadroddion o'r math hwn yn gyffredin yn rhyddiaith Cymraeg Canol, ond ni cheir y defnydd hwn o *myn* yng ngherddi Beirdd y Tywysogion, ac felly byddai'r 33 o enghreifftiau yn rhoi blas cyfoes i iaith cerddi Dafydd, gydag amrywiadau lliwgar fel *myn goleuad Crist* (126.4) a *myn y Gŵr a fedd heddiw* sy'n llunio llinell gynganeddol gyfan yn 119.3 a 147.17. Fformiwla arall yw *er*, fel llw y ferch ar glwyfau Crist yn 'Sarhau ei Was':

> 'Cyfodwch er pum harcholl!
> A maeddwch ef! Mae'dd ywch oll?' (74.47–8)

Llw ar enw Duw sy'n dangos cywasgu chwyrn nodweddiadol o'r iaith lafar yw'r gair unsill *dioer* (< 'Duw a ŵyr'), y ceir tair ar ddeg o enghreifftiau ohono yng ngherddi Dafydd (gw. y dyfyniad o 45.1 ym mhen. 10). Un arall sy'n ffrwyth cywasgiad yw *rho Duw* (< 'y rof i a Duw'), llw a ddefnyddir i bwysleisio datganiad, fel y gwelir yn y cyfarchiad i'r gal:

> Rho Duw gal, rhaid yw gwyliaw
> Arnad â llygad a llaw (85.1–2)[76]

Roedd y gair *diawl* yn fodd i felltithio yn bennaf, fel y gwelir isod, ond fe'i ceir hefyd yn rhan o lw difrifol iawn yr olwg sy'n pwysleisio sicrwydd y bardd am werth ei ganu i Forfudd:

> Iawn y gwneuthum ei chanmawl,
> On'd oedd iawn, f'enaid i ddiawl! (110.35–6)

O gofio'r gred fod cathod yn perthyn i'r diafol (cymh. 'fel cath i gythraul'), diddorol yw nodi'r honiad yn gynharach yn y gerdd: *Mae ynof . . . Enaid cath anwydog hen* (110.19–20).

Crefyddol oedd mwyafrif mawr y llwon, wrth reswm, ond un fformiwla seciwlar a ddibynnai ar y syniad o gywilydd cymdeithasol oedd *mefl i*,[77] sy'n fodd i danlinellu'r ergyd olaf yn y ddadl rhwng y bardd a'r Brawd Llwyd, gan ddilyn y llw gwannach *myn fy llaw*:

> 'Pan fo cystal gan bob dyn
> Glywed pader gan delyn
> Â chan forynion Gwynedd
> Glywed cywydd o faswedd
> Mi a ganaf, myn fy llaw,
> Y pader fyth heb beidiaw.
> Hyd hynny mefl i Ddafydd
> O chân bader ond cywydd.'
> (148.81–8; cymh. 146.14 a 149.33–4)

Gallai *mefl* fod yn ffordd o felltithio hefyd (108.2), ac yn yr ymadrodd hynafol *mefl ar farf* roedd yn sarhad difrifol, fel y gwelir yn yr ymryson:[78]

Mefl ar dy farf yn Arfon,
Ac ar dy wefl mefl ym Môn. (28.3–4)

Mae cyfarchion yn fodd i gyfleu parch a bendith y bardd yn y canu mawl a cherddi dathliadol eu naws. Y cyfarchiad mwyaf cyffredin yng ngherddi Dafydd yw'r gair cyfansawdd *hawddamor/ -awr*,[79] fel y gwelir ar ddechrau'r cywydd i dref Niwbwrch:

Hawddamawr, mireinwawr, maith,
Dref Niwbwrch, drefn iawn obaith (18.1–2)[80]

Er bod *hawddamawr* yn digwydd yng ngherddi Cynddelw,[81] ni cheir yr un enghraifft yn y chwedlau rhyddiaith, ac felly mae lle i gredu mai priod-ddull barddol oedd hwn ac un nad oedd yn rhan o'r iaith lafar.[82] Cyfarchiad sy'n gyffredin yn y chwedlau rhyddiaith yw *henffych well*,[83] ac mae'n cynrychioli cwrteisi ffurfiol wrth i adroddwr 'Sarhau ei Was' egluro sut i gyfarch y ferch (gan wau i mewn y gair thematig *gwych*, gw. pen. 10):

Dyfydd hyd ei hystafell,
Dywaid, 'Henffych, ddyn wych, well!' (74.35–6)

Yn ogystal â chyfarchion defodol wrth gyfarfod, defnyddir y fformiwla *yn iach* wrth ffarwelio mewn nifer o gerddi.[84] Naws gwrtais a ffurfiol sydd i'r ymadrodd mewn cerdd am ymadael ag Ifor Hael (16.10, 18), yn y gyfres o linellau'n ffarwelio â'r haf (35.43–7), ac mewn marwnad (22.36), ond blas mwy coeglyd a welir yn y canu serch lle mae'n dynodi rhai o'r troeon yn ei berthynas ddeublyg â Morfudd, fel hyn:

Dos, f'un enaid, yn gwbliach,
A Duw'n borth yt, y dyn bach.
Dos yn iach, gadarnach ged,
Dengoch fyfy o'r dynged.
Yn iach, y dyn bach, dawn byd,
Ac annerch dy hun gennyd.
(104.27–32; cymh. 99.45, 106.72 a 139.29)

Mae melltithio'n weithred sydd lawn mor gyffredin â bendithio yng ngherddi Dafydd,[85] ac fe geir nifer o ymadroddion a darddai yn ôl pob tebyg o'r iaith lafar. Yn wrthwyneb i'r ymadroddion crefyddol cadarnhaol, ac yn benodol i bethau fel *Duw'n borth yt* yn y darn uchod, y mae'r felltith ar y ferch a arllwysodd y gwin am ben ei was, *amorth Mair* (74.52 – yr enghraifft gyntaf o *amorth* fel melltith). A chred grefyddol oedd sail un o'r melltithion cryfaf oll, *i ddiawl*, a gofnodwyd am y tro cyntaf yng ngwaith Dafydd. Nodwyd esiampl ohono mewn llw uchod, ac fe'i ceir fel melltith am ŵr Morfudd (92.32).[86] Mae'n bosibl bod peth o rym y felltith wedi treulio trwy hir arfer ar lafar, fel y gwelir yn y defnydd ffwrdd-â-hi gan ferch yn annog ei chariad i ffoi wrth i'r wawr dorri – *Dos i ddiawl; wel diso ddydd* (69.18). Ond ni all fod amheuaeth am rym yr ymadrodd gan un o ferched Llanbadarn, *wtied i ddiawl* (137.34), ac at hynny y cyfeiria'r enghraifft gynharaf o'r gair *rheg* yn yr ystyr fodern yn llinell ddilynol y cywydd (137.35, gw. y drafodaeth ym mhen. 10).

Aflwyddion corfforol eu natur yw sail melltithion eraill yn y cerddi, fel y gair sy'n gosod cywair 'Merched Llanbadarn' yn ail linell y cywydd, ac sydd mewn ffordd yn ymateb gan y bardd i reg y ferch:

Pla ar holl ferched y plwyf! (137.2, cymh. 144.54)

Dyna'r enghreifftiau cynharaf o *pla* fel melltith, ac mae'r un peth yn wir am *oerfel*, gair sy'n digwydd bedair gwaith yng ngherddi Dafydd. Yn 'Y Pwll Mawn' mae'n fodd i'r bardd fwrw ei lid a'i rwystredigaeth, fel y gwna yn holl gerddi'r rhwystrau, ac fe'i gwelir yma'n ymwrthod yn agored â swyddogaeth gadarnhaol y bardd mawl:

Oerfel i'r delff*, ni orfu,	*llabwst
A'i cloddies, ar fawrdes fu.	
Hwyr ym ado, o do'i dir,	
'Y mendith yn y mawndir. (59.43–6)[87]	

Ymadroddion eraill sy'n cyfleu melltith ar ddiwedd cerddi yw *deuddrwg* am fis Tachwedd (33.44) a *deugnwydr* 'dau anffawd' am ferch (123.53). Dechrau a diwedd cerddi yw cyd-destun pennaf yr ieithwedd hon. Byddai ebychiad yn llinell gyntaf cerd yn ffordd ddramatig o ddal sylw'r gynulleidfa, gan enwi'r gwrthrych yr un pryd, fel wrth gyfarch ei galon:[88]

Oio galon bengron bach (102.1, cymh. 109.63 a 124.6)

A byddai ebychiad neu felltith yng nghwpled olaf cywydd yn fodd i roi diweddglo trawiadol iddo,[89] fel y gwelir yn yr ebychiad budd-ugoliaethus ar ddiwedd y cywydd lle mae Dafydd yn gorfoleddu am barhad ei berthynas â Morfudd ar ôl ei phriodas:

Aha! wraig y Bwa Bach! (110.40)[90]

Gallai ebychiadau fod yn fodd i strwythuro cerdd trwy ailadrodd neu gyferbynnu arwyddocaol. Yr enghraifft gliriaf o hynny yw'r defnydd o *gwae* ar ddechrau 'Yr Haf', lle mae'r person cyntaf lluosog yn cyfeirio at stad y ddynoliaeth dan ormes amser yn sgil y Cwymp, ac ar ddiwedd yr un cywydd lle mae'r person cyntaf unigol yn ffocysu ar gyflwr personol y bardd wedi ei wahardd o'r haf, a'r rhagenw ategol fel petai'n cyferbynnu â dechrau'r gerdd:

Gwae ni, hil eiddil Addaf,
Fordwy rhad, fyrred yr haf. (34.1–2)

Gwae finnau, Grist, gofynnaf,
Os gyr mor rhyfyr, 'Mae'r haf?' (34.51–2)

Un rheswm am amlygrwydd ebychiadau, cyfarchiadau a llwon ym marddoniaeth Dafydd ap Gwilym yw'r pytiau niferus o sgwrs ynddynt, ond rheswm mwy sylfaenol na hynny yw'r ffaith fod cynifer o'i gerddi yn annerch rhywun neu rywbeth, ac yn weith-redoedd geiriol o ryw fath, yn ymgais i gyflawni rhywbeth mewn cyfathrach neu wrthdaro â phobl eraill trwy ddatganiad heriol o angerddol. Ac mae'r pwynt hwnnw'n berthnasol i'r holl eirfa newydd a fu dan sylw yn y bennod hon. Deillia llawer o rym barddoniaeth Dafydd ap Gwilym o'r ieithwedd deimladwy ac egnïol hon sy'n creu naws gorfforol ac argraff gref o leferydd dramatig.

5

Geiriau Benthyg

Un o'r gwahaniaethau mwyaf o ran ieithwedd rhwng Beirdd y Tywysogion a'r Cywyddwyr yw'r nifer o eiriau benthyg a geir yn y cywyddau. Ychydig iawn o fenthyciadau o'r Ffrangeg a'r Saesneg a geir yn awdlau oes y tywysogion, nid o reidrwydd am fod y beirdd yn wrthwynebus i ddefnyddio geiriau estron fel y cyfryw, eithr efallai am eu bod mor geidwadol eu hagwedd ac yn mynnu cadw at ieithwedd draddodiadol yr hen ganu mawl.[1] Mae awdlau mawl Dafydd ap Gwilym yn dilyn yr un patrwm, gan osgoi geiriau benthyg ar y cyfan, ac mae'r un peth yn wir i raddau llai am ei gywyddau mawl.[2] Ond mae'r cywyddau serch a natur sy'n ffurfio prif gorff ei waith yn fater gwahanol, ac mae geiriau benthyg yn gyffredin iawn ynddynt. Ceir rhyw drichant a deugain o fenthyciadau ganddo, a nifer o'r rheini'n digwydd sawl tro yn ei gerddi fel bod dros bumcant o enghreifftiau'n gyfan gwbl. Detholiad yn unig o'r geiriau hyn a drafodir yn y bennod hon, a nodir rhagor ym mhenodau 4, 6, 8 a 9.

O'u dosbarthu yn ôl swyddogaeth ramadegol, gwelir mai enwau yw'r mwyafrif helaeth o'r geiriau benthyg hyn, ac mae'r rheswm am hynny'n amlwg gan fod llawer ohonynt yn dynodi pethau newydd a gyflwynwyd i Gymru gan fewnfudwyr. Ond fe geir hefyd nifer o ferfau a luniwyd trwy ychwanegu ôl-ddodiad berfol i enw benthyg, fel *bostio, crio, peintio, trwsio*,[3] a gallai'r rheini yn eu tro gynhyrchu enwau pellach fel *peintiwr* a *peintiad, trwsiwr* a *trwsiad*. Mae nifer o ansoddeiriau'n fenthyciadau uniongyrchol, fel *abl, cwrtais, ffals, ffel, ffôl, tal*, a rhai eraill yn ffurfiau eilradd ar sail enwau benthyg, fel *meistrol, mileinaidd, pwyntus, anrasol, dihustyng*.

O ran ffonoleg, llwyddwyd i gymathu benthyciadau i strwythur seinegol y Gymraeg at ei gilydd (e.e. *ceisbwl* < *cachepole*), ond daeth rhai seiniau newydd yn eu sgil hefyd, yn enwedig y ffrwydrolion dilais, *p*, *t*, *c*, ar ddiwedd geiriau unsill megis *siop*, *het* a *pac*. Mae tuedd i eiriau o'r fath odli â'i gilydd, fel *triphac* a *Siac* yn 'Trafferth mewn Tafarn' (73.53–4) a *Llewpart a dart yn ei din* am y llwynog (60.48), ac mae hynny'n arwain at glystyru geiriau benthyg, ac at effeithiau digrif yn aml fel y gwelir yn y ddwy enghraifft hynny. Ceid rhai cyfuniadau cytseiniol anarferol mewn geiriau Saesneg, fel *pantri*, a gellid ateb y rheini mewn cynghanedd trwy air cyfansawdd, er enghraifft lle sonnir am y gwynt yn dod *O bantri wybr heb untroed* (47.6).

Mae parodrwydd Beirdd yr Uchelwyr i ddefnyddio geiriau estron wedi bod yn destun syndod i rai darllenwyr diweddarach. Bu Goronwy Owen yn llym ei feirniadaeth ar Ddafydd ap Gwilym am hyn mewn llythyr at William Morris yn 1753:

> Dafydd ap Gwilym, it is true, had his foibles, as well as all other mortals. He was extravagantly fond of filching an English word now and then, and inserting them in his works, which makes me wonder what should induce the judicious Dr. Davies to pitch upon him as the standard of pure Welsh. Whereas he, of all others of that age, seems least deserving of that honour.[4]

Delfryd y Dadeni Dysg yw'r syniad o burdeb iaith a welir yma, delfryd a fynegwyd gan yr ieithydd John Davies, Mallwyd, yn ei ragymadrodd i'w ramadeg (1621) wrth alw beirdd yr Oesoedd Canol yn *vetustae linguae custodes*:

> Arfer cenhedloedd eraill bob amser ydoedd ymgyrraedd at wybodaeth o ieithoedd eu cymdogion ac at ennill geiriau newydd: ond yr ydym ni yn wastad wedi cilio mewn cymaint braw oddi wrth hynny nes llunio rheolau pendant i sicrhau na byddai'r beirdd yn defnyddio geiriau newydd, ond yn hytrach eu bod i'w gosod yn warcheidwaid ar yr hen iaith, gyda gwobrwyon wedi cael eu pennu am wneud hynny.[5]

Mae'r agwedd amddiffynnol hon a'r awydd i warchod purdeb yr iaith lenyddol yn nodweddiadol o'r cyfnod modern pan fu'r Gymraeg mewn perygl o golli tir i'r Saesneg. Ond gellir gweld parodrwydd Beirdd yr Uchelwyr i fenthyca geiriau yn arwydd o hyder yn eu hiaith mewn cyfnod pan oedd y Gymraeg yn gymwys i bob maes ac yn llwyddo i gymathu mewnfudwyr ac i ehangu ei thiriogaeth.[6] Yn sicr nid oedd gwedd foesol na chywilydd ynghlwm wrth y dewis o air estron yn lle un cynhenid, fel y gall fod yn ein hoes ni; i'r gwrthwyneb, mae'n weddol amlwg bod Dafydd ap Gwilym a'i gyfoeswyr yn ymhyfrydu yn newydd-deb y geiriau hyn ac yn eu gweld yn fodd i ehangu eu geirfa o ran pwnc, o ran cywair ac o ran ffonoleg.

Esiampl o air benthyg yn cael lle amlwg iawn yn uchafbwynt i gerdd yw *wtres* < Saesneg *outrage* 'extravagance, wantonness' yn llinell olaf 'Angof':

> N'ad tros gof ein wtres gynt. (121.28)[7]

Nid peth newydd oedd benthyg ar raddfa helaeth fel hyn, gan fod sawl haen o fenthyciadau yn dangos bod y Gymraeg wedi cynnwys geiriau o ieithoedd eraill ar hyd ei hanes.[8] Yr haen hynaf yw'r benthyciadau o'r Lladin i'r Frythoneg yn y cyfnod Rhufeinig, geiriau fel *pont*, *ystafell*, *ffenestr* a *gwin*, a hefyd y gair *benthyg* ei hun o'r Lladin *beneficium*.[9] Ni chynhwysir geiriau o'r haen hon yn y dadansoddiad o eiriau benthyg Dafydd ap Gwilym gan eu bod wedi hen ennill eu plwy yn rhan o eirfa graidd yr iaith erbyn ei amser ef, ond fe gynhwysir rhai benthyciadau dysgedig diweddarach. Felly, er enghraifft, ystyrir bod *corff* < *corpus* yn rhan gynhenid o'r iaith erbyn yr Oesoedd Canol gan iddo fynd trwy'r newidiadau seinegol rheolaidd, ond bod *corpws* (67.43) yn fenthyciad diweddar yn union-gyrchol o'r un gair Lladin. Benthyciad diweddar arall yw *primas* 'prif brelad, pennaeth' (22.22), gair sy'n dangos dylanwad diwylliant Lladinaidd yr eglwys ganoloesol.

Yr haen nesaf o fenthyciadau oedd y rhai o Hen Saesneg yn y cyfnod Eingl-Sacsonaidd, megis *bwa*, *bwrdd*, *crefft*, *cusan*, *edling*, *ffordd* a *punt*.[10] Wrth reswm roedd y rhain hefyd wedi hen ennill eu plwy yn yr iaith cyn amser Dafydd ap Gwilym, a dichon na fyddai ef yn eu hystyried yn eiriau estron, ond penderfynwyd eu cynnwys yn y dadansoddiad er mwyn rhoi cyfrif llawn o'r elfen Saesneg yn ei waith. Efallai mai i'r un cyfnod y perthyn yr ychydig fenthyciadau o'r Wyddeleg a geir yng ngherddi Dafydd, sef *macwy* < *maccoím* 'ysgwïer', *cleirch* < *cléireach* 'henwr', *cerbyd* < *carpait*, *croesan* < *crossán*,[11] a *celg* < *celg* 'twyll'.[12] Yng ngwaith Dafydd y ceir yr enghreifftiau cynharaf o *celg* yn y Gymraeg (125.28, 135.54 a hefyd *celgwr* 125.29), ond diau fod y benthyciad yn perthyn i gyfnod cynharach yn yr iaith er na chadwyd cofnod ohono. Arhosodd y gair hwn yn rhan o'r iaith lafar (yn y ffurf *celc* 'hoard'), a gellir ei weld yn enghraifft o barodrwydd Dafydd i fanteisio ar iaith sathredig ei oes.

Benthyciad cynnar o'r Saesneg oedd *som* < S.C. *shom* 'gwarth', gair a ddefnyddir yn ail gainc y *Mabinogi* am y gwarth a achoswyd i Fatholwch trwy anafu ei geffylau.[13] Mae hwn ynghyd â'r ferf *s(i)omi* a'r ansoddair *somgar* yn eiriau o gryn bwys yng ngwaith Dafydd, gyda deg o enghreifftiau sy'n cyfleu'r syniad o golled a thwyll, datblygiad semantaidd o fewn y Gymraeg mae'n debyg.[14] Colli arweinydd sydd dan sylw yn llinell gyntaf 'Marwnad Llywelyn ap Gwilym' – *Dyfed a siomed* (6.1) – ond at dwyll a siomedigaeth mewn serch y cyfeirir gan amlaf, fel yn llinell olaf 'Hwsmonaeth Cariad': *Somed fi am osymaith* (109.68, cymh. 118.17 a 135.24). O'i negyddu gallai gyfleu hyder mewn cariad (*ni'm sym serch*, 68.55, cymh. 46.39), ac mae *somau syml* yn dynodi ystrywiau chwareus y bardd wrth gydorwedd gyda'i gariad yn 'Yr Adfail' (151.19).

Yn sgil dyfodiad y Normaniaid i Gymru ar ddiwedd yr unfed ganrif ar ddeg dechreuodd cyfnod newydd o fenthyca, y tro hwn o'r Ffrangeg, neu'r math arbennig o'r iaith honno a ddatblygodd ym Mhrydain ar ôl y Goncwest, sef Eingl-Normaneg. Geiriau sy'n adlewyrchu diwylliant y llysoedd Normanaidd yw'r rhan fwyaf o'r rhain, mewn meysydd fel technoleg filwrol (e.e. *tŵr, glaif, ystondard*) a dillad drudfawr (e.e. *pali, syndal, ysgarlad*). Nifer gymharol fach o fenthyciadau o'r Ffrangeg a geir yn y chwedlau rhyddiaith cynnar, ond maent yn amlhau yn y rhamantau lle mae'r dylanwad Normanaidd yn drymach erbyn troad y drydedd ganrif ar ddeg, ac wrth gwrs mewn cyfieithiadau o'r Ffrangeg fel *Ystorya Bown de Hamtwn*.[15] Byddai'r elfen Ffrangeg hefyd yn rhan o gynhysgaeth ieithyddol Dafydd ap Gwilym, felly, ac yn uchel ei bri o ran statws cymdeithasol. Enghraifft dda o eiriau benthyg yn cyfleu naws sifalri Ffrengig yw'r llinell hon am Ifor Hael: *Anturiau nawmil mewn twrneimaint* (17.38).[16]

Newidiodd y sefyllfa ieithyddol yng Nghymru eto yn sgil y Goncwest Edwardaidd yn y 1280au a'r mewnlifiad o Saeson a ddaeth i'r trefi castellog yn bennaf. Am gyfnod yn y drydedd ganrif ar ddeg a dechrau'r bedwaredd ar ddeg ni fyddai'n beth anghyffredin i uchelwyr Cymru fod yn dairieithog yn y Gymraeg, y Ffrangeg a'r Saesneg, yn ogystal â medru Lladin fel iaith ddysg, ac roedd amlieithrwydd o'r fath yn ffactor bwysig yng nghefndir diwylliannol Dafydd ap Gwilym.[17] Ond erbyn y bedwaredd ganrif ar ddeg roedd y Ffrangeg yn mynd yn llai cyffredin fel iaith lafar a'r Saesneg ar gynnydd, ac felly'n fwy ei dylanwad ar y Gymraeg. Mae nifer o eiriau benthyg newydd yng ngherddi Dafydd sydd yn bendant o darddiad Saesneg, fel *bollt*, *gwn*, *tal* ac *wdwart*.

Ond nid yw bob amser mor hawdd gwahaniaethu rhwng Ffrangeg a Saesneg, a Lladin hefyd weithiau, wrth bennu ffynhonnell benthyciadau. Roedd geiriau o darddiad Ffrangeg yn elfen sylweddol iawn yng ngeirfa'r iaith Saesneg erbyn y bedwaredd ganrif ar ddeg, a'r un fyddai ffurf y gair yn y ddwy iaith yn aml iawn. Tuedd ysgolheigion Cymraeg at ei gilydd fu ffafrio'r Saesneg fel ffynhonnell benthyciadau, am ei bod yn fwy cyffredin fel iaith lafar yng Nghymru erbyn y cyfnod hwnnw, ond anodd os nad amhosibl yw profi'r pwynt ar dir ffonolegol.[18] Er enghraifft, gallai *natur* fod wedi tarddu o'r Ffrangeg neu'r Saesneg, neu'n uniongyrchol o'r Lladin fel benthyciad dysgedig.[19] Yn y llinell *Asur a chadas gasul* (74.55) defnyddir tri gair benthyg i ddisgrifio gwisg merch: yn ôl GPC tarddodd y ddau gyntaf o Saesneg Canol a'r trydydd o'r Lladin, ond mewn gwirionedd gallai'r tri fod wedi dod yn uniongyrchol o'r Hen Ffrangeg.[20] Nid oes modd torri'r ddadl mewn achosion unigol gan amlaf, ac efallai yn wir mai camarweiniol yw ceisio pennu tarddiad penodol i fenthyciadau mewn sefyllfa amlieithog ac elfen fawr o eirfa'n gyffredin rhwng sawl iaith. Enghraifft dda o fenthyciad o'r Ffrangeg yn cael ei ddefnyddio mewn ffordd debyg yn y Gymraeg a'r Saesneg yw *propr* < *propre* yn yr ystyr 'hardd' am ferch yn 'Yr Wylan' (*cyweirbropr* 45.26) ac am Alisoun yn 'Chwedl y Melinydd' Chaucer, *She was so propre and swete and likerous*.[21]

Mater o ganfyddiad siaradwyr fyddai tarddiad gair benthyg, yn ogystal â ffaith hanesyddol. Ac yn hynny o beth mae rhagfarn Dafydd o blaid y diwylliant Ffrengig ac yn erbyn pethau Seisnig yn arwyddocaol. Ymhlith y rhoddion a dderbyniai gan Ifor Hael roedd *arfau Ffrengig erfai* (16.32), ond *Nid fal menig Seisnig Sais* oedd y menyg a gafodd ganddo (15.56).[22] Wrth gyffelybu'r niwl i ddefnydd cain fe'i galwodd yn *Ffrengigsiop ffrwyth* (57.39), ond *cerrig Seisnig* oedd yn y rhugl groen a darfodd ar ei garwriaeth (62.29). Gellid disgwyl, felly, y byddai'n well gan Ddafydd weld tarddiad Ffrangeg i air benthyg, gyda holl gynodiadau pendefigaidd yr iaith honno, hyd yn oed os byddai mewn gwirionedd wedi'i fenthyca trwy gyfrwng y Saesneg yn y lle cyntaf. A dychwelyd at y llinell *Asur a chadas gasul*, mae ergyd y geiriau benthyg yn ddeublyg: gellid disgwyl bod y naws Ffrengig yn cyfleu soffistigeiddrwydd, ond y tebyg yw mai coegni am ymhongarwch y ferch sydd yma, fel yr awgryma chwerwder y llinell ddilynol, *Eisiau gwin ar ei min mul!* (74.56). Ac efallai fod coegni o'r fath wedi ei baratoi gan gyfuniad o eiriau benthyg yn ymwneud ag ymddangosiad ymffrostgar ar ddechrau'r gerdd lle mae'r bardd yn sôn am edrych *Ar drwsiad pobl, aur drysor* (74.3) a'r lleoliad mewn *ffair* (74.10, yr enghraifft gynharaf a nodir o'r gair hwnnw yn GPC).[23]

Er gwaetha'r ansicrwydd ynghylch tarddiad geiriau unigol, mae'n amlwg bod llawer o eiriau benthyg wedi dod yn rhan o'r iaith Gymraeg yn ystod oes Dafydd ap Gwilym. Ond nid oedd yn dilyn yn anochel y byddai barddoniaeth y cyfnod yn adlewyrchu'r newid hwnnw yn yr iaith gyffredin. Dylid gweld y geiriau benthyg yng ngwaith y Cywyddwyr cynnar fel rhan o strategaeth farddol a anelai at newydd-deb mewn ieithwedd.[24] Fel y gwelwyd eisoes, mae llawer o eiriau cynhenid isel eu naws yn digwydd yn eu gwaith am y tro cyntaf, geiriau megis *cecru* a *sothach*, ac mae benthyciadau'n rhan o'r un duedd i ehangu cywair barddoniaeth. Mae dros hanner y geiriau benthyg yng ngwaith Dafydd wedi eu cofnodi am y tro cyntaf yno (a naw yn ei waith ef yn unig),[25] ac er nad yw'n dilyn mai ef oedd y Cymro cyntaf i ddefnyddio pob un o bell ffordd, yn eu crynswth byddent yn rhoi blas cyfoes iawn ar ei gerddi, yn enwedig mewn cyferbyniad â'r canu mawl traddodiadol (gan gynnwys rhai o'i gerddi ef ei hun).

Diau fod geiriau benthyg yn gyffredin yn iaith lafar y cyfnod, ac nid yw'n syndod felly fod nifer i'w cael mewn darnau o sgyrsiau yn y cerddi. Mae un o'r merched yn eglwys Llanbadarn yn cyfleu ei dirmyg at y bardd gyda'r ebychiad *wtied i ddiawl* (137.34), sef berf a luniwyd o'r Saesneg *out* mae'n debyg, a cheir rhywbeth tebyg gan un o ddilynwyr Dafydd, Llywelyn ab y Moel, mewn cywydd am ei farf bigog lle mae'r ferch yn gwrthod ei gusanu gan ebychu *wt!*[26]

Mae *her* yn fenthyciad arall a ddefnyddir fel ebychiad wrth ffieiddio at yr ysgyfarnog (75.18). Sylwer hefyd fod dau o'r benthyciadau o'r Wyddeleg a geir yng ngherddi Dafydd yn digwydd mewn araith uniongyrchol, sef *cleirch* 'henwr', gair dirmygus y bioden am y bardd (36.48), a *celg* 'twyll' gan ferch sy'n poeni am gael ei thwyllo gan y bardd (125.28).

Mae geiriau benthyg hefyd yn amlwg mewn araith anuniongyrchol, sef adroddiadau am yr hyn a ddywedwyd gan bobl. Manteisiodd Dafydd deirgwaith ar yr odl rhwng *galw* a *salw* (o'r Saesneg *sallow* mae'n debyg) wrth adrodd am sarhad llafar, ac mae dwy linell debyg iawn yn cynnwys benthyciadau eraill o'r Saesneg, sef *cwcwallt* 'gŵr i wraig anffyddlon' a *herlod* 'dihiryn'.[27] Sylwer ar y cyferbyniad rhwng arddull aruchel clod y bardd i'r ferch a'i hieithwedd sathredig hithau yn yr ail ddarn:

> Yn gwcwallt salw y'm galwant –
> Wb o'r nâd! – am wedd berw nant. (107.37–8)

> Yn iarlles eiry un orlliw*　　　　　　　　　*disgleirdeb
> Y'th alwn, gwedd memrwn gwiw;
> Yn herlod salw y'm galwud
> I'm gŵydd drwy waradwydd drud. (135.13–16)

Rhan o newydd-deb y cywyddau cynnar yw'r sylw i wrthrychau materol, offer a phetheuach bywyd beunyddiol, a bu hyn hefyd yn gymhelliad i gynnwys mwy o eiriau benthyg. Mae'r duedd hon i'w gweld ar wedd ddiriaethol yn y cerddi naratif am droeon trwstan a'r rhwystrau yn ffordd y carwr, fel 'Yr Halaenwr' gan Fadog Benfras lle ceir termau benthyg am offer y dyn gwerthu halen, gan gynnwys y gair prin *hair* am garthen rawn.[28] Yr enghraifft orau yng ngwaith Dafydd ap Gwilym yw 'Trafferth mewn Tafarn' (73) lle gwelir rhes o eiriau benthyg sy'n cyfleu byd y dafarn a'i bethau, o'r *rhost* a brynodd yr adroddwr i hudo'r ferch, a'r *fainc* lle bu'n ddau'n *hustyng* eu cyfrinachau, i'r *ystôl* y baglodd drosti gan ddymchwel y *bwrdd* a'i *ddeudrestl* a'r *badell* a'r *cawg* arnynt, gan ddihuno'r Saeson sy'n poeni am eu *triphac*, a'r *ostler* wedyn yn arwain y chwilio. Mae benthyciadau hen a newydd blith draphlith yma, ac effaith y cwbl yw atgyfnerthu'r argraff mai lle estron a gelyniaethus yw hwn i'r Cymro druan.

Heblaw'r cerddi naratif, ffigurol yw cyfran helaeth o'r holl wrth-rychau materol sydd i'w cael yng ngherddi Dafydd a'i gyfoeswyr. Maent yn digwydd fel delweddau unigol, er enghraifft *lwferau* < Saesneg *louver* am lygaid y bardd (109.51, gw. y dyfyniad ym mhen. 9),[29] ac yn enwedig mewn darnau o ddyfalu lle cymherir y peth dan sylw â rhes o wrthrychau tebyg. Gall y cymariaethau dynnu ar unrhyw faes yn ddibendraw, ac wrth gwrs mae llawer o eiriau benthyg yn codi yn sgil hyn, a dyma pam fod cynifer ohonynt yn cael eu defnyddio'n ffigurol.[30] Felly, er enghraifft, mae'r niwl yn *rhol* (rholyn hir o femrwn), yn *gwfl*, yn *gwfert*, yn *godarmur*, yn *gombr*, yn we *adrgop* (pry copyn) ac yn *habrsiwn* (57.15–46). Dim ond rhyw chwarter o'r holl ddelweddau yn y gyfres yw'r geiriau benthyg hyn, ond maent yn sicr yn rhoi naws i'r darn, yn enwedig y ddau derm milwrol, *codarmur* (< Saesneg *coat-armour*) a *habrsiwn* (< Saesneg neu Ffrangeg *haubergeon* 'siaced ddur'). Rhwystrwyd y bardd rhag cwrdd â'i gariad gan y niwl, ac felly mae'r islais o fygythiad treisgar yn arwyddocaol. Ac mae'r habrsiwn yn darparu uchafbwynt trawiadol i'r gyfres hir o linellau oherwydd y cyfuniad anghyffredin o gytseiniaid a atebir gan air cyfansawdd:

Habrsiwn tir anehwybrsych* (57.46)   *aneglur a gwlyb

Ond nid yw'r geiriau benthyg o reidrwydd yn creu naws negyddol, ac mae rhai eraill yma yn amwys eu heffaith. Er bod Dafydd yn cwyno am y niwl fel rhwystr, mae'r ddelweddaeth hefyd yn cyfleu rhyw harddwch rhyfedd, ac mae'r geiriau benthyg *combr* 'camrig' a *Ffrengigsiop ffrwyth* yn cyfrannu at hyn. Gwelwyd eisoes faint o fri oedd ar bethau Ffrengig yng ngolwg Dafydd, ac er mai gair German-aidd oedd *siop* yn wreiddiol fe'i benthyciwyd i'r Ffrangeg yn gynnar, ac felly nid oes gwrthddywediad yn y gair cyfansawdd, ac mae'n glir mai ergyd yr ymadrodd yw defnydd drudfawr ecsotig o'r math a geid mewn marchnad.[31]

Mae geiriau benthyg yr un mor amlwg a'r un mor awgrymog ymhob darn o ddyfalu gan Ddafydd a'i gyfoeswyr. Edrychwn ar enghraifft arall o ddyfalu amwys ei effaith, sef 'Y Gal', cerdd lle mae Dafydd yn cwyno am ymddygiad afreolus ei aelod ond ar yr un pryd yn brolio ei gampau rhywiol ei hun. Cyd-ddigwyddiad, mae'n siŵr, yw'r ffaith fod y darn dyfalu yn dechrau gyda'r un gair benthyg â'r dyfalu am y niwl, ond mae'r *rholbren* yn enghraifft dda o'r math o wrthrych cyffredin, cartrefol sy'n ddeunydd delweddu ac a ddynodir gan air benthyg. Mae'r un peth yn wir am y *pestel*, a dilynir hwnnw gan un o'r esiamplau mwyaf trawiadol o air benthyg yn holl waith Dafydd:

> Pestel crwn, gwn ar gynnydd,
> Purdan ar gont fechan fydd. (85.31–2)

Dyma'r enghraifft gynharaf o bell ffordd o'r gair benthyg *gwn* yn y Gymraeg, ac mae'r un mor gynnar â'r dystiolaeth am y gair Saesneg.[32] Er mwyn iawn werthfawrogi'r ddelwedd frolgar mae angen cofio nad dryll oedd hwn ond canon mawr, y math a fyddai'n poeri tân. Roedd y dechnoleg honno'n newydd sbon yn Ewrop ar y pryd, ac yn destun rhyfeddod a braw, ac mae beiddgarwch y ddelwedd yn syfrdanol. Mae'r llinell ganlynol yn tanlinellu'r elfen o drais sy'n ymhlyg yn y ddelwedd, ac mae *cont* hefyd yn air benthyg di-flewyn-ar-dafod, er mai anodd yw barnu a oedd ei ergyd mor dramgwyddus ag y byddai heddiw.[33]

Technoleg lai blaengar, ond yr un mor annisgwyl fel delwedd, yw'r *mangnel* (< Ffrangeg *mangonel*), sef peiriant taflu cerrig, a grybwyllir yn 'Morfudd yn Hen' wrth i Ddafydd ddychmygu ei gariad yn ei henaint yn gefngrwm fel hen drawst peiriant o'r fath:

> Henllath mangnel Gwyddeleg,
> Hafod oer; hi a fu deg. (150.41–2)

Y tro hwn nid gair newydd oedd y benthyciad, ond un a fuasai'n rhan o'r iaith ers dros gan mlynedd. Fe'i ceir yn *Historia Gruffud vab Kenan*, testun a gyfieithwyd o'r Lladin yn gynnar yn y drydedd ganrif ar ddeg, lle mae'n cyfeirio at beiriannau'r Normaniaid mewn castell ym Môn.[34] Os oedd hwn yn fath o dechnoleg a gysylltid â'r Normaniaid, efallai mai er mwyn gwrthweithio unrhyw gynodiad o statws uchel yn y gair ei hun yr ychwanegodd Dafydd y goleddfydd ethnig *Gwyddeleg* sydd yn gyfystyr â barbaraidd yma, fel y gwnaeth i'r gwrthwyneb yn achos *Ffrengigsiop*.

Gallai gair benthyg fod â chysylltiadau cyfoes penodol a fyddai'n amlwg i'r gynulleidfa wreiddiol. Achos posibl yw'r *ffloringod* yn y cywydd mawl i fis Mai. Delweddir y mis fel bonheddwr hael yn rhoi arian bath (*mwnai*), sef dail y coed, i'w ddilynwyr:

> Harddwas teg a'm anrhegai,
> Hylaw ŵr mawr hael yw'r Mai.
> Anfones ym iawn fwnai,
> Glas defyll glân mwyngyll Mai,
> Ffloringod brig ni'm digiai,
> Fflowr-dy-lis gyfoeth mis Mai. (32.9–14)

Bathwyd ffloring aur Lloegr am ychydig fisoedd yn ystod 1344, ond gan nad oedd digon o aur ynddo fe'i gwrthodwyd yn gyffredin.[35] Efallai mai ergyd *iawn fwnai* yw bod dail Mai yn gyfoeth dilys, yn wahanol i arian twyllodrus y wladwriaeth. Roedd llun y *fleur-de-lis* ar y ffloringod hyn, a chan fod y ddyfais honno'n gysylltiedig â brenhiniaeth Ffrainc yn arbennig, a'r ymadrodd ei hun yn tarddu o'r Ffrangeg, mae'r ddelwedd hon am y dail yn un bositif iawn.[36] Dichon hefyd fod chwarae yma ar y tebygrwydd seinegol rhwng y Ffrangeg *de-lis* ('o'r lili') yn *fflowr-dy-lis* a'r gair Cymraeg *dilys* 'iawn' (a geir yn y ffurf *dilis* yn 130.33). A gwelir chwarae geiriol rhyng-ieithyddol mewn enghraifft arall o'r benthyciad yn y farwnad i Lywelyn ap Gwilym, lle mae *dling* (< Ffrangeg *de ligne*) yn adleisio ail sillaf *edling* 'tywysog' (sydd ei hunan yn fenthyciad o'r Hen Saesneg):

> Coeth edling, fflowr dling dy lis (6.133)

Cyfeirir at y darn arian hwn mewn cerdd arall o waith Dafydd, y tro hwn yn y ffurf *fflwring*, ac mae'n ffigurol eto, yn ddelwedd mewn darn o ddyfalu sy'n cwyno bod y lleuad olau'n gymorth i'r Gŵr Eiddig: *Rhyborth i'r gŵr yw'r fflwring* (58.39). Nid yw'n sicr bod y cysylltiadau a nodwyd uchod yn berthnasol yn yr achos hwn, gan mai sail weledol sydd i'r dyfalu, sef siâp crwn a lliw golau'r darn arian, ond eto i gyd mae'n ddiddorol bod delwedd arall yn nes ymlaen yn y gerdd yn cyfeirio at arian bath a oedd yn ddrwgenwog am fod yn ffug, sef y *polart* (58.59) < Saesneg *pollard*. Enghreifftiau yw'r rhain o ddylanwad ieithwedd masnach a drafodir ymhellach ym mhennod 8. Ac efallai mai i'r un maes y perthyn *awgrym* <

Saesneg Canol *augrim* os at gerrig i gyfrif arian y cyfeirir yn yr ymadrodd *ystôr awgrym* (72.3).[37]

Maes arall a oedd yn gynhyrchiol iawn o ran benthyciadau yw llywodraeth a gweinyddiaeth y gyfraith, gan mai cyfundrefn Seisnig i raddau helaeth a geid yng Nghymru. Mae 'Y Ceiliog Bronfraith' (49) yn seiliedig ar y syniad bod yr aderyn yn swyddog yn darllen cyfraith mewn llys, ac mae'r ddelweddaeth yn cynnwys tri theitl Saesneg, *sieri, iustus* ac *ystiwart* (9–12), a'i gân yw ei *lythr gwarant* (30). Ond roedd y gyfraith frodorol yn dal i fod yn weithredol mewn rhai rhannau o Gymru yn y bedwaredd ganrif ar ddeg, ac felly defnyddir termau cynhenid hefyd – *daered, dirwy dremyg* (36) – a'r ddelwedd sy'n cloi'r gerdd yw'r prif swyddog yng Nghyfraith Hywel, yr *ynad* (49). Mae ieithwedd y gerdd yn ddeublyg, felly, gan adlewyrchu realiti cymhleth llywodraeth leol yng Nghymru.[38]

Delweddaeth glodforus sydd yn 'Y Ceiliog Bronfraith', gan mai cyfaill i'r cariadon yw'r aderyn, a theitlau'r swyddi'n rhai mawreddog y byddai'r Cymry uchelwrol yn eu chwennych. Ond gall teitl swydd gyfleu atgasedd hefyd yng nghyswllt rhwystrau serch. Is-swyddog a oedd yn gyfrifol am weithredu'r gyfraith a chasglu trethi ar ran y siryf oedd y *ceisbwl* (< Saesneg Canol *cachepol* = catchpole), a dengys ffurf y gair sut y gellid Cymreigio benthyciadau (dan ddylanwad *cais* yn yr achos hwn). Fe'i defnyddir fel delwedd am y Gŵr Eiddig mewn llinell sy'n cynganeddu'r gair estron yn effeithiol gyda gair cynhenid perthnasol gan awgrymu bod y gŵr yn gormesu ei wraig ifanc:

A chosbwr bun a'i cheisbwl. (116.16)

Ac wrth ddymuno dihenydd Eiddig yn nes ymlaen yn yr un gerdd defnyddir term cyfreithiol benthyg, *brysiwch broses* (116.43). Awgrymir yn 'Y Gwynt' fod gŵr Morfudd yn defnyddio'r gyfraith i warchod ei hawl fel perchennog ei wraig, ac wrth ddathlu rhyddid y gwynt rhag holl rwystrau'r ddaear ceir term cyfreithiol Saesneg arwyddocaol: *Ni'th dditia neb* (47.20). Benthyciad o'r Saesneg Canol *endyte* 'indict' yw *ditio*, ac fe'i defnyddir eto mewn darn sy'n sôn yn llythrennol am yr angen i ffrwyno rhyddid rhywiol rhag ofn cosb y gyfraith, sef cyfarchiad y bardd i'w gal:

Rhwyd adain cont, rhaid ydiw
Rhag cwyn rhoi ffrwyn yn dy ffriw
I'th atal fal na'th dditier
Eilwaith, clyw anobaith clêr. (85.5–8)

Sonnir yn niweddglo'r gerdd am berygl *gwrit a thitmant* (gorchymyn cyfreithiol a chyhuddiad), lle gwelir dau air benthyg o'r Saesneg yn ffurfio cynghanedd. Yr awgrym yw mai cyfraith estron sy'n gormesu rhyddid y Cymry (er bod y bardd yn cymhlethu'r mater trwy gyflwyno hyn fel cwyn yn erbyn ei aelod fel pe na bai'n rhan o'i gorff ei hun). Yn nes ymlaen yn y ganrif defnyddiodd Iolo Goch y benthyciadau Saesneg *titio* ac *wtläu* ym marwnad Tudur Fychan o Fôn (b.f. 1367) er mwyn ei bortreadu fel amddiffynnwr hawliau'r Cymry rhag gormes estron:

> Ni chollai wan, gwinllan gwŷr,
> Tref ei dad tra fu Dudur;
> Ni thitid câr amharawd,
> Odid od wtlëid tlawd.[39]

Y symbol amlycaf o ormes y Saeson oedd y cestyll, ac wrth gwyno am ei gyflwr truenus y tu allan i dŷ ei gariad yn y nos mae Dafydd yn cynnig cymhariaeth sy'n datgelu llawer am agwedd y Cymry atynt, gan ddefnyddio gair benthyg yn llawn arwyddocâd gwleidyddol eto:

> Ni bu'n y Gaer yn Arfon
> Geol waeth no'r heol hon. (98.27–8)

Roedd *geol* yn hen fenthyciad o'r Saesneg Canol *gayol*, ac fe'i defnyddir yn nhestun cyfraith Llyfr Iorwerth yn niwtral am garchar,[40] ond mae cynodiadau'r gair yn amlwg mewn enghraifft yn *Historia Gruffud vab Kenan* am garchariad Gruffudd gan Iarll Caer: *dodassant ef yg geol Gaer e carchar guaethaf.*[41]

Ar y llaw arall, gallai terminoleg y cestyll greu effaith gadarnhaol hefyd o ran harddwch a diogelwch. Roedd *tŵr* yn un o'r benthyciadau cynharaf yn sgil dyfodiad y Normaniaid, ac fe'i defnyddir naw o weithiau gan Ddafydd, yn llythrennol am dai Llywelyn ap Gwilym, *tŵr teg* (6.50), ac yn ddelweddol am Ifor Hael, *diledach loywdwr*, am yr haf, *Tŵr pawb wyd, töwr pob allt* (35.4), ac am fedwen a llwyn celyn sy'n rhoi lloches i gariadon (38.38, 40.5), yn ogystal ag yn alegori'r castell yn 'Caer rhag Cenfigen' (122), a *twred* < *turret* yn drosiad am y bardd Gruffudd ab Adda (21.52).

Mae'r cywydd i'r llwyn celyn yn datblygu delwedd y gaer trwy gwlwm o dermau benthyg pensaernïol, a'r llwyn yn *glos* ac yn *dŵr*, ac yn y llinellau hyn mae'r benthyciadau'n glwstwr a gydblethir â'r geiriau Cymraeg trwy odl a chyseinedd:

> Cadeirged lle cad organ,
> Cadrblas uwch piler glas glân;
> Pantri cerdd uwch pant eiry cawdd,
> Pentis, llaw Dduw a'i peintiawdd. (40.17–20)

Delwedd am y bardd fel peiriant cerdd yw'r *organ*, ac mae'n awgrymu mai eglwys yw'r llwyn.[42] Roedd *plas* yn fenthyciad o'r Ffrangeg neu'r Saesneg *place* mewn mwy nag un ystyr. Ceir ugain enghraifft o'r gair yng ngherddi Dafydd, a lle yn gyffredinol yw'r ystyr mewn rhai ohonynt, ond adeilad mawreddog ydyw yn sicr wrth gyfeirio chwe gwaith at eglwys y grog yng ngherdd 1, ac mae statws cymdeithasol y gair yn amlwg yn y llinell *Teg blas, nid tŷ taeog blwng* (79.10), a dyna ergyd y gair cyfansawdd *cadrblas* yn y darn hwn hefyd.[43] Un o nodweddion adeilad o'r fath fyddai'r *pileri* praff yn cynnal y nenfwd, ac un arall fyddai'r *pantri*, benthyciad o'r Ffrangeg *painterie*, yn wreiddiol stafell i gadw bara (*pain*) ac yna storfa fwyd yn gyffredinol. Fe'i defnyddir deirgwaith yng ngherddi Dafydd (yr enghreifftiau cynharaf yn y Gymraeg), a phob tro yn ffigurol, am darddle'r gwynt *o bantri wybr* (47.6), am dref Niwbwrch a fyddai'n llawn lluniaeth foethus (18.17) ac yma'n awgrymu bod y llwyn yn lle clyd a diogel i lunio cerddi serch. Lle da arall i gysgodi fyddai'r *pentis*, benthyciad o'r Eingl-Normaneg *pentice*, 'lean-to' wrth ymyl adeilad, delwedd a geir eto am yr eos, *Pwyntus hy mewn pentis haf* (34.26). Gwelir yn y ddwy linell fel y gall gair benthyg awgrymu un arall i gynganeddu ag ef: mae'r ferf *peintio* yn addas iawn yma am fod adeiladau crand o'r fath yn cael eu haddurno, fel y gwelir mewn cyfeiriad yn y gerdd 'Merch yn Ymbincio' at dalu peintiwr i addurno mur (138.25–32).

Lliw sgleiniog y dail gwyrdd a'r aeron cochion a ysgogodd y syniad o beintio, a dyna sydd dan sylw mewn edefyn delweddol arall yn y gerdd a gyfleir trwy eiriau benthyg, sef dillad ac addurn. *Cwrel ffrwyth* (40.2) yw'r aeron, ac mae'r dail yn *lifrai* – gair sy'n digwydd odli gyda Mai yn y cwpled paradocsaidd hwn:

> Pwy mewn gaeaf a gafas
> Mis Mai yn dwyn lifrai las? (40.11–12)

Gwisg unffurf a roddid gan ŵr bonheddig i'w weision oedd *lifrai* (< Saesneg *livery*), ac yma mae'n awgrymu personoli'r gelynen fel aelod o osgordd yr haf. Gwneir y personoli'n echblyg yn nes ymlaen yn y gerdd yn y llinell *Tew, byrwallt was tabarwyrdd* (40.28), lle mae *tabar* yn air benthyg yn dynodi dilledyn llac dilewys a wisgid gan weision a milwyr. Tipyn uwch a mwy dewisol yw cynodiadau'r ddelwedd olaf yn y gyfres hon, *siamled* (40.41), enw am ddefnydd drudfawr dwyreiniol sy'n fenthyciad o'r Ffrangeg *chamelot* neu o'r Saesneg Canol *chamelet* (er nad oes enghraifft o'r gair yn Saesneg cyn y bymthegfed ganrif).[44]

Geiriau benthyg yw'r math amlycaf o ddylanwad rhyngieithyddol, efallai, ac mae'r bennod hon wedi dangos bod yr ieithoedd Lladin, Ffrangeg, Saesneg a Gwyddeleg wedi cyfoethogi geirfa Dafydd ap Gwilym yn sylweddol. Ond mewn sefyllfa lle roedd ieithoedd yn cydgyffwrdd gallai'r dylanwadau weithio mewn ffyrdd llai amlwg hefyd, a bydd angen ystyried y rheini wrth drafod ansefydlogrwydd ystyron geiriau ym mhenodau 8 a 10.

6

Ffurfiant Geiriau

Ymdrinnir yn y bennod hon â morffoleg, sef y modd y ffurfir geiriau trwy gyplysu amryw elfennau wrth ei gilydd.[1] Mae'r iaith Gymraeg yn gyfoethog iawn o ran dulliau o lunio geiriau newydd trwy ychwanegu rhagddodiad neu ôl-ddodiad i fôn gair syml, a manteisiodd Dafydd ap Gwilym i'r eithaf ar y cyfleoedd hynny i ehangu geirfa ei gerddi ac i amrywio aceniad er mwyn y gynghanedd. Ni all y dodiad hyn fod yn eiriau annibynnol, a dyna'r gwahaniaeth rhwng y ffurfiau dan sylw yn y bennod hon a'r geiriau cyfansawdd a drafodir yn y bennod nesaf.

Prif amcan y bennod yw dosbarthu'r geiriau eilradd a gofnodwyd am y tro cyntaf yng ngwaith Dafydd yn ôl eu ffurfiant morffolegol, ac wrth wneud hynny cawn weld gwerth rhagddodiaid ac ôl-ddodiaid yng ngwead seinegol ei farddoniaeth, a hefyd o ran amodi a chryfhau ystyr.[2] Nid yw'n dilyn, wrth gwrs, mai Dafydd oedd yn gyfrifol am lunio pob un o'r geiriau hyn yn bersonol, ond yn eu crynswth maent yn tystio i'w greadigrwydd ieithyddol ef ac i greadigrwydd cynhenid yr iaith ei hun. Mae'r rhan fwyaf o'r dodiaid a drafodir yma yn dal i fod yn gynhyrchiol yn yr iaith fodern.

Diau fod llunio geiriau cymhleth yn rhan o addysg y beirdd, ac wrth eu defnyddio fel addurn rhethregol byddai ganddynt batrwm yn awdlau Beirdd y Tywysogion, lle ceir cyfresi o linellau yn dechrau â'r un rhagddodiad ac eraill yn gorffen â'r un ôl-ddodiad yn ffurfio'r brifodl, fel y darn hwn gan Gynddelw Brydydd Mawr sy'n dangos y ddwy nodwedd:

Difrad, digymrad, digymrwyn ognaw,
    Digymrudd wrth eirchiad,
    Dilwfr udd, di-ludd fudd feiddiad,
    Dilyw glyw, glewdraws gynifiad.
Diffwys beith oddwys, beithyniad—gludlwys,
    Argoedwys argleidrad,
    Diachris carddwys cerdd forad,
    Diechrys llwry llwyrwrys llwyprad,
    Dieching welling wallofiad,
    Diachor wosgordd wosgryniad,
Diachar llachar, lluchiad—ei lasbar,
    Llacheufar llaw weiniad.[3]

Rhagddodiaid

Gwelir y rhagddodiaid canlynol mewn geiriau a gofnodir am y tro cyntaf yng ngwaith Dafydd ap Gwilym: *a-*, *ad-*, *add-*, *all-*, *am-*, *an-/af-*, *cyd-*, *cyf-/cy-/cyn-*, *dad-*, *di-*, *dy-*, *ech-*, *go-*, *gor-*, *hy-*, *lled-*, *sy-*, *ym-*.[4]

a-

Rhagddodiad cryfhaol yw hwn sy'n rhagflaenu enw yn *achwyn* (43.15), ac ansoddair yn *alathr* (39.5), *aglaer* 'disglair' (1.10, 1.81, gair nas nodir yn GPC) ac *agwyr* 'gwyrgam' (115.27). Os y rhagddodiad hwn sydd yn *adyn* 'truan' (99.51), yna mae ei rym yn fwy negyddol, ond tybed ai *ad-* + *-yn* sydd yma, neu *ad-* + *dyn* heb galediad am ryw reswm? Elfen anhysbys yw'r rhagddodiad yn *addail* < *dail* (55.20, 60.6, 145.11) yn ôl GPC.

ad-

Mae ergyd y rhagddodiad hwn yng ngwaith Dafydd yn amrywio rywfaint, a hynny i raddau oherwydd y defnydd o hen ffurfiau llenyddol, sef y ferf *adwneuthur* yn y ddihareb *Nid adwna . . . Duw a wnaeth* (48.23–4), lle mae'r rhagddodiad yn nes o ran ystyr i *dad-* (gw. isod), a'r term cyfreithiol *adafael* yn y farwnad i Angharad (9.1) lle mae'n cyfleu syniad o ddifeddiannu. O ran y ffurfiau newydd a geir ganddo, mae ergyd y rhagddodiad yn gyson negyddol, fel y gwelir yn fwyaf amlwg yn *adfyd* 'trallod' (22.27) (cymh. *adfydig* 'truenus' 30.10),[5] ac mewn dau air a gofnodwyd yng ngwaith Dafydd yn unig, *atynt* 'anhawster' < *hynt* (8.12) ac *adwern* 'lle corslyd' < *gwern* (76.4). Yn *adwerydd* (121.18) mae'r rhagddodiad wedi rhoi blas negyddol i ystyr gadarnhaol y sail *gwerydd* 'gwyryf', os cywir yr ystyr 'hen ferch'.[6] Gydag ansoddeiriau mae'r rhagddodiad yn cryfhau neu'n amodi ystyr sydd eisoes yn negyddol, fel yn *adlaw* 'isel iawn' < *llaw* (21.23) ac *adlaes* 'gwylaidd' < *llaes* (36.15, 72.1),[7] ac yn gwyrdroi ystyr gadarnhaol yn *atethol* 'gwrthodedig' < *dethol* (56.49). Yn *ateth* < *teth* mae'n troi enw yn ansoddair, 'tethog, boliog' (31.59).

add-

Rhagddodiad sy'n cryfhau ystyr ansoddair fel yn *addfain* a geir yn y geiriau cyfansawdd *addfeindeg* (73.7) ac *addfeinferch* (80.18), sef yr enghreifftiau cynharaf o'r gair gyda'r un yn Llyfr yr Ancr a nodir yn GPC. Fe'i gwelir hefyd yn yr hen air *addfwyn* (74.38, 93.11, 135.38).

all-

Ymddengys fod y rhagddodiad hwn yn negyddu *hardd* yn *allardd* 'hyll' (57.35), yr unig enghraifft o'r gair a nodir yn GPC heblaw geiriadur Pughe. Dichon hefyd mai hwn yw elfen gyntaf *ellyll* (gw. pen. 4).

am-

Un o swyddogaethau'r rhagddodiad hwn oedd cryfhau ystyr ansoddair, fel yn *amnoeth* (123.28) a'r hen air *amddyfrwys* 'cadarn' (102.12), neu enw fel yn *amduf* 'tyfiant da' (99.2 – unig enghraifft). Ond y mae hefyd yn cyfleu syniad o newid neu amrywio yn *ambrydu* 'newid meddwl, ymwadu' (117.12 – unig enghraifft), ac yn *amnifer* 'odrif' (95.30), yr enghraifft gynharaf o'r ystyr honno ('lliaws' yw'r ystyr gan Feirdd y Tywysogion).

an- / af-

Rhagddodiad yw *an-* (a'r ffurf amrywiol *af-*) a ychwanegir at ansoddeiriau yn bennaf er mwyn negyddu eu hystyr, er enghraifft *anwych* a ddefnyddir ddwywaith am y Gŵr Eiddig (71.11, 112.14). Llai niferus yw'r ffurfiau gydag enw, er enghraifft *annawn* 'trychineb'

(cymh. *anffawd*) ac *anwr* (63.21, gw. y dyfyniad ym mhen. 4).[8] Gan mai negyddol yw ergyd ffurfiau gyda'r rhagddodiad *an-* bron yn ddieithriad, fe'u ceir yn aml mewn darnau dychanol, er enghraifft yn yr awdl i Rys Meigen, lle ceir pedwar gair nas cofnodwyd yn unman arall, *anerfai, anaergryf, anhuawdr* ac *annhëyrn*, yn ogystal ag *anardd, anwastad, anwiw* ac *anwr* eto (31.26, 58, 79, 20, 49, 78, 75). Dyma restr o 29 o eiriau o'r math hwn sy'n digwydd am y tro cyntaf yng ngwaith Dafydd ap Gwilym: *aflwyddiant* (108.1), *aflwyddo* (108.2), *afrywiog* (143.37), *anghadarn* (28.44), *anghyfuwch* (130.31), *anghyweithas* (61.24), *anael* (121.17), *anaml* (148.77), *anfadwr* (78.21, 122.49, 137.40), *anfalch* (36.48), *anfoddog* (58.43), *anfwyn* (64.29), *anfynych* (92.23), *anffyrf* (75.38), *anhunog* (75.37, 124.7), *annawn* (6.51, 60.22), *annawnus* (109.52), *anniddan* (134.13), *anniogel* (136.19), *annirgel* (99.4), *annisglair* (1.73), *annistaw* (99.19), *annisyml* (146.24), *anolau* (57.54), *anrasol* (55.37), *anwiredd* (148.32), *anwr* (31.75, 63.21), *anwych* (48.44, 71.11, 112.14), *anwychder* (48.18).
A dyma'r 13 gair sy'n digwydd yn ei waith ef yn unig (heblaw geiriaduron): *afrwyddwr* (68.24), *amhowys* (90.20, o'r enw prin *powys* 'gorffwys'), *anaergryf* (31.58), *anannwyl* (95.49), *anerfai* (31.26), *anhawddfyd* (116.58), *anhuawdr* (31.79), *anhyful* (24.17), *anloyw* (150.30), *annhëyrn* (31.79), *annibech* (145.16), *anniferiog* (95.2), *anofal* (120.29).

Rhagddodiad gwahanol, cryfhaol ei ystyr, a geir yn *anllad*, 'trythyll, anniwair', ystyr a welir am y tro cyntaf yng ngwaith Dafydd, am Rys Meigen (31.25) ac am ferch (141.1), a'r enw haniaethol *anlladrwydd* am gal y bardd (85.37).[9]

ar-
Ceir y rhagddodiad hwn gydag ystyr gryfhaol yn yr hen air *arddu* 'tywyll', elfen gyntaf *arddufrych* (30.47 a 132.19), ac yn *argor*, rhywfath o gledrwaith (11.23 a 115.33), gair nas cofnodir yn unman arall (cymh. *argae*).

cyd-
Mae ystyr y rhagddodiad hwn wedi aros yn sefydlog ers cyfnod cynharaf yr iaith, gan gyfleu'r syniad 'ynghyd' mewn berfau, enwau ac ansoddeiriau. Ceir rhai hen ffurfiau ansoddeiriol clwm gydag

ystyr arbennig, fel *cydfaeth* 'wedi ei gydfagu, cyfaill' a ddefnyddir am filwyr yn y *Gododdin*,[10] a chan Ddafydd ap Gwilym yn enwol am y ceiliog bronfraith, *cydfaeth cant* (49.29), ac am yr het fedw, *cydfaeth dyffryn* (113.19). Patrwm tebyg sydd i'r ansoddair *cydne* 'o'r un lliw' yn *cydne gwin* am ferch (129.27), a hefyd *cydoes* (62.33). Cofnodwyd yr enw *cydwr* 'cymar' am y tro cyntaf yn 'Tri Phorthor Eiddig', ac efallai mai cyfeiriad sydd yma at golyn y drws gwichiedig:

> A'r ail porthor yw'r ddôr ddig,
> Wae ei chydwr, wichedig (68.9–10)

Nid y rhagddodiad sydd yn *cydwr*, efallai, ond yr enw *cyd* sy'n golygu cyplysiad a hefyd cyfathrach rywiol. Mae'n bwysig cadw'r ystyr honno mewn cof wrth ystyried y berfau gyda'r rhagddodiad *cyd-* a ddefnyddir gan Ddafydd yng nghyd-destun caru. Awgryma'r llinellau hyn fod arwyddocâd arbennig i'r ferf *cydgerdded* yng nghyswllt defodau Calan Mai:

> Cydgerdded fal merched Mai,
> Ag oerddyn ni chydgerddai (143.11–12)

Yn y darn hwn mae dwy ferf yn ddigon i ddangos bod pethau'n argoeli'n dda rhwng y cariadon cyn i'r rhugl groen darfu arnynt:

> Cydeiste, cywiw destun,
> Amau o beth, mi a bun;
> Cyd-draethu, cyn henu hawl,
> Geiriau â bun ragorawl. (62.7–10)

Ac yn un o gerddi llawenaf Dafydd ap Gwilym, 'Y Serch Lladrad', mae cyfres estynedig o linellau ar y cymeriad *cyd-* yn cyfleu gwynfyd y cariadon yn y llwyn bedw:

> Cydlwynach, difyrrach fu,
> Coed olochwyd*, cydlechu,   *encilfa
> Cydfwhwman* marian môr,   *cydgrwydro
> Cydaros mewn coed oror,
> Cydblannu bedw, gwaith dedwydd,

Cydblethu gweddeiddblu gwŷdd,
Cydadrodd serch â'r ferch fain,
Cydedrych caeau didrain*.   *diarffordd
Crefft ddigrif rydd fydd i ferch
Cydgerdded coed â gordderch.
Cadw wyneb, cydowenu,
Cydchwerthin finfin a fu,
Cyd-ddigwyddaw* gerllaw'r llwyn,   *cydsyrthio
Cydochel pobl, cydachwyn,
Cydfod mwyn, cydyfed medd,
Cydarwain serch, cydorwedd,
Cyd-ddaly cariad celadwy
Cywir, ni manegir mwy! (133.25–42)

Mae'r rhan fwyaf o'r ffurfiau hyn yn digwydd am y tro cyntaf yma, ac wedi eu bathu ar gyfer yr achlysur mae'n siŵr, ond mae'r berfau sy'n sail iddynt yn ddigon hysbys. Yr unig eithriad yw *cydlwynach*, gan na cheir *llwynach* yn unman arall.[11] Ar y llaw arall, roedd *cydorwedd* yn hysbys fel gair teg am gyfathrach rywiol,[12] a gellid meddwl bod yr holl gyfres yn arwain yn anochel at y ferf honno. Er gadael y gweddill i ddychymyg y gynulleidfa, mae'r uchafbwynt corfforol yn ddiamwys am unwaith.

Dyma'r geiriau gyda'r rhagddodiad *cyd-* a gofnodir am y tro cyntaf yng ngwaith Dafydd ap Gwilym: *cydadrodd* (133.31), *cydaros* (133.28), *cydarwain* (133.40), *cydblethu* (133.30), *cydchwerthin* (133.36), *cyd-ddaly* (133.41), *cyd-ddigwydd* (133.37), *cydoes* (62.33), *cydwr* (68.10), *cydyfed* (133.39).

A dyma'r rhai a gofnodir yn ei waith ef yn unig: *cydachwyn* (133.38), *cydblannu* (133.29), *cydedrych* (133.32), *cydfwhwman* (133.27), *cydlwynach* (133.25), *cydne* (129.27), *cydochel* (133.38), *cydowenu* (133.35), *cyd-wtreswyr* (74.24).

cyf-/cy-/cyn-

Rhagddodiad yw hwn sy'n cyfleu cydberthynas (e.e. *cyfaill*, *cyfun*) neu gydraddoldeb (e.e. *cyfliw*, *cyfoed*) yn bennaf, ond gall hefyd gryfhau ergyd yr ail elfen (e.e. *cyflawn*, *cywiw*). Fe'i ceir mewn nifer o hen dermau megis *cyfannedd* (gw. isod ar *cyfanheddrwydd*), *cyfar* a *cyfnewid* (gw. pen. 8). Ond nid yw'n elfen amlwg yn y geiriau sy'n digwydd am y tro cyntaf yng ngwaith Dafydd. Ar sail geiriau a fodolai eisoes y lluniwyd *cyfeirio* 'cyrchu' (< *cyfair*), *cyfliwio, cyfansoddwr* a *cyfnewidial* (< *cyfnewid*).

Dau air sy'n cyfleu tebygrwydd mewn darnau o ddyfalu yw *cyfrith* (< *rhith*) a *cyflun*. Dafydd hefyd biau'r enghreifftiau cynharaf o'r tarddeiriau *cyflunio* a *cyfluniad*, y naill yn cyfeirio at grefftwaith Morfudd yn llunio cae bedw (94.13), a'r llall at y doniau a roddodd Duw i Angharad (9.39). Enghraifft nodedig o'r gair *cyflun* i fynegi delfryd bensaernïol yn ddiweddarach yn y ganrif yw llinell Iolo Goch am Sycharth: *Naw neuadd gyfladd gyflun*.[13]

Gall *cyf-* gyfleu'r syniad o gyswllt rhwng pethau, fel yn *cyfres*, ond ni chofnodwyd y gair hwnnw cyn diwedd y ddeunawfed ganrif (na *rhes* chwaith cyn y bymthegfed ganrif). Gan Ddafydd ap Gwilym y ceir yr enghraifft gynharaf o'r gair cyfatebol mewn Cymraeg Canol, sef *cyfrestr*, a hynny yn y gair cyfansawdd *cyfrestrfylch* yn cyfeirio at furfylchau castell Caerfyrddin (1.8).[14]

Mae grym cryfhaol *cyf-* i'w weld yn *cyfyw*, sef craidd neu fywyn, gair y ceir yr unig enghraifft ohono yn 'Merch Ragorol' lle mae'n ffurfio uchafbwynt i ddatganiad ysgubol o ragoriaeth cariad dros gyfoeth materol (130.43–50, gw. y dyfyniad ym mhen. 9).

Dyma'r geiriau gyda'r rhagddodiad hwn a gofnodir am y tro cyntaf yng ngwaith Dafydd ap Gwilym: *cyfansoddwr* (12.29), *cyfeirio* (44.39, 59.15), *cyfliwio* (57.21), *cyflun* (58.53), *cyfluniad* (9.39), *cyflunio* (94.13), *cyfrestr* (1.8), *cyfrith* (63.23), *cynnwyf* (77.41).

Geiriau a gofnodir yn ei waith ef yn unig yw *cyfnewidial* (118.36) a *cyfyw* (130.50).

dad-

Rhagddodiad berfol yw hwn sydd fel arfer yn negyddu gweithred y ferf, fel a welir yn yr hen derm cyfreithiol *dadannudd* < *dadanhuddo* 'dadorchuddio, adfeddiannu' a ddefnyddir yn ffigurol am Ifor Hael a'i wraig yn 17.36. Grym tebyg sydd yn *dadlidio* (43.1) a *dadeilio* 'datblethu' (34.39 – unig enghraifft). Gall hefyd gyfleu'r syniad o ail-wneud rhywbeth (cymh. *ad-* uchod), fel yn *datganu* (39.22, yr enghraifft gynharaf o'r ystyr 'llafarganu'). Gair arall a ddefnyddir ganddo mewn ystyr arbennig yng nghyd-destun barddoniaeth yw *datod* am lunio cerdd (31.15, 84.3, ac yn yr ystyr fwy cyffredin 67.27, 54.68). A therm cerddorol nas cofnodwyd yn unman arall yw *datbing* 'atsain' am ei gainc delyn (91.28). Cyfeiriad llenyddol at y pair *dadeni* yn ail gainc y *Mabinogi* a geir yn 18.28 am dref Niwbwrch a 35.6 am yr haf.

di-

Ceir dau ragddodiad o'r un ffurf, y naill yn gryfhaol (GPC *di-¹*) a'r llall yn negyddol (GPC *di-²*).

Gwelir *di-* cryfhaol yn *diddan, dihir, dioddef, dinoethi*, ac ati. Nid ymddengys fod y rhagddodiad hwnnw'n gynhyrchiol erbyn cyfnod Dafydd ap Gwilym, ond eto yn ei waith ef y ceir *difyr* 'diddan' am y tro cyntaf (133.25), enghraifft arall lle mae'n adlewyrchu datblygiad yn yr iaith lafar boblogaidd.[15]

Y rhagddodiad negyddol yw'r un mwyaf cyffredin yng ngherddi Dafydd, gyda 52 o eiriau yn digwydd am y tro cyntaf a 22 yn ei waith ef yn unig. Diau fod hyn yn adlewyrchu poblogrwydd *di-* yn yr iaith lafar hyd heddiw, mewn geiriau fel *diangen, dibwrpas, di-nod*, ac ymadroddion fel *di-flewyn-ar-dafod* a *di-alw-amdano*. Sylwer mai Dafydd biau'r esiampl gynharaf o'r gair cyffredin *diflas* 'annymunol' (24.19, a'i adleisio gan Gruffudd Gryg 25.32).

Gall *di-* gyfuno ag ansoddair i negyddu ei ystyr, fel yn *didrist* a *difawr*, a gall gyfuno ag enw i greu ansoddair sy'n cyfleu diffyg y peth hwnnw, fel yn *diamynedd* a *digymar*. Gall yr elfen a negyddir fod yn gyfansawdd ei hun, fel *dianael* 'heb fod yn grintachlyd', a *dioferchwedl* 'buddiol eu cyfarchiad' (58.64).[16] A gall *di-* ffurfio berfau, fel *diddoluriaw* 'iacháu' (48.3). Cyfansoddeiriau clwm yw'r rhain fel arfer, fel *dilwch* yn 45.3, ond ceir ambell gyfuniad llac hefyd, fel y dengys y gynghanedd yn 106.3, *Di-lwch riain dâl uchel.*

Er bod rhai o'r ffurfiau'n negyddol eu hergyd, fel *digar* a *dilewych*, mae'r mwyafrif mawr yn gadarnhaol am fod yr ail elfen yn beth gwael ynddo'i hun, fel *diarw* a *didrais*, ac fe'u defnyddir felly at bwrpas mawl. Ceid patrymau llenyddol i hyn mewn ffurfiau fel *difrad, digabl* a *dilwfr* a oedd yn rhan o ieithwedd mawl Beirdd y Tywysogion, a *diddim* yn y cyfreithiau (gw. pen. 8), ac o ran y chwedlau ceir enghraifft ddiddorol o'r gair *disyml* i ddisgrifio gwraig Arawn yn y Pedair Cainc:

dissymlaf gwreic a bonedigeidaf i hannwyt a'y hymdidan oed.[17]

Roedd *syml* (< Lladin *simplus*) wedi magu'r ystyr negyddol 'ansoffistigedig, twp', ac felly roedd y gwrthwyneb yn fodd i gyfleu natur soffistigedig a chwrtais. Un o'r rhinweddau y dylid eu moli mewn rhiain yn ôl y gramadegau barddol oedd *disymlder*.[18] Defnyddir *disyml* gan Ddafydd am ferched (130.17, 140.2, 151.20) a *syml* (36.49, 146.23, 151.19) ac *annisyml* (146.24) yn hunan-wawdlyd amdano'i hun (a gw. isod ar *symlyn* a *symlen*). Serch yw'r cyd-destun bob tro, ac mae'r llinellau hyn sy'n rhan o atgofion y bardd o gydorwedd â'i gariad yn 'Yr Adfail' yn cyferbynnu'n dwt rhwng diniweidrwydd y naill a soffistigeiddrwydd y llall:

> Braich meinir, briw awch manod,
> Goris clust goreuwas clod,
> A'm braich innau, somau syml,
> Dan glust asw dyn glwys disyml. (151.17–20)

Mae'r cyfeiriad yn y ffug-farwnad i Rydderch ab Ieuan Llwyd at *ddisymlwedd serch* (10.43) yn adlewyrchu pwysigrwydd serch cwrtais yn niwylliant rhai o'r uchelwyr, ond mae'n debyg mai craffter Ifor Hael fel swyddog sydd mewn golwg pan sonnir am *ddisymlrwydd swydd* (12.29).

Gair arall sy'n cyfleu delfryd gymdeithasol trwy negyddu ei gwrthwyneb yw *diwladaidd* (gw. pen. 8 ar *gwladaidd* 'anghwrtais'), eto yng nghyd-destun math arbennig o serch yn 133.1–2 (gw. y dyfyniad ym mhen. 10). Mae goblygiadau'r gair yn glir mewn pennill enghreifftiol o awdl-gywydd yn y gramadegau barddol sy'n cyferbynnu rhwng mab llên a thaeog (gw. y dyfyniad ym mhen. 1).

Mae cyferbynnu'n hanfodol i ffurfiau gyda'r rhagddodiad negyddol, a geiriau sy'n cyflwyno cyferbyniad hynod yn yr englynion i'r Grog o Gaer yw *didaer* 'tirion' (< *taer* 'ffyrnig') a *diaer* 'diryfel'. Dyma englyn cyntaf y gyfres o ddeuddeg ar yr odl -*aer*:

> Cryf aberth yw nerth, nid yn aer—treiswyr
> Eithr mywn trawswyrth didaer,
> Crair mawrglod, croywrym eirglaer,
> Crog bedwarban o gan Gaer. (1.1–4)

Cyferbyniad sydd yma rhwng grym ysbrydol heddychlon y grog a'r trais milwrol a gynrychiolid gan gastell Caerfyrddin gerllaw. Pwysleisir y thema honno trwy ailadrodd *didaer* bum gwaith eto yn yr englynion dilynol (17, 23, 27, 35, 45), a sonnir am *dysg diaer* mewn englyn anghyflawn (21). Nid Dafydd ap Gwilym oedd y cyntaf i ddefnyddio *didaer*: fe'i ceir mewn englyn gan Brydydd y Moch o ddechrau'r drydedd ganrif ar ddeg:

> Can ced rhydd peunydd, prif eurglaer,—yn rhwydd
> A'm rhoddaist, udd didaer;
> Can cad teg torraist, ddraig aer,
> A gwedi can cad, can caer.[19]

Cyferbyniad o fath gwahanol a geir yma, sef rhwng caredigrwydd yr arglwydd wrth ei bobl ei hun a'i ffyrnigrwydd tuag at ei elynion, delfryd ddeublyg sy'n mynd yn ôl i'r canu arwrol cynharaf. Mae'r cyferbyniad yng ngherdd Dafydd yn llawer mwy heriol yn y modd y mae'n awgrymu beirniadaeth ar filwriaeth fel y cyfryw. Nid yw agwedd o'r fath yn anghyffredin mewn llenyddiaeth grefyddol, wrth gwrs,[20] ac anacronistaidd fyddai awgrymu mai safbwynt heddychwr a fynegir gan Ddafydd yma. Serch hynny, o gofio'r bri eithriadol a oedd ar filwriaeth ymhlith uchelwyr Cymru a Lloegr yn ei gyfnod ef, dadlennol yw cyfosod y gerdd hon â rhai eraill ganddo sy'n dilorni milwyr (gw. ymhellach ben. 8). Ar y llaw arall, rhaid cydnabod bod tipyn o'i ganu mawl yn mawrygu campau milwrol ei noddwyr, gan gynnwys defnydd o'r gair *taer* yn benodol: *Ofer dau wrth Ifor daer* (12.8).

Gellid defnyddio ffurfiau gyda *di-* at bwrpas arbennig mewn marwnad, fel y gwnaeth Dafydd yn ei farwnad (ffug y mae'n debyg) i'w gyd-fardd Madog Benfras:

> Diaml aur, mâl a dalai,
> Diarail* fydd manddail Mai;   *diymgeledd
> Dihoywfro beirdd dihyfryd,
> Digywydd y bydd y byd;
> Digerdd eos befrdlos bach,
> Dwf acses* Eigr difocsach*;   *haint *heb foliant
> Dibarch fydd bedw, nis cedwyn',
> Da beth oedd, diobaith ynn. (20.35–42)

Er bod esiamplau o gyfresi ar y cymeriad *di-* gan Feirdd y Tywysogion, fel y gwelwyd uchod, ymddengys mai hwn oedd y tro cyntaf i'r ddyfais rethregol hon gael ei chymhwyso i fynegi colled mewn marwnad. Negyddol yw ergyd y geiriau unigol, ond ffordd o foli yw'r ddyfais trwy awgrymu bod holl ffyniant y fro yn dibynnu ar farddoniaeth Madog. Mwy cymhleth yw'r defnydd o *di-* yn 'Dagrau Serch', cywydd o hanner can llinell ar y cymeriad *d-* yn dilyn yr enw Dyddgu ar ddechrau'r llinell gyntaf. Mae'r ffurfiau gyda *di-* yn bwysig i gynnal yr orchest, ac fe'u defnyddir i gyfleu dioddefaint y bardd ar y naill law (*Digroenes deigr ei wyneb* 89.26), a difaterwch Dyddgu ar y llall, a hynny mwy neu lai am yn ail yn y darn hwn:

> Didarf★ i'm bron yw d'adwyth★,   ★sefydlog ★dinistr
> Didaer lun o Dewdwr lwyth.
> Didwf yw dadl dy gerddawr,
> Didawl main ar dy dâl mawr.
> Dodaist wayw llon★ dan fron friw,   ★llym
> Didost gan dy fryd ydiw.
> Didawl o'th gariad ydwyf,
> Da du lun, a didal wyf,
> Dieithr cael, da uthr yw cwyn,
> Dylusg★ arnad, f'adolwyn;   ★llusgiad
> Dau lygad dyn yn gwrthgrif★,   ★edrych
> Diystyr wallawyr★ llif. (89.39–50)   ★tywalltwyr

Dyma *didaer* eto, y tro hwn am ferch,[21] ac mae awgrym o ddifaterwch yn amlwg ynddo. Sylwer mai dau air gwahanol yw'r ddwy enghraifft o *didawl* yma, y cyntaf yn golygu 'helaeth' am Ddyddgu, a'r ail yn ffurf ar *didol* 'amddifad' am y bardd.

Mae amwysedd geiriau gyda *di-* yn amlwg yn 'Campau Merch'. Er gwaetha'r teitl, mae'r clod i'r ferch ddienw hon yn ddeublyg, gan ei moli am rinweddau nad ydynt wrth fodd calon y bardd. Sefydlir y ffurf eiriol thematig yn y cwpled hwn, gyda chynghanedd yn cyplysu *dibwyll* a *dibech* ar draws dwy linell yn sgil y cymeriad cynganeddol:

> Dibwyll i fardd hardd heirddryw,
> Dybio ei chael; dibech yw. (124.15–16)

O safbwynt moesol peth da yw *dibech*, ond am nad yw'r ferch yn pechu mae'n ddisynnwyr i'r bardd obeithio ei chael yn gariad. A gwelir amwysedd moesol pellach o ran ergyd ffurfiau tebyg yn nes ymlaen yn y gerdd:

> Mul yn chwarae â chlaear,
> Diful wrth y cul a'i câr.
> Hael am y parch nis archwyf,
> Cybyddes am neges nwyf*.   *chwant
> Dilaes y deily heb ystryw
> Olwg ar ŵr, ail Eigr yw.
> Digollwawd bardd digellwair,
> Da ei chlod, diuchel air;
> Dyfr o bryd, a'm byd o'm barn,
> Difawr ei brys i dafarn;
> Dihoffedd bryd a gwedd gwŷr,
> Dihustyng, da ei hystyr;
> Diddig yn cynnig ciniaw,
> Dig wrth ei llatai o daw;
> Dyddig* ei phendefigwalch   *ffyrnig
> Wrth wŷr y byd, bywyd balch. (124.25–40)

Mae *mul* yn air ansefydlog ei ystyr yng ngwaith Dafydd, gan olygu 'ffôl' yn aml (gw. pen. 10), ac mae *diful* yn ganmoliaethus am Ifor Hael (14.49) ond yn ddilornus am y bardd ei hun (143.22). Onid peth da mewn merch yw amharodrwydd i fynd i dafarn ac i hustyng (sibrwd)? Anodd peidio meddwl yn y cyswllt hwn am y ferch yn 'Trafferth mewn Tafarn' a fu'n hustyng gyda'r bardd i drefnu iddo ddod ati i'w gwely (73.17–24). Ac mae'r llinell am ymateb yn ddig i latai yn dwyn i gof gerdd arall, sef 'Sarhau ei Was' (74) lle mae'r ferch yn arllwys anrheg o win dros ben y negesydd. Merch haerllug o'r fath yw hon, felly, ac nid un hawdd ei hudo mewn tafarn.

Mae'r gair olaf o'r math hwn yn y gerdd yn un hynafol, sef *diwair*, gair na fyddai'n dryloyw o ran ffurfiant, efallai, gan nad yw'r ail elfen i'w chael ar ei phen ei hun (gw. GPC dan *gwair²*):

> Yn rhy ddiwair ei heirioes* (124.51)   *anian

Y tro hwn dibynna'r amwysedd ar y gair *rhy*. Ystyr gryfhaol sydd iddo yn aml yng ngwaith Dafydd, a byddai'r ystyr honno'n cyd-fynd ag amcan canmoliaethus y gerdd – 'diwair iawn' felly. Ond roedd yr ystyr 'yn ormodol' yn gyfredol hefyd (gw. pen. 10), a byddai honno yma'n adlewyrchu rhwystredigaeth y bardd, gan greu amwysedd sy'n hanfodol i thema'r gerdd.

Mae'r enghraifft olaf o gyfres o linellau gyda'r cymeriad *di-* yn un fer a chellweirus ei naws, sef y darn hwn o'r cywydd 'I Ddymuno Lladd y Gŵr Eiddig':

> Diddan ynn ei drigian draw,
> Deuddeg anhawddfyd iddaw!
> Diddestl farf ffanugl gruglwyn,
> Dydd a ddaw, da oedd ei ddwyn.
> Diddaly bardd, a hardd yw hyn,
> Diddel adref i'w dyddyn. (116.57–62)

Nid y rhagddodiad negyddol yw elfen gyntaf *diddan*, ond mae'n ddigon i sbarduno'r gyfres gan awgrymu'r ansoddair dilornus *diddestl* am ymddangosiad y gŵr, a hwnnw wedyn yn cyferbynnu â *diddaly* sy'n cyfleu rhyddid y bardd yn ei absenoldeb. Ac yn uchafbwynt digrif ar y gyfres cawn y ffurf ryfedd *diddel*, sydd fel petai'n fodd dibynnol berf *diddyfod*, gan fynegi dymuniad y bardd, 'boed iddo beidio â dychwelyd adref'.[22]

Dyma restr o'r ffurfiau gyda'r rhagddodiad negyddol *di-* a gofnodir am y tro cyntaf yng ngwaith Dafydd ap Gwilym:

diamynedd (80.29), *dianael* (19.43), *dianair* (125.37), *dianardd* (92.41), *diarffordd* (78.7), *diarw* (22.3), *diblyg* (122.33), *didarf* (89.39), *didor* (11.33), *didrais* (8.17, 83.37), *didrist* (126.3), *didyo* (151.28), *diddaly* (116.61), *diddoluriaw* (48.3), *diedifar* (120.10), *diegr* (13.2, 32.50), *dielwig* (61.27), *dieres* (102.2), *difaddau* (86.11), *difanol* (7.37), *difeth* (32.3, 114.35), *diflas* (24.19), *difocsach* (20.40, 102.9), *difrwd* (30.33), *difud* (6.25), *diful* (14.49, 124.26, 143.22), *difyr* 'hir' (9.1, 105.25), *difyr* 'dymunol' (133.25), *digar* (56.1), *digoll* (124.31 *digollwawd*), *digroeni* (89.26), *digymar* (147.8), *dihoffedd* (124.35), *dihuddygl* (37.12), *diledach* (16.18, 90.32, 97.56, 143.29), *diledryw* (41.19), *diletpai* (74.57), *dilewych* (53.31), *dilidio* (86.17,

97.52), *dilithr* (122.44), *dilwch, di-lwch* (45.3, 106.3), *dilyth* (12.18, 78.25, 140.23), *diochr* (86.29), *dioed* (79.11), *diongl* (32.15, 47.26), *diorn* (22.17), *diras* (70.1), *disalw* (21.31, 90.19, 106.61), *diswyddaw* (24.30), *diwg* (114.15), *di-ŵyr* (72.22), *diymwad* (106.66), *diystyr* (89.50).

A dyma'r geiriau sy'n digwydd yn ei waith ef yn unig (heblaw geiriaduron):

diaer (1.21), *diaerfen* (136.10), *diaml* (20.35), *diarail* (20.36), *diburoraidd* (8.39), *diduf* (89.41), *diddel* (116.62), *dieiddilwr* (13.4), *difawr* (124.34), *difydig* (18.17), *difygylu* (7.46), *digreiad* (89.28), *digust* (13.33), *digywydd* (20.38), *dihoywfro* (20.37), *dihustyng* (124.36), *diledfarw* (37.1), *dilugyrn* (31.81), *diobeithiwr* (79.39), *dioferchwedl* (58.64), *diogyfyng* (11.44), *diuchel* (124.32)

dy-
Ceir dau ragddodiad o'r un ffurf, y naill yn gryfhaol (GPC *dy-*[1]) a'r llall yn negyddol (GPC *dy-*[2]). Mae'r ail i'w gael mewn rhai hen eiriau yng ngwaith Dafydd, fel *dychan* < *cân* (26.28), *dyfryd* 'aflawen' < *bryd* (100.37)[23] a *dybryd* 'hyll, enbyd' < *pryd* (73.62, cymh. *dybrydiad* isod), ond nis defnyddiwyd i greu unrhyw eiriau a gofnodir am y tro cyntaf ganddo.

Pwysicach yw'r rhagddodiad cryfhaol a welir mewn chwech o eiriau sydd i'w cael yng ngwaith Dafydd yn unig. Gellid ei ychwanegu at enwau, fel *dylusg* (89.48), a *dychwedl* am ganeuon adar, enghraifft a ddengys ystyr gadarnhaol y ffurf yn glir:

Cenedl â dychwedl dichwerw,
Cywion cerddorion caer dderw. (37.21–2)

Fe'i ceir hefyd yn cryfhau ystyr ansoddeiriau, fel *dylawn* am awyr y nos (111.37), a *dyddig* 'dig iawn' a welwyd uchod yn y dyfyniad o 'Campau Merch' yn cyferbynnu â *diddig* (124.39). Gellid ei ychwanegu at fôn berf i greu ansoddair, fel *dybech* 'drwg iawn' (110.1).[24] Gallai hefyd gryfhau ystyr berf, a cheir enghraifft mewn darn dwys yn yr englynion marwnad i'w ewythr lle mae'r gynghanedd rhwng *dihareb* a *dywirir* yn fodd i ddarogan dial ar y llofrudd:

> Dihareb yw hon, dywirir—ym mro,
> A laddo a leddir. (6.77–8)

Yn ogystal â'r ffurfiau newydd hyn, ceir dau hen air arwyddocaol yng ngwaith Dafydd, sef *dyun* a *dyhir* neu *dihir*. Gwelir y ddau air gyda'i gilydd yn y llinell hon am y ffenestr a rwystrodd y bardd rhag cusanu ei gariad:

> Lladd* dihir a'm lludd* dyun (65.51)   *torri *rhwystro

Bôn *dyun* yw'r elfen *un* a welir yn *dymuno*, ond dylanwadwyd ar yr ystyr gan *uno* 'cysylltu'.[25] Awydd am gyfathrach sy'n cael ei rwystro gan y ffenestr, ac ergyd debyg sydd i'r gair fel ansoddair yn disgrifio neges y bardd i'r ferch yn 'Yr Wylan':

> Dywaid fy ngeiriau dyun,
> Dewised fi, dos hyd fun. (45.15–16)

Llai dymunol yw ergyd y ddwy enghraifft o'r ferf *dyuno* 'cyfuno', un yn yr ymryson, *gwall a'th ddyun* (28.35), a'r llall yn elfen gyntaf y gair cyfansawdd *dyungas* 'yn crynhoi gelynion' am dŷ'r Gŵr Eiddig a'i dri phorthor milain (68.5).

Y rhagddodiad cryfhaol *di-* (gw. uchod) a geir yn *dihir* 'drwg' (h.y. wedi mynd waethwaeth drwy hir aros), fel y gwelir yn *dihiryn* heddiw, ond y ffurf gynharaf ar y gair yw *dyhir* yn chwedl *Ystorya Gereint Uab Erbin* o'r drydedd ganrif ar ddeg: *kyd boet dyhir genyf fi dy uynet ti*. Ceir yr hen ffurf gan Ddafydd yn yr ymryson lle sonnir am hen lyfr *â'i ddyir ddail* (24.23), a *dihir* yn y llinell a ddyfynnwyd uchod am y ffenestr. Yn y cwpled hwn o 'Yr Haf' mae'r ail ffurf yn cynnig amwysedd diddorol:

> Rho Duw, gwir mae dihiraf,
> Rhag ei ddarfod, dyfod haf (34.3–4)

A chymryd 'drwg' fel prif ystyr *dihir*, pwynt y cwpled yw bod dyfodiad yr haf yn ddrwg am fod rhaid iddo ddarfod. Ond gellir deall *di-* fel rhagddodiad negyddol gan roi'r ystyr 'byr', a *rhag* fel 'o flaen', sy'n cyd-fynd ag un o brif themâu'r cywydd.[26] Er na nodir enghraifft o *dihir* 'byr' yn GPC cyn geiriadur William Salesbury (1547), byddai'r ffurf yn agored i'w deall felly ar unrhyw adeg fel y dengys yr holl ansoddeiriau cyffelyb a drafodwyd uchod.

Dyma'r geiriau gyda'r rhagddodiad *dy-* sy'n digwydd yng ngwaith Dafydd ap Gwilym yn unig (heblaw geiriaduron): *dybech* (110.1), *dybrydiad* (131.35), *dychwedl* (37.21), *dyddig* (124.39), *dylawn* (111.37), *dywirio* (6.77).[27]

ech-

Yng ngwaith Dafydd ap Gwilym y ceir yr enghreifftiau cynharaf o *echnos* (68.23, 69.2 a 5), gair a luniwyd, mae'n debyg, ar sail y ffurf hŷn *echdoe*.

go-

Grym gwanhaol neu fychanol sydd i'r elfen hon fel rhagddodiad ac fel adferf yn yr iaith fodern, ac mae peth tystiolaeth i hynny yng ngherddi Dafydd ap Gwilym. Yn y darn hwn am fis Mai, os derbynnir bod *gofron* yn is na *bron*, a bod *golas* yn lliw gwelwach na *glas*, yna gellir gweld gwahaniaethu rhwng y llethrau a phennau'r bryniau:

> Neud glas gofron, llon llatai,
> Neud hir dydd am irwydd Mai,
> Neud golas, nid ymgelai,
> Bronnydd a brig manwydd Mai (32.29–32)

Ond mae'n anodd canfod esiamplau eraill i gadarnhau'r patrwm hwn, ac yn wir mae'r cyd-destun mewn sawl achos yn awgrymu ergyd niwtral os nad cryfhaol i'r rhagddodiad, yn enwedig gydag ansoddeiriau.[28] Y cyd-destun gorau i brofi'r pwynt yw dychan: yn yr awdl ddychan i Rys Meigen, prin fod *gofawai* a *gogoeg* i fod yn wannach eu hergyd na'r ansoddeiriau sail, na chwaith y ferf *gofloesgai* 'meddwai' (31.30, 83, 45). Ac wrth gyfarch Gruffudd Gryg yn yr ymryson, anodd credu bod Dafydd yn ceisio bod yn garedig trwy ei alw'n *Gruffudd ogryg* (26.2). Saeth braff oedd y *saeth ofras hir* a anelodd Dafydd at y llwynog (60.18), a cham iawn oedd *gogam wddw* y famwydd (67.38). A throi at enghraifft gadarnhaol, serch difrifol a dwys a feddylir wrth *gobrudd* yn y cwpled hwn:

Gwae fi pan roddais i serch
Gobrudd ar Forfudd, f'eurferch. (47.47–8)

Anodd yw barnu ystyr yr enw *godrum* gan nad oes enghraifft arall ohono heblaw hon gan Ddafydd am ei gysgod,[29] lle'r ymddengys mai siâp cefngrwm yr afr sydd mewn golwg:

Godrum gafr o'r un gyfrith* (63.23)   *ymddangosiad

Roedd ystyr wreiddiol *goglais* yn gryfach o lawer na'i ystyr fodern: clwyf poenus ydoedd, ac ymddengys felly fod ergyd y rhagddodiad yn gryfhaol. Ceir y berfenw gan Ddafydd mewn cyd-destun arwrol yn ei foliant i'w ewythr: *eglur oglais Lloegr a Phrydyn* (5.9–10), llinell sy'n dwyn i gof un Gruffudd ab yr Ynad Coch: *Ni lyfasai Sais ei ogleisiaw*.[30] A chlwyfau serch yw cyd-destun y ddwy enghraifft o'r enw sydd ganddo. Yn ei ddarlun alegorïaidd o'r deildy y gwialennau yw *goglais gwiwglaf* (37.28), a *braisg oglais brad* oedd methiant y cynhaeaf yn 'Hwsmonaeth Cariad' (109.65).

Dyma'r geiriau gyda'r rhagddodiad *go-* a gofnodir am y tro cyntaf yng ngwaith Dafydd ap Gwilym: *gobrudd* (47.48), *gochwith* (57.45), *godrist* (147.3), *gofras* (60.18), *gofron* (32.29, 52.15, 54.5), *gofrwysg* (52.15), *gogam* (67.38), *goglais* (5.10, 37.28, 109.65), *gognwd* (1.141), *gogryg* (26.2), *golaes* (21.5), *golas* (32.31, 38.6, 88.37), *golesg* (53.43), *golydan* (58.19), *gosyml* (124.12, 143.13, 14), *gowni* (63.58).

A dyma'r geiriau sy'n digwydd yn ei waith ef yn unig (heblaw geiriaduron): *gofawai* (31.30), *gofloesgai* (31.45), *gogoeg* (31.83), *gogyngerth* (15.49), *gogytgam* (133.12), *golam* (75.8), *golinio* (55.31), *golywy* (9.56).

gor-
Ergyd y rhagddodiad hwn yw 'dros ben', ac nid oes yr un enghraifft yng ngeirfa Dafydd o'r ystyr fodern 'gormodol'. Yn hynny o beth mae'n wahanol i'r geiryn *rhy* a geir yn y ddwy ystyr yn ei waith. Roedd *gor-* yn elfen amlwg yng ngeirfa Beirdd y Tywysogion mewn ansoddeiriau fel *gorddrud*, *gorfawr* a *gorflwng* yn disgrifio milwyr.[31] Math arall sy'n gyffredin yn yr hen farddoniaeth yw'r enwau lle mae *gor-* yn cyfuno â *lliw* a'i gyfystyron i gyfleu disgleirdeb, fel *gorlliw*, *gorne*, *goroen* (< *hoen*).[32] Gwnaeth Dafydd ddefnydd helaeth o'r math hwn wrth foli merched, a cheir pedair enghraifft o *gorlliw* ganddo, a deg

o *goroen*. Mae *goroen cywiwgroen Eigr* a *gorne bron hoywdon* yn nodwedd-
iadol o ieithwedd y rhieingerdd ym 'Marwnad Angharad', lle maent
yn rhan o rediad hir o gymeriad yn dechrau â *gorhoffter* (9.37–49).

Gair y byddai Dafydd yn gyfarwydd ag ef o'r chwedlau rhyddiaith
yw *gorwyllt*. Ei brif ystyr yn y testunau cynharaf yw 'ffyrnig', fel yn
ail gainc y *Mabinogi* lle sonnir am Efnisien yn *edrych golygon orwyllt
antrugarawc*.[33] Fe'i ceir gan Ddafydd mewn ystyr gyffelyb wrth
gyfeirio at effeithiau serch arno'i hun (101.6, 103.6), ond fe'i ceir
hefyd mewn ystyr bur wahanol mewn dwy gerdd sy'n gysylltiedig
â Dyddgu. Disgrifio Dyddgu ei hun a wna yn y llinell hon:

> Gorwyllt foethusddyn geirwir (92.8)

Hawdd fyddai camddeall hyn a meddwl bod Dyddgu yn wyllt neu'n
afreolus iawn ei natur, ond ystyr arbennig sydd i'r gair yma yng
nghyswllt anifail heb ei ddofi ac felly'n ofni dynion. Ac mewn
cywydd yn anfon iwrch yn llatai at Ddyddgu ceir yr un gair am y
creadur, *gorwyllt ben* (46.10). Mae'n ddisgrifiad da gan fod ceirw'n
symud eu pennau'n ofnus wrth glywed y sŵn lleiaf, ac mae hefyd
yn gyswllt arwyddocaol rhwng y llatai a'r ferch, yn ogystal â'r
pwyslais ar natur fonheddig yr iwrch (*hardd farwn hir* 46.16).

Manteisiodd Dafydd ar y rhagddodiad hwn i ganu ei glodydd ei
hun trwy fathu'r gair *gorhoyw* i ddisgrifio ei iaith:

> Minnau â'r geiriau gorhoyw (72.43)

Roedd *hoyw* yn air eang iawn ei rychwant yn y cyfnod hwn (gw.
pen. 8), ac roedd iaith yn un o'i feysydd semantaidd. Hon yw'r unig
enghraifft o'i gyfuno â *gor-*, ac mae'r rhagddodiad yn fodd i greu
cyflythreniad â *geiriau* fel rhan olaf cynghanedd sain (cyfatebiaeth a
welir hefyd yn y dyfyniad blaenorol, 92.8). Dyna ddangos cryfder
rhagddodiaid fel rhan o arfogaeth y crefftwr cynganeddol.

Digwydd *gorllwyd* (50.8) am y tro cyntaf yn ei waith, a *gorhoyw*
(72.43) yw'r unig enghraifft a gofnodwyd o'r gair hwnnw.

hy-

Rhagddodiad cryfaol yw hwn sy'n llunio ansoddeiriau trwy gyfuno
â bôn berfol, enw neu ansoddair. Gyda bôn berfol mae'n cyfleu

rhwyddineb, felly *hyblyg* yw hawdd ei blygu, *hyglyw* yw hawdd ei glywed. Gydag enw y syniad sylfaenol yw cyflawnder neu lwyredd, felly *hyddysg* yw llawn o ddysg, *hybarch* yw mawr ei barch. Gydag ansoddair yr effaith yw cryfhau'r ystyr, felly *hyloyw* yw gloyw iawn.

Roedd y ffurfiant hwn yn gyffredin yng ngherddi mawl Beirdd y Tywysogion, a diau y byddai Dafydd ap Gwilym yn gyfarwydd â'r gyfres orchestol yn awdl Einion Offeiriad i Syr Rhys ap Gruffudd sy'n cynnwys 19 o wahanol eiriau gyda'r rhagddodiad *hy-*.[34] Byddai geiriau fel *hybarch*, *hylwydd* a *hynod* felly'n rhan o'r ieithwedd draddodiadol a etifeddodd gan ei ragflaenwyr. Ac mae darnau enghreifftiol yn y gramadegau barddol sy'n dangos y ffurfiau yn y canu serch, er enghraifft *Hardd-deg riain, hyduf, glwysgain.*[35]

Ceir ganddo hefyd fathiadau newydd ar yr un patrymau, a'r rheini at bwrpas cwyno a dilorni yn ogystal â moli. Dafydd biau'r unig enghreifftiau o *hyddaif* 'llosgedig' (8.36) o fôn y ferf *deifio*, a *hynag* 'crintachlyd' (112.20, 124.18), a'r rhai cynharaf o *hyfedr* (55.17, 73.27), *hygryg* (am Gruffudd Gryg ac am y bioden, 28.46, 36.58, yn cynganeddu â *hagr* y ddau dro), *hyloyw* (134.23) a *hydwyll* (92.48, 93.35, 109.63, 112.3 – gw. y dyfyniad ym mhen. 9).

Ceir cyfanswm o 28 o wahanol ffurfiau gyda'r rhagddodiad *hy-* yng ngherddi Dafydd ap Gwilym. Er mwyn iawn werthfawrogi ergyd y ffurfiau hyn yn y farddoniaeth mae'n bwysig rhoi sylw dyledus i'r ail elfen, yn enwedig os yw'r gair yn dal yn gyfredol ac efallai'n or-gyfarwydd. Mae *hyfryd* yn esiampl o air sy'n dreuliedig iawn erbyn hyn o gael ei ddefnyddio yn yr ystyr 'dymunol'. Yr ail elfen yw *bryd* 'meddwl', a'r ystyr wreiddiol oedd 'llawen', gan gyfeirio at gyflwr meddwl yr un dan sylw.[36] Felly yn achos y llinell hon o'r cywydd 'Yr Haf', hawdd fyddai ei deall fel gosodiad syml bod y byd yn braf yn yr haf:

A'r byd yn hyfryd yn haf (34.8)[37]

Mewn gwirionedd priodoli emosiynau dynol i'r byd a wneir yma, yn yr un modd ag y sonnir am *llawen haul* ddwy linell yn gynharach.[38] Dyna ergyd *hyfryd* yma, yn sicr, ond eto o gofio mor sensitif oedd Dafydd ap Gwilym i newidiadau yn yr iaith, efallai y dylid ystyried bod ystyr y gair wedi dechrau treulio eisoes, gan gyfeirio at yr hyn sy'n achosi llawenydd yn ogystal â'r sawl sy'n ei deimlo, ac felly bod y ddwy ffordd o ddeall y llinell yn ddilys.

Mae rhai geiriau o'r math hwn wedi magu mwy nag un ystyr oherwydd cynodiadau amrywiol yr ail elfen. Un o'r rheini yw *hylaw* < *llaw*. Gall y llaw ddynodi cyfleustra a rhwyddineb (cymh. Saes. *handy*), a dyna brif ystyr y gair heddiw. Ond roedd llaw agored yn arwydd o haelioni, ac yn yr ystyr honno y defnyddiodd Dafydd y gair wrth bersonoli mis Mai, gan gynganeddu'n gyfleus â *hael*:

> Harddwas teg a'm anrhegai,
> Hylaw ŵr mawr hael yw'r Mai. (32.9–10)

Yn llinell gyntaf 'Y Gwynt' defnyddir y gair yn nes at ei ystyr fodern, gan gyfleu'r syniad o daith rwydd:

> Yr wybrwynt, helynt hylaw (47.1)

Ond yma eto mae angen bod yn wyliadwrus o ran yr ail elfen, oherwydd fe geir yma amwysedd cyfrwys iawn sy'n dibynnu ar y treiglad a achosir gan y rhagddodiad (gw. pen. 10). Gallai *law* fod yn ffurf dreigledig o *llaw* neu o *glaw*, a byddai'r ail opsiwn yn ddigon priodol gan fod y gwynt yn dod â glaw yn ei sgil (cf. *nyth y glaw mawr* yn ll. 32).

lled-

Ystyr y rhagddodiad hwn yw 'hanner' neu 'gweddol'. Fe'i gwelir mewn nifer o ffurfiau yng ngwaith Dafydd a geir hefyd yn yr hen lenyddiaeth, fel *lledrith* (135.22), *lledfegin* 'creadur hanner-dof' (75.16), *lledwag* (150.38), *lletbai* 'gŵyr' (31.41) a *diletpai* (74.57), *lletgynt* 'poen' (76.25), ac efallai *llednais* (34.5), er nad yw'n glir beth yw ail elfen y gair hwnnw. Ceir *llediaith* yn yr hen enw personol Llŷr Llediaith, ac yn *dilediaith* gan Gynddelw yn disgrifio barddoniaeth (CBT III 7.31), ond defnydd Dafydd o'r gair am iaith y Saesnes Elen Nordd (120.18) yw'r enghraifft gynharaf o'r ystyr fodern o iaith wallus. Sylwer hefyd ar *diledryw* a *diledfarw* a nodwyd uchod dan y rhagddodiad *di-*.

Mae'r geiriau a gofnodwyd am y tro cyntaf yng ngwaith Dafydd i gyd yn ddilornus, ac roedd y rhagddodiad hwn yn amlwg yn rhan o'i ieithwedd ddychanol: *lledchwelan* 'ynfyd' < *chwelan* 'gwamal' (22.7); *lledechwyrth* (132.15) < *echwyrth* 'ynfyd' (ond mewn geiriaduron yn unig y ceir hwnnw); *lledlyth* (90.27) < *llyth* 'meddal';[39] *lledwan* (123.35); *lledweddw* (114.31) 'lled-amddifad';[40] *lletben* 'ochr y pen' (114.32 am y Gŵr Eiddig); *lletollt* 'holltog' (76.11). Gall *lled* fod yn adferf hefyd fel y gwelir yn yr ymadrodd *o led ancrain* (54.1), ond efallai y dylid darllen *ledancrain* yno.

sy-

Rhagddodiad prin yw hwn a welir mewn dau air yng ngwaith Dafydd, a'r ddau wedi eu cofnodi am y tro cyntaf yn ei waith, sef yr ansoddair *syfudr* (61.33) a'r ferf *syganu* (36.33, 55.41, 73.55, 137.25). Mae'n amlwg mai negyddol yw grym y rhagddodiad yn y ddau, gw. y drafodaeth ar *syganu* ym mhennod 4 a GPC d.g. *sybwll*.

ym-

Rhagddodiad berfol yw hwn, a gall ei rym fod yn atblygol (h.y. gweithred a wneir gan oddrych y ferf iddo'i hun), fel *ymolchi*, neu'n gilyddol (h.y. gweithred rhwng mwy nag un person), fel *ymddiddan*. Er bod *ym-* yn ffurfio berfau yn y lle cyntaf, gellir llunio enwau'n seiliedig arnynt trwy ychwanegu terfyniad, fel *ymddygiad* (24.31) ac *ymwanwraig* (51.28), a hefyd ansoddair trwy ychwanegu rhagddodiad, fel *diymwad* (106.66). Ceir cyfanswm o 44 o wahanol ffurfiau gyda'r rhagddodiad *ym-* yng ngherddi Dafydd, ac o'r rheini mae wyth wedi eu cofnodi am y tro cyntaf yn ei waith, a dwy arall heb ddigwydd yn unman arall.

Y ffurfiau mwyaf diddorol yw'r rhai cilyddol a ddefnyddir gan Ddafydd i gyfleu'r berthynas rhwng cariadon. Y term sylfaenol yn y maes hwn fyddai *ymgaru* a oedd yn gyffredin mewn testunau rhyddiaith o'r drydedd ganrif ar ddeg ymlaen yng nghyd-destun cyfathrach rywiol, fel y darn hwn lle mae mam Myrddin yn adrodd hanes cenhedlu ei mab:

> Pan yttoedvn ym plith uyg kedymdeithesseu yn yr hundy, nachaf y guelvn yn dyuot attaf yn drech gvr yeuanc teccaf yn y byt, ac yn dodi y dvylav amdanaf ac yn ymgaru a mi, ac o'r diwedd kydyav a mi a'm hadav yn ueichyavc.[41]

Gwelir o'r dyfyniad hwnnw mai at ymgofleidio cyn cyfathrach lawn y cyfeirir, a dichon mai'r un yw ystyr y gair gan Ddafydd wrth sôn amdano'i hun a Morfudd:

> Nid llwyd fy marf, arf erfai*,   *ardderchog
> Nid lled fy nghorun, nid llai,
> No'r nos yr oeddem, gem gu,
> Einym gur, yn ymgaru.
> Aethost, wi o'r gost a'r gamp,
> I'th wely, bryd wyth wiwlamp,
> A'th freichiau, hoen blodau haf,
> Em y dynion, amdanaf,
> A minnau, fy ngem annwyl,
> I'th garu, ddyn aelddu ŵyl; (106.49–58)

Hawdd oedd cymhwyso geiriau eraill yn yr un cyd-destun, ac mae lle i amau bod gan y rhagddodiad *ym-* gynodiadau rhywiol ym meddwl Dafydd. Defnyddiodd *ymafael* ddwywaith wrth sôn am gariadon yn mynd i'r afael â'i gilydd yn 'Breichiau Morfudd' (93.10 a 45). Roedd y gair *ymgyhydu* yn bod eisoes yn yr ystyr 'bod yn gyfartal â' (h.y. cyfosod),[42] ond ailbwrpasodd Dafydd y gair mewn ystyr hollol gnawdol wrth hel atgofion am gydorwedd â'i gariad yn 'Yr Adfail':

> Pan welais, pefr gludais glod,
> Yn dy gongl, un deg yngod,
> Forwyn, foneddigfwyn fu,
> Hoywdwf yn ymgyhydu,
> A braich pob un, cof un fydd,
> Yn gwlm amgylch ei gilydd (151.11–16)

Yn 'Tri Phorthor Eiddig' gwelwn gyfres o dair berf gydag *ym-* yn mynegi cyswllt rhwng y cariadon. Bwriad y bardd wrth gyrchu tŷ'r Gŵr Eiddig oedd *Ymweled â gem wiwloer* (68.26). Wedi methu cael mynd ati yn y tŷ ciliodd yn ôl gan geisio cyfathrebu â hi drwy'r mur, ac mae'r ddelweddaeth yn ei ddarlunio fel milwr yn ymosod ar gastell:

Rhodiais, ni hir syniais i,
Gan y mur, gwn ym oeri,
Hyd am y gaer loywglaer lân
I ymorol â gem eirian.
Saethais drwy'r mur, gur gywain,
Saethau serch at y ferch fain.
Saethodd hon o'i gloywfron glau
Serch i ymannerch â minnau. (68.47–54)

Mae *ymorol* yn ffurf ar y berfenw *ymoralw*, 'galw ar', ac mae *ymannerch* yn dynodi cyfarchiad serchus y ferch mewn ymateb iddo. Gair a gofnodwyd am y tro cyntaf yng ngherddi Dafydd yw *ymannerch*, ac fel *annerch* fe'i defnyddir yn bennaf yng nghyd-destun serch (cyswllt a hwyluswyd gan yr odl barod â *merch* a *serch*). Ymhlith arferion cariad sydd ar faeth yng nghalon y bardd yn 'Y Mab Maeth' y mae:

Mynnu ei ddwyn er mwyn merch,
Mynnu gorllwyn* ymannerch (77.9–10)   *disgwyl

Mae ymannerch gan y ferch yn ddigon i fodloni'r bardd, felly, er bod mur yn eu gwahanu. Mae'r priod-ddull sy'n mynegi sefyllfa'r cariadon yn un sy'n digwydd mewn nifer o gerddi,[43] ond mae ar ei fwyaf cadarnhaol yma, ac efallai nad gormod fyddai gweld adlais seinegol rhwng *am* . . . *â* a'r ddwy ferf *ym-* . . . *â* yn y llinellau blaenorol, oll yn cyfleu cariad yn drech nag amgylchiadau materol:

Digrif oedd ym, ni'm sym serch,
Am y maenfur â meinferch. (68.55–6)

Mae 'Tri Phorthor Eiddig' yn anghyffredin ymhlith y cerddi am helyntion caru am fod y naws yn newid yn llwyr ar ôl i'r bardd gael ei rwystro rhag cyrraedd ei gariad. Yn wahanol i gerddi fel 'Y Ffenestr' (65) lle mae'r agosrwydd corfforol yn achos rhwystredigaeth enbyd, mae'r ymannerch yn arwydd o ewyllys gytûn, fel y *mwynaf annerch* a ddeisyfir i achub bywyd y bardd ar ddiwedd 'Yr Wylan' (45.29). Y tu allan i'r tŷ yn rhyddid y goedwig y bydd y cariadon yn dod at ei gilydd:

Rhydd y mae Duw yn rhoddi
Coed briglaes a maes i mi. (68.65–6)

Cyfyd pwynt gwleidyddol difrifol yma yn sgil y ddelwedd o'r tŷ fel castell. Mae methiant y bardd i fynd i mewn i dŷ ei gariad yn adlewyrchu sefyllfa'r Cymry wedi eu gwahardd o'r trefi castellog Seisnig a'u breintiau, ond cysur mawr yn y ddau achos yw rhyddid cefn gwlad dan fendith Duw.

Ôl-ddodiaid ansoddeiriol

Y prif ôl-ddodiaid sy'n ffurfio ansoddeiriau yw -adwy, -aid, -aidd, -edig, -ig, -lyd, -og, -ol ac -us, a manteisiodd Dafydd ar bob un o'r rhain i lunio geiriau newydd.

-adwy
Mae'r ôl-ddodiad hwn yn ffurfio ansoddeiriau berfol, gan gyfleu'r ystyr 'agored i'w . . .' O blith y geiriau a gofnodir am y tro cyntaf yng ngwaith Dafydd, un yn unig sy'n cynnwys -adwy, sef deoladwy 'agored i'w alltudio' (97.56), gan gyfeirio at y bardd ei hun. Er na cheir enghraifft gynharach, mae un mewn testun cyfreithiol o'r bymthegfed ganrif yn awgrymu bod hwn efallai'n derm cyfreithiol hysbys.[44] Gair a gofnodwyd mewn testunau cyfreithiol cynharach ac a ddefnyddir gan Ddafydd am serch o'r iawn ryw yw taladwy 'gwerthfawr' (86.19 am Ddyddgu a 99.53 am Forfudd).[45] Cymh. celadwy 'dirgel' (133.41) sydd hefyd yn ffurfio cynghanedd lusg â cariad.

-aid
Cyfyngedig oedd defnydd yr ôl-ddodiad hwn o'i gymharu ag -aidd, ond un gair cyffredin sy'n ei gynnwys yw euraid a geir ddeng gwaith gan Ddafydd. Hwn hefyd sydd yn cannaid (50.23, 65.49, 88.1) < can 'gwyn', gair a gofnodwyd am y tro cyntaf yng ngherddi Dafydd ac yn Llyfr yr Ancr tua'r un cyfnod. Ar y defnydd enwol o cannaid am yr haul gw. pennod 4.

-aidd

Gydag enwau yn unig y defnyddir yr ôl-ddodiad hwn yng ngherddi Dafydd, a'r rheini yn bennaf yn enwau am fathau o bobl neu swyddi, fel *athrawaidd* (8.43), *Cymroaidd* (8.18, 108.38) a *gwrdäaidd* (8.22). Ceid cynsail i'r ffurfiau hyn mewn geiriau fel *gŵraidd* yng nghanu mawl Beirdd y Tywysogion, *arglwyddïaidd* ym *Mabinogi Iesu Grist* a *rhieinaidd* yn y gramadegau barddol. Gallai gyfleu delwedd, fel *eryraidd* am Ifor Hael (12.34). Y terfyniad *-aidd* yw'r brifodl ym mhenillion gwawdodyn yr awdl i Hywel (8), ac felly gwelir nifer o eiriau a fathwyd yn unswydd i gynnal yr odl, mae'n debyg, megis *barddonïaidd* (8.16, 24), *Cynddelwaidd* (8.40), *preladiaidd* (8.20), *prydyddaidd* (8.28) a *Rhydderchaidd* (8.42). Geiriau canmoliaethus yw'r rhain i gyd, ond fe geir hefyd rai dilornus yn seiliedig ar enwau negyddol eu naws, fel *mileiniaidd* (144.48) < *milain* 'taeog'. Gair arwyddocaol ar y patrwm hwn yw *gwladaidd* 'anfoesgar' (a geir am y tro cyntaf yng ngwaith Casnodyn) a'i darddeiriau *diwladaidd* (133.2) a *gwladeiddrwydd* (21.50, 33.44); gw. pennod 8 am yr awgrym bod hwn yn cyfieithu'r Ffrangeg *paysan*. Mae *brawdwriaidd* (5.38) a *mamaethaidd* (93.38) yn eiriau a geir yng ngwaith Dafydd yn unig.

Ceir un enghraifft o ferf newydd wedi ei llunio o ansoddair yn *-aidd*, sef *gweddeiddio* am waith Morfudd yn llunio cae bedw (94.34).

-edig

Mae hwn yn ôl-ddodiad arall sy'n ffurfio ansoddeiriau berfol, gyda grym rhangymeriad gorffennol goddefol yn bennaf. Roedd rhai o'r ffurfiau hyn yn gyffredin mewn Cymraeg Canol, gan gyfleu ystyron cadarnhaol iawn, a manteisiodd Dafydd arnynt, fel y gwelir yn *Caredig urddedig ddadl* (33.8), llinell sy'n esiampl o ddefnyddio dau ansoddair â'r un terfyniad i ffurfio rhannau cyntaf cynghanedd sain. O ran y ffurfiau sy'n digwydd am y tro cyntaf yn ei waith, negyddol yw ergyd y rhan fwyaf, sef *cloëdig* (98.9) a *gwichedig* (68.10), y ddau am ddrws tŷ ei gariad, *gwyliedig* (58.18) am y carwr ar noson olau, *rhewedig* (54.43) am y rhew, a dwy ffurf yn yr awdl ddychan i Rys Meigen, *lleuedig* (31.49)[46] a *rhusiedig* (31.67). Mae *plethedig* (114.18) yn moli gwallt Morfudd, ac anodd yw barnu union ystyr *llwygedig* ('gwan' gan gyfeirio at ei lygad ei hun?) yn 38.52 gan mai honno yw'r unig enghraifft hysbys.

-ig

Gellid ychwanegu'r ôl-ddodiad hwn at enw, fel *mynyddig* (75.19), neu at ansoddair fel *dielwig* (61.27). Ymddengys mai hwn yw'r terfyniad yn *gwrddonig* 'blewog' (57.30), ond nid yw'n amlwg beth yw bôn y gair hwnnw. Dau air a geir yng ngwaith Dafydd yn unig yw *difydig* (18.17) 'agored' (< *mwd* 'to'?) a *metheddig* < *methedd* (100.8). Mae *-ig* hefyd yn ffurfio ansoddeiriau am wledydd a phobloedd, fel *Gwyndodig* < *Gwyndod* 'yn perthyn i Wynedd' (24.32), *Ffrengig* (16.32, 57.39) a *Seisnig* (15.56, 62.29, y ddwy gydag ergyd ddilornus, a 115.29).[47] Ar y llaw arall, lle disgwylid *Gwyddelig* i ddisgrifio'r mangnel (150.41), *Gwyddeleg* yw'r ffurf a geir gyda'r terfyniad sydd fel arfer yn dynodi iaith. Ar *maelereg* (6.82) gw. y terfyniad enwol *-eg* isod.

-lyd /-led

Ychwanegir yr ôl-ddodiad hwn i enwau ac ansoddeiriau, a blas difrïol sydd iddo ar y cyfan, yn dibynnu ar gynodiadau yr elfen sail. Mae pedair ffurf yn digwydd am y tro cyntaf yng ngwaith Dafydd, sef *ciglyd* (88.10), *hadlyd* (132.27) < *hadl* 'pwdr', *nychlyd/-led* (36.65, 68.19) < *nych* 'cystudd' a *trymled* (33.41), ac un yn ei waith ef yn unig, *gwythlyd* 'ffyrnig' (31.45) < *gŵyth* 'llid'. Mae'r dirmyg a fynegir gan yr ôl-ddodiad yn amlwg yn y cwpled hwn o 'Gwahodd Dyddgu' lle cyfeirir at yr arfer o wledda ar gig cyn cyfnod y Grawys:

> Nid tam o ginio amaeth,
> Ac nid ynyd ciglyd caeth. (88.9–10)

-og /-awg

Mae hwn wedi bod yn un o'r ôl-ddodiaid ansoddeiriol mwyaf cynhyrchiol ers cyfnod cynharaf yr iaith.[48] Mewn ffurfiau sy'n seiliedig ar enwau ei ystyr sylfaenol yw 'yn meddu ar'. Roedd digon o eiriau cadarnhaol iawn eu cynodiadau yn rhan o'r hen iaith lenyddol, a defnyddiodd Dafydd rai ohonynt, fel y ddau air sy'n golygu 'bonheddig' yn y llinell hon: *Cenhedlog rywiog riain* (125.23 – esiampl arall o odli geiriau â'r un terfyniad). Naws debyg sydd i *dyledawg* (97.52) a'r enw *gorseddog* (19.2, gw. pen. 8). Ond o ran y ffurfiau sy'n digwydd am y tro cyntaf yng ngwaith Dafydd mae'n drawiadol bod bron pob un yn negyddol ei ergyd: *afrywiog* 'angharedig' (143.37), *anfoddog*

(58.43), *anhunog* (75.37, 124.7), *anwydog* (110.20), *creithiog* (72.35), *gwridog* (60.29 – am y llwynog). Gellid dadansoddi'r tri gair cyntaf yma fel negyddion yr ansoddeiriau *rhywiog*, *boddog* a *hunog*, yn hytrach na ffurfiau ansoddeiriol newydd ar sail *afryw*, *anfodd* ac *an(h)un*, ac yn achos *anniferiog* (95.2), gair nas cofnodir yn unman arall, rhaid ei ddeall fel negydd yr hen ansoddair *diferiog* 'dichellgar', felly 'diddichell'. Gallai *-og* hefyd gyfuno ag ansoddair i ffurfio enw, ac eto mae'r enghraifft sydd gan Ddafydd yn ddilornus iawn, sef *budrog* am y dylluan (61.23). Yr unig ffurf newydd nad yw'n negyddol yw *seirniawg* yn y llinell hon yn disgrifio'r gwynt:

> Seirniawg wybr, siwrnai gobraff (47.38)

Dengys y cyd-destun mai enw yw hwn; fe'i dadansoddir yn GPC fel *sarn* + *-iog*, ond gwell efallai fyddai cymryd mai bôn y ferf *sarnu* 'sathru' yw'r elfen gyntaf, felly 'sathrwr yr awyr'.

-ol/-awl

Ystyr sylfaenol yr ôl-ddodiad hwn yw 'yn perthyn i' neu 'yn debyg i'. Er mai hwn yw ôl-ddodiad ansoddeiriol mwyaf cynhyrchiol yr iaith,[49] ychydig o ffurfiau a gofnodir yng ngwaith Dafydd am y tro cyntaf, sef *anrasol* (55.37), *atethol* < *dethol* (56.49), *cywyddol* (44.40, 46.6), *eryrawl* (86.40), *ffenestrawl* (65.43), *meistrol* (35.32, 51.10, 110.25) a *traethol* (24.15). Awgryma'r gymhariaeth rhwng *eryrawl* ac *eryraidd* (gw. uchod) nad oes fawr o wahaniaeth ystyr rhwng y ddau ôl-ddodiad. Fel *-og*, gallai ffurfiau yn *-ol* fod yn enwol, a dyna yw *cywyddol* 'prydydd', sy'n cyfeirio at ddau o lateion y bardd, yr ehedydd a'r iwrch, fel *seirniawg* am y gwynt. Cymh. yr hen air *negesol* yn yr un llinell am yr iwrch.

Fe ymddengys fod Dafydd yn cysylltu'r gair *meistrol* â'r gelfyddyd farddol yn arbennig. Dyma gyfarchiad yr haf iddo:

> 'Taw, fawlfardd, tau ofalfydr,
> Taw, fost feistrol hudol hydr. (35.31–2)

Mewn man arall disgrifia ei hun fel *meistrawl ar wawl wiwgamp* (110.25), sef barddoniaeth mae'n debyg,[50] ac wrth ofyn am gymorth y don ar afon Dyfi mae'n ei hatgoffa am ei gerddi *O fawl i'r twrf meistrawl tau* (51.10). Arwydd o arwyddocâd y gair iddo yw'r ffurf haniaethol a ddefnyddiodd yn y farwnad i'w ewythr yng nghyddestun dysg eiriol:

> Pendefig, gwledig gwlad hud—is dwfn,[51]
> Ys difai y'm dysgud.
> Pob meistrolrwydd a wyddud,
> Poened fi er pan wyd fud. (6.21–4)

-us

Ôl-ddodiad cynhyrchiol arall yw hwn, ac nid ymddengys fod unrhyw ystyr arbennig yn perthyn iddo. Fe'i defnyddir gan Ddafydd i lunio ansoddeiriau ar sail enwau, a'r rheini'n rhai cadarnhaol a negyddol fel ei gilydd. Ymhlith y geiriau a gofnodwyd am y tro cyntaf yn ei waith ef y mae rhai sy'n gyffredin hyd heddiw: *annawnus* (109.52), *cofus* (55.24), *cwynofus* (90.41), *dirmygus* (76.35), *medrus* (45.18), *mwythus* (45.18, 150.20), *pwyntus* (34.26), *rhwystrus* (56.35, 65.48).[52] Sylwer eto ar y defnydd o ddwy o'r ffurfiau hyn mewn cynghanedd sain sy'n cyplysu'r llatai a'r ferch yn 'Yr Wylan':

> Bydd fedrus wrth fwythus ferch (45.18)

Ceir hefyd bump o eiriau nas cofnodwyd yn unman arall (heblaw geiriaduron), ac a luniwyd gan Ddafydd, mae'n debyg, yn unswydd i greu effaith neilltuol. Yn 'Y Llwynog' mae'n ei ddarlunio ei hun yn ffug-arwrol *fal gŵr arfodus* (60.15), gan greu ansoddair o'r hen air *arfod* 'ergyd ag arf'. Mae *cytgamus* 'cellweirus' yn disgrifio meddwl merch (131.31), a cheir *iyrchus* am iwrch (76.18). Dwy ffurf a ddefnyddir yn ddychanol yw *bwystus* 'anifeilaidd' (31.9) am Rys Meigen o'r gair prin *bwyst* (fel yn *bwystfil*), a *gwragennus* 'cefngrwm' (120.15) am Robin Nordd < *gwarag* (gair a gofnodir am y tro cyntaf yn y canu dychan ar ôl amser Dafydd).[53]

Ôl-ddodiaid enwol

Y prif ôl-ddodiaid sy'n ffurfio enwau yw *-aeth*, *-ai*, *-aid*, *-aint*, *-an*, *-awd/-od*, *-awr/-or*, *-dawd/-dod*, *-deb*, *-der*, *-edydd*, *-edd*, *-eg*, *-fa*, *-iad/*

-ad, -iadur, -iant, -iawdr, -idydd, -rwydd, -wch, -ydd, -yn. Mae rhai o'r rhain yn digwydd gyda'r un elfennau sail, er enghraifft, *anwadalder, anwadalr(h)wydd* ac *anwadalwch.* Ar y llaw arall, cadwodd nifer o eiriau yr un ôl-ddodiad hyd heddiw, er enghraifft, *prysurdeb* (109.28).

-aeth

Ôl-ddodiad haniaethol yw hwn, ac mae'n cyfuno'n aml ag enwau i ddynodi swyddogaeth neu grefftwaith, fel *eurychaeth, llateiaeth, maerwriaeth, saeroniaeth,* ac i gyfleu ardal neu faes awdurdod, fel *dyledogaeth.* Gall ddilyn ôl-ddodiad ansoddeiriol hefyd, fel yn *rhywiogaeth, llifedigaeth, trychiolaeth.* Roedd patrymau eglur yn y canu mawl ac mewn testunau crefyddol a hanesyddol ar gyfer y ffurfiau hyn, megis *dwyfoliaeth, pendefigaeth, tywysogaeth, tiriogaeth.*

Mae'r ffurfiau hyn yn amlwg iawn yn yr awdl i Ieuan Llwyd (7) oherwydd y brifodl, a cheir yno saith gair a gofnodir am y tro cyntaf a thri nas ceir yn unman arall. Roedd Dafydd yn barod iawn i ddefnyddio'r ffurfiau hyn yn ffigurol, fel y gwelir yn yr awdl honno mewn ymadroddion megis *treftadogaeth braw* a *tafarnwriaeth hoed,* ac yn aml iawn yn ei gerddi serch, fel y llinell hon yn disgrifio hiraeth am Ddyddgu:

Pennaeth dyledogaeth deigr (90.34)

Dyma'r geiriau â'r ôl-ddodiad *-aeth* a gofnodwyd am y tro cyntaf yng ngwaith Dafydd: *croesan(a)eth* (31.19, 141.14, gw. pen. 1), *dyledogaeth* (90.34), *eurych(i)aeth* (94.5, 131.24), *gofyniaeth* (90.11), *gweinidogaeth* (7.11), *gwesteiaeth* (7.29), *gweyddiaeth* (7.2), *gwriaeth* (7.42), *gwystleidaeth* (19.45), *helyddiaeth* (7.26), *llatei(a)eth* (46.8), *lleianaeth* (48.51), *maerwriaeth* (13.1), *magwriaeth* (77.1), *marchwriaeth* (123.56), *ofyddiaeth* (7.22, 22.60), *rhagoriaeth* (17.3), *rhywiogaeth* (7.14), *saeroniaeth* (50.20, 58.23), *trychiolaeth* (63.25).[54]

A dyma'r geiriau nas cofnodwyd yn unman arall (heblaw geiriaduron): *duwogaeth* (2.36), *llifedigaeth* (127.18), *tafarnwriaeth* (7.23), *treftadogaeth* (7.19), *treisiaeth* (7.39).

-ai

Mae'r ôl-ddodiad hwn yn cyfuno ag enwau i ddynodi'r sawl sy'n ceisio'r peth hwnnw neu'n cardota amdano, felly *cawsai* yw rhywun sy'n cardota am gaws. Cynsail urddasol i'r ffurfiau hyn oedd y gair *llatai* 'negesydd serch' < *llad* 'rhodd',[55] ond dilornus iawn yw defnydd Dafydd o eiriau eraill gyda'r ôl-ddodiad (i gyd yn enghreifftiau cynharaf), yn bennaf yn ei ddychan i Rys Meigen, sef *blotai* (31.39, 88.40), *cardotai* (31.59), *cawlai* (31.43), *cawsai* (88.40), *cicai* (31.47), *gofawai* (31.30) a'r ffurf luosog *bawheion* yn ffigurol am bobl sy'n hel clecs am y bardd ac Angharad (122.15). Diau fod potensial y terfyniad hwn wedi dylanwadu ar y dewis o brifodl ar gyfer englynion yr awdl ddychan, a defnyddir hyd yn oed y gair *llatai* yn ddilornus yno, *clafaf anllataf llatai* (31.25).

-aid

Ystyr benodol sydd i'r ôl-ddodiad hwn, sef 'llond' y peth dan sylw, fel *poteleaid* heddiw. Ymhlith y geiriau a gofnodir yng ngwaith Dafydd am y tro cyntaf y mae pump gyda'r terfyniad hwn, sef *cistiaid* (22.46), *coflaid* (56.3), *galwynaid* (74.28), *llinynnaid* (4.38), *llodraid* (75.15, 85.37). Mae'r ôl-ddodiad yn gwbl niwtral o ran cynodiadau, ond digrif yw effaith y defnydd ohono yng nghyfarchiad y bardd i'w gal lle mae'n ffurfio cynghanedd gydag ôl-ddodiad enwol arall:

Llodraid wyd o anlladrwydd (85.37)

-aint

Roedd yr ôl-ddodiad haniaethol hwn yn ddigon cynhyrchiol mewn Cymraeg Canol, fel y gwelir yn y gair cyffredin *henaint*, a hefyd *gofeiliaint* (48.13) < *gofal* a *meddwaint* (17.40, 70.28, 93.50) < *meddw* a geir mewn nifer o destunau cynharach. Prifodl y gyfres o doddeidiau yn yr awdl farwnad i Ifor a Nest a ysgogodd ddau air sy'n digwydd yng ngwaith Dafydd yn unig, sef *gofeiriaint* 'gorlifiad' (17.23) < *goferu*, a'r gair cyfansawdd *aelfeiniaint* 'meinder aeliau' (17.42). Ceir -*aint* fel ffurf luosog y terfyniad -*ant* hefyd yn *llifeiriaint* (17.24 a 41, 50.29).

-an

Ôl-ddodiad bachigol yw hwn (cymh. -*yn*/-*en* isod), ac fe'i gwelir yn cyfleu anwyldeb yn *dynan fechan fach* (95.9). Cyfuno ag enwau a wna gan amlaf, ond un gair cyffredin lle mae'n cyfuno ag ansoddair yw *tegan*, gair y ceir yr enghraifft gynharaf ohono, yn yr ystyr 'anwylyd', ym marwnad Dafydd i'w gyd-fardd Gruffudd ab Adda:

> Y bydd cerdd fydr o hydr hoed*   *hiraeth
> Heb loyw degan blodeugoed. (21.15–16)

-awd / -od

Ceir yr ôl-ddodiad hwn yn cyfuno â bonau berfol i greu enwau haniaethol yn *heddychawd* (77.29) a *method* (35.25), gair y ceir yr unig enghraifft ohono yn y darn hwn am ddirywiad yr haf lle mae'r terfyniad yn ateb yr angen am odl mewn cynghanedd sain:

> A drwg yw yn dragywydd
> Nesed Awst, ai nos ai dydd,
> A gwybod o'r method maith,
> Euraid deml, yr aut ymaith. (35.23–6)

Cyfleu ergyd ag arf a wna yn *bolltod* 'ergyd saeth' (53.58), dymuniad Dafydd i'r cyffylog.

-awr / -or

Ôl-ddodiad enwol yn dynodi gweithredydd yw hwn (GPC *-awr*[3]), fel y gwelir yn *porthor* a *telynor*. Un enghraifft o'r ffurf nas cofnodwyd yn gynharach a geir gan Ddafydd yw *traethawr* (24.16) gan gyfeirio at delyn.

-dawd / -dod

Ôl-ddodiad haniaethol arall a ychwanegir at ansoddeiriau ac enwau yw hwn. Fe'i gwelir yn *nychdod* 'salwch', ac mewn un gair sy'n digwydd am y tro cyntaf yng ngwaith Dafydd, sef *gwiwdawd* (10.35).[56]

-deb

Ôl-ddodiad haniaethol a ychwanegir at ansoddeiriau yw hwn. Fe'i gwelir mewn dau air a gafwyd am y tro cyntaf yng ngwaith Dafydd, *prysurdeb* (109.28) a *rhwydd-deb* 'haelioni'. Mae'r olaf yn creu diweddglo mawreddog i gywydd mawl i Ifor Hael:

> Wyneb y rhwydd-deb a'u rhoes. (16.38)

-der

Ôl-ddodiad haniaethol arall a ychwanegir at ansoddeiriau yw hwn. Fe'i gwelir yn *anwadalder* (97.22), gair nas cofnodwyd yn unman arall cyn geiriadur Pughe, ac yn *gwychder* (12.37) a'i wrthwyneb *anwychder* (48.18), y ddau i'w cael am y tro cyntaf yng ngwaith Dafydd. Mae'r olaf yn mynegi cyflwr truenus y bardd yn ei gywydd i Ddwynwen, gan gynganeddu ag enw'n cynnwys ôl-ddodiad arall:

> Gwna fi yn iach, wiwiach wawd,
> O'm anwychder a'm nychdawd.[57] (48.17–18)

-edydd

Ôl-ddodiad sy'n dynodi gweithredydd berf yw hwn (cymh. *-idydd* isod), ac fe'i gwelir mewn un gair a gofnodwyd am y tro cyntaf yng ngwaith Dafydd, sef *dringhedydd* 'anifail dringo' (87.11).

-edd

Dyma ôl-ddodiad haniaethol arall a ychwanegir at ansoddeiriau. Fe'i ceir mewn tri gair a gofnodwyd am y tro cyntaf yng ngwaith Dafydd, *dihoffedd* (124.35), *anwiredd* (148.32) a *moeledd* (93.3), a hefyd mewn dau nas ceir yn unman arall heblaw geiriaduron, sef *pengrychedd* (36.30) am ddrysni'r berth lle'r adeiladai'r bioden ei nyth (cymh. *pengrych* am wallt pobl) a *tywylledd* (97.24). Tebyg mai'r odl â *brwysgedd* a arweiniodd at y ffurf olaf; ceir *tywyllwg* mewn man arall (gw. isod).

-eg

Un enghraifft bosibl sydd o'r ôl-ddodiad hwn yng ngwaith Dafydd, sef *maelereg* yn y farwnad i Lywelyn ap Gwilym lle sonnir am ei ladd *â chyllell faelereg* (6.82). Gellir ei ddadansoddi fel *maeler* 'elw' + yr ôl-ddodiad sy'n cyfleu gweithgaredd (cymh. *barddoneg*), felly 'gwaith gŵr hur'. Ond fel y nodir yn GPC d.g. *maeliereg*[1], gallai'r terfyniad hwn fod yn ffurf amrywiol ar *-ig* ansoddeiriol (gw. uchod). Dyna ydyw yn sicr yn *Gwyddeleg* yn 150.41.

-fa

Ergyd yr ôl-ddodiad hwn mewn dau air newydd yng ngwaith Dafydd yw cyfleu gweithred neu gyflwr. Gair nas ceir yn unman arall yw *anrhegfa* (102.17) am ddyn afradlon, ac er bod union darddiad *diwanfa* (87.33, 123.29) yn ansicr mae'r ystyr 'crwydr' yn ddigon pendant.

-iad / -ad

Ceir tri ôl-ddodiad o'r ffurf hon, sef:

i) yn cyfuno ag enw i ddynodi math o berson (GPC *-iad³*). Gwelir y patrwm hwn mewn tri gair newydd, dau ohonynt yn enghreiffiau unigryw, *cwfeiniad* 'aelod o gwfaint' (43.20) a *gartheiniad* 'amddiffynnwr gwersyll' (9.61), ac un yn enghraifft gynharaf o air a ddaeth yn gyffredin wedyn, *gwylliad* 'herwr' (31.49).

ii) yn dynodi gweithredydd berf (GPC *-iad²*), a geir mewn dau air newydd, *cymyniad* 'ewyllysiwr' (116.13) a *dybrydiad* 'hagrwr' (131.35, yr unig enghraifft).

iii) yn cyfleu gweithred neu ganlyniad berf (GPC *-iad¹*). Hwn yw'r ôl-ddodiad sy'n ffurfio'r nifer fwyaf o eiriau newydd yng ngwaith Dafydd (cyfanswm o 31), a'r rheswm am hynny, mae'n debyg, yw bod cynifer o'i gerddi yn sôn am wrthrych neu ddigwyddiad penodol. Felly *mynwes gylchyniad* oedd breichiau Morfudd (93.53), a *deg nithiad*, sef dewisiad da oedd yr oed a wnaeth â merch (146.1). Dyfais gyffredin yw berf a tharddair enwol yn llunio cymeriad cynganeddol mewn cwpled, fel hwn am ei daith i garu:

> Rhedais heb adail Heilin
> Rhediad bloesg fytheiad blin. (96.33–4)

Calan Mai yw man cychwyn y cywydd 'Mis Mai', ac felly mae'r gair *dechreuad* yn cael lle amlwg yn y cwpled agoriadol, lle mae'r gynghanedd sain gadwynog yn gwau pedwar gair thematig wrth ei gilydd. Gwelir yma hefyd esiampl brin o *-iad* fel terfyniad berfol yn *gwyddiad*:

> Duw gwyddiad mae da gweddai
> Dechreuad mwyn dyfiad Mai. (32.1–2)

Yr ôl-ddodiad hwn sydd yn *cariad*, allweddair mwyaf barddoniaeth Dafydd ap Gwilym efallai, ac mae sawl llinell yn manteisio ar y cyfle ar gyfer cynghanedd sain gyda ffurf gyffelyb, fel hon am gusan sy'n cynnwys yr unig enghraifft o *tabliad* 'gosodiad':

Cwlm cariad mewn tabliad dwbl (83.35)

Dyma'r geiriau gyda'r ôl-ddodiad -*iad*[1] a gofnodir am y tro cyntaf yng ngwaith Dafydd: *anrheithiad* (9.48), *coddiad* (9.63), *cofiad* (138.23), *cyfluniad* (9.39), *cylchyniad* (93.53), *cynhyrchiad* (95.14), *chwerthiniad* (78.37, hefyd yn LlA), *dechreuad* (32.2), *deiliad* (35.22), *diheurad* (97.57), *dodiad* (9.3), *dyhead* (61.20), *gafaeliad* (9.53), *gildiad* (126.5), *gofyniad* (90.12), *gwrthodiad* (144.51), *head* (99.16), *impiad* (35.22), *lluniad* (22.13), *naddiad* (11.23, 38.39), *nithiad* (146.1), *peintiad* (86.46), *plethiad* (11.5), *profiad* (135.37), *rhediad* (9.43, 96.34), *trawiad* (21.45), *trwsiad* (7.39), *tyfiad* (13.5, 32.2), *tyniad* (56.52), *ymddygiad* (24.31).

A dyma'r ddau air nas cofnodwyd yn unman arall (heblaw geiriaduron): *tabliad* 'lluniad' (83.35), *tuthiad* (46.21).

-iadur

Ôl-ddodiad sy'n dynodi gweithredydd yw hwn, ac fe'i gwelir mewn un gair a gofnodwyd am y tro cyntaf yng ngwaith Dafydd, sef *nofiadur* 'nofiwr', a geir ddwywaith yn yr un ymadrodd, un yn unigol, *nofiadur nwyf* (110.31), a'r llall yn lluosog, *nofiaduriaid nwyf*, yn cyfeirio at lygaid y bardd yn llawn dagrau (109.48, gw. y dyfyniad ym mhen. 9).

-iant

Ceir yr ôl-ddodiad haniaethol hwn mewn dau air a gofnodwyd am y tro cyntaf yng ngwaith Dafydd, sef *aflwyddiant* (108.1) a *lluddiant* (129.17). At hynny ceir geiriau a oedd yn gyffredin mewn llenyddiaeth gynharach, fel *coddiant* 'niwed',[58] a welir yn odli ag *aflwyddiant* yn 108.1 (gw. y dyfyniad ym mhen. 11).

-iawdr/-iodr

Dynoda'r ôl-ddodiad hwn weithredydd neu offeryn, ac fe'i ceir mewn tri gair a gofnodwyd am y tro cyntaf yng ngwaith Dafydd, sef *ciliawdr* 'un sy'n ffoi' (71.51), *gwallawiawdr* 'tywalltwr' (31.52) a *lliniodr* 'pren mesur' (8.14).[59] Cymh. *llywiawdr* a drafodir ym mhennod 8.

-idydd

Ôl-ddodiad sy'n dynodi gweithredydd berf yw hwn (cymh. *-edydd* uchod), ac fe'i gwelir mewn un gair a gofnodwyd am y tro cyntaf yng ngwaith Dafydd, sef *teflidydd* (116.48) < *taflu*.

-rwydd

Ychwanegir yr ôl-ddodiad haniaethol hwn at ansoddeiriau yn bennaf, fel y gwelir mewn pum gair a gofnodwyd am y tro cyntaf yng ngwaith Dafydd, sef *cyfanheddrwydd* (148.76), *gwladeiddrwydd* (21.50, 33.44 – gw. pen. 8), *haerllugrwydd* (149.12), *meistrolrwydd* (6.23, gw. y dyfyniad uchod dan *meistrol*) a *serchowgrwydd* (22.41, 77.45), a hefyd mewn un gair gydag enw yn sail, *llateirwydd* (48.19, 50.8). Ym marwnad Gruffudd Gryg mae *serchowgrwydd* yn cyfleu delfrydau canu serch y Cywyddwyr:

> Rhoed serchowgrwydd agwyddor★ ★hanfod
> I mewn cist ym min y côr. (22.41–2)

Mae *cyfanheddrwydd* yn cyfleu delfryd o ddiddanwch cymdeithasol sy'n ddatblygiad ar ystyr wreiddiol yr ansoddair *cyfannedd* 'inhabited',[60] ac sy'n cyferbynnu â phiwritaniaeth y Brawd Llwyd yn 148.75–6 (gw. y dyfyniad ym mhen. 1).

-wch

Er bod yr ôl-ddodiad haniaethol hwn i'w weld mewn geiriau fel *anwadalwch* (147.12) a *hygarwch* (24.33), ni cheir yr un gair newydd sy'n ei gynnwys. Sylwer ar y ffurf amrywiol *tywyllwg* a geir yn 57.35,[61] a *trythyllwg* yn 85.39 (yn odli â *drwg*).

-ydd

Ôl-ddodiad sy'n dynodi gweithredydd berf yw hwn, ac fe'i gwelir mewn dau air a gofnodwyd am y tro cyntaf yng ngwaith Dafydd, sef *anrhegydd* (11.31) ac *ehedydd* 'skylark' (36.11, 44.1) o fôn y ferf *ehedeg*.

-yn/-en

Grym bachigol sydd i'r ôl-ddodiad hwn (cymh. *-an* a drafodwyd uchod), yn wahanol i'r terfyniad unigol gydag enwau torfol fel *blodeuyn* a *coeden*. Cofnodwyd nifer o eiriau o'r math hwn am y tro cyntaf yng ngwaith Dafydd: *bagluryn* (19.16), *brawdyn* (117.4), *ceingen* (143.5), *clohigin* (85.26), *clwyden* (54.18), *coluddyn* (56.36), *croenyn* (31.56), *cynhinen* (118.2), *chwileryn* (77.19), *dynyn* (53.24, 130.22, 138.36), *eneidyn* (75.39), *glöyn* (88.44, 134.26), *gweren* (31.55), *gwydryn* 'drych' (138.15), *iaden* (85.29), *lleidryn* (31.30), *lliwydden* (140.3), *porthmonyn* (120.14, lle mae'n bychanu gŵr Elen Nordd, gw. pen. 8), *priddyn* (149.16), *soegen* (31.55), *symlyn* < *swm(b)wl* (19.16), ac efallai *ymlöyn* (75.24) a *corodyn* (31.8, 47.58, 71.7, 83.30) er bod tarddiad y ddau air yn ansicr.

Gall hefyd ffurfio enwau o ansoddeiriau, fel y gwelir yn y geiriau newydd *blinyn* (19.13), *camen* 'plyg' am y don (51.12), *engyn* 'llanc' < *i(eu)ang* (53.24), *euren* (136.28), *goldyn* (50.36), *oeryn* (115.41, 140.10 a hefyd 23.3 gan Gruffudd Gryg am Ddafydd), *lledryn* (31.56), *symlyn* a *semlen* (91.11–12), *truenyn* (28.23). Mae hwn yn ffurfiant nodweddiadol o'r iaith lafar, gan ddisgrifio pobl gan amlaf,[62] fel y gwelir mewn geiriau fel *cochyn* a *pwdryn* heddiw, ac felly mae'n arwyddocaol bod dwy o'r enghreifftiau yng ngwaith Dafydd yn digwydd yn sylwadau dilornus y merched am gainc delyn y bardd:

> Meddai ferched y gwledydd
> Amdanaf fi, o'm dawn fydd:
> 'Semlen yw hon naws amlwg,
> A symlyn yw'r dyn a'i dwg.' (91.9–12)

Naws hunan-fychanol sydd i'r gair *engyn* hefyd mewn darn lle mae'r bardd yn mynegi pryder na allai fodloni'r ferch yn rhywiol am ei fod wedi oeri gymaint yn aros amdani. Gwelir cyferbyniad yma rhwng dwy ffurf gydag *-yn*:

> Ofn oedd yng ngaeaf, y nos,
> Na ddigonai, chwai chwedlfreg*,   *cwyn fuan am ddiffyg
> Engyn ar y dynyn deg. (53.22–4)

Ôl-ddodiaid berfol

Y mae 83 o ferfau wedi eu cofnodi am y tro cyntaf yng ngwaith Dafydd ap Gwilym, ac o'r rheini mae 19 i'w cael yn ei waith ef yn unig (heblaw geiriaduron).[63] O ran yr ôl-ddodiaid a ddefnyddir i ffurfio'r berfenw, roedd llawer llai o ryddid nag yn achos enwau ac ansoddeiriau gan fod llafariad y bôn yn rheoli'r terfyniad i raddau helaeth.[64] Felly lle bo *a, ae, e* neu *y* yn sillaf olaf y bôn, y terfyniad fydd *-u*: *brynaru* (109.22), *lleddfu* (38.51), *rhydu* (19.20). Lle bo *i, ei, u, eu* neu *wy* yn y sillaf olaf, y terfyniad fydd *-o/-aw*: *ysgipio* (70.38), *cadeirio* (35.12, 129.38), *cnuchio* (85.28), *diswyddaw* (24.30). A lle bo *o* neu *oe* yn y sillaf olaf, y terfyniad fydd *-i*: *corddi* (130.44), *oeri* (6.53).[65] Ceir hefyd rai terfyniadau llai cyffredin, sef *-ian* yn *huntian* (75.25), *-ial* yn *mwngial* (65.2), y ddau'n bur ddifrïol,[66] *-a* yn *clera* (18.11, 148.55), *-hau* yn *dawnhau* (37.23) ac efallai *-ach* yn *cydlwynach* (133.25). Ac mae nifer o ferfenwau heb derfyniad o gwbl, fel *trafferth* (73.53) sy'n unffurf â'r enw (er mwyn cynganeddu â *triphac*), *ymefin* (47.41) ac *ymlafar* (36.50).

Nodwyd eisoes ferfau a ffurfiwyd trwy ychwanegu rhagddodiad, fel *dadlidio* (43.1), *digroeni* (89.26), *syganu* (gw. uchod) a'r holl ferfau gyda *cyd-* yn rhif 133, a hefyd un sy'n cynnwys ôl-ddodiad, *gweddeiddio* (94.34).

Gellir dosbarthu'r berfau ymhellach o ran swyddogaeth ramadegol y geiriau sy'n sail iddynt. Y berfau sy'n seiliedig ar ansoddeiriau yw: *cyfliwio* (57.21), *cyflunio* (94.13), *cysoni* (94.37), *lleddfu* (38.51), *melynu* (132.7), *oeri* (6.53), *symlu* (70.13). Mwy niferus yw'r rhai sy'n seiliedig ar enwau, fel *cadwyno* (131.43), *ceibio* (85.35) a *daearu* (10.26). Berf bwysig o faes coedwigaeth yw *cadeirio* am goed yn ymganghennu, a geir gan Ddafydd yn llythrennol am dyfiant yr haf (35.12) ac yn ffigurol am ofid yn bwrw gwreiddiau yn ei gorff (109.25, cymh. 129.38).

Ac yn olaf y mae nifer o ferfau sy'n fenthyciadau uniongyrchol o ferfau Saesneg gyda'r ôl-ddodiad berfenwol *-(i)o*: *bostiaw* (31.9, 73.11), *cnocio* (66.33), *ditio* (47.20, 85.7), *gildio* (126.1, 2, 3), *hurtiwyd* (72.10), *peintio* (40.20, 138.29), *solffeais* (91.13), *tariai* (62.24), *trwsiwn* (72.45), *wtied* (137.34).

7

Geiriau Cyfansawdd

Ffurfir gair cyfansawdd clwm trwy gyfuno dau air, fel *prifardd* (*prif* + *bardd*), *diweirferch* (*diwair* + *merch*), *tewlwyd* (*tew* + *llwyd*). Trwy gymharu'r ymadrodd *prif fardd* â'r gair cyfansawdd *prifardd* gellir adnabod dwy nodwedd bwysig ar eiriau cyfansawdd, sef yr aceniad fel un gair gyda sillafau acennog a diacen, a hyd y llafariad yn *prif* sy'n hir yn yr ymadrodd ac yn fyr yn y gair cyfansawdd. Ac yn yr achos hwn gellir gweld gwahaniaeth o ran ystyr hefyd, gan fod y gair cyfansawdd wedi datblygu ystyr arbennig yn y cyfnod modern, sef bardd a enillodd y gadair neu'r goron yn yr Eisteddfod Genedlaethol.[1]

Dosberthir geiriau cyfansawdd yn rhai rhywiog a rhai afrywiog.[2] Mewn geiriau cyfansawdd afrywiog y brif elfen sy'n dod yn gyntaf a'r goleddfydd yn ail, er enghraifft *gwrda* (*gŵr* + *da*) a *gwreigdda* (*gwraig* + *dda*). Mae'r rhain yn dilyn trefn arferol yr ymadrodd cyfatebol, ac ni cheir treiglad i'r ail elfen oni bai bod yr elfen gyntaf yn achosi un, fel yr enw benywaidd yn *gwreigdda*, a'r rhifolyn yn *tripheth*. Roedd nifer o eiriau cyfansawdd afrywiog yn rhan o iaith Dafydd ap Gwilym, fel *pencerdd*, *pentref*, *tadmaeth*, ond nid ymddengys fod Dafydd yn arfer llunio rhai newydd, heblaw un grŵp pwysig sydd â rhifolyn yn elfen gyntaf, fel *unlliw*, *deune* a *triphac*.

Mwy niferus o lawer yw'r geiriau cyfansawdd rhywiog yng ngherddi Dafydd ap Gwilym, ac yn yr iaith yn gyffredinol hyd heddiw. Yn y dosbarth hwn mae'r brif elfen yn dod yn ail a'r goleddfydd yn ei ragflaenu, ac felly ceir treiglad i'r ail elfen bob tro (oni bai bod rheswm ffonolegol yn ei atal, fel y cyfuniad *n-ll* yn *draenllwyn*). Yr ail elfen sydd fel arfer yn pennu swyddogaeth ramadegol y gair (er nad yn ddieithriad, fel y gwelir isod), felly ansoddair yw *tewlwyd*, ac enw yw *diweirferch*. Math o glwyf neu salwch yw *anhunglwyf* (98.15), sef anhunedd. Mewn gair cyfansawdd rhywiog mae trefn y geiriau'n groes i drefn yr ymadrodd cyfatebol, fel 'llwyn draen', 'merch ddiwair' (er bod 'diwair ferch' yn gystrawen lenyddol ddigon cyffredin). Mae geiriau fel *prifardd* a *henwr* yn eithriadau am fod yr ansoddeiriau hynny'n rhagflaenu'r enw beth bynnag.

Roedd geiriau cyfansawdd wedi bod yn rhan o'r iaith ers y cyfnod cynharaf, a byddai rhai o'r ffurfiau hynaf yn eiriau syml i bob pwrpas erbyn yr Oesoedd Canol am nad oedd eu helfennau unigol yn gyfredol bellach, er enghraifft *bugail* a *meudwy*. Ar y llaw arall, mae nifer o eiriau cyfansawdd sydd wedi eu cofnodi cyn amser Dafydd ap Gwilym y byddai eu ffurfiant yn dal yn gwbl dryloyw, fel *drycin*, *gwynfyd*, *purdan*, *gaeafar*, a byddai ffurfiau o'r fath yn batrwm ar gyfer llunio geiriau newydd.

Mae geiriau cyfansawdd yn nodwedd achlysurol ar y canu mawl cynharaf, e.e. *gwedy boregat briwgic* a *clotuan clotryd* yng ngherddi Taliesin i Urien Rheged, a *meirch mwth myngvras / a dan vordwyt megyrwas* yn y *Gododdin*.[3] O ran y defnydd ohonynt fel arddull rethregol aruchel byddai gan Ddafydd a'i gyfoeswyr gynsail a phatrwm amlwg yng ngherddi Beirdd y Tywysogion. Mae geiriau cyfansawdd yn arbennig o niferus yn rhai o gerddi Cynddelw Brydydd Mawr, a diau eu bod yn nodwedd flaenllaw ar yr hyn a alwodd Dafydd yn *ferw Cynddelwaidd* (8.40). Gellir gweld hyn yn y darn o waith Cynddelw a ddyfynnwyd ym mhennod 1, felly rhoddir yma esiampl ddiweddarach o awdl i Syr Rhys ap Gruffudd gan Einion Offeiriad, awdur y gramadeg barddol a fyddai'n sicr yn cynrychioli safon o farddoniaeth aruchel i Ddafydd:

> Gwiraf, haelaf a helaethfudd,
> Gwinfaeth arfaeth arfau cyfrudd,
> Gwiwlys yw Rhys, rhyswalch brwydrbrudd,
> Gwaywlym, yng ngrym, yng ngreddf Lludd;
> Gwaladr paladr pelydr cochrudd,
> Gweilging, perging pefrgoeth ddeurudd[4]

Geiriau cyfansawdd yw'r addurn pennaf yn yr enghraifft o'r cywydd deuair hirion yn y gramadegau barddol, sef darn yn disgrifio march:

> Breichffyrf, archgrwn, byr ei flew,
> Llyfn, llygadrwth, pedreindew,
> Cyflwydd, cyflith, ceirch ymgaff,
> Cyflym, cefnfyr, carn geugraff,
> Cyflawn o galon a chig,
> Cyfliw blodau'r banadlfrig.[5]

Ac mae geiriau cyfansawdd yn amlwg mewn rhannau rhethregol yn y chwedlau rhyddiaith hefyd, fel y disgrifiad hwn o *Breuddwyt Rhonabwy*:

> A phan yttoedynt uelly yn digrifaf gantunt eu gware uch yr wydbwyll, nachaf y gwelynt o pebyll gwynn penngoch a delw sarf purdu ar penn y pebyll, a llygeit rudgoch gwenwynic yn penn y sarf, a'i dauawt yn fflamgoch, yny vyd mackwy ieuanc pengrych melyn llygatlas yn glassu baryf yn dyuot, a pheis a swrcot o pali melyn ymdanaw, a dwy hossan o vrethyn gwyrdvelyn teneu am y traet.[6]

Esiampl drawiadol o bentyrru geiriau cyfansawdd mewn disgrifiad rhethregol o ferch yw'r darn hwn am Bolicsena ferch Priaf[7] o *Ystorya Dared* mewn llawysgrif o gyfnod Dafydd ei hun:

> llygeit gloewduon eglur dremwalcheid ac amranneu ymbell llunyeid; grudyeu gochyon troelleid ac wyneb klaerwynn karueid tylediwdec adwyn; trwyn vnyawn kyfladdrum, a froeneu egoredigyon gwedeid; geneu hirgrwnn desdlusdlws a danned gwynnyon ymagos; gwefusseu ardyrchauat ychydic flemychawlserch; aelgeth wastatgronn gaboleit a dwyen gyfartalweith llewychbryt. Mynwgyl hir kanneit kylchawcwyn alarcheid; ysgwydeu gogygrwnn a breicheu hiryon teyrnneid; byssed hiryon brenhineid ac ewined byrryon kwrteis; dwylaw alawlaw hirwynnyon a dwyuronn afaldwf eiryawlbryt eglurwed. Mordwydyd adwyndec, traet ac esgeiryeu gwedeidlun vnyawnfuryf klaerwynnyon, a rieineidlaes orymdeith, a pharabyl trwyadyl dissymyl kymendoeth, a medwl haeluul, ac aelodeu hiryon kysselledic.[8]

Heb y cyfyngiadau mydryddol a orfodai rywfaint o gynildeb mewn barddoniaeth, roedd yr awdur rhyddiaith yn rhydd i fynd â'r nodwedd hon i eithafion. Serch hynny, gellir gweld cynsail yma i rai o eiriau cyfansawdd rhethregol Dafydd, megis *danheddwyn* (70.19), *diwaradwyddgamp* (87.1) a *gweddeiddgorff* (90.36).

Mae geiriau cyfansawdd rhywiog yn amrywio'n fawr o ran eu strwythur, a gellir eu dosbarthu yn un ar ddeg o wahanol fathau yn ôl swyddogaeth ramadegol yr elfennau unigol a'r gair cyfan. Fel arfer, yr ail elfen sy'n penderfynu statws gramadegol y gair, a'r elfen gyntaf yn ei hamodi, ond nid bob tro, fel y gwelir yn achos mathau iii, v, vii, ix ac xi.

i) *ansoddair + ansoddair = ansoddair*

Mae'r ddwy elfen yn weddol gytbwys, ac wrth aralleirio gellir eu cysylltu ag 'a' gan amlaf. Felly *rhiain feinir* (36.17) yw rhiain fain a hir; *coegchwerw gân* (36.35) yw cân goeg a chwerw; *aradr cyweirgadr* (109.21) yw aradr cywair a chadr. Ond gall yr elfen gyntaf amodi'r ail, fel yn *gloywddu* (86.54), yn enwedig pan fydd y ddwy elfen yn ansoddeiriau lliw; felly llwyd gydag arlliw o wyn yw *gwynllwyd* wrth ddisgrifio'r niwl (57.25), ond mae *llwytu* yn nes ymlaen yn yr un gerdd (57.56) yn awgrymu lliw tipyn tywyllach. Ar y pâr *glaswyrdd* (32.43) a *gwyrddlas* (66.14, 72.19) gw. pennod 9. Yn achos *melenllwyd* sy'n disgrifio Morfudd ar ddiwedd 'Y Gwynt' (47.63) mae'r ail elfen yn rhan o'i henw, 'Morfudd Llwyd', ac mae'r elfen gyntaf yn dynodi lliw ei gwallt. Defnyddir ansoddeiriau cyfansawdd yn enwol weithiau, megis *meinir* a *meinwen*, yn union fel y gellir defnyddio ansoddeiriau syml. Is-fath arbennig yw'r rhai sy'n ailadrodd gradd gymharol ansoddair er mwyn cyfleu cynnydd neu ddirywiad, fel *mwyfwy* (115.14) a *gwaethwaeth* (22.60, 135.18).

ii) *enw + enw = enw*

Yr ail elfen sy'n llywodraethol yn y math hwn, a'r elfen gyntaf yn manylu arni mewn rhyw ffordd. Felly tŷ wedi ei wneud o ddail yw *deildy* (93.20, ac ati), tymp (tymor) y gwanwyn yw *gwanhwyndymp* (109.24) ac âr (aredig) y gaeaf yw *gaeafar* (109.13). Gall yr union berthynas rhwng y ddwy elfen amrywio, yn enwedig yn y geiriau a luniwyd yn bwrpasol gan y bardd: nwyf sy'n peri dolur yw *dolurnwyf*

(109.14), ond coed sy'n debyg i ystafell yw *trefngoed* (36.7) a gwynt yr wybr (awyr) yw *wybrwynt* (47.1).

iii) *enw + enw = ansoddair*

Gall dau enw hefyd gyfuno i ffurfio ansoddair, a'r unig brawf o swyddogaeth ramadegol y gair yw'r cyd-destun cystrawennol. Felly er y gallai *pysgodfwyd* fod yn enw yn dynodi math o fwyd, yn y llinell *Esgudfalch edn bysgodfwyd* yn 'Yr Wylan' (45.6) rhaid mai ansoddair ydyw yn disgrifio'r aderyn ('a'i fwyd yn bysgod'), ac felly hefyd yn achos *eginfwyd* am yr ysgyfarnog (75.11) – dwy enghraifft a ddengys werth patrwm wrth lunio geiriau cyfansawdd. Strwythur tebyg sydd i'r gair *gwinfaeth*, 'a'i faeth yn win' sy'n disgrifio'r bardd ei hun a hefyd un o'i gariadon (93.11, 145.1),[9] a *modrwyfaich* yn disgrifio llaw a modrwy arni (105.7). Yn y ddau achos yr ail elfen sy'n perthyn i bwnc yr ansoddair, a'r elfen gyntaf yn manylu arni (cymh. math v isod, fel *diweirbwyll*). Ond gall trefn yr elfennau fod fel arall hefyd: yn yr ymadrodd *iôr gwaywdan* am dad Dyddgu (86.1) y gwayw sy'n perthyn i'r iôr a hwnnw'n wayw fel tân (cymh. math vi isod, fel *trwynwyn*). Er nad yw'r math hwn o air cyfansawdd yn niferus yng ngherddi Dafydd, yr oedd yn sicr yn hen, fel y dengys yr ansoddair *wynepglawr*.

iv) *ansoddair + enw = enw*

Mae'r math hwn yn debyg o ran ei strwythur i fath ii uchod, a'r elfen gyntaf yn goleddfu'r ail. Felly bardd gwan yw *gwanfardd* (93.11), ton olau yw *goleudon* (111.5) a llwyn ir yw *irlwyn* (36.40).

v) *ansoddair + enw = ansoddair*

Fel y gwelwyd eisoes yn achos dau enw, gall yr un elfennau ffurfio gair cyfansawdd â swyddogaeth ramadegol wahanol yn dibynnu ar ei gyd-destun. Er y gallai *callais* (call + llais) fod yn enw, 'llais call', yn yr ymadrodd *edn cu callais* am yr ehedydd (36.12) rhaid mai ansoddair ydyw, 'â llais call', neu 'call ei lais'. Mae'r ail elfen bob amser yn perthyn mewn rhyw ffordd i bwnc yr ansoddair, a'r elfen gyntaf yn manylu arni. Felly, pan elwir Morfudd *fy nghrair diweirbwyll* (98.11), yr ystyr yw bod ei phwyll (ei meddwl) yn ddiwair. Bardd o wlad arall yw *bardd arallwlad* (59.19). Ac ergyd yr ansoddair mawreddog yn y llinell *Dyddgu ddiwaradwyddgamp* (87.1) yw bod camp Dyddgu yn ddiwaradwydd, hynny yw yn ddi-fai. Yma y perthyn ansoddeiriau ar y patrwm *unfam, undad* (e.e. 99.5), o'r un fam, o'r un tad. Yr enw traddodiadol ar y math hwn o air cyfansawdd yw'r gair Sansgrit sy'n enghraifft ohono, *bahuvrīhi* ('[yn meddu ar] lawer o reis' h.y. cyfoethog).[10]

vi) *enw + ansoddair = ansoddair*

Mae hwn yn debyg i'r math blaenorol, ond bod trefn yr elfennau o chwith.[11] Yr elfen gyntaf sy'n perthyn i bwnc yr ansoddair, a'r ail yn manylu arni. Felly *dyn danheddwyn* (70.19) yw dyn â dannedd gwynion (cyferbynner *gwynddaint*, 17.27 a 144.40, sy'n perthyn i fath v), a *dyn geirllaes* (111.1) yw dyn â gair llaes (isel). Mae'r ail elfen weithiau'n cytuno â chenedl y pwnc dan sylw yn hytrach nag â'r elfen gyntaf, er enghraifft *calon bengron* (102.1), *trwynllem* 'yn llem ei thrwyn' am y bi (36.34) a *bronwyn* 'yn wyn ei fron' am yr heli (47.46). Mae'r math hwn yn dal i fod yn gyffredin yn yr iaith fodern, yn enwedig wrth ddisgrifio pobl, gyda rhan o'r corff yn elfen gyntaf, er enghraifft *bochgoch, troednoeth, trwynsur*. Gellid creu enwau haniaethol ar sail y math hwn o air cyfansawdd, er enghraifft *pengrychedd* (36.30). Yma y perthyn geiriau â *llawn* yn elfen olaf, fel *hiraethlawn* a *rhadlawn* yn yr ystyr 'yn llawn o . . .' (ond gw. pen. 11 lle dadleuir dros drin *goleulawn* yn 72.7 fel math i hefyd).

vii) *enw + bôn berfol/berfenw = ansoddair*

Mae'r berthynas rhwng y ddwy elfen yn ddigon clir, gan fod yr elfen gyntaf yn wrthrych y weithred a gyfleir gan yr ail elfen, a phwnc yr ansoddair cyfan yw'r gweithredydd. Felly *llygad . . . gruddwlych* (16.11) yw llygad sy'n gwlychu grudd. Bôn y ferf *brathu* yw ail elfen *cigfrath* yn y dychan i Rys Meigen (31.82). O ran ffurf yr ail elfen, gall fod yn anodd gwahaniaethu rhwng bôn y ferf wedi ei ddefnyddio'n ansoddeiriol ac enw: er enghraifft yn *gwindraul* (102.15) ai bôn y ferf *treulio* yw'r ail elfen, fel y tybiodd John Morris-Jones, ynteu'r enw *traul* fel a gynigir yn GPC?[12] Ni wna lawer o wahaniaeth o ran yr ystyr, gan mai 'yn treulio [llawer o] win' yw'r ystyr p'run bynnag, ond os enw yw'r ail elfen yna mae'r gair yn perthyn gyda math iii uchod. Gwelir problem debyg yn achos *catgno* yn disgrifio cleddyf (71.23) a allai gynnwys bôn y ferf *cnoi* neu'r enw prin *cno* yn ail elfen; brathwr mewn brwydr yw'r ergyd y naill ffordd neu'r llall. Tebyg mai bôn y ferf *cludo* yw ail elfen *bawglud* 'yn llawn baw' (53.34), a bôn y ferf *clwyfo* yw ail elfen *beirddglwyf* yn disgrifio Morfudd (95.27). Yma hefyd y perthyn ansoddeiriau fel *cerddgar* (6.42, 120.32), *gwingar* (9.62), *gwahoddgar* (15.30) a *cwysgar* am y cleddyf (71.31), gan mai bôn y ferf *caru* yw'r ail elfen a bod ei ystyr yn gweddu'n dda i'r enwau sy'n elfen gyntaf (er i *–gar* ddatblygu'n ôl-ddodiad hefyd, fel yn *blaengar* 122.2, *dioddefgar* 67.6, *meddylgar* 38.31, *somgar* 28.2).[13] Mae tair enghraifft o ddefnyddio'r berfenw *cael* yn y math hwn o air cyfansawdd, sef *deigrgael* am Angharad a *gwawdgael* am ei gŵr (9.27 a 60) ac *anrhydeddgael* am Ddyddgu (89.31), ac un gyda'r berfenw *dwyn* 'cludo', *caregddwyn* (62.37).[14]

viii) *bôn berfol + enw = enw*

Yr ail elfen sy'n llywodraethol, a'r elfen gyntaf yn ei goleddfu. Bardd sy'n udo yw *udfardd* (22.27). Yma y perthyn yr holl eiriau gyda'r terfyniad gweithredol *-wr*, er enghraifft *cneifiwr* (71.24), *cnöwr* (60.35, 109.6), *cosbwr* (116.16), ffurfiant sy'n dal i fod yn gynhyrchiol iawn yn yr iaith fodern. Ond gall yr ail elfen fod yn wrthrych i'r ferf yn ogystal ag yn oddrych, hyd yn oed gyda'r un elfennau, fel y dengys y ddwy enghraifft o'r gair *planbren* yng ngwaith Dafydd, y naill yn disgrifio ei gal (85.42), sef pren ar gyfer plannu (*dibble*), a'r llall (109.10) yn cyfeirio at goeden blanedig (cymh. *planwydd* 49.14).

ix) *bôn berfol + enw = ansoddair*

Mae'r math hwn yn debyg i vii o ran y berthynas rhwng yr elfennau, ond bod eu trefn o chwith, a'r ail elfen yn wrthrych y weithred a gyfleir gan yr elfen gyntaf. Un sy'n haeddu gwawd (mawl) yw *dynyn . . . haeddwawd* (138.36), a'r un ystyr sydd i *haeddfawl* (123.22); cymharer *haeddwin* (84.15). Un sy'n llamu dros y twyni yw ystyr *llamdwyn* yn disgrifio'r ysgyfarnog (75.6), ac arwr sy'n ysigo (dryllio) brwydr yw *llew ysigfrwydr* (17.44), cymharer *llygrgaer* (17.37). Clod sy'n dwyn rhodd yw *clod cludreg* (55.49). Bôn y ferf *gresawu* ('croesawu') yw elfen gyntaf *gresawfardd* yn disgrifio Ifor Hael (15.14). Fel yn achos math vii, gall fod yn anodd gwahaniaethu rhwng bôn berfol ac enw, er enghraifft *dehonglir gwisgra* (96.25) fel bôn y ferf *gwisgo + gra* 'ffwr', ond nid annichon mai'r enw *gwisg* yw'r elfen gyntaf.

x) *ansoddair* + *berf* = *berf*

Gall yr ail elfen fod yn ferfenw, er enghraifft *hirgadw* (127.31), neu'n ffurf rediadol ar y ferf, er enghraifft *hirglyw* (98.39), *hirbair* (127.23), *oerddeily* (136.13), *taenwylch* (138.9). Peth gwahanol yw berfau sydd wedi eu llunio o eiriau cyfansawdd, er enghraifft *pengamu* (137.44), *gwynfydu* (77.16) ac efallai *catcanu* (63.45).[15]

xi) *enw wedi ei ailadrodd* = *adferf*

Trwy ailadrodd enw'n dynodi aelod o'r corff dynol gellid llunio gair cyfansawdd adferfol yn cyfleu perthynas gorfforol rhwng dau berson. At gariadon yn ymgofleidio, neu'n ceisio gwneud, y cyfeiria *daldal* (93.20, 97.22), *finfin* (65.32, 133.36)[16] a *groengroen* (145.14). Yr un ysbryd, er yn fwy trosiadol, sydd i *lawlaw* am yr wylan, *Lawlaw â mi, lili môr* (45.8).[17] Ond gall yr un gair gyfleu perthynas elyniaethus hefyd, fel y gwelir yn un o gywyddau'r ymryson â Gruffudd Gryg lle dywed Dafydd, *Deuwn i gyd . . . Lawlaw rhwng y ddau lewlu* (26.37–8) – nid law yn llaw, eithr law dra llaw. Yr enghraifft orau o'r patrwm hwn yn yr iaith fodern yw *benben*.

Gall un o elfennau gair cyfansawdd fod yn air cyfansawdd ei hun, er enghraifft *hwylbrenwyllt* (47.46), *pengrychlon* (51.1), *pengrychlas* (66.10), *heulwenddydd* (83.53), *minrhasglferch* (14.12).

Roedd gair cyfansawdd yn ffordd gryno iawn o ddisgrifio, ac yn fodd i arbed o leiaf un sillaf – ystyriaeth bwysig o fewn llinellau seithsill y cywydd. Gwelir hyn trwy gymharu dulliau mwy cwmpasog o ddisgrifio, er enghraifft *er gloyw ei gwedd* o'i gymharu â *dyn gloyw-wedd* (96.4, 100.27), a *grair yn gwisgo gra* o'i gymharu â *forwyn wisgra* (130.8, 96.25). Daw dwy o'r enghreifftiau cyferbyniol hyn o'r cywydd 'Taith i Garu' (96), ac mae'r cywydd hwnnw yn cynnwys nifer o enghreifftiau o'r ddau ddull, y cryno a'r cwmpasog: ceir *er gloyw ei gwedd* ac *er gwiw ei gwallt*, a hefyd *ys uchel o ddyn ei floedd* (4, 22, 11–12) ochr yn ochr â geiriau cyfansawdd fel *wisgra* a *hoywbwyll* (25, 42). Tebyg yw 'Campau Merch' lle gwelir wyth enghraifft o'r gystrawen sy'n agor y cywydd: *Y ferch borffor ei thorun* (124.1, cymh. 20, 32, 34, 36, 48, 50, 52),[18] am yn ail â geiriau cyfansawdd fel *pendefigwalch* a *tawelddoeth aelddu* (39, 54). Tybed a oedd hyn yn ymgais fwriadol i amrywio rhythm y cywydd? Gellid hefyd gyfuno'r ddau ddull o fewn un ymadrodd, fel yn y llinell *Arglwyddes eiry ei gloywddaint* (87.5).

Mae amledd geiriau cyfansawdd yng ngherddi Dafydd ap Gwilym yn amrywio'n fawr, gyda chyfartaledd o ryw dri ymhob pedair llinell ar ei uchaf, ac i lawr mor isel ag un ymhob saith llinell mewn ambell gerdd.[19] Y cerddi sydd â'r cyfartaledd uchaf yw'r englynion i'r Grog o Gaer (1) â 108 mewn 144 llinell,[20] yr awdl farwnad i Angharad (9) â 55 mewn 80 llinell, a'r awdl ddychan i Rys Meigen (31) â 59 mewn 88 llinell. Cerddi yn arddull draddodiadol y Gogynfeirdd yw'r rhain, ac mae'r geiriau cyfansawdd yn rhan bwysig o'u haddurn rhethregol. Sylwer ar amlygrwydd y geiriau cyfansawdd yn yr olaf o'r englynion i'r cusan (84) lle'r ymffrostia'r bardd yn ei feistrolaeth ar awdliaith (84.13, gw. y dyfyniad ym mhen. 2).

Ond ar y llaw arall, yng ngherddi eraill y bardd ar yr hen fesurau mae cyfartaledd y geiriau cyfansawdd dipyn is, a heb fod yn wahanol i lawer o'r cywyddau, gyda chyn lleied â 31 mewn 140 llinell yn y farwnad i Lywelyn ap Gwilym (6). Nid y mesur oedd yn gyfrifol am yr amledd uchel yn y cerddi uchod, felly, a rhaid casglu eu bod yn ffrwyth ymdrech arbennig gan y bardd i arddangos ei gelfyddyd eiriol, a hynny at bwrpas difenwi yn ogystal â moli. Sylwer bod dwy ohonynt (cerddi 1 a 9) wedi eu diogelu ar dudalennau Llawysgrif Hendregadredd ochr yn ochr â cherddi Beirdd y Tywysogion, a'r englynion i'r cusan yn Llyfr Gwyn Rhydderch.

Y cyfartaledd uchaf o eiriau cyfansawdd yn y cywyddau yw oddeutu un ym mhob dwy linell, a hynny mewn deg o gerddi (21, 53, 75, 81, 85, 91, 93, 113, 114, 127). Mae disgrifio dathliadol yn nodwedd ar rai o'r rhain, fel y deyrnged i'w gyd-fardd Gruffudd ab Adda (21), 'Y Gainc' (91), 'Breichiau Morfudd' (93) ac 'Yr Het Fedw' (113), ond mae cwyno a dychanu hefyd yn flaenllaw yma, am y cyffylog (53), yr ysgyfarnog (75), y gal (85) ac am wewyr serch (81 a 127), a chyfunir y ddau gywair yn 'Gwallt Morfudd' (114) lle mae'r geiriau cyfansawdd yn arbennig o amlwg yn y darn dychanol am ei gŵr:

> Bun a gafas urddasreg;
> Bu ragor dawn briger deg
> Cannaid rhag Cynwrig Cinnin,
> Fab y pengrych, flawrfrych flin,

Llwdn anghenfil gwegilgrach,
Llwm yw ei iad lle mae iach,
Lledweddw, rheidus, anlladfegr,
Lletben chwysigen chwys egr.
Annhebig, eiddig, addef,
Fulwyllt, oedd ei foelwallt ef,
Llariaidd ddifeth y'i plethwyd,
I'r llwyn ar ben Morfudd Llwyd. (114.25–36)

Sylwer ar y cyferbyniad rhwng effaith drystfawr y llinellau'n disgrifio pen y gŵr a symlder tawel y gynghanedd draws yn y llinell olaf.

Mae'r rhan fwyaf o gywyddau Dafydd yn cynnwys un gair cyfansawdd bob rhyw dair llinell ar gyfartaledd. Ond mae sawl un tipyn yn is na hynny hefyd: dim ond deg sydd mewn 74 llinell yn 'Trafferth mewn Tafarn' (73), ac mae'n debyg mai'r naratif sydd i gyfrif am hynny. A hyd yn oed yn y gerdd honno creir effaith sydyn trwy ddefnydd pwrpasol o eiriau cyfansawdd. *Rhiain addfeindeg* (7) oedd y ferch yn y dafarn, ac ar ôl adrodd am ei lwyddiant yn ei hudo cyflea'r bardd ei gyffro gyda'r sylw cynnil *bun aelddu oedd* (24). A mynegir ei ddirmyg tuag at y Saeson yn gryno trwy gynganeddu dau air cyfansawdd: *Drisais mewn gwely drewsawr* (52). Mae merched yn aml yn ysgogi geiriau cyfansawdd i ddynodi eu harddwch, fel y gwelir yn 'Y Bardd a'r Brawd Llwyd', traethodl plaen iawn ei arddull heb fawr o eiriau cyfansawdd heblaw lle cyfeirir at gariad y bardd – *rhiain wynebwen aelddu* (148.10).

Gall ffigurau ar gyfer cerddi cyfan fod yn gamarweiniol, gan fod amlder y geiriau cyfansawdd yn anghyson o fewn rhai cerddi gan grynhoi mewn ambell ran yn unig. Mae'n amlwg bod Dafydd yn eu harfer yn strategol gan weddu'r arddull i'r cyd-destun. Enghraifft eglur o hynny yw ei gywydd cyntaf i Ddyddgu. Cyferchir ei thad ar ddechrau'r gerdd, ac mae'r geiriau cyfansawdd yn rhan o rethreg mawl y Gogynfeirdd yn y llinellau hyn:

Ieuan, iôr gwaywdan gwiwdad,
Iawnfab Gruffudd, cythrudd cad,
Fab Llywelyn, wyn wingaer,
Llwyd, unben wyd, iawnben aer (86.1–4)

Mae cyfeiriad at ei ferch yn ysgogi dau air cyfansawdd sy'n ei chlymu'n gynganeddol wrth lys ei thad: *Feinwen deg, o'th faenwyn dai* (14). Wedyn ceir adran hir yn ei moli, gan ei chymharu'n gelfydd â'r ferch a welodd Peredur yn y rhamant, a hynny heb y nesaf peth i ddim geiriau cyfansawdd, hyd nes i Ddyddgu gael ei henwi, gan ysgogi gair cyfansawdd arall: *a'r gwallt gloywddu glân* (54 – gw. isod ar gynganeddu enw Dyddgu).

Mae'r dyfyniad uchod yn esiampl o duedd a welir mewn nifer go dda o gywyddau i roi un neu ddau o eiriau cyfansawdd yn y llinell gyntaf gan greu agoriad trawiadol i'r gerdd.[21] Yn fynych iawn mae hyn yn gyfarchiad i wrthrych y gerdd, ac yn fodd i ddangos parch, fel hwn i fis Mai:

> Hawddamor, glwysgor glasgoed (33.1)

hwn i dref Niwbwrch:

> Hawddamawr, mireinwawr, maith (18.1)

hwn yn anfon llatai at Ifor Hael:

> Cerdda was, câr ddewiswyrdd,
> Ceinfyd gwymp*, is caenfedw gwyrdd (14.1–2)   *hardd

a hwn i ferch:

> Yr adlaesferch*, wawr dlosfain (72.1)   *merch wylaidd

Gallai'r geiriau cyfansawdd fod yn fodd i bersonoli gwrthrych y cywydd trwy roi priodoleddau dynol iddo, fel yn llinell gyntaf 'Y Don ar Afon Dyfi':

> Y don bengrychlon grochlais (51.1)

ac felly hefyd am yr adfail:

> Tydi, y bwth tinrhwth twn (151.1)

Un o amryw ddulliau o agor cerdd yw hwnnw, i'w gyferbynnu â llinell-au hynod syml, sgyrsiol eu naws, a digynghanedd weithiau, megis,

> Lle digrif y bûm heddiw (39.1)

Er bod geiriau cyfansawdd yn ddull effeithiol iawn o ddisgrifio, nid ydynt o reidrwydd yn niferus mewn cerddi sy'n canolbwyntio ar wrthrych rhyfeddol, fel y rhai am y gwynt a'r niwl, gan fod delweddau a chymariaethau'n bwysicach i'r dyfalu. Ond sylwer fod geiriau cyfansawdd trawiadol yn ffurfio uchafbwynt i'r dyfalu yn y ddau gywydd hyn. Y gwynt yw:

> Hyrddwr, breiniol chwarddwr bryn,
> Hwylbrenwyllt heli bronwyn. (47.45–6)

A'r niwl yw:

> Habrsiwn tir anehwybrsych*. (57.46)   *aneglur a gwlyb

Dengys y llinell honno un o fanteision amlycaf geiriau cyfansawdd, sef ateb cyfuniadau anghyffredin o gytseiniaid mewn cynghanedd. Diddorol yn y cyswllt hwn yw edrych ar y ffordd y trinnir yr enw Dyddgu yn y pymtheg enghraifft a geir yng ngherddi Dafydd amdani. Dim ond mewn tri achos y mae'r enw heb fod yn rhan o'r gynghanedd (90.39, 43 a 46.20). Rhesymol yw tybio mai'r gerdd gynharaf a luniodd Dafydd am Ddyddgu yw'r un sy'n sôn am ei gweld am y tro cyntaf, ac ynddi gwelir y ffordd symlaf o gynganeddu ei henw, trwy gynghanedd sain a gair cyfansawdd yn ffurfio'r ail odl:

> Dyddgu a'r gwallt gloywddu glân (86.54)

Tebyg iawn yw'r llinell hon yn y cywydd yn ei gwahodd i ddôl Mynafon:

> Dyddgu â'r gwallt lliwddu lleddf (88.2)

Ac amrywiad pellach ar honno yw:

Dyddgu â'r ael liwddu leddf (92.16)

Ceir cynghanedd sain anghytbwys ddyrchafedig eto yn hon, lle'r ailadroddir elfen o'r enw ei hun:

Mae bardd Dyddgu loywgu law? (90.13)

A sain gytbwys ddiacen gyda dau air cyfansawdd sydd yn hon:

Dyddgu liw eirblu eurbleth (46.40)

Ceir dwy linell o gynghanedd sain a'r enw yn odli â berfenw, y naill yn sôn am y gwaith ofer o farddoni iddi:

I Ddyddgu yn gwëu gwawd (120.36)

Mae'r llall yn ddiweddglo nodweddiadol ddeublyg ar y cywydd yn cymharu Dyddgu a Morfudd:

Dewis yr wyf ar ungair
Dyddgu oe charu, o chair. (92.53–4)

Braidd yn drwsgl yw'r gynghanedd groes sy'n agor 'Dagrau Serch':

Dyddgu liw dydd goleuaf (89.1)

Ond yn nes ymlaen yn yr un gerdd ceir cynghanedd draws gyda gair cyfansawdd anghyffredin yn ateb y cyfuniad o gytseiniaid yn yr enw:

Dyddgu, f'aur anrhydeddgael (89.31)

A cheir tair enghraifft arall o eiriau cyfansawdd mawreddog yn gweithredu yn yr un modd mewn cerddi eraill:

Gweddeiddgorff hardd, gwiw Ddyddgu (90.36)

Gwae fi na chlyw, mawr yw'r ainc*,   *blys
Dyddgu hyn o brydyddgainc. (91.21–2)

Ac yn fwyaf trawiadol gan fod yr enw a'r ansoddair cyfansawdd yn llenwi'r llinell:

> Dyddgu ddiwaradwyddgamp (87.1)

Gellid meddwl bod yr holl linellau uchod yn ffrwyth myfyrdod hir dros y cyfleoedd cynganeddol gydag enw Dyddgu, a bod y bardd yn gweld y pedair olaf yn enwedig yn glod neilltuol iddi. Mae'n siŵr ei fod wedi myfyrio yn yr un modd dros enw Morfudd, a gwelir rhychwant eang o atebion cynganeddol yn yr hanner cant a dwy o enghreifftiau o'i henw yn ei waith. Ceir nifer o gynganeddion sain, wrth gwrs, gydag odlau amlwg megis *grudd*, *dydd* a *prydydd*, a gallai'r rheini gynnwys geiriau cyfansawdd, er enghraifft *Da Forfudd sinoblrudd syw* (106.1). O ran y cynganeddion cytseiniol atebir y cyfuniad o gytseiniaid yn yr enw gan *gyfarfod* (96.38), *ni chaf arfod* (104.26), *o'm erfyn* (107.45) a *mawr feddyliau* (120.4), ond yma y dengys y geiriau cyfansawdd eu gwerth. Roedd peth ailadrodd yn anochel mewn cynifer o gerddi, a cheir tair enghraifft o *f eurferch* (33.29, 47.48, 51.46), dwy o *araf eurfun* (43.22, 109.50), dwy o *eurfalch* (50.40, 97.1) a dwy o *fawrfalch* (112.22, 117.22), yn ogystal â *gem irfedw* (94.30), *oferfyw* (48.16), *oferfardd* (111.11), *tra fûm oerfab* (150.26) ac yn fwyaf annisgwyl efallai, *y marwfis* mewn llinell yn 'Hwsmonaeth Cariad' a ddengys sut y mae delweddaeth estynedig yn cynnig posibiliadau cynganeddol newydd:

> Ni chred neb brysurdeb serch
> Rhwng deiliadaeth, cawddfaeth cudd,
> Y marwfis a serch Morfudd. (109.28–30)

Hyd yn oed yn yr achosion lle mae'r enw y tu allan i'r gynghanedd, neu'r llinell yn ddigynghanedd, tuedda geiriau cyfansawdd i grynhoi o gwmpas enw Morfudd, megis *fwyarael* (106.21), *diweirbwyll* (98.11) a *felenllwyd* (47.63). Mae'r olaf yn cynnwys rhan arall o'i henw, sef y cyfenw Llwyd, a gwelwyd yn y dyfyniad o 'Gwallt Morfudd' uchod enghraifft o gynghanedd seml ar yr enw hwnnw sy'n dibynnu am ei heffaith ar y cyferbyniad â'r geiriau cyfansawdd negyddol eu naws sy'n ei rhagflaenu.

Gallai gair cyfansawdd fod yn fodd i lunio'r ail odl mewn cynghanedd lusg hefyd, er enghraifft *elw medelwas* (88.7), *berw oferwaith* (82.9), *gwufr arddufrych* (30.47, 132.19), *bacs . . . dionwacserch* (83.25).

Er eu bod yn sicr yn ddefnyddiol i ateb cyfuniadau anghyffredin mewn cynghanedd, nid yw hynny ynddo'i hun yn ddigon o reswm i esbonio amlder geiriau cyfansawdd yng ngherddi Dafydd ap Gwilym a'i gyfoeswyr, oherwydd yn fynych iawn mae'r geiriau cyfansawdd yn ateb ei gilydd yn y gynghanedd. Yn y cywydd byr 'Esgeuluso'r Bardd' ceir chwe gair cyfansawdd yn unig, a'r rheini'n dri phâr cynganeddol sy'n cyfleu'r berthynas rhwng y cariadon. Mae'r pâr yn y llinell gyntaf yn disgrifio'r ferch gan ffurfio rhannau olaf cynghanedd sain gytbwys ddiacen (patrwm tra chyffredin yng ngherddi Dafydd a'i gyfoeswyr):

> Traserch ar wenferch winfaeth
> A rois i, fal yr âi saeth. (145.1–2)

Cyplysu'r cariadon mewn cynghanedd groes a wna'r pâr nesaf:

> Bûm gynt, ger wyneb em gain,
> Anwylfardd i wen aelfain (145.7–8)

Y berthynas gnawdol rhyngddynt a gyfleir gan y trydydd pâr sy'n ffurfio cynghanedd draws:

> Bûm grair, er na bai im grefft,
> Groengroen â'r ddyn gywreingrefft. (145.13–14)

Er i'r bardd wadu bod ganddo grefft, mae'r rhain yn llinellau crefftus iawn, a gwedd bwysig ar y grefft honno yw'r amrywiaeth o ran y mathau o eiriau cyfansawdd ym mhob pâr. Enw gydag ansoddair ac ansoddair wedi ei lunio o ddau enw yw'r pâr cyntaf, sef mathau iv a iii. Enw gydag ansoddair eto ac ansoddair wedi ei lunio o enw ac ansoddair yw'r ail bâr, sef mathau iv a vi. Ac adferf ac ansoddair wedi ei lunio o ansoddair ac enw yw'r trydydd pâr, sef mathau xi a v.

Mae amrywiaeth o'r math hwn yn arferol lle bo nifer o eiriau cyfansawdd gyda'i gilydd; eithriad yw'r ailadrodd ar yr un patrwm a welir yn y llinell hon, a dichon fod yr undonedd yn ymgais i gyfleu natur y niwl:

> Cnu tewlwyd gwynllwyd gwanllaes (57.25)

Roedd *gwynllwyd* yn ddisgrifiad ystrydebol o hen ddynion yn y chwedlau rhyddiaith,[22] ac felly cymhwyso ffurfiant adnabyddus a wnaeth Dafydd i ddisgrifio'r niwl yma.

Lle bo tri ansoddair cyfansawdd yn dilyn ei gilydd bydd eu strwythur gan amlaf yn amrywio, fel y gwelir yn y llinell hon sy'n cynnwys mathau i, vi a v:

> Nest wengoeth, winddoeth, wynddaint (17.27)

Tra gwahanol i naws urddasol y llinell honno yw'r llinell swnllyd hon yn dilorni trwst y cyffylog, sy'n cynnwys mathau v, vi a iii:

> Gwylltruthr peisfrych gwahelldrwyn* (53.44)   *â thrwyn fel nodwydd

Dylid ystyried effaith geiriau cyfansawdd o fewn cyd-destun y cwpled hefyd. Yn hwn mae'r ddwy linell yn weddol gytbwys gyda dau air cyfansawdd yr un, a'r ddau'n wrthwyneb i'w gilydd o ran trefn elfennau – enw ac ansoddair/ansoddair ac enw. Yn yr ail linell mae enw'r aderyn ei hun yn ansoddair cyfansawdd ar yr un ddelw â *cefnllwyd*, ac oherwydd trefn odlau'r cywydd mae'r llinell honno'n gorffen â gair unsill acennog, gan sicrhau amrywiaeth boddhaol o fewn y patrwm ailadroddus:

> Eos gefnllwyd ysgafnllef
> A bronfraith ddigrifiaith gref (88.15–16)

Gellid hefyd gael cyferbyniad llwyr rhwng dwy linell y cwpled, y naill yn gyforiog o eiriau cyfansawdd a'r llall yn cynnwys geiriau syml yn unig, fel y gwelir yn y ddau gwpled hyn lle mae rhythm yr ail linell yn gwbl wahanol i'r gyntaf:

> Gwenddyn mynyglgrwn gwynddoeth,
> A gwych oedd a gwiw a choeth,

Ac unsut, fy nyn geinsyw*,   *cain a thrwsiadus
Yn y ffair â delw Fair fyw (74.7–10)

Gwelir patrwm tebyg yn y cwpled hwn, a cheir elfen ychwanegol o gymhlethdod yma yn y modd y mae'r ddau ansoddair cyfansawdd megis yn tynnu'n groes i brif fwrdwn y frawddeg: er bod y bardd yn wan ac yn gaeth i'w gariad, mae'n dal i ymffrostio yn ei gorff ('twf') siapus a'i faeth uchelwrol:

Gwanfardd addfwyndwf gwinfaeth
Oeddwn gynt iddi yn gaeth. (93.11–12)

Mae *gwinfaeth* 'wedi ei fagu ar win' yn air cyfansawdd a geir yn y *Gododdin*, a chan Walchmai a Chynddelw,[23] a byddai'r gair yn dwyn holl rin yr hen ganu llys wrth i Ddafydd ei ddefnyddio amdano'i hun yma, ac am ferch yn 145.1 a ddyfynnwyd uchod.

Gall gair cyfansawdd fod yn fodd i gyfoethogi darlun trwy ychwanegu dimensiwn. Cymhariaeth weledol sydd yn y llinell hon, sef bod croen Morfudd yr un lliw â thon olau, ond mae'r ail air cyfansawdd, 'llafar ei bron', yn cyfleu sŵn y don wrth i'w brig dorri ar draeth ac felly'n creu delwedd lawnach nag arfer ar gyfer y gymhariaeth ystrydebol hon:

Goleudon lafarfron liw (111.5)

Esiampl arbennig o glystyru geiriau cyfansawdd yw'r disgrifiad o'r creadur yn rhan gyntaf 'Serch fel Ysgyfarnog':

Helynt glastorch a hwyliai,
Hydr drafferth, o'r berth y bai,
Glustir lwyd, ger glasterw lwyn,
Gernfraith, gyflymdaith lamdwyn.
Gofuned hued* yw hi,   *dyhead cŵn hela
Gwlm cytgerdd, golam coetgi*,   *blaidd
Gwrwraig a wnâi ar glai glan
Gyhyrwayw i gi hwyrwan,
Genfer gwta eginfwyd,
Gwn dynghedfen lawdrwen lwyd.

151

Sorod wlydd newydd uwch nant,
Socas welltblas wylltblant,
Llodraid o garth mewn llwydrew,
Lledfegin* twyn eithin tew,   *creadur hanner dof
Herwraig ar lain adain ŷd,
Her, gethinfer gath ynfyd!
Mynyddig wâl, benial byllt*,   *penwisg o saethau
Mynnen* aelodwen lwydwyllt,   *gafr ifanc
Esgud o'i phlas ar lasrew,
Ysgŵd o flaen esgid flew. (75.3–22)

Y peth cyntaf i'w nodi am y gerdd hon yw'r ffaith nad enwir yr ysgyfarnog ynddi o gwbl. Mae hyn yn adlewyrchu ofergoelion cyffredin ynghylch llefaru enw iawn y creadur, ac mae'r ddau air cyfansawdd cyntaf yn y darn hwn yn rhai a arferid fel ffordd o osgoi ei enwi, sef *glastorch* a *clustir*.[24] Er mai'r rhain yw'r enghreifftiau cynharaf o'r ddau air, mae'n debygol iawn eu bod yn rhan o'r iaith lafar yn amser Dafydd ap Gwilym. Ofergoel arall am yr ysgyfarnog oedd y gred ei bod yn ddeurywiol, a ffordd gryno o gyfleu hynny yw'r gair cyfansawdd wedi ei lunio o ddau enw, *gwrwraig*, sef gwraig sydd hefyd yn ŵr. Mae'r geiriau cyfansawdd eraill yn y disgrifiad yn cyfleu golwg ac arferion yr ysgyfarnog, a gellir gweld yr amrywiaeth chwil yn adlewyrchiad o wibio sydyn yr anifail. Cofier nad y gariadferch ei hun a gynrychiolir gan yr ysgyfarnog (yn wahanol i'r wylan), ond yn hytrach y serch obsesiynol na ellir ei ddisodli o'i wâl ym meddwl y carwr. Felly er bod *eginfwyd* yma yn cyfateb yn dwt i *bysgodfwyd* am yr wylan (45.6), mae effaith gyffredinol y geiriau cyfansawdd yn y disgrifiad hwn yn llawer mwy negyddol ac yn gyfuniad o ryfeddod a ffieidd-dra.

Mae enwau'r ysgyfarnog yn ein hatgoffa bod gan eiriau cyfansawdd seiliau cadarn yn yr iaith lafar gyffredin yn ogystal ag yn yr iaith lenyddol. Felly hefyd y gair *llwydrew* yn yr un darn sy'n gyffredin hyd heddiw yn iaith lafar y de, a geiriau mewn cerddi eraill megis *troedfedd*, *priffordd*, *rhandir* a *gwaglaw*. Nid oes modd gwybod pa eiriau cyfansawdd oedd yn rhan o'r iaith lafar yn amser Dafydd ap Gwilym, wrth gwrs, ond mae testunau rhyddiaith canoloesol yn cynnig peth tystiolaeth, ac felly hefyd epithetau sy'n rhan sefydlog o enwau, fel y bardd Madog Benfras. Gair digon cyffredin yn y rhyddiaith yw *pengrych* am rywun â gwallt cyrliog, a chofnodwyd yr enw *Meuric Pengrich* yn 1292.[25] Gellir bod yn hyderus, felly, fod Dafydd yn tynnu ar briod-ddull cyfredol wrth alw gŵr Morfudd yn *fab y pengrych*, ac mae'r defnydd o ansoddair yn enwol yn ategu hynny. Ond nid oes cofnod arall o'r gair nesaf yn y llinell honno, *blawrfrych* 'llwyd a brith', a rhesymol yw tybio mai Dafydd a'i bathodd er mwyn cwblhau'r darlun a'r gynghanedd:

> Fab y pengrych, flawrfrych flin (114.28, gw. y darn llawn uchod)

Dyna ddangos cryfder y dull hwn, sef y cyfle i gyfuno geiriau cyfansawdd hysbys gyda chreadigaethau newydd wedi eu llunio ar sail y patrymau cyfarwydd, a'r rheini'n ddigon amrywiol i ganiatáu disgrifio bywiog ac amlweddog. Fel iaith Dafydd yn ei chyfanrwydd, mae'n gyfuniad o'r hen a'r newydd, y llenyddol a'r llafar.

8

Meysydd

Un o'r rhesymau pennaf am ehangder geirfa Dafydd ap Gwilym yw'r ffaith iddo ganu am gynifer o wahanol bynciau, naill ai'n uniongyrchol neu, yn amlach, yn ffigurol yn ei ganu serch. Yn y bennod hon ystyrir y defnydd a wnaeth o ieithwedd crefydd, safle cymdeithasol, y gyfraith, masnach, milwriaeth, amaethyddiaeth, helwriaeth, pensaernïaeth, cerddoriaeth ac amryw grefftau eraill. Perthynai geirfa briodol i bob un o'r meysydd hyn, a dyma un o'r dulliau a oedd gan y bardd o roi hynodrwydd i gerddi unigol.

Crefydd

Roedd y ffydd Gristnogol yn gwbl ganolog i fywyd yng Nghymru'r Oesoedd Canol, ac felly nid yw'n syndod mai crefydd yw'r maes a ddarparodd y gyfran fwyaf o eirfa arbenigol Dafydd ap Gwilym. Mae agwedd Dafydd at grefydd yn bwnc dyrys, ac ni chynigir atebion terfynol yma ynghylch ei gredoau, ond gellir casglu rhywfaint trwy ddadansoddi ei ddefnydd o ieithwedd y maes.

Yr elfen o fawl ac addoliad sydd amlycaf yn y pedair cerdd grefyddol o waith Dafydd, i'r Grog o Gaer (1), ar weddi'r Anima Christi (2), i'r Drindod (3) ac am lun o Grist a'r Apostolion (4), a gwelir yn y rhain eirfa sylfaenol y ffydd. Ceir yma amryw enwau am Dduw a Christ, sef *Arglwydd, Celi, Dofydd, Dwy, Gwawr, Iôn, Iôr, Llyw, Naf, Nêr, Pair, Peryf* ac mae'r rhain yn gyffredin trwy ei gerddi eraill hefyd (lle gwelir *Nen* a *Rhi* yn ogystal). Yn ganolog i'r pedair cerdd y mae *aberth* Crist ar y *groes* a gynrychiolir gan *ddelw*'r *grog*, a honno'n *grair* â'r grym i gyflawni *gwyrthiau*. Trwy aberth Crist y daeth *nawdd*, *gras* a *rhad* Duw i'r byd.

Erchir nawdd Duw ar wrthrychau'r canu mawl a marwnad hefyd. Dyma ddiweddglo'r awdl fawl i Lywelyn ap Gwilym, lle gwelir gair arwyddocaol arall a gyfleai fendithion Duw, sef *dawn*:[1]

> Llwydda, na threia, Un a Thri—rhag llaw,
> Llwyddaw dawn iddaw, Duw i'w noddi. (5.47–8)

Arwydd clir o ddylanwad crefydd ar iaith y cyfnod yw'r llwon sy'n britho cerddi Dafydd gan roi blas o'r iaith lafar, fel y gwelwyd ym mhennod 4. Galw ar Dduw, Mair a'r seintiau a wneid yn y llwon hyn, a diau bod cymhelliad amddiffynnol iddynt,[2] yn ogystal â chyfleu pwyslais a syndod. Gellid meddwl bod y bardd yn ebychu *myn y nef* wrth sylwi ar y bioden am ei bod yn argoel ddrwg (36.27), a bod y llw pwysfawr sydd ganddo ar ddiwedd y gerdd yn cyfleu ei ddicter ac efallai hefyd yn ymgais i gynnal ei hunan-barch yn wyneb cyngor gwawdlyd yr aderyn:

> Myn fy nghred, gwylied Geli,
> O gwelaf nyth byth i'r bi,
> Na bydd iddi hi o hyn
> Nac wy, dioer, nac ederyn. (36.69–72)[3]

Yn 'Llw Morfudd' (105) mae ieithwedd grefyddol yn fodd i amlygu difrifoldeb y ddefod (gw. y dyfyniad isod). Gallai llw crefyddol fod yn fodd i felltithio hefyd, fel hwn sy'n ymateb chwerw i'r ferch a arllwysodd win dros ben ei was:

> Amorth Mair i'm hoywgrair hy. (74.52)

Mae eironi pellach o ran ieithwedd grefyddol y llinell hon, gan fod yr adroddwr yn dal i gyfeirio at y ferch yn ganmoliaethus fel *crair*, sef yn wreiddiol rhan o gorff neu eiddo sant (*relic*) ac yma yn yr ystyr ddirywiedig 'trysor', sy'n cyferbynnu'n chwithig â'r felltith yn enw Mair.[4] Mae angen gwahaniaethu yma rhwng yr adroddwr a'r bardd, ond eto ceir *crair* mewn cerddi eraill lle nad oes llais persona clir, er enghraifft am gusan, *crair min disglair* (83.32),[5] ac roedd yn rhan o dued gyffredin i ddefnyddio ieithwedd grefyddol yn ysgafn a hyd yn oed yn gableddus.

Esiampl drawiadol o'r dued honno yw'r defnydd o *efengyl* a *pacs* am gusan rhywiol, yn sgil yr arfer o gusanu blwch y pacs (< Lladin *pax* 'heddwch') tra darllenid yr Efengyl yn ystod gwasanaeth yr offeren, defnydd sydd i'w weld am y tro cyntaf yng ngwaith Dafydd. Mae *pacs* yn un arall o'r delweddau am gusan (83.25), ac mae *(e)fengyl* yn ferfenw yn y darn hwn am rwystredigaeth y cariadon yn 'Y Ffenestr':

> Ni eill dau enau unoed
> Drwy ffenestr gyfyngrestr goed,
> F'angau graen*, fy nghaeu o gred,   *trist
> 'Fengyl rhag ei chyfynged. (65.35–8)

Ceir term crefyddol arall yn y sangiad *fy nghaeu o gred*. Dehonglwyd hyn mewn ystyr seciwlar gan olygydd y gerdd, 'fy rhwystro rhag [cyflawni f']addewid', ond gellid ei ddeall fel sylw mwy beiddgar, 'fy nghau o'r ffydd'. Mae'r amwysedd yn atgyfnerthu'r elfen o gabledd yn *'fengyl* ac yn awgrymu ei bod yn gwbl fwriadol, fel y gwelir ym mhennod 10 wrth drafod y termau crefyddol *enaid* (73.8, 98.41) a *gwyn fy myd* (73.10, 130.34) am ferched.

Mae'r agwedd ddibris at grefydd yn amlwg iawn yn y cerddi lle mae'r bardd yn ei ddarlunio ei hun yn llygadu merched mewn eglwysi. 'Merched Llanbadarn' yw'r enwocaf o'r rhain, ond cyfeirir mewn cerdd arall at syllu ar Forfudd mewn amryw lannau (100.11–18), ac mae dwy gerdd am y profiad o weld merch hardd mewn eglwys yng Ngwynedd, ac eglwys gadeiriol Bangor yn benodol mewn un ohonynt. O ran terminoleg, ni ddefnyddir y gair *eglwys* o gwbl yn y cerddi hyn.[6] Côr Deiniol y gelwir yr eglwys gadeiriol (127.6), a chyfeirir at yr eglwys arall yng Ngwynedd (yr un un efallai) fel *teml* (130.18), gair mawreddog ei naws a ddefnyddir am deml Solomon hefyd (1.88). Am eglwysi plwyf y sonnir yn 100.11, a *llan* yw'r term (*Py lan bynnag ydd elych*). Efallai y dylid rhannu'r hyn sy'n ymddangos yn enw lle yn 'Merched Llanbadarn' a'i drin fel ymadrodd yn hytrach na gair cyfansawdd: *Ni bu Sul yn llan Badarn* (cyferbynner 137.19 lle darllenir *Llanbadarn*), gan ei ddeall fel eglwys blwyf Padarn.[7]

Er na ddengys Dafydd lawer o barch at sancteiddrwydd eglwysi go iawn, y mae'r eglwys ddelfrydol yn ddelwedd bwysig am y goedwig yn ei ganu natur. Y term pennaf sydd ganddo am yr eglwys ffigurol hon yw *côr* 'cangell', sef rhan sancteiddiolaf yr adeilad lle byddai'r offeiriaid yn gwasanaethu'r offeren a'r cantorion yn canu.[8] Sail y ddelwedd, mae'n debyg, oedd y gyffelybiaeth rhwng coed a cholofnau eglwys, fel yr awgrymir yn y cyfarchiad i fis Mai:

> Hawddamor, glwysgor glasgoed (33.1)

Côr gweddaidd yw'r llwyn celyn (40.3), a *dan gôr Mai* y bu'r bardd yn caru â merch (32.20). Mae cyferbyniad ag eglwys o waith dyn yn ymhlyg yn y delweddau hyn i gyd, ond daw'n echblyg wrth iddo ddisgrifio ei siwrnai i gwrdd â merch yn 'Y Fiaren':

> O gwr y glyn i gôr glwys
> Goeglwybr rhwng bron ac eglwys. (56.29–30)

Gan fod *glwys* yn disgrifio côr y coed yn y ddwy enghraifft uchod, tybed a yw *glwysgor* yn amwys yn y darn hwn o'r cywydd lle sonnir am syllu ar Forfudd mewn llannau:

> Cyd bwyf dalm, er salm, o'r Sul
> Yn y glwysgor, un glasgul,
> Ni'm gwrthyd, dyfryd difreg*,   *trist a diddichell
> Pawb o'r plwyf, er nad wyf deg. (100.35–8)

Oherwydd y cyfeiriad at *salm*, naturiol yw cymryd mai eglwys y plwyf a feddylir, ond gellid deall *er* fel 'er gwaethaf' yn hytrach nag 'er mwyn',[9] a *glwysgor* wedyn yn gyfeiriad at y goedwig lle byddai'r bardd yn mynd yn lle mynychu'r offeren ar y Sul. Efallai fod hyn yn groes i'r darlun ohono'n llygadu'r merched yn yr eglwys yn 'Merched Llanbadarn', ond felly hefyd yr honiad nad yw pawb yn ei wrthod.

Mae *teml* hefyd yn digwydd ddwywaith yn y canu natur, ac efallai fod amwysedd penodol o ran y gair ei hun, gan fod yr ystyr 'pentwr, gorsedd' yn perthyn iddo hefyd.[10] Yr ystyr honno sydd amlycaf yn y disgrifiad o dymor yr haf fel *teml daearllwyth* (35.20), ond gwedda'r ddwy ystyr gystal â'i gilydd am y llwyn celyn (ac mae *côr* a nodwyd uchod ar ddechrau'r gerdd yn achub y blaen ar y dehongliad crefyddol):

Teml gron o ddail gleision glwys. (40.30)

Y darlun llawnaf o'r goedwig fel eglwys yw'r ddelwedd estynedig a geir yn 'Offeren y Llwyn' (39). Mae'n rhyfedd braidd na cheir gair penodol yn y gerdd hon am yr adeilad lle cynhelir yr offeren, ond efallai nad oes angen un am fod y ddelwedd ei hun mor eglur ac yn rhagdybio bodolaeth eglwys ffigurol y goedwig. Ac yn hyn o beth mae'r eirfa arbenigol yn allweddol. Y ceiliog bronfraith yw'r offeiriad, fel y dengys ei wisg briodol, sef y *camsai* (13) a'r *casul* (15); mae'n perfformio'r *arwyddion* (6), sef y seremonïau, ac yn darllen y *llithion* (6) o'r *efengyl* (24) i bobl y *plwyf* (23) ger yr *allawr* (18), cyn *codi'r afrllladen* (26) a *dyrchafael yr aberth* (31), sef y bara cysegredig. Cenir y *gloch aberth* (30) gan ei gynorthwyydd, yr eos, i ddynodi uchafbwynt yr offeren.[11] Yr offeiriad yn unig fyddai'n yfed gwin y cymun o'r *caregl*. Yr unig eiriau sy'n bwrw amheuaeth ar sancteiddrwydd y darlun hwn (heblaw'r ffaith mai Morfudd a anfonodd y ceiliog bronfraith yn llatai at y bardd) yw'r *nwyf a chariad* yn y caregl (34), ac er bod y ddau'n gyffredin mewn ystyr gnawdol yng ngweddill y canu serch, mae modd eu deall mewn ystyr ysbrydol, sef llawenydd a *caritas*.[12] Y term am y gwasanaeth cyfan yw y *ganiadaeth* (20, 35), ac mae hyn yn ddigon priodol o gofio mai canu adar y goedwig yw sail y ddelwedd.[13]

Mae'r offeren yn *grefydd i'n Dofydd Dad* (33), sef addoliad i Dduw. Ystyr arferol *crefydd* yng ngherddi Dafydd yw 'buchedd grefyddol, defosiwn, ffydd',[14] ond ategir y defnydd arbennig o'r gair yma gan un beiddgar am fis Mai:

Digrif fydd, mau grefydd grill,
Llwybr obry lle bu'r Ebrill (33.17–18)

Gair prin am drydar adar yw *grill*, ac ymddengys mai gosodiad enwol yw'r sangiad, 'cân yr adar yw f'addoliad'. Sonnir wedyn am y gog ac adar cân eraill, ac mae hyn yn ddigon i gyfiawnhau gweld dwy ystyr i'r elfen *côr* yn y gair cyfansawdd *glwysgor* yn llinell gyntaf y cywydd (gw. uchod), sef cantorion yn ogystal ag adeilad eglwysig. Gwelir defnydd llythrennol a ffigurol yn achos y gair *addoli* hefyd, a ddefnyddir am addoliad crefyddol i'r grog yn 1.89, am gân yr ehedydd (44.43, gw. isod) ac am ymroddiad y bardd i'r deildy: *Credais, addolais i ddail* (133.21).

Mae'r syniad o gân aderyn fel addoliad i Dduw yn ganolog yn 'Yr Ehedydd', cerdd arall sy'n llawn ieithwedd grefyddol. Mae'r ddelweddaeth yn seiliedig ar ddwy o nodweddion yr ehedydd, sef ei arfer o hedfan yn uchel i'r awyr ac o ganu yr un pryd,[15] fel petai'n ceisio mynd â'i gân hyd y nefoedd. Sonnir amdano'n anfon ei weddïau (*oriau*) i fyny i'r awyr, ac yn pregethu:

> Bryd y sydd gennyd, swydd gu,
> A brig iaith, ar bregethu,
> Braisg dôn o ffynnon y ffydd,
> Breiniau dwfn garbron Dofydd. (44.9–12)

Mae *cu* yn air a ddefnyddir sawl tro gan Ddafydd mewn cyd-destun crefyddol, gan awgrymu anwyldeb yr ysbryd duwiol, a amlygir yma yn y cymhelliad i bregethu.[16] Ond canu yw prif waith yr ehedydd, a'r term amlycaf sy'n cyfleu hynny yw'r benthyciad Lladin *cantor* (35), gair a gysylltid â cherddoriaeth eglwysig.[17] Eglwys fechan neu ran o adeilad mwy oedd *capel*, ac yma mae'n drosiad am yr awyr:

> Cantor o gapel Celi[18] (44.35)

Modd i addoli Duw yw'r canu hwn, a gras Duw a roddodd y ddawn honno i'r aderyn ac sy'n ei gynnal yn yr uchelfannau:

> Ban ddelych i addoli,
> Dawn a'th roes Duw Un a Thri,
> Nid brig pren uwchben y byd
> A'th gynnail, mae iaith gennyd,
> Ond rhadau y deau Dad
> A'i firagl aml a'i fwriad. (44.43–8)

Mae *miragl* 'gwyrth' (< Lladin *miraculum*) a *bwriad* 'arfaeth' yn fawl i waith y Creawdwr,[19] ond y gair allweddol yma yw *rhad* 'gras, bendith'. Gall *rhad* gyfeirio at roddion dynol (e.e. 15.45, 35.14), ac yn ansoddeiriol 'di-dâl, rhwydd' (18.6, 89.33, 120.24, 131.6, 146.15), ond mae'n un o'r termau crefyddol pwysicaf yng ngwaith Dafydd, fel ffordd o fendithio neu erchi nawdd Duw yn yr ymadroddion *rhad Duw ar* (38.44, 105.38) a *rhad a geidw* (40.9, 115.46), ac yn dynodi bendithion Duw yn y byd, yn enwedig yng nghyswllt serch.[20] Gwelir yr ystyr grefyddol yn yr enw *y Mab Rhad* am Iesu Grist (95.56), am yr apostolion sy'n *llawn o rad* (4.39) ac wrth foli grym ysbrydol y brawd du (150.1, 8). *Rhad Duw wyd ar hyd daear*, meddir am y gwynt wrth ei anfon yn llatai (47.33), ac *ardwy rhad* yw'r don (51.5). *Rhadau Duw* yw serch merch (75.54), ac *o radau serch* y rhoddodd Duw wallt Morfudd (114.3). Anogir Dwynwen i gyfuno *rhadau Duw* â llateirwydd (48.19–20, gw. isod). A'r enghraifft fwyaf trawiadol yw hon am yr haf, lle mae tymor y cariadon yn llifeiriant o ras:

> Gwae ni, hil eiddil Addaf,
> Fordwy rhad, fyrred yr haf. (34.1–2)

Fel yr awgryma'r cyfeiriad at Addaf, darlunnir yr haf fel *paradwys* (34.15) a roddir i'r ddynoliaeth dros dro, ac mae hon hefyd yn fotiff a geir mewn cerddi eraill.[21] Sonnir am y llwyn celyn fel *Trefn adar gwlad baradwys* (40.29),[22] ac awgrymir bod y ceiliog bronfraith yn gweddu ym mharadwys am ei fod yn *brydydd serch* (49.48).[23]

Gair cyfystyr â *rhad* yw *gras*, ac mae cerddi Dafydd yn dystiolaeth bod y benthyciad hwn o'r Ffrangeg neu'r Saesneg *grace* yn ennill ei blwy yn iaith y cyfnod.[24] Fe'i defnyddir mewn cyd-destun crefyddol am y grog (1.170), am y Drindod a'r apostol Phylib (4.10, 25, a *grasus* am y croeshoeliad 4.7), am Grist (41.2, 22, 73.70), yn fwy penagored am rinwedd neu fendith yn 10.39 (enghraifft o'r ystyr seciwlar 'cwrteisi' efallai), 24.5, 52.18, 65.26, ac yng nghyd-destun serch am rodd gan ferch (134.33), ac mae *grasawl* yn disgrifio Morfudd yn 114.13 (cymh. *o radau serch* 114.3 a nodwyd uchod).

Gair a berthyn i'r un cwlwm syniadol â *rhad* a *gras* yw *bendith*, ond am weithred eiriol yn unig y defnyddir y gair gan Ddafydd, a hynny am fendith y bardd mawl (15.35, 59, 35.41, 59.46), a hefyd wrth foli gwaith y Creawdwr:

Bendith ar enw'r Creawdrner
A wnaeth saeroniaeth y sêr. (50.19–20)

Am iddi oleuo ei ffordd at ei gariad y mae Dafydd yn gwerthfawrogi'r
seren, ond serch hynny mae'r cywydd hwnnw'n fynegiant croyw
o ysbryd crefyddol y bardd. Mae *celi* (50.23) yn derm Lladin am y
nefoedd (ac yn enw ar Dduw, gw. uchod), a byddai delweddau'r
gannwyll (17, 24) ac yn enwedig yr afrlladen (28), sef bara'r offeren,
yn dwyn i gof wasanaeth eglwysig.

Ar y llaw arall, nid yw pob cyffelybiaeth o faes crefydd o reidrwydd
yn fynegiant o ddefosiwn. Er enghraifft, pan elwir yr wylan yn *lleian*
(45.10), lliw gwyn gwisg lleianod Sistersiaidd yw'r nodwedd berth-
nasol, ac amhriodol fyddai gweld arwyddocâd ysbrydol megis diweir-
deb yn y ddelwedd. Felly hefyd y ddelwedd o'r bardd yn aros am
Forfudd *Fal manach mewn cilfach côr* (96.36), heb symud o'i unfan,
ond heb fod yn arbennig o dduwiol chwaith. Achos dadleuol, efallai,
yw'r defnydd o'r gair *purdan* am gal y bardd:

Purdan ar gont fechan fydd (85.32)

Roedd *purdan* yn derm am *purgatory*, lle purid eneidiau'r meirwon
drwy boenedigaeth cyn eu derbyn i'r nefoedd, ac os yr ystyr honno
sydd i'r gair yma mae'r ddelwedd yn un feiddgar dros ben. Ond
gellir hefyd ddeall y gair cyfansawdd fel unrhyw dân sy'n puro, heb y
cynodiadau crefyddol penodol – er mai anodd fyddai eu hanwybyddu
mae'n debyg.

Trafodir geirfa foesegol 'Trafferth mewn Tafarn' ym mhennod
10, a hefyd dyfynnir darn lle defnyddir ieithwedd y bregeth mewn
ymgais i ddwyn perswâd ar ferch i gymodi (97.47–50). Tebyg
yw dull y cywydd sy'n gofyn i Ddwynwen eiriol ar ran y carwr fel
y byddai seintiau eraill yn eiriol dros eneidiau'r meirwon.[25] Beiddgar
iawn yw'r defnydd o'r fformiwla crefyddol *er . . .* ac *ymwared*
'gwaredigaeth' i gyfeirio at foddhad y carwr yng nghwpled clo'r
cywydd:

Eiriol er dy greuol gred,
Yr em wyry, roi ymwared. (48.55–6)

Esiamplau eraill o gymhwyso confensiynau crefyddol at ddibenion
serch yw'r farwysgafn, neu'r weddi ar wely angau, sy'n fodd i gyfleu
ei ddioddefaint oherwydd Morfudd yn 'Edifeirwch' lle'r ymbilir
ar Fair a'r Drindod i faddau ei *gamdramwy* (119.13), pererindod y
ferch i geisio *maddeuaint* am ladd y bardd (129), pregeth y brawd
llwyd yn annog y bardd i roi'r gorau i'r canu serch ac arfer o'r *pader*
(148), a phregeth y brawd du am freuder bywyd a droir yn anogaeth
i Forfudd wneud y gorau o'i harddwch (150). Ac wrth ragweld
effaith treigl amser ar Forfudd yn y gerdd olaf honno ceir trawiad
cynganeddol syfrdanol sy'n tanlinellu'r eironi mai'r Un a greodd
yr harddwch oedd yn gyfrifol am ei hagru:

> Weithion, cyhuddeidion cawdd*, *cyhuddiadau dig
> Y Creawdr a'i hacraawdd (150.27–8)

Defnydd digon sinigaidd o ieithwedd grefyddol a welir yn y
cerddi hynny. Teg, felly, yw cloi'r arolwg hwn gyda'r darn mwyaf
duwiol ei naws yn holl ganu serch Dafydd, o'r gerdd 'Llw Morfudd',
lle cadarnheir y cwlwm rhwng y cariadon trwy ddefod ddifrifol.
Creir argraff o ddiffuantrwydd syml gan y geiriau unsill thematig
rhad, *llaw* a *llw*, a'r gyfatebiaeth rhwng daioni a harddwch ym mhrif
acenion y llinell olaf:

> Doniog fu'r gredaduniaeth,
> Da gwn i, a Duw a'i gwnaeth.
> Rhy wnaeth bun â llun ei llaw
> Rhoi dyrnaid, a rhad arnaw,
> Rheidlw perffeithdeg rhadlawn,
> Rhinwedd y wirionedd iawn,
> Llw i Dduw â'i llaw ddeau,
> Llyna, od gwn, llw nid gau;
> Llawendwf yn llaw Indeg,
> Llw da ar hyd ei llaw deg. (105.35–44)

Safle cymdeithasol

Roedd safle cymdeithasol yn amlwg yn hanfodol i holl amcan y canu mawl, ac roedd hefyd yn ffactor o bwys yn y canu serch gan fod ymroddiad i garu rhiain fonheddig yn y dull 'cwrtais' yn un o briodoleddau'r uchelwr delfrydol. Roedd geirfa gymdeithasol y farddoniaeth yn gyfoethog dros ben, ac mae angen gofal wrth ei dehongli gan fod y geiriau sy'n dal yn gyfredol wedi colli llawer o'u harwyddocâd. Grŵp pwysig a ddynodai safle yn gyffredinol yw tarddeiriau *urdd*, benthyciad o'r Lladin *ordo* 'gradd, dosbarth'.[26] Yr amlycaf o'r rhain, ac un a ddisodlodd *urdd* ei hun i raddau, yw *urddas*, gair a ddynodai radd gymdeithasol a'r anrhydedd a berthynai iddi.[27] Fe'i ceir am y grog o Gaer (1.21, 36, 161), am Lywelyn ap Gwilym (5.8, 9, 6.75), am farddoniaeth (21.23, 22.22, 24.5) ac yng nghyd-destun y personoliad o fis Mai fel uchelwr hael (32.26, 33.11).[28] Tarddair pellach oedd *urddasaidd* (8.25), ac o'r ferf *urddo* (32.21, 59.40, 99.43, 105.47) ceid *urddedig* a ddefnyddir gan yr adroddwr yn 'Trafferth mewn Tafarn' i bwysleisio bod y llety cyffredin a gymerodd yn addas i'w safle (73.5, gw. y dyfyniad ym mhen. 10). Mae hwn hefyd yn rhan o'r portread o fis Mai:

Caredig urddedig ddadl (33.8)

a cheir yr un ymadrodd am gusan, eto'n dynodi cyfarfod urddasol:

Dywynnig* urddedig ddadl (84.11)   *disglair

Defnyddir yr ansoddair *urddol* gyda *marchog* i ddynodi aelod o'r urdd sifalrïaidd (yn hytrach nag unrhyw ŵr ar gefn march),[29] a hynny'n drosiad am aderyn yn 38.25–6 (gw. y dyfyniad ym mhen. 9). O ran ffurf y gair mae *marchog* yn cyfateb i'r Ffrangeg *chevalier* (yn hytrach na'r Saesneg *knight*), ac fe'i defnyddir i ddynodi statws cymdeithasol eto yn 10.42 am Rydderch ab Ieuan Llwyd (dyn na chafodd ei urddo'n farchog), am Beredur fab Efrog wrth gyfeirio at y chwedl amdano (86.38) ac fel man cychwyn y personoliad o fis Mai fel pendefig grymus:

Cadarn farchog, serchog sâl*,   *budd
Cadwynwyrdd feistr coed anial (33.3–4)

Y ffordd fwyaf uniongyrchol o gyfleu safle uchel oedd yr enwau'n dynodi arweinwyr y gymdeithas. Mae'r rhestr hon o un ar ddeg ar hugain o dermau yn arwydd o bwysigrwydd yr elfen hon yng ngeirfa'r bardd, yn llythrennol ac yn ffigurol.[30]

Arglwydd

Term a ddynodai'r radd gymdeithasol uchaf.[31] Fe'i ceir ddwywaith am Grist (4.30, 129.15) ac unwaith am ddeon Bangor (8.1, a'r ansoddair *arglwyddiaidd* yn yr un gerdd 8.44), a cheir y gair cyfansawdd *Arglwyddlyw* am Grist yn 1.115. Cyfeiria'r ffurf luosog *arglwyddi* at bendefigion yn gyffredinol yn 66.21 a 123.43. Defnyddir y ffurf fenywaidd *arglwyddes* am ferched yn 87.5, 120.19 (gw. isod) a 121.2. Ceir yr enw haniaethol *arglwyddiaeth* am diriogaeth Ifor Hael (15.53), ac yn llai parchus am awdurdod gwŷr Caerfyrddin (67.39).

Barwn

Benthyciad o'r Ffrangeg neu'r Saesneg; fe'i defnyddir gan Ddafydd yn ffigurol am yr iwrch, *hardd farwn hir* (46.16).

Brenin

Ceir hwn yn deitl ar Edward III, brenin Lloegr (122.56), ac am yr haf (35.43, cymh. *tywysog* isod), a cheir yr enw haniaethol *brenhiniaeth* am y nefoedd (2.33) ac am deyrnas ddaearol yn 72.48 a 120.39. Ceir y ffurf fenywaidd *brenhines* yn ffigurol am Forfudd, *Brenhines bro anhunedd* (150.33), ac yn goeglyd am Elen Nordd, *Brenhines, arglwyddes gwlân* (120.19). Defnyddir yr ansoddair *brenhinawl* am dref Niwbwrch yn 18.9.

Brëyr

Hwn oedd term Llyfr Blegywryd (fersiwn deheuol Cyfraith Hywel) am y radd o dan arglwydd neu frenin.[32] Fe'i defnyddir am Lywelyn ap Gwilym, *da frëyr* (6.100), a chyfeiria'r gair cyfansawdd *brehyrllin* 'llinach bonheddig' (116.7) at dylwyth Syr Rhys ap Gruffudd. Ni ddigwydd y term gogleddol cyfatebol, *uchelwr*, yng ngherddi Dafydd.[33]

Cun

Ceir hwn am ŵr Angharad yn 9.60 (*llwydgun*), am Ifor Hael yn 13.25, am Iorwerth ab y Cyriog (*cyrddgun*, 19.29), am ferch (*eurgun*, 53.18) yn amhersonol yn 108.13 ac yn gyfarchiad i'r bardd gan y brawd du yn 150.17.

Edling

Roedd hwn yn fenthyciad o'r Hen Saesneg *aetheling*, ac yn y testunau cyfraith mae'n dynodi etifedd brenin. Fe'i ceir am Lywelyn ap Gwilym, *coeth edling* (6.133), yn y gair cyfansawdd *edlingferch* am Ddyddgu (91.7) ac yn drosiadol am yr ehedydd (36.15).[34]

Gwawr

Hwn oedd yr unig derm a allai gyfeirio at ddynion a merched fel ei gilydd, heb fod angen terfyniad benywaidd, a hynny am mai defnydd ffigurol ydoedd o'r ystyr 'codiad haul'. Fe'i ceir yn cyfeirio at Dduw a Christ bum gwaith (1.107, 2.23, 4.4, 6.17, 64), at ddynion bum gwaith (6.48, 128, 7.28, 13.17, 14.25) ac at ferched unarddeg o weithiau (9.70, 17.40, 72.1, 93.46, 106.8, 111.9, 113.29, 120.39, 129.1, 130.20, 135.63). Byddai'r ystyr lythrennol yn berthnasol iawn i'r defnydd am ferched oherwydd y pwyslais ar eu harddwch disglair, er enghraifft, yn 111.9 a 130.20 (cymh. 130.26), a gellid ystyried y rheini'n esiamplau o ddeuoliaeth ystyr.

Gwledig

Ceir hwn yn yr ystyr 'arglwydd' am Lywelyn ap Gwilym yn 6.21, ac yn amhersonol yn 112.32.[35]

Gwrda

Dynodai'r term hwn ŵr bonheddig. Fe'i ceir am Dduw (2.20), a'r ffurf luosog *wyrda* fel cyfarchiad i'r gynulleidfa yn 130.51, a'r ffurf fenywaidd luosog *gwragedd-da* am uchelwragedd yn gyffredinol yn 85.11. Gwelir yr ansoddair *gwrdäaidd* yn 8.22, a'r enw haniaethol *gwrdaaeth* yn 7.44.

Iôn

Ceir hwn am Grist (4.11), am yr haf (35.44) ac am Beredur fab Efrog (86.40).

Iôr
Ceir dwy enghraifft am Dduw (3.9 a 105.33) a saith am ddynion, gan gynnwys tad Dyddgu (6.129, 8.20, 13.5, 14.35, 49, 16.24, 86.1).

Llyw
'Rheolwr, arweinydd'. Defnyddir hwn ddwywaith am Grist (1.17, 2.8) ac wyth am ddynion (5.36, 6.26, 60, 76, 8.29, 9.52, 13.18, 17.37). Mae'n rhan hefyd o'r gair cyfansawdd *Arglwyddlyw* am Grist yn 1.115.

Llywiawdr
Ceir hwn am Lywelyn ap Gwilym yn 5.35, am yr haf yn 35.44 ac am Dduw yn 44.28, a'r enw haniaethol *llywodraeth* yn y ddwy gerdd i Lywelyn ap Gwilym, 5.16 a 6.46.

Llywydd
Ceir hwn ddwywaith am Dduw, 69.21, 108.29.

Muner
Ceir un enghraifft yn 4.21, *muner mwyn*, a chymerir mai'r Apostol Pedr yw gwrthrych y sangiad (ond nid annichon mai at Grist y cyfeirir).

Naf
Ceir saith enghraifft am Dduw (1.177, 2.17, 17.46, 72.13, 89.2, 105.20, 118.25) ac wyth am ddynion, gan gynnwys un o hynafiaid Morfudd (6.59, 8.44, 11.18, 12.36, 16.17, 25, 87.8, 111.62).

Nen
Ystyr lythrennol y gair hwn yw 'uchelder', ond fe'i defnyddir yn ffigurol am Dduw yn 11.20 ac am arglwydd yn 8.30.

Nêr
Ceir chwe enghraifft am Dduw a Christ (2.29, 4.20, 9.11, 11.17, 57.52, 122.35) a chwech am ddynion, gan gynnwys y Pab (8.22, 11.17, 12.1, 37, 125.35, 150.5).

Pair

Fe'i ceir unwaith am Dduw (*Ffyrfbair* 1.71), ac unwaith am Lywelyn ap Gwilym (5.43). Roedd hwn yn gytras â'r ferf *peri*, a manteisir ar y cyflythreniad yn 5.43. Gair gwahanol oedd *pair* 'crochan', ond sylwer ar y cyfosodiad â *rhi* yn 18.28, *Pair dadeni pob rhi rhydd*.

Pen

Defnyddir hwn yn ffigurol am Rydderch ab Ieuan Llwyd, [*p*]*en Deheubarth* (10.24), ac am yr haf, *didwn ben* (35.6), ac fe'i ceir yn cyfleu goruchafiaeth ynghyd â thermau eraill, *pen cun* (13.25, 150.17) a *pen-llywydd* (49.28).

Penadur

Ceir un enghraifft am y bardd Madog Benfras yn 20.23.

Penaig

Fe'i defnyddir yn wawdlyd am y masnachwr Robin Nordd, *rhyw benaig* (120.16), ac yn nes ymlaen yn yr un gerdd yn fwy niwtral am ferch ddienw, *benaig nwyf* (120.45).

Pendefig

Ceir hwn am ddynion yn 6.21, 12.26 a 21.32, am y ceiliog bronfraith yn 49.8, ac eto'n ffigurol am y bardd ei hun yn 97.9 ac yn y gair cyfansawdd *pendefigwalch* (124.39), a cheir yr enw haniaethol *pendefigaeth* yn 7.41 a 15.41.

Pennaeth

Ceir tair enghraifft am ddynion (7.30, 37, 20.34) ac un yn ffigurol am hiraeth (90.34).

Pôr

Ceir hwn chwe gwaith am Ifor Hael, 11.3, 13, 30, 14.17, 15.57, 16.9.

Rhi

Ceir tair enghraifft am Dduw (6.41, 38.2, 51.5) ac wyth am ddynion, gan gynnwys y cymeriad chwedlonol Math fab Mathonwy, a'r ffurf luosog *rhiau* (5.14, 7.14, 17.9, 18.28, 31.13, 99.21 105.9, 135.42). Mae'r ansoddair *rhieddawg* yn disgrifio Morfudd yn 106.23.

Rhwy, rhwyf

Ceir *rhwy* yn yr ystyr 'arglwydd' am Ieuan Llwyd, gŵr Angharad (9.59), ac am Fath fab Mathonwy (135.42, cymh. *rhi* uchod), a *rhwyf* yn 90.31, a'r gair cyfansawdd *angerddrwyf* am y bardd ei hun yn 71.15.

Tëyrn

Ceir saith enghraifft am ddynion (6.84, 7.44, 8.9, 12.21, 14.48, 16.35, 31.84) ac un am yr haf (35.49). Digwydd yr ansoddeiriau *tëyrnaidd* yn 74.32 a 134.27 (gair a geir chwe gwaith yng ngherddi Cynddelw) a *tëyrnasaidd* yn 93.4, a'r gair cyfansawdd *tëyrneiddior* am Ifor Hael yn 16.2.

Tywysog

Ceir hwn unwaith am yr haf (35.34), a'r enw haniaethol *tywysogaeth* yn ffigurol ddwywaith (98.12, 111.22).[36]

Udd

Ceir tair enghraifft, am Lywelyn ap Gwilym (6.7 a 40) ac am Ifor Hael (12.4).

Unben

Ceir hwn yn yr ystyr 'rheolwr' yn 19.51, 30.22, 74.25, 85.45, 86.4, 112.32, a'r ffurf fenywaidd *unbennes* yn 79.45 a 148.12, a'r enw haniaethol *unbennaeth* yn 7.25.

Geirfa draddodiadol y canu mawl oedd hon, a'r unig un o'r termau hyn sydd heb fod gan Feirdd y Tywysogion yw *iôn*.[37] Roedd rhai ohonynt yn hen deitlau am arweinwyr cymdeithas, sef *arglwydd, brenin, gwledig, pendefig, rhi, tëyrn, tywysog* ac *unben*, a gellid ffurfio tarddeiriau ansoddeiriol a haniaethol o'r rhan fwyaf o'r rhain. Ar y llaw arall, geiriau barddonol gydag ystyron ffigurol oedd *gwawr, iôn, iôr, muner, naf, nen, nêr, pair, pôr, rhwy(f)* ac *udd*. Byddai'r ffaith fod pob un o'r rhain heblaw *muner* yn unsill yn eu gwneud yn ddefnyddiol iawn yn y mesurau caeth, ond ni ffurfid tarddeiriau o'r un ohonynt, a phrin oedd ffurfiau lluosog iddynt hefyd.

Yn y cerddi mawl i ddynion yn bennaf yr arferir y geiriau hyn, yn enwedig y cerddi i Lywelyn ap Gwilym ac Ifor Hael, ac efallai fod swydd cwnstabl Castellnewydd Emlyn yn berthnasol i'r termau niferus sy'n cyfleu safle uchel Llywelyn yn y ddwy gerdd iddo. Ond yn y personoliad yn 'Mawl i'r Haf' (35) y gwelir y defnydd mwyaf trawiadol o derminoleg statws, gyda'r unig enghreifftiau o *tywysog* a *brenin* (heblaw cyfeiriad dilornus at frenin Lloegr yn 122.56). Oherwydd ansawdd ffigurol a chwedlonol y gerdd honno y gellid defnyddio termau a oedd fel arall yn amhriodol yn y Gymru gyfoes. Mae'r cyfeiriad at chwedloniaeth yn amlwg hefyd yn y disgrifiad o Lywelyn ap Gwilym sy'n adlais o deitl Pwyll Pendefig Dyfed yn y *Pedair Cainc*:

Pendefig, gwledig gwlad hud—is dwfn* (6.21)   *byd

Teitlau cysylltiedig â thiriogaethau penodol oedd y rhain, fel y gwelir eto yn y disgrifiad o Fath mab Mathonwy o'r bedwaredd gainc:

Math, rhwy eurfath, rhi Arfon. (135.42)

Roedd Dafydd yr un mor awyddus i bwysleisio statws uchel ei gariadon, a *gwawr* sy'n digwydd amlaf o'r holl dermau hyn am fod modd ei ddefnyddio am ddynion a merched fel ei gilydd. Un enghraifft o *arglwydd* sydd, ond fe geir *arglwyddes* deirgwaith, am Ddyddgu (87.5), am Efa (121.2) ac yn goeglyd am Elen Nordd (120.19). Ffordd arall o ddynodi statws cymdeithasol merched oedd moli eu tadau a'u gwŷr. Mae tad Dyddgu yn *iôr* ac yn *unben* (86.1, 4), un o *hil naf* yw Morfudd (111.62) ac mae Ieuan Llwyd, gŵr Angharad, yn *llyw*, yn *rhwy* ac yn *gun* (9.52, 59, 60).

Hanfod statws cymdeithasol yng Nghymru'r Oesoedd Canol oedd tras neu hil, a'r gair allweddol a gyfleai hyn oedd *bonedd* (< *bôn*) a'r ansoddair *bonheddig*. Bonedd oedd un o ragoriaethau Ifor Hael (12.17), a molir Angharad am ei *had bonheddfaith* (9.67), hynny yw, ei thras hir.[38] Gwelir ystyr lythrennol *bonheddig* yn amlwg yn 'Achau Hiraeth' lle mae negesydd Dyddgu yn adrodd ei ach hyd at Adda ac yna'n ei alw ei hun yn *ŵr bonheddig* (90.31). Felly hefyd am Efa sy'n *arglwyddes* (121.1–2), a merch sydd *yn hil ynad* (124.47, 45). Ond yr ystyr ehangach yn dynodi natur ac ymddygiad a welir yn *bonheddig a gais* am gusan (84.5), gan gyfeirio at ddelfryd serch cwrtais, a hefyd yn y geiriau cyfansawdd *boneddig-ddoeth* (64.9) a *boneddigfwyn* (151.13) yn disgrifio merched (gw. isod ar *mwyn*).

Term pwysig arall am dras oedd *rhyw*, ac fe'i defnyddir fel arfer gydag ansoddair cadarnhaol, fel yn y gair cyfansawdd *gwiwryw* am Ifor Hael (13.17) ac am ferch serchog (32.20), a *gloywryw* (8.29, 112.35). Cymharer yr ansoddair *rhywiog* am Ifor Hael (11.28, hefyd 122.13 ac 88.31 am iyrchod) ac am ferch gydag ansoddair cyfystyr arall, *Cenhedlog rywiog riain* (125.23) a'r ymadrodd *rhi rhywiogaeth* (7.14, 105.9). Gallai *cenedl* ('tylwyth') weithio yn yr un modd, a gwelir y bardd yn brolio ei dras ei hun trwy'r gair cyfansawdd *cenedloyw* yn 70.25. Am Ifor Hael yn unig (12.19, 17.11) y defnyddir *gwehelyth*, ffurf luosog yr hen air *gwahaliaeth*.

Mae lle i gredu mai 'o dras uchel, bonheddig' oedd ystyr wreiddiol *hael*, ac mai datblygiad diweddarach oedd yr ystyr 'llaw-agored, caredig' am fod disgwyl i foneddigion fod yn haelionus eu natur (cymh. Saesneg *generous* < Lladin *generosus* < *genus* 'tras').[39] Anodd yw pennu'r union ystyr yn y 47 o enghreifftiau o'r gair yng ngherddi Dafydd, ond awgryma cyd-destun rhai ohonynt fod yr hen ystyr yn bodoli o hyd, er enghraifft hyn am yr iwrch (a ddisgrifir yn yr un gerdd fel *barwn*), lle mae *hael* yn *anwydael* ('hael ei natur') yn cyplysu'r llatai â'r ferch uchelwrol y'i hanfonir ati:

> Fy llatai wyd anwydael
> A'm bardd at Ddyddgu hardd hael. (46.19–20)[40]

Ar y llaw arall, mae esiamplau digamsyniol o'r ystyr ddiweddar, fel hon am Ifor lle cyfeirir at un o'r Tri Hael:

> O haelder, fy nêr, fy Nudd—a'm aergaer
> A'm eurgarw hael am fudd (12.1–2)[41]

Cerddi mawl Dafydd a greodd yr enw Ifor Hael, ac wrth briodoli'r enw iddo digon oedd enwi un arall o'r triawd heb grybwyll y gair:

> Rhoist ym swllt, rhyw ystum serch,
> Rhoddaf yt brifenw Rhydderch. (13.13–14)

Ond yn y mwyafrif o'r enghreifftiau camarweiniol fyddai ceisio gwahanu dwy ystyr y gair gan fod y cyswllt rhwng tras fonheddig a haelioni mor sylfaenol ym meddylfryd cymdeithas y cyfnod. Serch hynny, lle mae *hael* yn disgrifio merched efallai nad amhriodol yw gweld deuoliaeth, a hyd yn oed dyndra rhwng y ddwy ystyr. Er enghraifft, pan gyfeirir at Ddyddgu fel *fy chwaer hael* yn 'Achau Hiraeth' (90.8) mae pwyslais y gerdd ar dras yn ein harwain i ddeall *hael* fel 'ucheldras', ond awgryma hiraeth dybryd y bardd nad yw'r ferch yn dangos yr haelioni (o ran ffafrau rhywiol) a weddai i'w natur fonheddig.

Yn ganlyniad i'w dras fonheddig byddai'r uchelwr yn dal tir etifeddol yn rhydd, ac roedd y cyferbyniad rhwng *rhydd* a'i wrthwyneb *caeth* yn hanfodol i drefn y gymdeithas yn yr Oesoedd Canol. Er bod y drefn honno'n prysur ddadfeilio erbyn y bedwaredd ganrif ar ddeg, parhaodd *rhydd* i fod yn derm cymdeithasol arwyddocaol iawn, gan fagu cynodiadau pellach o ran natur ac ymddygiad priodol i fonheddwr, yn yr un modd â'r Ffrangeg *franc* a'r Saesneg *free*. Fel y gwelwyd yn achos *hael*, haelioni oedd y nodwedd bennaf, a hwylustod i'r beirdd oedd y cyflythreniad â'r ferf *rhoi* a'r enw *rhodd*, fel y gwelir yn y llinell hon o'r awdl i Ifor Hael lle mae'r odl â hen air am ddisgynnydd yn pwysleisio'r cyswllt rhwng tras a natur:

> Hardd eisyllydd rhydd, rhodd ddidor—meddlyn,
> Helmwyn Lywelyn, wawl gychwior*. (11.33–4)　　*perthynas

Diau fod yr ymadrodd *rhoddiad rhydd* yn 10.5 yn chwarae ar enw'r gwrthrych, Rhydderch (y gellid yn hawdd ei ddeall fel *rhydd* + bôn *erchi*).[42] Ac awgryma'r llinell hon fod nwyddau cyforiog tref Niwbwrch yn ffynhonnell ddibendraw i haelioni uchelwyr o'r iawn ryw:

> Pair dadeni pob rhi rhydd (18.28)

Tebyg iawn yw ystyr *rhwydd* yn aml, fel y gwelir yn yr un gerdd:

> A'i dynion rhwydd a'u da'n rhad. (18.6)[43]

Ond roedd i *rhydd* gynodiadau cyfreithiol pellach parthed mynediad diogel i dir, a dyna a olygir pan ddywed y bardd wrth ferch o Fôn nad oes iddo *dir rhydd* yn ei gwlad oherwydd ei gamwedd (128.6).[44] Yr ystyr honno sy'n allweddol yn niweddglo gorfoleddus 'Tri Phorthor Eiddig' (68.65, gw. y dyfyniad ym mhen. 6). Ochr arall yr un geiniog yw ei gŵyn yn 'Y Gwynt' fod gwlad Morfudd yn gaeedig iddo yn sgil cyhuddiad cyfreithiol y Bwa Bach:

Caeth yw'r wlad a'i maeth i mi. (47.18)

Gwrthwyneb *rhydd* oedd *caeth*, a cheir mwy o enghreifftiau ohono yng ngherddi Dafydd nag sydd o *rhydd* (19 o gymharu ag 11). Mae arwyddocâd cymdeithasol y term yn glir iawn mewn cyferbyniad nodweddiadol o agwedd ffroenuchel Dafydd at rengoedd is y gymdeithas, lle mae'n cyfeirio'n ddirmygus at ymborth taeogion wrth wahodd Dyddgu (88.9–10, gw. y dyfyniad ym mhen. 6).[45] Am gaethiwed cariad y digwydd y gair fynychaf, ac roedd Dafydd yn ddigon parod i'w ddarlunio ei hun yn gaethwas i ferch – *dy gaeth wyf* (104.16) – ac i noddwr (7.31).[46] Esiampl o hiwmor beiddgar y cerddi mawl i Ifor Hael yw'r darn hwn lle gwelir term arall am daeog, *mab aillt*, ochr yn ochr â thermau statws mawreddog:[47]

Cyfaillt a mab aillt y beirdd,
Cadarn wawr, cedyrn wiwryw,
Caeth y glêr, cywaethog lyw. (13.16–18)

Defnyddir y term *taeog* mewn cyferbyniad dirmygus arall am y plas a welodd mewn breuddwyd, *nid tŷ taeog blwng* (79.10). Ystyr *blwng* oedd 'blin, sarrug', ac yn nhyb yr uchelwyr dyna natur nodweddiadol taeogion. Dyna pam y defnyddir y term yn 53.40 am y cyffylog, aderyn a dwriai'n swnllyd ffyrnig yn y dom. Mae'r un gred i'w gweld yn natblygiad ystyr y gair *milain*. Benthyciad oedd hwnnw o'r Ffrangeg *vilain*, deiliad caeth i'r tir (yn y ffurf *bilain* mewn rhai enghreifftiau o'r drydedd ganrif ar ddeg). Enw ydyw gan Ddafydd am y llwyn celyn – *nid milain* (40.25) – ac am y Gŵr Eiddig (55.38), ac ef biau'r enghraifft gynharaf ohono fel ansoddair yn dynodi ymddygiad nodweddiadol o daeog, wrth rybuddio'r ferch rhag cymryd milwr yn gariad:

Rhag bod, nid cydnabod cain,
Rhyfelwr yn rhy filain. (72.25–6)

A'r ansoddair tarddiadol *mileiniaidd* yw'r dyfarniad llym ar ferch anghwrtais a wrthododd wobrwyo ei gerddi serch:

Ni aned merch, dreiglserch draidd,
Felenwallt mor fileiniaidd. (144.47–8)

Gair pwysig yn y maes hwn sydd hefyd efallai'n dangos dylanwad o'r Ffrangeg, er mewn ffordd lai amlwg, yw *gwladaidd*. Mewn cerdd ddychan gan Gasnodyn y ceir yr enghraifft gynharaf o'r gair,[48] ac fe'i ceir bum gwaith gan Ddafydd (20.45, 22.6, 57.53, 105.2, 108.4), yn ogystal â'r enw haniaethol *gwladeiddrwydd* (21.50, 33.44) a'r gwrthwyneb *diwladaidd* (133.2). Negyddol yw ystyr *gwladaidd* bob tro, 'taeogaidd, anghwrtais', gan ddisgrifio'r Gŵr Eiddig – *Iddew gwladaidd* (108.4) – a'r weithred o *sorri'n wladaidd sarrug* (105.2). Wrth gyfeirio at waith Duw yn creu'r niwl ategir cynodiadau cymdeithasol y gair gan *caeth*:

Gwladaidd y gwnaeth yn gaethddu
Y niwl fyth, anolau fu. (57.53–4)

Ar ddiwedd 'Mis Mai a Mis Tachwedd' mae'r enw haniaethol yn fodd i bersonoli'r *mis dig du* fel taeog mewn cyferbyniad â'r darlun o Fai fel bonheddwr:[49]

Dêl iddo, rhyw addo rhwydd,
Deuddrwg am ei wladeiddrwydd. (33.43–4)

Er mwyn i *gwladaidd* fagu ystyr mor negyddol mae'n rhaid bod *gwlad* yn golygu cefn gwlad mewn cyferbyniad â thref neu lys, ac roedd hwnnw'n ddatblygiad newydd yn ganlyniad i ddyfodiad y trefi. Prif ystyr *gwlad* mewn Cymraeg Canol oedd 'tiriogaeth, ardal', a'r unig enghraifft bosibl o'r ystyr 'cefn gwlad' cyn y bedwaredd ganrif ar ddeg yw un yn y chwedl *Ystoria Gereint Uab Erbin*.[50] Yr enghraifft bendant gynharaf o'r ystyr honno yw un gan Gasnodyn: *fwlian gwlân gwlad* (GC 11.78, yr un awdl ddychan lle ceir yr enghraifft gynharaf o *gwladaidd*).[51] O ran ystyr mae *gwladaidd* yn debyg iawn i'r Lladin *rusticus*, ond mae cyfatebiaeth agosach â'r Ffrangeg *paysan* (a roes Saesneg *peasant*) gan fod y gair hwnnw'n cynnwys *pays* 'gwlad' fel elfen gyntaf.[52] Gellir gweld y gair Cymraeg fel calc ar y Ffrangeg, a diau fod hynny'n rhan o apêl y gair yng ngolwg Dafydd.

Yn wrthwyneb i'r taeog sarrug a dig, natur garedig a mwyn a nodweddai'r uchelwr.[53] Gair pwysig a gyfleai hynawsedd yr uchelwr yn ei ymwneud â phobl oedd *cyweithas* neu *cyweithias*. Enw ydoedd yn wreiddiol (< *cywaith* 'cydymaith'), ond fel ansoddair yn bennaf y'i defnyddir yng ngherddi Dafydd, 'mwyn, caredig'.[54] Er bod y gair wedi diflannu o'r iaith bellach, ac felly'n ymddangos yn hynafol i ni, dengys yr enghreifftiau yn GPC ei fod yn gyfredol tan y ddeunawfed ganrif o leiaf. Mae Dafydd yn ei ddefnyddio am yr Apostol Tomas (4.32), am Rydderch ab Ieuan Llwyd (10.39), am y deildy a'r ceiliog bronfraith (38.36, 41.5), am garu â merch (56.3), a ddwywaith amdano'i hun mewn cyfuniadau geiriol arwyddocaol o ran y ddelwedd ohono'i hun fel bonheddwr soffistigedig – *cyweithas coeth* (72.17), ac yn un o bum ansoddair sy'n rhoi darlun mawreddog o'i gyflwr cyn i Eiddig ddwyn Morfudd oddi wrtho (108.7, gw. y dyfyniad ym mhen. 3).

Roedd *mwyn* ei hun yn air llwythog iawn ei ystyr yn y cyfnod hwn, ac unwaith eto gellir gweld dylanwad o'r Ffrangeg arno. Ystyr gynhenid y gair oedd 'tyner, tirion' am ymddygiad pobl ac am y tywydd, fel y'i defnyddir hyd heddiw. Ond yn fuan ar ôl dyfodiad y Normaniaid i Gymru fe ddaeth dan ddylanwad y Ffrangeg *gentil* 'bonheddig', fel y gwelir yng nghainc gyntaf y *Mabinogi* lle dywed gwraig Teyrnon am y baban Pryderi ar sail y dillad drudfawr sydd amdano: *Mab y dynnyon mwyn yw*.[55] Rhaid bod proses calcio ar waith yma yn seiliedig ar ystyr ddatblygedig *gentil*, 'tirion, caredig', sef y math o ymddygiad a ddisgwylid gan foneddigion (cymh. Saesneg *gentle*).[56] Er nad oedd gan *mwyn* ddim cyswllt ag ystyr gynradd *gentil* (< Lladin *gens* 'pobl, tras'), am ei fod yn cyfateb i ystyr ddatblygedig y gair Ffrangeg gellid ei gymhwyso i gyfleu'r ystyr gynradd hefyd. Ceir ambell enghraifft arall o *mwyn* yn golygu 'bonheddig' yn y chwedlau a'r farddoniaeth hyd ddiwedd y bymthegfed ganrif, ond nid ymddengys iddo ennill ei blwy yn yr iaith gyffredin ar ôl yr Oesoedd Canol, a'r tebyg yw mai defnydd dros dro a chyfyngedig i haenau uchaf y gymdeithas oedd hwn.[57]

Roedd *mwyn* yn un o ansoddeiriau cadarnhaol pwysicaf Dafydd, gyda deugain a phump o enghreifftiau, rhai'n cyfeirio at goed,[58] at y tymhorau,[59] nifer fawr at bobl, yn enwedig merched,[60] rhai yn benodol at leisiau pobl ac adar,[61] a rhai am garwriaeth.[62] Anodd yw profi arwyddocâd cymdeithasol y gair yn llawer o'r rhain, ond yn achos yr ymadrodd *gŵr mwyn* (54.53–4 a 148.39) gallwn fod yn weddol sicr mai 'bonheddwr' oedd yr ystyr fel yn y chwedlau. Mae rhai cyfuniadau geiriol hefyd yn fodd i gadarnhau ergyd y gair, fel *mwynwas coeth* am y bardd ei hun yn 45.20, gan fod *coeth* 'cain, rhagorol' yn un arall o'r ansoddeiriau sy'n dynodi natur fonheddig.[63] Teg cymryd mai cyfystyron agos yw dwy elfen y gair cyfansawdd *boneddigfwyn* yn disgrifio'r ferch yn 'Yr Adfail' (151.13), ac mae *bonheddig* yn 124.47 yn ein paratoi i ddeall *mwyn* yn yr un ystyr ychydig linellau'n nes ymlaen, fel y mae'r cyfeiriad at foes sy'n awgrymu cwrteisi:

> Yn ddyn mwyn, dda iawn ei moes (124.52)

Ond mewn mannau eraill (ac yno hefyd o bosibl) mae *dyn m/fwyn* am ferched yn amwys oherwydd cynodiadau rhywiol yr ystyr 'tyner'.[64] Mynegwyd y rheini'n nodweddiadol ddiflewyn-ar-dafod gan Ellis Wynne yn y ddeunawfed ganrif: 'hithe'n Ferch fwyn, ne'n rhwydd o'i chorph . . . a Phuttain'.[65] Ond nid oes rhaid derbyn agwedd sinigaidd Ellis Wynne; caredicach fyddai gweld deuoliaeth *mwyn* yn wedd ar ddelfryd serch cwrtais a'i bwysigrwydd fel arwydd o natur fonheddig yr uchelwyr. Manteisiodd Dafydd ar ystyron cyfoethog y gair yn 'Mis Mai' yn arbennig,[66] ac yn y llinellau hyn mae'i arwyddocâd cymdeithasol i'w weld yn glir:

> Dofais ferch a'm anerchai,
> Dyn gwiwryw mwyn dan gôr Mai.
> Tadmaeth beirdd heirdd a'm hurddai,
> Serchogion mwynion, yw Mai. (32.19–22)

Delweddir y beirdd yma fel meibion maeth yn llys Mai lle y cânt ryddid i ymroi i'r serch cwrtais a ddangosai eu bod yn *fwynion*. A gallai'r ddau ansoddair sy'n disgrifio'r ferch yn yr ail linell fod yn ymgais i gyfleu dwy ystyr *gentil*, gyda *gwiwryw* yn ffocysu ar y syniad o dras uchel a *mwyn* ar y natur garedig a ddeuai yn ei sgil.

Gair arall y gellir gweld dylanwad semantaidd o'r Ffrangeg arno yw *hoyw*. Mae hwn yn un o'r ansoddeiriau mwyaf cyffredin yng nghanu serch y Cywyddwyr cynnar, a hawdd yw colli golwg ar ei arwyddocâd cymdeithasol o'i ddeall yn yr ystyr fodern 'bywiog'. Mae'n gytras â'r Lladin *saevus* 'gwyllt, ffyrnig', ac yn y cyfnod cynnar fe'i defnyddid yn bennaf am anifeiliaid, yn enwedig ceffylau.[67] Nid oedd yn rhan o ieithwedd fawl Beirdd y Tywysogion, nac yn gyffredin mewn rhyddiaith chwaith, ond gwelir enghreifftiau'n amlhau yng ngherddi rhai o ragflaenwyr Dafydd tua throad y bedwaredd ganrif ar ddeg, ac ar yr un pryd ehangodd rhychwant defnydd y gair.[68] Y ffordd hawsaf o esbonio'r newid sydyn hwn yw cymryd ei fod yn llenwi bwlch yn yr iaith yn sgil dylanwad Eingl-Normanaidd, a'r gair Ffrangeg sy'n ymgynnig yw *gai* a fenthyciwyd i'r Saesneg fel *gay*. Defnyddid *gai* am geffylau bywiog ymhlith llawer o bethau eraill, a dichon mai o'r fan honno y cychwynnodd y cyswllt â *hoyw* yn y drydedd ganrif ar ddeg, ond roedd ei ystyron yn eang iawn, gan gynnwys llawen, hardd, disglair am liwiau, sionc a siriol am iaith a cherddoriaeth, sef nodweddion a berthynai i'r boneddigion, ac felly daeth *gai* a *gay* i olygu bonheddig yn gyffredinol. Roedd yn rhan o iaith ffasiynol sifalri a serch cwrtais, ac mae'r cynodiadau rhywiol yn amlwg yng ngwaith Chaucer.[69]

Mae'n hawdd deall pam y gwelai'r beirdd Cymraeg angen am air i gyfateb i *gai*, ac mae'r holl ystyron uchod i'w gweld ar draws y 90 o enghreifftiau o *hoyw* a geir yng ngherddi Dafydd.[70] Yn y canu mawl dichon fod yr ystyr wreiddiol 'ffyrnig' yn dal yn berthnasol, fel yn *hoyw frynarwr brwydr* am Ifor Hael (11.46), ac yn y gair cyfansawdd *hoywDduw* (57.7, 118.25) efallai mai 'disglair' sydd fwyaf priodol. Gall gyfeirio at bethau natur, ac yn 'Yr Haf' mae'n air thematig sy'n creu cyswllt rhwng y bardd a'r byd o'i gwmpas, gan ddisgrifio'r fedwen (34.14), cân fyrlymus y fronfraith sy'n *hoyw fabiaith haf* (28), ac yna'r bardd ei hun sy'n cael ei yrru o baradwys y tymor:

> Gwahardd ar hoywfardd yr haf. (34.44)

Mae *hoywfardd* yn air llwythog iawn sy'n awgrymu harddwch, medrusrwydd geiriol, boneddigrwydd ac ymroddiad i serch. Tybed a oedd adlais bwriadol o'r llinell hon yn llinell agoriadol 'Marwnad Lleucu Llwyd' a gyfansoddwyd ychydig yn ddiweddarach gan Lywelyn Goch ap Meurig Hen:

> Llyma haf llwm i hoywfardd,
> A llyma fyd llwm i fardd.[71]

Pan ddefnyddir *hoyw* am ferched, harddwch corfforol sydd dan sylw gan amlaf, fel *hoywlaw* am Angharad (9.8), *hoywdal* a *hoywgorff* am Forfudd (112.40, 99.50), a nifer o ymadroddion yn cyfleu lliw gwyn eu croen, fel *hoywliw sêr* (75.48) a *hoywne eiry* (43.26). Dichon mai harddwch a ddynodir yn y geiriau cyfansawdd *hoywddyn* (83.54, 112.4, 126.28) a *hoywferch* (73.22, 90.37, 135.2) hefyd, ond awgryma'r llinell ddiarhebol hon (sy'n gyfaddasiad o'r ddihareb 'Hawdd yf a wŷl ei wely') mai anwylyd yn benodol a olygir:

> Hawdd yf a wŷl ei hoywddyn. (126.28)

Fel y gwelwyd yn achos *mwyn*, peth dros dro a chyfyngedig i haenau uchaf y gymdeithas yn ôl pob tebyg oedd dylanwad y Ffrangeg ar *hoyw*. Mae *hoyw* dipyn llai cyffredin ym marddoniaeth y bymthegfed ganrif, ac erbyn y cyfnod modern roedd ystyron y gair wedi eu cyfyngu i'r craidd semantaidd gwreiddiol, sef bywiog yn gorfforol ac yn feddyliol (h.y. llawen). Tro arall yn hanes y gair, ac un nad oedd a wnelai ddim oll â'i ystyr yn yr Oesoedd Canol, oedd ei ddefnydd o'r 1970au ymlaen i gyfateb i'r Saesneg *gay* yn yr ystyr 'homosexual'.[72]

Gair a ddefnyddir yn bwrpasol i gyfleu arwyddocâd cymdeithasol serch yw *syberw*, hen fenthyciad o'r Lladin *superbus* 'balch'. Fe'i ceir mewn cerddi mawl am Lywelyn ap Gwilym (6.107) ac am ach Ifor Hael (13.19), ac mewn datganiad sydd eto'n fersiwn ar ddihareb am gymeriad y gŵr serchog:

> Nid ansyberw ym herwa
> Os eirch dyn, nid o serch da . . .
> Ciliawdr★ nid wyf, wyf Ofydd,   ★ciliwr
> Calon serchog syberw fydd. (71.47–52)[73]

Diweddglo 'Y Cleddyf' yw hwn, a'r awgrym yw bod ymlyniad y bardd wrth serch yn null y bardd clasurol Ofydd yn brawf o'i natur fonheddig ac felly o'i ddewrder cynhenid hefyd.[74]

Y Gyfraith

Roedd y gyfraith yn fater o bwys ymarferol i uchelwyr Cymru o ran daliadaeth tir ac ar gyfer eu swyddi mewn llywodraeth leol, ac mae lle i gredu hefyd fod gan rai ohonynt ddiddordeb diwylliannol yng nghyfraith Hywel Dda.[75] Un o noddwyr Dafydd ap Gwilym a fu'n sicr yn weithredol ym maes y gyfraith oedd ei ewythr Llywelyn ap Gwilym, a fu'n ddirprwy-brifustus de Cymru ac a ddisgrifir gan Ddafydd yn *frawdwriaidd*, sef yn farnwrol (5.38). Un arall oedd Rhydderch ab Ieuan Llwyd a fu'n flaenllaw yn ail hanner y ganrif fel dosbarthwr, sef arbenigwr ar y gyfraith frodorol, ond mae'n debyg nad oedd wedi dechrau ar yr yrfa honno pan ganwyd y ffug-farwnad iddo (cerdd 10) gan nad oes sôn am y gyfraith ynddi.

Arwydd clir o barch at y llyfrau cyfraith fel testunau awdurdodol yw'r ddelwedd am y bardd Gruffudd Gryg fel *llyfr cyfraith yr iaith iawn* (22.14), ac amlygir y cyswllt rhwng y gyfraith a barddoniaeth fel dwy gelfyddyd â'u rheolau safonol pan ddywedir am Rys Meigen:

Cyfraith fydriaith ni fedrai (31.31)[76]

Y mae cryn nifer o dermau cyfreithiol yng ngherddi Dafydd, rhai ohonynt yn cyfeirio at amgylchiadau go iawn, ond y mwyafrif i'w deall yn ffigurol yng nghyswllt serch. Geirfa gyffredinol prosesau cyfreithiol yw'r rhai sy'n digwydd amlaf, fel *barn*, *cwyn*, *dadl*, *gwadu*, *hawl*, *iawn*, ond ceir ganddo hefyd dermau arbenigol Cyfraith Hywel, a oedd yn dal i fod yn weithredol i ryw raddau yn y de-orllewin, a rhai termau Saesneg.[77]

Roedd awdurdod a dyletswydd i gynnal trefn y gymdeithas yn hanfodol i'r gyfraith, ac felly roedd defnydd ffigurol o dermau cyfreithiol yn fodd arall i gyfleu pwysigrwydd uchelwyr yn y canu mawl. Nodwyd uchod yr hen derm *edling*, etifedd brenin, am Lywelyn ap Gwilym (6.133). Gelwir Llywelyn yn *benrhaith* hefyd (6.68), sef pennaeth rheithgor (gair a ddefnyddir am Grist yn 1.130, ac yn drosiadol am lw Morfudd yn 105.46), ac yn *ganllaw* (6.15), sef dadleuwr achos mewn llys barn. Gelwir Ieuan Llwyd yn *ddofraeth* (7.16), sef gwestfa orfodol ar gyfer cylch brenhinol ac felly cynhaliaeth. A *gwaesaf* yw Angharad (9.7), sef mach neu warant ac felly amddiffynnwr. A phan elwir y bardd Madog Benfras yn *orseddog serch* (19.2) dylid cofio mai enw ar yr ynad oedd *gorseddog* yn y llyfrau cyfraith.

Mae termau cyfreithiol yn digwydd fel delweddau sydyn yma a thraw yn y cerddi, fel *dadannudd* (17.36) am feddiant ffyniannus Ifor Hael a'i wraig (gair a olygai'n wreiddiol y ddefod o ddadorchuddio tân ar aelwyd y rhieni fel arwydd o etifeddiaeth). *Ystiwardiaeth . . . nid tref tad* yw perthynas y bardd â gwraig briod (115.37–8). Ffordd o ddweud nad yw'r Gŵr Eiddig yn perthyn yn llawn i'r hil ddynol yw cyfeirio ato fel *cyswynfab Addaf* (34.31), sef term am fab nas arddelid gan ei dad. Mae *anolo* 'annilys, di-fudd' yn llunio llinell glo drawiadol ei chynghanedd: *Anolo fu'r anwylyd* (76.40, cymh. 91.31). Mae'n debyg bod *wyth affaith nwyf* (123.19) yn chwarae ar yr ymadrodd *naw affaith* yn y llyfrau cyfraith, sef y pethau a gynorthwyai drosedd.[78] Mae'r geiriau hyn yn sefyll allan yn weddol amlwg fel termau arbenigol, ond yn achos geiriau sydd wedi parhau yn rhan o'r iaith hawdd yw colli golwg ar yr ystyr dechnegol ym maes y gyfraith. Er enghraifft, dynodai *diddim* rywun dieiddo, ac fe'i defnyddir i gyfleu cyflwr di-rym y carwr yn 'Y Lleuad':

> Nid eiddio serchog diddim
> Nos yn rhydd na dydd na dim. (58.3–4)[79]

Un o eiriau sylfaenol y testunau cyfraith oedd y ferf *dylu* a gyfleai hawl ar rywbeth, ac mae'n bwysig cofio'r naws gyfreithiol yn y farddoniaeth, fel yn y datganiad pendant hwn am haeddiant cyfartal y bardd a'r ferch a folir ganddo:

> Dylyaf ffawd am wawdair,
> Dylyy fawl, myn delw Fair. (89.37–8)[80]

Mae'r enghreifftiau gwasgaredig hyn yn ddigon i ddangos pwysigrwydd yr elfen gyfreithiol yng ngeirfa Dafydd. Trown nawr at rai cerddi lle mae'r ieithwedd gyfreithiol yn ffurfio clystyrau thematig.

Y brif esiampl o gerdd yn trafod achos cyfreithiol gwirioneddol yw'r farwnad i Lywelyn ap Gwilym, a hon hefyd sy'n gwneud y defnydd mwyaf pwrpasol o eirfa Cyfraith Hywel.[81] Mae'n amlwg o'r gerdd i Lywelyn gael ei lofruddio, a gwelir y term technegol am lofruddiaeth, sef *galanas*, yn yr ail o'r ddau englyn hyn sy'n ffurfio canolbwynt thema gyfreithiol y gerdd:

> Gŵr, nid gwas, a las o loes archoll*—dur,   *clwyf
>   A diriaid* fu'r dygngoll,   *anfad
>   Gwrawl hawl mewn helm drwydoll*,   *toredig
>   Gair oer am y gorau oll.
>
> Pwnc truan oerwan am eurwas—yw hyn,
>   Honni mawr alanas,
>   Cain arddelw cyfan urddas,
>   Cyrdd* a glyw, cwyn llyw, cyn llas. (6.69–76)   *cerddi

Dynodai *galanas* y llofruddiaeth ei hun a hefyd yr iawndal a fyddai'n ddyledus gan genedl neu dylwyth y llofrudd er mwyn osgoi dial arnynt.[82] Ond ymddengys na fyddai tylwyth Llywelyn yn derbyn iawndal yn yr achos hwn, a'r gair sy'n awgrymu hynny yw *dygngoll* yn yr englyn blaenorol (gair a ddigwydd yn gynharach yn y gerdd hefyd, 6.38). Mae hwn yn dwyn i gof y triawd cyfreithiol 'Tri dygyngoll cenedl' sy'n ymwneud ag amgylchiadau lle mae tylwyth yn colli aelod ac ar eu colled yn ariannol hefyd.[83] Ni wyddys digon am amgylchiadau'r llofruddiaeth i allu dehongli hyn ag unrhyw sicrwydd, ond gellir cynnig bod Llywelyn wedi ei ladd gan aelod o'i dylwyth ei hun, neu gan rywun nad oedd yn cydnabod grym Cyfraith Hywel.[84] Fodd bynnag, yr unig ddewis a oedd yn agored i dylwyth Llywelyn oedd dial, a dyna a anogir yn y gerdd drosodd a thro ar sail yr egwyddor *a laddo a leddir* (6.87–8).

Diben y farwnad honno, yn ogystal â moli'r ymadawedig a galaru amdano, oedd *honni* neu gyhoeddi anghyfiawnder ac annog gweithredu i'w gywiro. Mae'r syniad o gerdd fel datganiad cyfreithiol i'w weld hefyd yn yr englynion i'r Grog o Gaer. Cyhoedda'r bardd ei fwriad ar ddechrau'r ail englyn:

Lluniaf arawl mawl can wyf maer—ar wawd
I'r wiwdeg fygrddelw* glaer (1.5–6)   *delw wych

Y termau cyfreithiol yma yw *arawl* 'achos' (< *hawl*) a *maer*, un o swyddogion llys y brenin.[85] Cyfeirir droeon at y gerdd fel *dadl* (23, 35, 45, 93), ac mae delwedd ymhlyg o eglwys y grog fel llys barn lle mae Duw yn gwrando ar *ddadl* y bardd cyn rhoi *brodiau* (barnau):

Egoraf, dodaf, dadl ddeulin,—'y mryd
Ym mrodiau gwyrthefin (1.93–4)

Gelwir Duw yn *Benrhaith*, sef pennaeth rheithgor, ac ar ddiwedd y gerdd mae'r bardd yn rhoi ei gerdd fel mach neu warant iddo fel y byddid yn ei wneud i sicrhau ymddangosiad rhywun mewn llys:

Maich wnaf i'm Trawsnaf trwy fodd tras—i'r grog
Ar groyw [ ] ei gwas,
Mygrwawd* ddiofn, ddofn, ddifas,   *mawl gwych
Mal rhif graean ar lan las. (1.177–80)

Gelwir ar Dduw i farnu ar ddiwedd 'Siom', un o gerddi chwerwaf y bardd lle mae'n gosod allan ei gŵyn fel petai'n cyflwyno achos mewn llys barn:

Duw a ranno o'r diwedd
Barn iawn rhof a gwawn ei gwedd (107.47–8)

Ond ar y cyfan mae'r defnydd o ieithwedd gyfreithiol yn y cerddi yn ysgafnach ei naws. Roedd *cyfraith serch* (100.39) yn gonfensiwn llenyddol hysbys a welir mewn cerdd gan Gruffudd ap Dafydd ap Tudur, un o ragflaenwyr Dafydd ap Gwilym, yn cyhuddo merch o'i ladd trwy ei dirmyg (gw. pen. 1).[86] Yr un syniad sy'n sail i 'Pererindod Merch' lle mae merch yn mynd i Dyddewi i geisio maddeuant *O alanas gwas gwawdferw* (129.11), sef am lofruddio'r bardd. Apêl ar i'r afonydd rwyddhau ei ffordd yw bwrdwn y gerdd, ac ar y diwedd mae'r bardd yn maddau iddi'n ffurfiol gan ddefnyddio'r term cyfreithiol *diheuro*:

Diau, a mi a'i diaur,
Minnau a'i maddau i'm aur. (129.47–8)

Gwelir yr un ferf wrth sôn am herwa gyda merch dan y coed, gan gyfeirio at ddyletswydd ei dylwyth i'w gefnogi'n gyfreithiol (yn wahanol i'r *Herwr glân heb alanas* yn 103.15):

Talm o'r tylwyth a'm diaur (71.49)

Yn 'Gofyn Cymod' cawn yr enw *diheurad* mewn ystyr sy'n nes at y gair modern *ymddiheurad*, ac mae'r ieithwedd gyfreithiol yn ffurfio gweithred o gymodi ffurfiol:

Fy aur, cymer ddiheurad
Ac iawn lle ni aller gwad. (97.57–8)

Gwelir y defnydd mwyaf cadarnhaol o eirfa'r gyfraith yn 'Y Ceiliog Bronfraith', cerdd sy'n cynnal delwedd estynedig o'r aderyn yn canu *drwy gyfraith* (49.6). Mae'r gyfres o drosiadau yn yr ail baragraff yn nodweddiadol o dechneg Dafydd, gan neidio o faes crefydd i statws seciwlar cyn aros gyda'r ddelwedd ganolog o'r swyddog mewn llys barn:

Pregethwr maith pob ieithoedd,
Pendefig ar goedwig oedd.
Sieri fydd ym medwydd Mai
Saith ugeiniaith a ganai,
Iustus gwiw ar flaen gwiail,
Ystiwart llys dyrys dail,
Athro maith fy nghyweithas*,   *cwmni
Ieithydd ar frig planwydd plas (49.7–14)

Diddorol yw gweld y pwyslais ar amlieithrwydd yma, a diau y byddai galw am feistrolaeth o Ladin, Ffrangeg, Cymraeg a Saesneg yn llysoedd Cymru'r bedwaredd ganrif ar ddeg. (Sylwer bod Dafydd yn galw Llywelyn ap Gwilym a Rhydderch ab Ieuan Llwyd yn *ieithydd*, 6.12, 10.39.) Ond y gwir amdani yw mai Saesneg yw teitlau'r swyddogion yn y darn hwn, sef *sieri* < *sheriff, iustus* < *justice* ac *ystiwart* < *steward*, a sonnir yn nes ymlaen am ddarllen o'r *rhol* < *roll* (49.34). Serch hynny, termau brodorol a geir yn y darn sy'n adrodd hanes yr achos llys, sef *daered* (dyled gyfreithiol), *dirwy, tremyg* (dirmyg llys) a *cwyn*, a'r ddelwedd sy'n cloi'r gerdd yw'r prif swyddog yng Nghyfraith Hywel, yr *ynad*, a hwnnw'n *enw gwiwddoeth* (49–50).[87] Mae'n debyg bod ieithwedd gymysg y gerdd yn adlewyrchu realiti'r llysoedd mewn rhai ardaloedd lle roedd arferion a geirfa'r ddwy gyfraith yn cydfodoli am gyfnod. Ond mae'r elfen gyfreithiol yn y gerdd yn fwy na delweddaeth statig: mae yma elfen o naratif sy'n darlunio proses achos llys.[88] Y bardd yw'r erlynydd, ac ar ôl iddo gael ei alw i'r llys yn *faith gyfreithiol*, caiff ei ddirwyo am ei absenoldeb, ond mae'n dal yn ffyddiog y bydd yn ennill yr achos gyda chefnogaeth ei gynrychiolydd cyfreithiol sy'n ddigon huawdl i ddwyn perswâd ar y ferch:

> Collais, ni ddamunais ddig,
> Daered rym, dirwy dremyg.
> Cyd collwn, gwn, o gynnydd,
> Dirwyon dan wyrddion wŷdd,
> Ni chyll traserch merch i mi,
> Cain nerthoedd, na'm cwyn wrthi.
> O bydd cymen y gennad,
> O brudd*, ef a gais ei brad. (49.35–42)   *o ddifri

Masnach

Roedd datblygiad masnach ariannol y trefi yn newid cymdeithasol aruthrol yn ystod oes Dafydd ap Gwilym, ac adlewyrchir hyn yn ieithwedd ei gerddi mewn sawl ffordd. Deublyg ar y gorau oedd agwedd Dafydd tuag at fasnach. Dirmyg ffroenuchel yr uchelwyr tiriog at y dosbarth bwrgeisiol sydd amlycaf, ac ynghlwm wrth hynny y ddelfryd bod serch cwrtais uwchlaw gwerth materol (*Rhagor mawr . . . Y sydd rhwng golud a serch*, 19.37–8). Mynegiant trawiadol o ragoriaeth serch ar olud yw'r defnydd o'r ferf *dielwi* 'gwneud yn ddiwerth' am Ddyddgu, gan gyferbynnu ar yr un pryd rhwng materoliaeth estron a harddwch brodorol: *Da holl Loegr . . . Dy olwg a'i dielwai* (89.34–6). Ac eto mae atyniad bywyd moethus y trefi'n ddigon amlwg hefyd. Gellir archwilio'r agweddau negyddol a chadarnhaol trwy ganolbwyntio ar eirfa prynu a gwerthu.

Unwaith yn unig y digwydd y gair *masnach* ei hun yng ngwaith Dafydd, a hynny yn y cywydd 'Bargeinio' (142.7), cerdd y mae peth amheuaeth am ei hawduraeth, lle mae'n cyfeirio at y weithred o fargeinio â merch sy'n mynnu tâl am gyfathrach rywiol. Fel arall, tarddeiriau o'r bôn *newid* sy'n cyfleu'r cysyniad o fasnach. Defnyddir *newid* ei hun am berthynas y bardd â Morfudd, ac mae *prid* 'costus' yn tanlinellu'r ystyr fasnachol – yn briodol ddigon gan mai masnachwr oedd ei gŵr:

> Cyd bu brid ein newid ni,
> Prid oedd i'r priod eiddi. (120.7–8)

Geiriau sy'n cyfleu serch mewn termau masnachol yw *newidwriaeth*, *cyfnewid*,[89] a *cyfnewidial*, pob un mewn cyd-destunau sy'n pwysleisio anwadalrwydd a thwyll (135.18 a 44, 118.36).[90] Ond nid ymddengys bod cynodiadau'r geiriau hynny'n hanfodol negyddol, oherwydd defnyddir *newidiwr* yn gadarnhaol iawn am Ifor Hael:

> Newidiwr, trwsiwr* trysor—moliant (11.21)   *lluniwr

Gellid deall hyn yn ffigurol gyda'r ergyd bod Ifor yn talu'n hael i sicrhau ei glod gan y beirdd, ond eto mae'r cyfeiriadau at y môr a llongau yn yr awdl honno'n awgrymu ei fod yn ymhél â masnach ar draws Môr Hafren.[91] Os felly, dyma esiampl o fardd yn addasu ei agwedd i gyd-fynd â gweithgaredd ei noddwr.

Term arall am fasnachwr oedd *maelier* (< *mael* 'budd'), sydd yn sicr yn negyddol ei ergyd yn y cywydd sy'n cyferbynnu rhwng anrhegion y beirdd Madog Benfras a Iorwerth ab y Cyriog, y naill yn derbyn rhodd serch a'r llall yn mynnu gwerth ariannol am ei gerdd:

> Maelier y gerdd a'i molawd
> Yw Ierwerth a werth ei wawd. (19.55–6)

Negyddol hefyd yw ergyd yr ansoddair *maelereg* am y gyllell hur a laddodd Lywelyn ap Gwilym (6.82), ond mae'r defnydd ffigurol o'r enw benywaidd yn fodd i foli Morfudd fel yr haul sy'n rhoi goleuni Mai:

> Maeleres Mai oleurwydd (111.24)

Blas negyddol iawn sydd i'r gair *porthmon* yng ngherddi Dafydd, ac nid yw hynny'n syndod o ystyried y darn hwn o'r *Elucidarium* yn Llyfr yr Ancr (1346) lle mae'n cyfieithu *mercatores*, darn sydd hefyd yn dangos y gred bod masnach yn seiliedig ar dwyll:

> Pa obeith yssyd yr porthmyn? Ychydic, kannys o dwyll ac annudonev ac vsur ac ockyr y keissynt pob peth hayach oe kynnull.[92]

Benthyciad oedd *porthmon* o'r Saesneg *portman* 'bwrdais', sef trigolyn tref,[93] ond masnachwr oedd prif ystyr y gair Cymraeg o'r cychwyn (er nad un teithiol o anghenraid fel yn yr iaith fodern), fel y gwelir yn yr honiad sydd i fod i brofi gwerth canu serch y bardd:

> Ni rôi ryw borthmon llon llwyd
> Er ugeinpunt a ganpwyd. (144.23–4)

Sylwer mai 'craff' ac nid 'llawen' yw ystyr *llon* yma; bargeiniwr caled yw hwn. Mae *porthmon* yn disgrifio gŵr y ferch yn 'Lladrata Merch' sy'n un o griw meddw *megis teulu moch* (70.16–17). Ac mae ffurf fachigol ar y gair yn cyfeirio'n ddirmygus at Robin Nordd (neu Robert le Northern fel y gelwir ef mewn dogfen gyfoes), un o fwrdeisiaid Aberystwyth:

> O cherais wraig mewn meigoel*   *gan led-gredu
> Wrth lyn y porthmonyn moel,
> Gwragennus* esgus osgordd,   *gw. pen. 6, t. 124
> Gwraig, rhyw benaig, Robin Nordd,
> Elen chwannog i olud,
> Fy anrhaith â'r lediaith lud,
> Brenhines, arglwyddes gwlân,
> Brethyndai bro eithindan,
> Dyn serchog oedd raid yno.
> Gwae hi nad myfi fai fo!

Ni chymer hon, wiwdon wedd,
Gerdd yn rhad, gwrdd* anrhydedd. (120.13–24)   *enfawr

Ymddengys mai masnachwyr gwlân ariannog (ac ariangar) oedd
Robin Nordd a'i wraig Elen, a rhai ymhongar hefyd, fel yr awgrymir
gan y defnydd gwawdlyd o epithetau statws, yntau'n *rhyw benaig* a'i
esgus osgordd a hithau'n *frenhines* ac *arglwyddes*.

Y gair mwyaf diraddiol a welir yng ngherddi Dafydd am rywun
sy'n prynu a gwerthu am elw yw *hwcstres*, ffurf fenywaidd ar fenthyciad
o'r Saesneg *huckster* 'pedler',[94] a hwnnw'n fodd i ddangos bod yr
anrheg a gafodd Madog Benfras gan ei gariad uwchlaw gwerth
ariannol:

Nid oedd nes i hwcstres hen
Ei brynu ef no brwynen. (19.47–8)

Mae dirmyg yr uchelwyr tuag at y dosbarth bwrgeisiol i'w weld
gliriaf yn y gerdd 'Dyddgu a Morfudd'. Y cyferbyniad allweddol
yma yw'r un rhwng Dyddgu a'i chyfoeth yn deillio o'i thras fon-
heddig:

Gair unwedd etifedd tir (92.7)

a Morfudd yn berchen ar eiddo yn sgil ei phriodas:

Yn berchennog, barch uniawn,
Tŷ a gŵr, yn ddyn teg iawn. (92. 21–2)

Gellir synhwyro cryn goegni yn y sangiad am y parch at ei llwyddiant
materol. Ac wrth gynnig cynllun ysmala i dawelu'r Gŵr Eiddig
mae Dafydd yn defnyddio ieithwedd fasnachol, *benffyg* (benthyg) a
prynu, sy'n adlewyrchu meddylfryd y gŵr ei hun am briodas fel
trefniant busnes:

Ys drwg o un anhunfloedd,
Finffug ŵr, am fenffyg oedd.
Be prynwn, befr ddidwn* bwyll,   *perffaith
Wraig o'm hoedl, rhyw gam hydwyll,

Caliwr* dig, er cael awr daw,   *cnuchiwr
Rhan oedd, mi a'i rhown iddaw
Rhag dryced, weddw dynged wae,
Y gŵr chwerw, y gŵyr chwarae. (92.45–52)

Gwelsom esiampl arall o ergyd negyddol y ferf *prynu* yn y darn am yr hwcstres uchod, ac mae'n dynodi gweithred fyrbwyll ac ymffrostgar wrth geisio hudo merched yn 'Trafferth mewn Tafarn' a 'Sarhau ei Was', dwy gerdd wedi eu gosod mewn trefi:

Prynu rhost, nid er bostiaw,
A gwin drud, mi a gwen draw. (73.11–12)

Prynais, gwaith ni bu fodlawn,
Ar naid ddau alwynaid lawn. (74.27–8)[95]

Awgrymu gwariant gormodol a ffôl y mae *drud*, gair a fagodd ei ystyr ariannol yn y cyfnod hwnnw.[96] Y gair arferol am gostus, fel yn iaith y de hyd y cyfnod modern, oedd *prid* (berfenw gwreiddiol y ferf *prynaf*), a hwnnw sy'n disgrifio'r gwin yn yr ail gerdd (74.25). Fe'i defnyddir yn ffigurol mewn mannau eraill am y colledion a achosir gan serch, fel y gwelwyd uchod am ei berthynas â Morfudd (120.7–8), a cheir yr ymadrodd *prid o swydd* ddwywaith am ei waith yn moli merched heb gael unrhyw dâl ganddynt, gan fanteisio ar y gyfatebiaeth gynganeddol â *prydu*:

Prid o swydd, prydais iddi,
Prydydd i Forfudd wyf fi. (119.1–2)[97]

Prid oedd y fiaren a'i rhwystrodd ar ei ffordd i gwrdd â merch (56.68), ac mae'r gair yn y fan honno fel petai'n ysgogi term masnachol arall, benthyciad o'r Ffrangeg *profit* 'elw': *Lluniodd ym anhoff broffid* (56.69).[98] Defnyddir *cost*, benthyciad cynnar o'r Ffrangeg neu'r Saesneg, yn yr un modd am drafferthion serch (106.53, 128.13), ond fe'i ceir hefyd yn ganmoliaethus am wariant Ifor Hael ar luniaeth a rhoddion (16.33).

Gair benthyg arall ym maes masnach a ddefnyddir nifer o weithiau yng nghyd-destun serch yw *sâl* < Saesneg *sale*. Er gwaethaf ystyr y gair Saesneg, yr unig dro y ceir *sâl* mewn cyd-destun ariannol yng ngherddi Dafydd yw am *gerddi swllt* Gruffudd Gryg sy'n *agwrdd sâl* (22.45 – ond gw. isod ar *swllt* fel trosiad). Fel arall am fethiannau carwriaethol y bardd y defnyddir y gair yn bennaf, yn yr ystyr 'budd, gwobr', fel yr enghraifft hon yn niweddglo 'Trafferth mewn Tafarn' lle gellir ei weld yn cydio yn ieithwedd fasnachol rhan gyntaf y gerdd:

> Cael i minnau, cwlm anun,
> Heb sâl, fy henwal* fy hun. (73.71–2)[99]   *hen loches

Ond y mae un enghraifft o'r gair sy'n hynod gadarnhaol, mewn cerdd sy'n personoli mis Mai:

> Cadarn farchog, serchog sâl (33.3)

Daw mis Mai â budd i ŵr serchog trwy ddarparu'r hinsawdd iddo allu caru'n rhydd dan gysgod y coed, ond efallai fod yr ystyr ariannol yn ymhlyg yma hefyd o gofio'r ddelwedd o ddail fel ffloringod a roddir gan uchelwr hael mewn cerdd arall am y mis (32.9–14). Y pwynt allweddol yw bod arian ffigurol byd natur yn rhagori ar yr arian sy'n rhan o fasnach ddynol.[100]

Roedd i'r economi ariannol ei fanteision amlwg, wrth gwrs, ac nid yw pob ymgais i hudo merch yn methu mor drychinebus â'r un yn 'Trafferth mewn Tafarn'. Cerdd eithriadol sy'n dangos cariadon yn mwynhau'r moethusrwydd y gellid ei brynu yw 'Cyfeddach', a chyfleir y weithred o dalu am win trwy air arbennig, nas ceir gan Ddafydd yn unman arall, sef *gildio*, benthyciad o'r Saesneg *yield*,[101] a hwnnw'n cael ei ailadrodd mewn amryw ffurfiau dros chwe llinell:

> Gildiais fal gildiwr ar fin
> Gildio'n lud, golden ladin.
> Gildiais yn ddinidr* ddidrist,   *dirwystr
> Gild cryf, myn goleuad Crist,
> Gildiad, nid chwitafad* hallt,   *trwyth
> Gildwin er fy nyn goldwallt.
> Gwych y medrais, haeddais hedd,
> Gwaith da rhwyddfaith diryfedd,

Gwiw ddysgnwyf, roi gweddusgnwd
Gwinwydd Ffrainc, er gwenwedd ffrwd. (126.1–10)

Naws fonheddig iawn sydd i'r darn hwn, gyda'r pwyslais ar y lliw aur yn ogystal â'r gwin Ffrengig, a dichon fod amwysedd *gild* a *gildio* yn cyfrannu at hynny, gan fod modd deall *gild* fel benthyciad o'r Saesneg *gilt* 'goreurad' hefyd, gan gysylltu â *golden* a *goldwallt*.[102] Nid osgoir *prynu* yn gyfan gwbl, gan fod bôn y gair hwnnw i'w gael mewn sangiad tua diwedd y gerdd, *dibrinnaf bryn*, ac mae sôn hefyd am arian yn benodol – *Ef a bair . . . Fy nwyforc i fun yfed* (21–2) – a gair benthyg arall am dâl, sef *pai* (13),[103] ond mae'r gair sy'n agor y gerdd yn cyflwyno'r weithred o brynu mewn goleuni llawer mwy ffafriol na'r un o gerddi eraill Dafydd. Sylwer hefyd ar y defnydd trosiadol o *swllt* yn yr ystyr 'trysor, anwylyd' am Forfudd, *swllt hoywfardd* (97.39) ac efallai am ganu serch Gruffudd Gryg (22.45).[104]

Meysydd eraill

Defnyddiodd Dafydd eirfa arbenigol amryw feysydd eraill yma a thraw, ac weithiau fel rhan o ddelweddaeth thematig mewn cerddi unigol. Ei derm ef am feysydd galwedigaethol oedd *crefft*, gair sy'n digwydd 11 o weithiau ganddo, am farddoniaeth (26.1, 30.2), am delynoriaeth (135.65), am eurychiaeth (94.5, 16, 29), am garwr yn efelychu heliwr (38.7), yn ffigurol am garwriaeth (38.45, 133.33, 145.13–14) ac yn y ddihareb *Trech yw crefft . . . no golud* (135.65–6).
Crefft a berthynai'n agos iawn i farddoniaeth oedd cerddoriaeth, fel y gwelir yn y marwnadau i feirdd (20.30, 22.17–18) ac mewn cyfeiriadau eraill at berfformio cerddi (17.7, 15, 99.11, 19–22). Cainc telyn yw pwnc 'Y Gainc', a cheir ynddi derminoleg arbenigol y grefft: *plethiadau, solffeais, cwlm, cildant, datbing, sawtring* a *siffancainc* (91.6, 13, 18, 25, 28, 30). Trosiadau am safon cywirdeb yw'r *cyweirdant* (6.103, 22.18) a'r *cyweirgorn* (22.17). Mae gwneuthuriad y delyn yn darparu alegori yn 'Telynores Twyll', gyda'r termau *nadd, ysgwthr, cwr, llorf, ebillion* a *tant* yn cyfateb i amryw weddau ar ymddygiad twyllodrus y ferch (135.51–64).
Offeryn cerdd eglwysig a gaiff dipyn o sylw yng ngherddi Dafydd yw'r organ: cyfeirir at yr organ yn eglwys gadeiriol Bangor yn yr

awdl i'r deon (8.11) a hefyd yn yr ymryson (25.35, 26.18), ac mae organ yn ddelwedd am y beirdd Madog Benfras a Gruffudd ab Adda (20.33, 21.33), am Ddyddgu (86.53), y llwyn celyn (40.17), cân y ceiliog bronfraith (49.5), swn y don (51.19) a chywyddau'r bardd (99.4).

Celfyddyd arall gydnaws â barddoniaeth oedd gwaith yr arlunydd neu'r peintiwr. Roedd darlun ar banel o goed (*tabl*) yn fan cychwyn ar gyfer y cywydd mawl i Grist a'r apostolion, a gwerthfawrogir celfyddyd y crefftwr a'i creodd:

> Da y lluniwyd Iesu lwyd Iôn,
> O ddysg abl, a'i ddisgyblion,
> Tyfiad agwrdd*, twf digabl,   *grymus
> Tri ar ddeg, pand teg y tabl? (4.11–14)

Y gair allweddol yma yw *llunio*, berf a ddefnyddir am y weithred o gyfansoddi cerdd: *Lluniaf arawl mawl* (1.5).[105]

Llaw Duw a beintiodd y llwyn celyn (40.20), ac awgrymir hefyd mai Duw a noddodd y *peintiad* o Ddyddgu a greir gan eiriau'r bardd (86.46). Cawn gip ar y math o addurn lliwgar a geid yn y tai boned, gan gynnwys arfbeisiau herodrol, ac er gwaethaf ergyd y cwestiwn rhethregol mae'n amlwg bod yma gryn edmygedd o waith y crefftwr:

> Mair! Ai gwaeth bod y mur gwyn
> Dan y calch, doniog cylchyn,
> No phe rhoddid, geubrid gŵr,
> Punt er dyfod i'r peintiwr
> I beintio'n hardd bwyntiau'n hoyw,
> Lle arloes* â lliw eurloyw   *gwag
> A lliwiau glân ychwaneg,
> A lluniau tarianau teg? (138.25–32)

Fel y gwelir yn y darnau hyn *peintio* a *peintiwr* oedd geiriau arferol Dafydd ar gyfer y grefft hon, ond fe geir y ffurf fenywaidd *lliwydden* 'peintwraig' ganddo am ferch liwgar hefyd (140.3).[106] A therm arbenigol o'r maes hwn yw *coprs* o'r Saesneg *copperas* am swlffad a ddefnyddid i wneud lliwiau (gwyrdd gan amlaf), a geir yn drosiad am y bardd Madog Benfras, *a choprs cerdd* (20.32).

Mae gwerthfawrogiad o grefftwaith y tai bonedd yn nodwedd ar lawer o gerddi mawl diweddarach Beirdd yr Uchelwyr, a chawn ragflas o hynny gan Ddafydd yn y cyfeiriad at y *llu seiri* a adeiladodd lys Llywelyn ap Gwilym (5.29). Topos cyffredin yn y farddoniaeth yw'r gyffelybiaeth rhwng y bardd a'r saer coed, fel y gwelir yn anogaeth Dafydd i'w wrthwynebydd yn yr ymryson i fynd i dorri ei goed ei hun (24.45–8). Defnyddir offer y saer yn ddelwedd am safonau crefft mewn marwnadau i feirdd,[107] fel *ysgwîr mawl* am Gruffudd Gryg, sef y sgwaryn a ddefnyddiai'r saer i sicrhau onglau cywir, ac unwaith eto gwelir y weithred o lunio:

> Ysgwîr mawl, eos gwŷr Môn,
> Lluniad pob dyall uniawn
> A llyfr cyfraith yr iaith iawn (22.12–14)

Mae delweddau pensaernïol yn nodwedd ar y cerddi am y deildy, a'r un helaethaf yw'r darn yn 'Y Deildy' a ddyfynnir ym mhennod 10.[108] Llai cyffredin yw delwedd y llinyn sy'n cyfleu lliwiau merch, sef yr aeliau duon ar y croen gwyn, yn y cwpled hwn:

> Mwy ar ddyn ael blu mwyalch
> No llinyn saer ar gaer galch. (131.39–40)

Crefftwr arall uchel ei barch oedd yr eurych, neu'r gof aur,[109] ac mae ffurf fenywaidd ar y gair yn ddelwedd sy'n mawrygu crefftwaith Morfudd yn llunio cae bedw fel rhodd serch yn 'Yr Euryches':

> Er achub crefft eurychaeth
> I efail o ddail ydd aeth
> Ac ennill clod ac annerch
> Ac â'i llaw sawduriaw serch . . .
> Golygawd*, grefft briawd brudd,   *golwg
> Gem irfedw oedd gae Morfudd. (94.5–8, 29–30)

Crefft arbenigol (*priawd*) oedd hon, fel y dengys y term technegol *sawduriaw* 'sodro, asio', ond diben anfasnachol sydd iddi, gan nad yw Morfudd, yn wahanol i 'Siannyn Eurych', yn mynnu *treth fynych* am ei gwaith (94.35–6). Er mai delwedd hynod gadarnhaol yw eurychaeth yma, mae'n bosibl serch hynny fod y gair *eurychwaith* yn 'Llw Morfudd' yn arwydd o gyfeiriad penodol at 'Yr Euryches' gan awgrymu mai rhodd dwyllodrus oedd y cae bedw:

> Nid gem, oferedd gymwyll*,   *adrodd
> O fedw glyn, nid dillyn twyll;
> Eurychwaith Mab Mair uchaf
> Â'i law noeth trwy olew Naf,
> Salm o Dduw, a'i inseiliawdd*   *sêl-nododd
> Yn grair o'i neddair* a'i nawdd (105.17–22)   *llaw

Yr hyn sydd dan sylw yma yw'r weithred o ddilysu dogfen trwy osod sêl arni gan stamp modrwy mewn cwyr. Yr eurychwaith felly yw'r fodrwy, a honno'n ffigurol am sêl bendith Crist ar y llw. Llinell debyg iawn sydd hefyd yn gosod gwaith y Creawdwr uwchlaw crefftwaith dynol yw un am lygaid merch sydd fel gemau: *Eurychiaeth Mab Mair uchod* (131.24). Diau mai gwaith yr eurych sydd mewn golwg yn y gair *saeroniaeth* yn 'Y Seren' (50.20, gw. y dyfyniad uchod).[110]

Gwaith y crefftwyr a wasanaethai'r uchelwyr yw'r meysydd a ystyriwyd hyd yn hyn. Perthynai ieithwedd arbennig i weithgareddau'r uchelwyr eu hunain hefyd, a'r amlycaf o'r rheini oedd milwriaeth ac arfogaeth. Dyma un o themâu mawr y canu mawl traddodiadol, a welir mewn ymadroddion fel *tariangwydr* ac *eurdo hëyrn* am ddarian a helmed Ifor Hael (11.45, 12.22).[111] Agwedd ddeublyg a oedd gan Ddafydd ei hun at filwriaeth, fel y gwelir yn 'Merch yn Edliw ei Lyfrdra' a'r cyfeiriadau dilornus at arfau'r milwr (72.37–40), a'i ymgais truenus i saethu'r llwynog (60.13–22), ond eto yn 'Y Cleddyf' mae ei *loywgledd canoliglym* yn symbol o'i wrywdod a'i foneddigeiddrwydd.[112]

Mwy diddorol yw'r defnydd ffigurol a wneir o derminoleg filwrol yn y canu serch. Gall y ddelweddaeth fod yn negyddol ei hergyd am rwystrau, fel *arfau rhyfel rhew* (54.46), *codarmur* a *habrsiwn* am y niwl (57.28 a 46), neu'n gadarnhaol am gynorthwywyr, fel *bwcled* 'tarian' am y seren, a *dyrnfol* 'maneg ddur' am yr wylan (45.4), a gall hefyd fod yn amwys dros ben, fel *gwn* am gal y bardd (gw. pen. 5 ar y gair benthyg), delwedd sy'n frolgar ac yn dreisgar yr un pryd. Mae castell dan warchae yn ddelwedd alegoriaidd am gyflwr y carwr

yn 'Caer rhag Cenfigen',[113] ac ymhlith yr arfogaeth amddiffynnol
y mae *maen blif o ddigrifwch* (122.31), sef catapwlt i luchio cerrig.
Enw arall ar yr un peiriant rhyfel oedd *mangnel*, ac mae effaith y
gair hwnnw'n hollol wahanol mewn delwedd weledol am gorff
plygedig Morfudd yn ei henaint (150.41, gw. y dyfyniad ym mhen.
11).
Defnyddir arfau'n ffigurol am boenau serch hefyd, fel y gwelir
ym mhennod 10 wrth drafod ystyr ddeublyg *gwewyr*, yn llythrennol
'gwaywffyn' ac yn ffigurol 'poenau', yn 'Gwayw Serch' (127). Y
gair hwnnw yw man cychwyn 'Saethu'r Ferch', cerdd lle rhoddir
pwyslais neilltuol ar ddioddefaint corfforol:

> Gwewyr, cyfeddachwyr cof,
> A â'n wân trywan trwof,
> Cynt no hwyl i gan ddwylaw
> Y pilwrn* drwy'r brwynswrn draw (81.1–4)   *saeth

Manyla'r bardd ar ei awydd i ddial yn y modd mwyaf ffyrnig, ond
eto dymuna osgoi gwneud niwed corfforol:

> Saeth awchlem wyllt syth wychloes
> Dan ben ei bron gron yn groes
> Drwy na thorro, tro treiglfrys,
> Na'r croen nac unpwyth o'r crys. (81.7–8)

Â ymlaen i sôn am fach haearn dan ei gên a *gisarn* (16, bwyall ryfel)
i daro ei phen, ond hola wedyn: *gwae fi, ai byw gwiw fun* (18)? Gan
mai ffigurol yw'r poenau serch ar ddechrau'r gerdd gellir casglu nad
yw'r bardd yn dymuno dial yn llythrennol chwaith, ond eto mae'r
ddelweddaeth filwrol yn fodd i gyfleu angerdd ei deimlad a deuoliaeth
ei agwedd tuag at y ferch.

Niferus iawn yw cyfeiriadau Dafydd at saethu, yn llythrennol ac
yn ffigurol, ac mae eu nifer yn adlewyrchu poblogeiddrwydd y
gweithgarwch hwn yn ei gyfnod, at ddibenion milwrol ac fel
adloniant. At y bwa hir y cyfeirir gan amlaf, ond roedd y bwa croes
(yr *albrs* neu'r *arblastr*) yn arf rhyfel pwerus, ac anogir yr *albrasiwr* i
ladd y Gŵr Eiddig ar ei ffordd i'r rhyfel yn Ffrainc (116.47–54).[114]
Cofier hefyd am lysenw'r gŵr hwnnw, y Bwa Bach (47.16 a 110.40,

gw. pen. 4). Sonnir am Ifor Hael yn saethu ceirw (14.37), a saethydd yn lladd eos (21.9–12), ond ofer fydd unrhyw ymgais i saethu'r carw, yr ehedydd a'r cyffylog a anfonir yn llateion (46.23, 44.58–60, 52.19–28). Gwelwyd uchod yr enghraifft gynharaf o'r gair benthyg *pilwrn* am saeth (81.4).

Fel delwedd mae'r saeth yn cyfleu trawiad sydyn serch fel y gwelwyd uchod (cymh. 78.41–6, 145.2 ac 17.2 am alar), ac yn fwy positif am gyfathrebu'r cariadon trwy'r mur yn 68.51–4. Cyffelybiaeth yn cyfleu oferedd yw'r gŵr sy'n ceisio saethu gwylan, gan golli ei saethau heb gael yr aderyn (144.28–32). Dadlennol yw'r gynghanedd rhwng *saethydd* a *sothach* yn 'Caru Merch Fonheddig' (87.19), ond eto mae'r gobaith y bydd un ergyd ddamwain yn taro'r nod yn galondid i'r bardd. Rhyw saethydd diamcan yw'r gwynt hefyd wrth iddo chwythu'r eira i bob man (47.39). Saethau'r bwa croes yw *chwarelau chwyrn* Angau yn 119.8.

Hela oedd hoff adloniant yr uchelwyr, a sonnir am *helyddiaeth* â gweilch yn yr awdl i Ieuan Llwyd (7.26). Gwelir y prif ddulliau hela yn y darn lle mae Dafydd yn ymfalchïo yn y fraint o gael hela gydag Ifor (14.33–8, gw. y dyfyniad ym mhen. 11). Cyffelybir y carwr sy'n chwilio am ferch yn y goedwig i'r *cynydd*, sef ceidwad cŵn hela, yn ymlid anifail (38.5–16), a dyna sail 'Y Breuddwyd' (79) lle mae'r bardd yn breuddwydio ei fod yn gollwng ei fytheiaid i'r coed i ymlid ewig. Gellid meddwl mai'r un yw pwynt 'Serch fel Ysgyfarnog' (75) lle sonnir am hela'r ysgyfarnog â chŵn, ond mewn gwirionedd nid yr ymgais i ennill y ferch a gynrychiolir gan yr helfa, ond yn hytrach fethiant y bardd i ddisodli serch y ferch o'i feddwl, sydd fel yr ysgyfarnog sy'n dianc rhag y cŵn ac yn dychwelyd i'w gwâl.

Delwedd arall a berthyn i faes helwriaeth, er yn is ei statws cymdeithasol, yw'r un estynedig yn 'Yr Adarwr' (131) lle cyffelybir effaith cariad ar y bardd i waith yr adarwr yn dal adar trwy osod glud ar ganghennau, ac mae'n debyg bod peth o eirfa a thechnegau'r grefft yn y llinellau hyn:

> O daw gwrthlys melgawad
> Ganthaw, a'u rhwydaw yn rhad,
> Glud wiail a glydwyan'
> Glannau gloyw ffynhonnau glân. (131.5–8)

O gofio dirmyg y bardd tuag at y taeogion a weithiai'r tir, ni fyddid yn disgwyl bod amaethyddiaeth yn faes amlwg yn ei ieithwedd. Ond eto y tir oedd sail cyfoeth yr uchelwyr ac felly roedd dulliau effeithiol o amaethu yn bwysig iawn iddynt, fel y dengys y cyfieithiad Cymraeg o draethawd Walter o Henley ar hwsmonaeth a geir yn Llyfr Coch Hergest.[115] Gwelir gwedd ddiraddiol y pwnc yn 'Y Mwdwl Gwair' (66) lle mae'n rhaid i'r carwr gysgodi dan fwdwl, braidd fel y gwna yn 'Y Cwt Gwyddau' (67), a'r unig eirfa amaethyddol yn y gerdd yw *cribin* a *taflawd* (llofft wair). Yn 'Hwsmonaeth Cariad', ar y llaw arall, mae ieithwedd arbenigol y grefft yn ganolog wrth gyffelybu carwriaeth i'r broses o dyfu cnwd, ac mae'r gerdd gyfan yn orchest eirfaol sy'n llawer mwy diriaethol na'r gyffelybiaeth gyfatebol yn y gerdd Ffrangeg *Le Roman de la Rose*.[116] Dyfynnir y darn am aredig y tir (109.15–22) wrth drafod amwysedd *bron* ym mhennod 10.[117] Cynhelir y ddelweddaeth trwy dermau technegol ar hyd y gerdd, sef *cadeirio* (gwreiddio), *coetgae, deiliadaeth, caeu, medelau, llidiardau, sofl, heiniar, had* a *cywain*, gan gloi gyda hen derm am yr ymborth a ddylai ddeillio o waith yr amaethwr, ac sydd yma'n cynrychioli boddhad rhywiol:[118]

> Somed* fi am osymaith. (109.68)   *twyllwyd

Gan fod amaethyddiaeth mor hanfodol i fywyd y ddynoliaeth, roedd yn ffynhonnell naturiol ar gyfer iaith ffigurol. Gwelir y dilyniant o'r diriaethol i'r ffigurol mewn cywydd mawl i Ifor Hael, lle mae hau gwenith a thwf yr hadau yn cynrychioli gwareiddiad, ac yn arwain at y ddelwedd o hau, sef gwasgaru, clod (13.29, 36, 38).[119] Gwelir y syniad o hau serch yn y fron yn 'Hwsmonaeth Cariad', a cheir yr un ddelwedd mewn cerdd arall am Forfudd:

> Heodd i'm bron, hon a hyllt,
> Had o gariad, hud gorwyllt.
> Heiniar cur, hwn yw'r cerydd,
> Hon ni ad ym, hoywne* dydd. (103.5–8)   *lliw disglair

Pen draw'r broses amaethyddol oedd yr *heiniar* (hen + *âr/iâr*), gair a gofnodwyd am y tro cyntaf yng ngwaith Dafydd ac a fu'n derm cyffredin am y cynhaeaf. Fe'i defnyddir yn llythrennol am gnwd o

gnau cyll (95.36), ac fel arall yn ffigurol yn yr ystyr 'ffrwyth, cynnyrch'.
Pwynt y gair yn y darn hwn yw mai poen yw ffrwyth had cariad,[120]
a'r un gair yw man cychwyn y ddelweddaeth yn 'Hwsmonaeth
Cariad':

> Ceisio heiniar o garu
> Yn briod fyth i'm bryd fu. (109.11–12)

Term amaethyddol arall a gofnodwyd am y tro cyntaf yn 'Hwsmon-
aeth Cariad' yw *brynaru* am baratoi'r tir (109.22), a cheir yr enw
brynarwr yn ffigurol yn dynodi arweiniwr rhyfel am Ifor Hael yn
11.46.

Er bod defaid a gwartheg yn rhan bwysig iawn o economi Cymru
yn y cyfnod hwnnw, mae da byw yn llawer llai amlwg yn y cerddi,
ac mae'r ddau gyfeiriad at fugeiliaid yn dangos y dirmyg nodweddiadol
tuag at daeogion (62.16, 63.29). Serch hynny, mae gwaith y bugail
yn darparu delweddau cadarnhaol hefyd. *Bugeiles wybr bwygilydd*
(111.30) yw'r haul sy'n cerdded ar hyd yr awyr yn gofalu am ei
phraidd (sef y cymylau mae'n debyg), a *bugeilaeth serch* (100.22 –
eto'n cynganeddu â *bwygilydd*) yw gwaith llygaid y bardd yn cadw
golwg parhaus ar Forfudd.

9

Y Synhwyrau a'r Meddwl

Pwnc a archwilir yn rhai o gerddi hynotaf Dafydd ap Gwilym yw cyflwr seicoleg y carwr a'r modd y mae serch obsesiynol yn meddiannu ei feddwl. Er mai profiad mewnol yw hwn yn ei hanfod, ei achos cychwynnol yw argraffiadau'r synhwyrau. Cyn troi at ieithwedd seicolegol Dafydd, felly, mae angen ystyried yr eirfa sydd ganddo ar gyfer profiadau synhwyrus a'r cyswllt annatod sy'n creu'r effaith ar y meddwl.

Un o seiliau dysgeidiaeth seicolegol yn yr Oesoedd Canol oedd y syniad o undod y meddwl a'r corff a olygai fod meddyliau ac emosiynau yn dod i'r amlwg ar wedd gorfforol mewn ffordd y byddem heddiw yn ei alw'n seicosomatig. Roedd Dafydd yn gwbl nodweddiadol o'i gyfnod yn hyn o beth, ac mae'n cyfleu'r wedd gorfforol yn rymus dros ben. Gall hyn fod yn uniongyrchol ddramatig, wedi ei atgyfnerthu gan ystum y corff mewn perfformiad efallai, fel agoriad 'Merched Llanbadarn':

> Plygu rhag llid yr ydwyf (137.1)

A gall fod ar ffurf delwedd neu gymhariaeth megis hon sy'n cyfleu trawma meddyliol fel trais corfforol erchyll:

> Ef aeth ei drem, gem Gymru,
> A'i chariad, ehediad hy,
> Dyn fain wengain ewyngorff,
> Drwy 'mron a'm calon a'm corff

Mal ydd âi, gwiw ddifai gofl,
Gronsaeth trwy ysgub grinsofl. (78.41–6)

Canolbwynt y corff yw'r galon yma, a hi hefyd yw lleoliad y cariad a enynnir gan olwg (*drem*) y ferch. Credid yn y cyfnod fod argraffiadau allanol yn treiddio'n syth i mewn i'r galon, felly nid oes angen deall yr honiad hwn yn drosiadol.[1] *Croyw epil cof* yw cariad mewn cerdd arall (109.4) am fod yr argraff o brydferthwch Morfudd mor eglur yn y cof. Gellir gweld y sangiadau sy'n disgrifio'r ferch mewn darnau fel hwn yn ymgais i ail-greu'r argraff honno yn nychymyg y gwran-däwr.

Y synhwyrau

Soniodd Madog ap Gwallter, bardd crefyddol o'r drydedd ganrif ar ddeg, am y 'corff a'i bump synnwyr'.[2] Ni cheir y gair *synnwyr* yn yr ystyr honno gan Ddafydd ap Gwilym (gw. isod ar *synnwyr* yng nghyswllt y meddwl), ond mae argraffiadau'r synhwyrau i gyd yn bresennol yn ei waith ar ryw wedd, er bod dau ohonynt yn llawer amlycach na'r lleill, sef y golwg a'r clyw. Arogl hyfryd sydd i'r *sens* ('arogldarth') mewn cyd-destun crefyddol yn 4.37, ond fel arall dynodi pethau annymunol a wna'r synnwyr hwnnw, fel gwely *drewsawr* y tri Sais (73.52), y ci *llwfrddrew* ('yn drewi'n llaith') a oedd yn un o dri phorthor Eiddig (68.7), a *chwys egr* Eiddig ei hun (114.32). Mae cyswllt agos rhwng synhwyrau arogl a blas, ac felly cawn y gair *sawr* eto yn cyfleu blas hyfryd cusan, *trisawr mêl* (83.39),[3] ac *egr* eto am win sur (59.35). Mae blas yn elfen yn y dychan i Rys Meigen o ran y pethau ffiaidd mae'r gwrthrych yn eu bwyta – *Gweren soegen a sugnai* (31.55) – ac yn ffigurol am ei gerdd *wermod* (31.15). Defnyddir *pêr* yn ffigurol am enwogrwydd y grog yn 1.147 ac am fawl y bardd iddi yn 1.67, a gallai ddynodi melyster o ran blas neu arogl.

Cyffwrdd â'i gariadon yw nod y bardd yn ei holl ganu serch, a chyfleir y cyffyrddiad gan yr adferfau *groengroen* (145.14), *finfin* (133.36) a *daldal* (93.20), ond dyhead yn unig a fynegir gan y ferf *clywed* ('teimlo') yn ei gyffes i'r Brawd Llwyd (148.17), a gwadu a wnaeth y ferch yn 'Llw Gau' fod eu haelodau noeth wedi cyffwrdd

(141.1–8). Fel arall, ar ffurf y boen o daro'n erbyn rhwystrau yr amlygir y synnwyr hwn yn bennaf, yn enwedig yn 'Trafferth mewn Tafarn'. Honno yw'r unig un o gerddi Dafydd lle gwelir pob un o'r pum synnwyr ar waith, ac efallai fod hynny'n adlewyrchiad o gnawdolrwydd yr adroddwr.[4]

Mae'r golwg yn chwarae rhan ganolog yng ngwaith Dafydd wrth ymateb i harddwch merched a hefyd i hyfrydwch byd natur sy'n gefnlen i serch. Y berfau sylfaenol sy'n cyfleu'r canfyddiad hwn yw *gweled, edrych, disgwyl* a *canfod*.[5] Rhyw syllu myfyrgar hiraethus a ddynodir gan *ddwysgur ddisgwyl* yn y darn am Beredur yn gweld golygfa sy'n ei atgoffa am ei gariad (86.37).[6] Ac mae'r dilyniant o'r gweld i'r boen feddyliol (*cur* eto) yn gwbl glir ar ddechrau 'Gwayw Serch' lle mae'r darlun o'r ferch mewn lleoliad penodol yn arwain at yr effaith ar y bardd o'i gweld:

> Y ferch yn yr aur llathrloyw
> A welais, hoen geirwfais* hoyw,   *ewyn ton
> Yn aur o'r pen bwy gilydd,
> Yn rhiain wiw, deuliw dydd,
> Yn gwarando salm balchnoe*   *arch Noa
> Yng nghôr Deinioel Bangor doe.
>
> Digon i'r byd o degwch;
> Deugur, bryd Fflur, i'i brawd fflwch*   *hael
> Weled y wenferch wiwlwys,
> Wi o'r dydd! mau wewyr dwys. (127.1–10)

Y ferf *gweled* sy'n allweddol yn 'Yr Adfail' hefyd yn ysgogi'r cyferbyniad poenus yn y cof rhwng doe a heddiw:

> Gwae a'th weles, dygesynt,
> Yn gyfannedd gyntedd gynt,
> Ac a'th wŷl heddiw'n friw frig,
> Dan dy ais yn dŷ ysig. (151.3–6)

Fformiwla o'r marwnadau oedd honno, a thebyg iawn yw'r mynegiant yn un o'r englynion marwnad i Lywelyn ap Gwilym:

Gwae fi weled, trwydded* drwg,   *croeso
Neuaddau milwr, tŵr teg,
Annawn oes, un yn ysig,
A'r llall, do gwall, yn dŷ gwag. (6.49–52)

Swyddogaeth ddeublyg sydd i'r llygaid yn y broses hon, fel offerynnau canfod harddwch ac fel cyfryngau'r dagrau sy'n amlygu'r gwewyr meddwl a ddeillia o'r canfyddiad hwnnw, fel y gwelir yn 'Hwsmonaeth Cariad' lle mae'r storm o deimladau'r galon yn difetha'r cnwd:

Tröes y gwynt, bellynt bollt,
O ddeau'r galon ddwyollt.
A thywyllawdd, gawdd* gordderch,   *dicter
Yn fy mhen ddwy seren serch:
Llidiardau dagrau digrwyf*,   *yn llifo'n chwerw
Llygaid, nofaduriaid nwyf.
Edrychasant, lifiant lun,
Ar Forfudd araf* eurfun,   *mwyn
Lwferau* dwfr lifeiriaint,   *simneiau
Lafurus annawnus naint. (109.43–52)

Ac yn 'Nodwyddau Serch' llifa *sugn y fron*, sef hylif y corff clwyfedig, trwy'r llygaid sydd ar agor yn barhaol:

Tra fo fy llygaid, haid hawl,
Yn agored engiriawl*,   *annioddefol
Glaw a ddaw, dyn gloyw-wedd wyd,
O sugn y fron a ysigwyd.
O ddinau*'r ddeunant ar lled   *ffrydio
Odd yno, fy eidduned*,   *dyhead
Meddylia hyn, y feinferch,
Meddyliau o sugnau serch,
Y daw glaw yn ôl praw prudd
Hyd y farf, hydwf* Forfudd. (100.25–34)   *siapus

Ar y llaw arall, llawenydd a chalondid sy'n deillio o weld harddwch byd natur. Dyma ymateb y bardd i sioe synhwyrus y goedwig ar fore o wanwyn:

> Minnau, fardd rhiain feinir,
> Yn llawen iawn mewn llwyn ir,
> A'r galon fradw* yn cadw cof,   *dreuliedig
> A'r enaid yn ir ynof,
> Gan addwyned gweled gwŷdd,
> Gwaisg* nwyf, yn dwyn gwisg newydd,   *bywiog
> Ac egin gwin a gwenith
> Ar ôl glaw araul* a gwlith,   *disglair
> A dail glas ar dâl y glyn
> A'r draenwydd yn ir drwynwyn. (36.17–26)

Y gair allweddol yma yw *ir* 'glas, ffres', sy'n dynodi lliw ac ansawdd y tyfiant newydd a hefyd adnewyddiad ysbryd y bardd yn sgil ei atgofion o brofiadau cyffelyb yn gynharach yn ei fywyd, a'r rheini wedi gadael eu hôl ar ei galon dreuliedig. Oherwydd ei bwyslais ar olwg pethau mae'r bardd yn gweld hyfrydwch yng nghawodydd Ebrill hyd yn oed – nes i'r bioden ei atgoffa bod y glaw yn effeithio ar fwy nag un synnwyr, gan ei fod yn *oer* yn ogystal ag yn *araul*.

Lliwiau yw'r wedd bwysicaf ar brofiad synhwyrus yng ngherddi Dafydd, ac yn ogystal â'u swyddogaeth ddisgrifiadol mae iddynt arwyddocâd symbolaidd a all fod yn gymhleth.[7] Cyfleir lliwiau trwy nifer o dermau penodol, gan gynnwys geiriau cyfansawdd, a hefyd trwy gymariaethau a throsiadau. Y ddau liw amlycaf o bell ffordd yw glas neu wyrdd am ddail y coed a gwyn am groen merched.

Benthyciad o'r Lladin *viridis* oedd *gwyrdd*, ac er ei fod efallai'n gyfystyr â *glas* yn wreiddiol, trwy graffu ar y ddau derm yng ngherddi Dafydd am y tymhorau gellir gweld gwahaniaeth yn eu defnydd.[8] Wrth ddisgrifio bore o wanwyn ar ddechrau Ebrill yn 'Cyngor y Bioden' *glas* yw'r gair a ddefnyddir (36.10 a 25), ac mae *ir* hefyd yn cyfleu ansawdd y tyfiant newydd (gw. y dyfyniad uchod). Mae *gwyrdd* i'w weld mewn cerddi a osodir ym Mai a misoedd eraill yr haf, fel 'Offeren y Llwyn' (39.2, 16, cymh. 7.2) a 'Mawl i'r Haf' (35.20), gan ddynodi'r lliw tywyllach a ddaw wrth i'r dail aeddfedu.

Ceir y ddau air ochr yn ochr yn rhan gyntaf 'Mis Mai a Mis Tachwedd' (33.1, 4, 12, 14, cymh. 38.36, 41), gan awgrymu bod Mai yn gyfnod trothwyol, a chadarnheir hynny gan 'Mis Mai' lle gwelir dilyniant arwyddocaol sy'n adlewyrchu pwyslais y gerdd ar dreigl amser, yn cychwyn gyda *glas* (32.12, 26, 29) ac yn symud ymlaen trwy *golas* (31) a *glaswyrdd* (43) nes cyrraedd *gwyrddrisg* (51) gyda dyfodiad *haf llathr* erbyn diwedd Mai. Gellir tybio mai gwyrdd gydag arlliw golau a ddynodir gan y gair cyfansawdd *glaswyrdd*, ac mai glas sy'n dechrau tywyllu yw *gwyrddlas* (66.14 a 72.19). Gallai *glas* ddynodi llwyd gwelw hefyd, ac fe'i ceir am arfau dur, am ddŵr, a ddwywaith am wydr (49.32 yn drosiadol am ddail y coed ac felly'n ddeublyg, a 92.25).

Croen gwyn oedd elfen bennaf prydferthwch merch yn llên yr Oesoedd Canol, ac roedd yn arwydd pendant o statws cymdeithasol, ac efallai'n arwydd mwy amwys o burdeb moesol (er gwaethaf cynodiadau ysbrydol *gwyn* mewn cyd-destun crefyddol). Prin bod yr un o gerddi serch Dafydd heb yr elfen hon, naill ai trwy'r gair ei hun neu ar ffurf cymariaethau confensiynol fel eira ac ewyn ton. Cofier hefyd am y cyfystyron niferus sy'n cyfleu disgleirdeb a restrwyd ym mhennod 2. Mae pwyslais neilltuol ar y gair ei hun mewn cerdd am ferch ddienw (130.29–42), efallai am fod ganddi enw yn cynnwys yr elfen *gwen* megis Gwenllian. Ac yn y gerdd am weld Dyddgu am y tro cyntaf mae lliw ei chroen yn cryfhau (*duo*) lliw du ei gwallt trwy gyferbyniad:

> Gwynnach yw nog eiry gwanwyn.
> Gweddw wyf o serch y ferch fwyn.
> Gwyn yw'r tâl dan wialen,
> Du yw'r gwallt, diwair yw gwen.
> Duach yw'r gwallt, diochr gwŷdd,
> No mwyalch neu gae mywydd★.   ★muchudd
> Gwynder disathr ar lathrgnawd
> Yn duo'r gwallt, iawnder gwawd. (86.25–32)

Dyma'r lliw du yn elfen gadarnhaol mewn prydferthwch delfrydol, fel yr oedd hefyd am aeliau merch.[9] Ceir tair enghraifft hefyd o'r gair hynafol *gwrm* yn dynodi aeliau tywyll, sydd efallai â naws fwy dyrchafedig yn y farwnad i Angharad (9.51), gw. pennod 3.

Fel arall cynodiadau negyddol iawn sydd i'r lliw du, gyda chyswllt cyson â'r gaeaf, y ddaear (4.50, 57.18) a marwolaeth. Dyma'r lliw sy'n dynodi'r trobwynt yn 'Mis Mai a Mis Tachwedd', lle mae'r *mis dig du* (33.31), mis cyntaf y gaeaf, yn cyferbynnu'n chwyrn â'r darlun lliwgar o ddiwrnod o haf yn y llinellau blaenorol. Ac yn 'Marwnad Rhydderch' cawn gyferbyniad rhwng tywerchyn du y bedd a chorff gwyn yr ymadawedig (10.32 a 36). Mae'r lliw du'n nodweddu'r canu dychan (e.e. 62.32 am y rhugl groen, 26.3 yn yr ymryson a 63.28 a 36 am ei gysgod, a'r ffurf gryfhaol *arddu* yn *arddufrych* 30.47 a 132.19), a'r darlun o'r Gŵr Eiddig yn arbennig (e.e. 112.28, 117.25). Yn y darogan hwn yn llais Morfudd cysylltir y gŵr â'r gaeaf, gyda chyflythreniad eto rhwng *dig* a *du*, ac mae'r ffaith fod *du* yn disgrifio'r eira yn dangos fod symboliaeth y lliw yn bwysicach na realiti'r gwrthrych:[10]

> Ef a ddaw byd, bryd brydu,
> Ar ŵr dig gwedy'r eiry du. (117.19–20)

Mae'r gair *duach* yn ffurfio uchafbwynt iasol i bregeth y Brawd Du sy'n cymryd y crys gwyn a wisgir am wythnos yn ecsemplwm am dynged prydferthwch y cnawd (150.17–20), a diau fod lliw gwisg y Brawd (a nodir yn y cwpled dilynol) yn symbol o'i fydolwg pesimistaidd.

Mae *llwyd* yn lliw cymhleth ei gynodiadau, yn rhannol oherwydd amrediad eang y lliw a ddynodir, a hefyd am ei fod yn gyfenw ar Ddafydd ei hun ac ar Forfudd. Yn ogystal â 'grey', cwmpasai *llwyd* y lliw a alwn yn frown heddiw (e.e. am nentydd llawn y gaeaf yn 33.38), a dyna ydyw wrth gyfeirio at rai creaduriaid, fel *llwydion esgyll* am adenydd brown yr ehedydd (44.8), ac am yr ysgyfarnog frown, ond eto llwyd yw lliw'r gog (99.32), y ceiliog bronfraith (39.8) a'r cyffylog (53.30). Gallai gyfeirio at liw gwallt hynafgwr gydag elfen o barch, a chofier hefyd am yr ystyr 'sanctaidd' (cymh. *Duw llwyd* 37.14, 86.17, 148.59, a *Iesu llwyd* 4.11) sy'n berthnasol i'r defnydd am ddeon Bangor yn 8.8 a 9.

Tebyg mai gwallt brown a ddynodid gan yr enw Dafydd Llwyd,[11] a sylwer fel yr amodir yr ansoddair mewn gair cyfansawdd yn y disgrifiad ohono gan ei was, *llwytu ŵr* (74.44), er mwyn dangos i'r ferch nad yw ei feistr yn hen ddyn. Mae'n siŵr bod disgrifiad dirmygus y bioden, *y gŵr llwyd hen* (36.38 a *llwyd* eto yn ll. 48) yn chwarae ar enw'r bardd,[12] a gellid tybio bod y gerdd honno'n perthyn i gyfnod diweddarach yn ei yrfa, ond eto byddai'r doniolwch yn fwy pe na bai gwallt y bardd ond megis yn dechrau britho. Yn achos Morfudd gallai'r cyfenw fod yn un teuluol efallai, a chyferbynnir rhwng y cyfenw hwnnw a lliw ei gwallt yn y gair cyfansawdd *melenllwyd* (47.63) ac mewn sangiad sy'n achub y blaen ar ail elfen yr enw yn *Morfudd, lliw goleuddydd, Llwyd* (108.44).

Patrwm diddorol a welir mewn dau gywydd yw'r ailadrodd ar yr ansoddair *llwyd* sy'n fodd i greu cyswllt rhwng y bardd ei hun ac aderyn. Yn 'Talu Dyled' cyffelybir y bardd i'r gog undonog ei llais am fod pob cerdd o'i eiddo yn fawl i Forfudd: *lleidrwas llwyd* yw'r bardd, a *thoryn llwyd* sydd gan y gog (99.7 a 32). Ac yn 'Y Cwt Gwyddau' *gwas llwyd* yw'r bardd a llwyd yw'r ŵydd hefyd (67.16 a 32).[13] Yr awgrym yn y fan honno, efallai, yw bod Dafydd mor ferchetaidd â gŵydd, yn yr un modd ag y mae gwallt ei chwaer ar ei ben yn ei wneud yn debyg i ferched Llanbadarn – cerdd arall lle sonnir amdano fel *y mab llwyd* (137.29). Ond gall cynodiadau llwyd fod yn fwy cadarnhaol hefyd, ac er na nodir cyfenwau Dafydd a Morfudd yn 'Offeren y Llwyn', tebyg mai negesydd addas oedd y *llatai llwyd* o geiliog bronfraith a anfonodd Morfudd ato (39.8, 19).

Termau eraill am y lliw llwyd oedd *llai* a geir am yr ŵydd (67.29) ac am Rys Meigen (*lledryn llai* 31.56), a *blawr* yn y gair cyfansawdd *blawrfrych* am Eiddig (114.28), gair a ddefnyddid am geffylau yn bennaf[14] ac sydd felly'n ategu'r argraff anifeilaidd a greir gan *llwdn* yn y llinell ganlynol, gan gyferbynnu â chyfenw Morfudd sy'n cloi'r gerdd.

Lliw tywyllach, math o frowngoch, yw *gwinau*, ac arwydd o rychwant y term hwn yw'r ffaith iddo gael ei ddefnyddio am yr ehedydd (44.34) sy'n llwyd fel arall, ac am aeliau Dyddgu (*wineuael* 87.38) sy'n ddu fel arall (e.e. 89.32). Ac yn y gair cyfansawdd *gwineugoch* (59.35) mae'n disgrifio dŵr tywyll cochlyd y pwll mawn. Lliw tebyg oedd *cethin* a geir mewn geiriau cyfansawdd yn disgrifio ysgyfarnog, *cethinfraith* (76.3) a *cethinfer* (75.18). Tebyg mai cryfhau'r ail elfen yw ei swyddogaeth yn *cethinwen* (140.6) am ferch ddienw, 'gwyn ffyrnig', ac o gofio'r cynodiadau o wylltineb sy'n perthyn i'r gair yn ddiweddarach mae'n werth nodi bod *gwyllt* yn digwydd ddwywaith yn y cwpledi blaenorol.

Blas negyddol sy'n perthyn i'r gair *coch* ei hun gan amlaf, gydag awgrym o berygl, am gŵn ffyrnig (46.25–6, 68.30), am y llwynog (60.10, 45), am iwrch (76.14 – nid yr un a aeth yn llatai), am y cyffylog (*cochfrych* 53.57) ac am Frawd Du (*dugoch* 149.20). Lle mae angen cyfleu'r lliw hwn yn bositif, sef am ruddiau merched, osgoir y gair *coch* trwy droi at air benthyg (*sinoblrudd* 106.1), neu gyffelyb-iaethau megis *gruddiau ffion* (129.13) a *cwrel ffrwyth* am aeron y gelynnen (40.2). Gair benthyg oedd *coch* (< Lladin *coccum*), ac ymddengys nad oedd wedi llwyr ennill ei blwy fel term niwtral yn yr iaith erbyn cyfnod Dafydd (er ei fod yn ddigon cyffredin fel cyfenw, e.e. Iolo Goch). Yr hen air brodorol oedd *rhudd*, ac er bod hwnnw'n llai cyffredin yn y cerddi fe'i defnyddir ddwywaith gydag ergyd drawiadol: *neud rhudd galar* (6.43) gan gyfeirio at yr awydd i ddial llofruddiaeth ei ewythr, a *[m]aroryn rhudd* (92.18)[15] sy'n cyfleu natur danllyd Morfudd mewn cyferbyniad â llonyddwch Dyddgu a'i hael *liwddu* yn y cwpled blaenorol. Ceir *rhudd* hefyd yn golygu dillad o'r lliw hwnnw, fel *gwyrdd* ac *ysgarlad* yn ogystal (138.5, 6, 15.45). A thebyg bod *rhudd* yn elfen yn y gair *rhuddell* am liw brown neu gochlyd (122.37, gw. pen. 1).

A throi at ran arall o'r sbectrwm, mae melyn yn lliw deublyg ei arwyddocâd. Ergyd negyddol sydd iddo'n ddigamsyniol yn 'Y Drych' lle mae'n cyfleu lliw afiach croen y bardd sydd wedi *melynu* yn sgil salwch serch (132.7 a 10), a hefyd am y rhugl groen sy'n *felengest* (62.19).[16] Ym 'Marwnad Gruffudd ab Adda', sy'n debyg o fod yn ffug-farwnad, digrif braidd yw'r cyfeiriad at y cleddyf yn torri trwy ei *felynflew* (21.44), ond eto sonnir amdano fel *angel melyn* (51) gan gyfeirio at yr arfer o ddarlunio angylion â gwallt melyn.[17] Merch benfelen oedd Morfudd, ond unwaith yn unig y defnyddir y term lliw amdani, a hynny mewn cyfuniad â'i chyfenw yn y gair cyfansawdd *melenllwyd* (47.63). Roedd gwallt melyn yn ddigon clodwiw ynddo'i hun wrth gwrs, ond efallai fod y cyfuniad cynganeddol hwn am ferch benfelen arall yn awgrymu'n wahanol:

> Ni aned merch, dreiglserch draidd,
> Felenwallt mor fileiniaidd. (144.47–8)

Yr unig enghraifft sydd yn bendant yn gadarnhaol yw un am y seren lle mae'r cyswllt ag aur yn gweddnewid symbolaeth y lliw:

Goldyn o aur melyn mâl (50.36). Aur hefyd oedd y dewis pennaf i gyfleu lliw wallt (gw. pen. 7 ar gyfuniadau fel *eurferch* am Forfudd), a gwelir yr un cyfuniad o *gold* ac *aur* am wallt merch a'i phenwisg yn y llinell hon: *Goldwallt dan aur gwnsallt da* (121.23; cymh. 126.6). Metel arall sy'n dynodi lliw gwallt yw *copr* am y ferch yr anfonir yr wylan ati (45.25), ac mae *coprs*, sef y swlffad a ddefnyddid i wneud lliwiau (gw. pen. 8), yn drosiad am y bardd Madog Benfras fel lliwiwr cerdd (20.32). Ond cymharol ddiwerth oedd y metel ei hun, ac felly mae'n cyfleu rhagoriaeth Madog yn nes ymlaen yn yr un gerdd, *copr pawb wrthaw* (20.44). Arian bath yn bennaf a ddynodir gan *arian(t)*, a heblaw *arianllais* yn 38.30 sy'n enghraifft o gymysgu synhwyrau (gw. isod), yr unig ddefnydd am liw yw'r ferf sy'n cyfleu lliw disglair yr wylan trwy gyfeirio at yr arfer o liwio llythrennau mewn llawysgrifau: *Llythr unwaith lle'th ariannwyd* (45.9).

Lliw digon pendant ei arwyddocâd yw porffor am wisg y ferch sy'n pererindota i geisio maddeuant am ladd y bardd (129.41), am fod gwisg borffor yn arwydd o benyd, ac mae'r lliw cyferbyniol yn llinell olaf y gerdd – *Minnau a'i maddau i'm aur* (48) – yn fodd i ddatgan ei bod yn dal yn annwyl ganddo er gwaethaf ei chamwedd. Anodd yw barnu a yw'r un arwyddocâd yn berthnasol i'r cyfeiriad arall at wisg borffor yn llinell gyntaf 'Campau Merch' – *Y ferch borffor ei thorun* (124.1) – ond efallai ei fod yn arwydd o safle cymdeithasol uchel yno oherwydd ei gynodiadau brenhinol.[18]

Er i Ddafydd weld lle i ganmol y cyfuniad cyferbyniol o ddu a gwyn ym mhryd a gwedd Dyddgu, mewn achosion eraill mae golwg amryliw yn arwydd o natur ddrwg, fel y dengys cynodiadau'r ansoddeiriau *brith* a *brych* hyd heddiw. Y disgrifiad o'r bioden sy'n dangos hyn gliriaf, gyda'r gair benthyg *mwtlai* < Saesneg *motley* (36.57), ei phlu *brithddu* (55) a'i *breithddu asgell* (60).[19] Tebyg yw ergyd *brych* am y cyffylog (53.31, 55 a 58) ac yn y geiriau cyfansawdd *blawrfrych* (114.28), *cochfrych* (53.57) ac *arddufrych* (30.47 a 132.19) a nodwyd uchod. Cofier, serch hynny, fod amlieithrwydd yn wedd ar natur amryliw y bioden (gw. 36.59–60 a ddyfynnir ym mhen. 2), ac yn hynny o beth gellir gweld cyswllt â Dafydd ap Gwilym ei hun a oedd yn dipyn o bioden farddol.

Mae *clywed* yn ferf sydd bron mor bwysig â *gweled* yng ngherddi natur Dafydd, ac mae'r synnwyr hwn hefyd yn bwydo'r meddwl, fel yr awgryma'r ddelwedd *ceiniogau cof* am y clustiau (61.10). Yn

'Merch, Aderyn a Bedwen' yr aderyn sydd fel petai'n gweld ar ran y bardd gan gyhoeddi dyfodiad y ferch, a'r bardd yn gwrando arno yntau:

Golau lais, galw ail Esyllt	
A wnâi y gwiw latai gwyllt,	
Aur ei ylf*, ar wialen,	*pig
Ar ei gred, yn gweled gwen.	
Digrif, beis gatai'r dagrau	
A red, oedd glywed yn glau	
Dyrain* mawr ederyn Mai	*gorfoledd
Dan irfedw y dyn erfai*,	*gwych
Eirian* farchog doniog dôn	*disglair
Urddol aur ar ddail irion.	
Hoyw erddigan* a ganai	*harmoni
Awr by awr, poen fawr pan fai.	
Nid âi ef, mygr* waslef mwyn,	*hardd
Arianllais edn, o'r unllwyn,	
Meddylgar gerdd glaear glau,	
Mwy nog ancr*, meinion geincau. (38.17–32)	*meudwy

Dyma'r enghraifft gynharaf o *gwaslef* (*goslef*). Ac fel yr eirfa sy'n cyfleu lliw ac ansawdd golwg, mae gan Ddafydd nifer o eiriau i ddynodi natur sŵn, fel *clau* 'eglur' yma,[20] *bangaw* 'soniarus' (34.25, 38.4, 39.27),[21] *chwiban* (39.30), *chwibanwr* (52.20) a *cloch* yn cyfleu eglurder (10.8, 19, 34.24, 39.30, 74.46, 98.10). Dyma bedwar ohonynt gyda'i gilydd yn un o gerddi mwyaf soniarus Dafydd, 'Offeren y Llwyn':

Ac eos gain fain fangaw
O gwr y llwyn ger ei llaw,
Clerwraig nant, i gant a gân
Cloch aberth, clau a chwiban (39.27–30)

Roedd *clau* o'r un gwreiddyn â *clyw*, ac mae'r sain *cl-* yn thematig yn sgil cynghanedd a chymeriad dechreuol yn ail gwpled y darn hwn o 'Dan y Bargod', lle mae'r bardd fel petai'n cyfarch y gynulleidfa'n uniongyrchol gan eu hannog i ddychmygu'r sŵn:[22]

Taro, o'm annwyd dyrys*,   *nwyd gwyllt
Tair ysbonc, torres y bys
Clöedig, un clau ydoedd,
A'i clywewch chwi? Sain cloch oedd. (98.7–10)

Ceir hefyd eiriau'n dynodi mathau o leferydd fel *siarad* (37.17, 68.37), *grill* (33.17) a *cogor* (99.33, cymh. 68.35) am drydar adar a *syganu* am ryw hisian crafog (gw. pen. 6), yn ogystal â synau negyddol fel *diasbad* (73.43) a *broch* (68.44). Ac fel y gwelir gyda *golau lais* uchod, mae tuedd i gymysgu'r synhwyrau wrth ddisgrifio sŵn, sef y dechneg a elwir yn synesthesia, fel *eurlwys bynciau* (36.10) ac *arianllais* (38.30) eto am adar, a *llef eurloyw fygr* am y delyn (91.27).

Mae pwyslais neilltuol ar sŵn yn y farwnad i Rydderch ab Ieuan Llwyd, sef y galar a leisir gan ei gyfaill Llywelyn Fychan ar ffurf yr ebychiad *och* a ailadroddir dros ugain llinell (10.1–20). Ar sail y darn hwnnw yr awgrymodd Dafydd Elis Thomas fod 'auditory imagination' yn un o nodweddion barddoniaeth Dafydd ap Gwilym.[23]

Gair a welir droeon yn cyfleu effaith gyffredinol argraffiadau'r synhwyrau ar y meddwl yw *digrif*, fel yn 38.21 uchod, ac eto yng nghyswllt y clyw ar ddechrau 'Offeren y Llwyn':

Lle digrif y bûm heddiw
Dan fentyll y gwyrddgyll gwiw,
Yn gwarando ddechrau dydd
Y ceiliog bronfraith celfydd
Yn canu ynglyn alathr*,   *campus
Arwyddion a llithion llathr. (39.1–6)

'Pleserus, dymunol' oedd ystyr wreiddiol y gair,[24] ond cam bach o'r fan honno oedd yr ystyr fodern 'doniol' (a welir yn *digrifwas* am y mwdwl gwair, 66.10), ac mae'n debyg bod rhyw arlliw o'r ystyr honno yn llawer o'r enghreifftiau eraill yng ngwaith Dafydd,[25] gan fod chwerthin yn ymateb a welir ganddo sawl gwaith yng nghyd-destun pleserau'r synhwyrau,[26] fel yn 'Yr Haf':

A gweled, modd y chwarddaf,
Gwallt ar ben hoywfedwen haf.

Paradwys, iddo prydaf,
Pwy ni chwardd pan fo hardd haf? (34.13–16)

Y meddwl

Wrth droi at y termau sydd gan Ddafydd i ddynodi'r bywyd mewnol dylem nodi fod bron pob un i'w gweld mewn llenyddiaeth gynharach, yn rhyddiaith ac yn farddoniaeth. Roedd sylw i gyflyrau meddyliol yn rhan o farwnadau Beirdd y Tywysogion oherwydd galar personol y bardd a'i gof poenus am yr hyn a gollwyd, fel y gwelir yn y llinellau hyn o farwnad gan Gynddelw Brydydd Mawr:

> Ni threfyd brwynfryd* o'm bron   *ni symuda galar
> Nac o'm cof nac o'm calon.[27]

Daeth cyflyrau meddyliol yn amlycach eto yn y canu serch cwrtais yn sgil y pwyslais ar brofiad mewnol y carwr, ei lawenydd a'i ddioddefaint. Dyma'r Prydydd Mawr eto yn 'Rhieingerdd Efa':

> Pellynnig fy nghof yng Nghaerwys dir[28]

A dyma'r gŵyn yn un o gerddi serch Hywel ab Owain Gwynedd:

> Hiraethawg fy nghof yng nghyweithas*,   *mewn cwmni
> Hoed erddi, a mi genddi yn gas![29]

Mae'r thema i'w gweld yn gryfach gan ragflaenwyr agos Dafydd, fel Iorwerth Fychan:

> Meddwl a ddodais, meddwid—fy nghofain,
> Am dwf mirain main cain cyfrdelid*.[30]   *urddasol

> Calan Gorffennaf gorffwyll a'm bydd . . .
> Gorpherygl i'm cof na'm ceinfygydd*—hon[31]   *hoffi

Dyn a rydd gefyn ar gof yw un o'r merched yng nghanu serch Gruffudd ap Dafydd ap Tudur,[32] delwedd a adleisiwyd gan Ddafydd ei hun, *cadwynwyd cof* (131.43). A rhydd Casnodyn gryn bwyslais ar ei brofiad mewnol ei hun mewn englynion i ferch o'r enw Awd, gan honni na allai waredu'r cof amdani o'i feddwl tra byddai fyw:

I'm dydd ef a fydd, o fedd-dawd—traserch,[33]
(Treisig yw fy nifrawd,
I'm dig cadwedig ceudawd!)
Â mi cyfoedi cof Awd.[34]

Gwelir yn y dyfyniadau hyn rai o'r termau a ddefnyddir gan Ddafydd yn gyson – *calon, bron, ceudawd, cof, meddwl, bryd*. Dyma gwlwm o eiriau sy'n agos-gysylltiedig, ac er mwyn dechrau deall y berthynas rhyngddynt mae'n rhaid rhoi heibio'r cyferbyniad modern rhwng syniadau rhesymol y pen ac emosiynau teimladwy'r galon. Mae tystiolaeth cerddi Dafydd ap Gwilym yn awgrymu'n glir fod ei ddealltwriaeth o'r seice dynol yn cyd-fynd â barn gyffredin ei oes, a oedd yn seiliedig yn y pen draw ar athroniaeth naturiol Aristotle, mai'r galon oedd safle'r meddwl a'r enaid a'i bod yn derbyn argraffiadau'r synhwyrau ac yn rheoli gweithrediadau'r corff.[35] Nid oes awgrym yn y cerddi bod Dafydd yn lleoli'r meddwl na'r cof yn y pen,[36] ac mae sawl darn yn eu cysylltu â'r galon, neu'r fron a'r ceudod sy'n gyfystyron am y galon y tu mewn iddynt.

Gwelwyd eisoes mai'r *galon fradw* sy'n cadw cof yn 'Cyngor y Bioden' (36.19), a sylwer ar *meddwl calon* yn 78.29 isod. Mae'r darlun yn rhan gyntaf 'Y Galon' yn ddadlennol yn hyn o beth. *Cruglwyth meddyliau croywglaer* yw'r galon (102.8), a *gwehydd-dy gwawd* (102.4), hynny yw, lle byddid yn gweu llinellau o farddoniaeth, gwaith y deall rhesymol. Deublyg oedd natur y galon, yn gnawdol wrth bwmpio gwaed trwy'r corff ac yn ysbrydol fel tarddle syniadau a theimladau, deuoliaeth a amlygir yn drawiadol yn y llinell:

Penwyn gyhyryn hiraeth (102.6)

Ystyrid bod teimladau fel cariad a chasineb yn rymoedd allanol a allai dreiddio i mewn i'r galon a'i meddiannu. Gellid synio am y galon fel cuddfan clud a diogel, fel y gwelir yn arbennig yn 'Serch Dirgel' lle mae cariad yn gwneud nyth yn y galon na fedr y Gŵr Eiddig ddod o hyd iddo:

Meddwl calon a bron brudd
Drwy amgylch draw a ymgudd. (78.29–30)

Ond mwy cyffredin yw synio am gariad fel presenoldeb aflonydd
a threisgar, megis y ddelwedd hon yn 'Hwsmonaeth Cariad' sy'n
cyflwyno cariad fel rhyw anifail ffyrnig neu gancr o'i fewn:

Cadw a orwyf* i'm ceudawd   *wneuthum
Cariad, twyllwr, cnöwr cnawd. (109.5–6)

Mae amwysedd *bron* (mynwes a bryn) yn fodd i roi gwedd gorfforol
i'r ddelweddaeth amaethyddol yn y gerdd honno (109.15–22, gw. y
dyfyniad ym mhen. 10). Ac oherwydd lleoliad yr ysgyfaint dan y fron
mae'r uchenaid yn fynegiant o rym emosiwn a'i effaith ar y corff:

Uchenaid, oer rynnaid* ran,   *chwythedig
A dorres yn bedeirran
Bron a'i deily, bryn y dolur:
Braidd na'm hyllt o'i gorwyllt gur.
O nythlwyth cofion, bron brid,
Anathlach* o anoethlid,   *ochenaid?
Cyfyd rhyw dôn ohonof
Cyfyng, cawdd ethrycyng* cof. (101.3–10)   *cyfwng cul (gw. pen. 3)

    Dau air am y gynnedf ddeallusol a drinnir yn gyfystyron mewn
testunau cynnar yw *bryd* a *meddwl*, fel y gwelir ar ddechrau cainc
gyntaf y *Mabinogi*: *a dyuot yn y uryt ac yn i uedwl uynet y hela*.[37] Mewn
rhai achosion mae'r ddau'n gyfystyron yng ngwaith Dafydd hefyd,
lle y goleddfir *meddwl* gan ansoddair, fel *brwysg feddwl* (80.9), *hunog
feddwl* (112.20), *anhy feddwl* (140.11), yn yr un modd ag y goleddfir
bryd, fel *bryd brwyn* (48.7), *bryd didwyll* (74.18), *ysgafn fryd* (75.29),
bryd brau (83.41), *tawel fryd* (146.11) a *trymfryd* (un o hynafiaid hiraeth,
90.28), a'r ddau air felly'n dynodi cyflwr neu natur y gynneddf.
    Ond y mae hefyd wahaniaeth pendant o ran y defnydd o'r ddau
air. Dynodi bwriad neu benderfyniad a wna *bryd* yn aml (fel yn y
dyfyniad o'r *Mabinogi* uchod), yn enwedig yn yr ymadroddion *ar
fryd* (33.11), *i'm bryd* (37.33, 50.5, 89.11, 109.12, 115.3, 117.12,
118.3, 140.22) a *bryd ar* (44.9–10, 73.10, 108.14). Yr esiampl orau

o'r ystyr hon yw'r defnydd gyda'r ferf *bwrw* i fynegi brwdfrydedd awchus yr adroddwr yn 'Trafferth mewn Tafarn':

> Bwrw yn llwyr, liw haul dwyrain,
> Fy mryd ar wyn fy myd main (73.9–10)

O fôn y ferf *bwrw* y cafwyd *bwriad* 'amcan', ac yng ngwaith Dafydd y cofnodwyd yr enghreifftiau cynharaf ohono.[38] Fe'i ceir yn yr un cyd-destun â *bryd* a *meddwl* yn 'Serch fel Ysgyfarnog':

> Fy meddwl pan fûm eiddig,
> Fy mwriad tost, fy mryd dig (75.41–2)

Ac yn gynharach yn yr un gerdd mae *bwriad anwadal* (75.31) yn cyfleu natur wamal yr ysgyfarnog. Ond y mae hefyd yn air priodol ar gyfer rhagluniaeth Duw yn 'Yr Ehedydd' (44.48, gw. y dyfyniad ym mhen. 8).

Sonnir am agor bryd yng nghyd-destun defosiwn crefyddol, gan gyfeirio efallai at gyffesu pechodau, yn yr englynion i'r grog:

> Egoraf, dodaf, dadl ddeulin,—'y mryd
> Ym mrodiau gwyrthefin,
> I garu delw ryelw rin[39] (1.93–5)

Er y gall *meddwl* ddynodi'r gynneddf gyfan, fel y gwelwyd, gan amlaf dynodi ei chynnwys a wna, sef yr hyn a alwn yn syniadau neu'n deimladau.[40] Felly pwynt cwpled agoriadol 'Y Seren' yw bod Duw yn gweld poen meddwl y bardd (ac felly'n darparu'r seren i'w gynorthwyo):

> Digio'dd wyf am liw ewyn,
> Duw a ŵyr meddwl pob dyn. (50.1–2)[41]

Mae'r ffurf luosog *meddyliau* yn sicr yn dynodi gweithredoedd meddyliol, yn syniadau neu'n deimladau, fel yn 100.32 a ddyfynnwyd uchod.[42] Mae elfen o weithred yn ymhlyg yn y gair *meddwl* yn aml, yn rhannol efallai am fod yr un ffurf yn ferfenw,[43] fel y gwelir yn 'Yr Uchenaid':

Cawad o drowynt cywydd,
Cae nïwl hir feddwl fydd. (101.13–14)

Efallai nad damweiniol yw'r cyplysiad rhwng *meddwl* a *cywydd* yn
y fan honno, oherwydd fe'i ceir yn dynodi cynnwys neu ddychymyg
cerdd wrth gyfeirio at wasanaeth y bardd i Ddyddgu:

Ai ar eiriau arwyrain*   *mawl
Ai ar feddwl cerddgar cain (120.31–2)

Felly hefyd yr ansoddair *meddylgar* sy'n disgrifio cân aderyn yn 38.31
(gw. y dyfyniad uchod).

Gair pwysig arall yn y maes hwn, ac yn wir yr un sy'n digwydd
amlaf yng ngwaith Dafydd, yw *cof*.[44] Mae hwn yn gytras â'r Lladin
mens 'meddwl', ac fe'i defnyddir am y gynneddf feddyliol yn gyff-
redinol yn y llenyddiaeth gynnar, fel y gwelir yn y dyfyniadau o
gerddi Beirdd y Tywysgion uchod, ac mewn ymadroddion fel 'o'i
gof' a 'gwallgof' hyd heddiw. Gellir gweld *cof* yn gyfystyr â *meddwl*
mewn ambell enghraifft yng ngherddi Dafydd,[45] ond gan amlaf mae
cyswllt clir â'r gorffennol wrth gyfeirio at y gynneddf ac at atgofion
penodol ynddi, fel y prawf y cyferbyniad rhwng *cof* ac *angof* yn
121.19–28. Serch hynny, efallai mai anacronistaidd yw'r ymgais i
dynnu ffin bendant rhwng y ddwy wedd ar y meddwl, gan fod y
cof hwn yn llawer mwy na storfa oddefol o atgofion yn unig. Pan
ddarlunnir cariad fel aderyn yn nythu yng nghorff y bardd, cyfeiria'r
sangiad *caeth yw'r cof* at yr atgof annileadwy am y ferch, a hefyd at
gyflwr y meddwl sy'n methu ymryddhau o'r atgof hwnnw (78.11–
12, gw. y dyfyniad isod).[46] Felly hefyd pan sonnir am wewyr serch
fel *cyfeddachwyr cof* (81.1), y cof am y ferch oedd yr achos ond
cymdeithion y meddwl yw'r gwewyr. *Hiraeth fab cof* yw dechrau'r
ach a olrheinir yn 'Achau Hiraeth' (90.21). Ac nid effaith negyddol
yn unig sydd gan y cof. Mis Mai yw *cof y serchogion* (33.6), oherwydd
y defodau caru a berthynai i ddechrau'r mis mae'n debyg, ac felly
arweinir meddwl y bardd at Forfudd gan ysgogi cyffro serchus
ynddo:

A chof fydd Forfudd f'eurferch,
A chyffro saith nawtro serch (33.29–30)

Ystyrid y cof yn gynneddf greadigol a alluogai'r meddwl i lunio syniadau a barn ar sail profiad.[47] Arwyddocaol, felly, yw'r cyswllt rhwng y cof a barddoniaeth a welir yn yr ymryson. Wrth feirniadu Gruffudd Gryg am ddiffyg gwreiddioldeb ei gerddi, trodd Dafydd at drosiad y bardd fel saer coed, gan ei gynghori i gyrchu ei ddeunydd ei hun:

> O myn gwawd, orddawd* eurddof,   *ergyd
> Aed i'r coed i dorri cof. (24.47–8)

Ymddengys mai deunydd meddyliol cerdd yw *cof* yma (cymh. *meddwl cerddgar* yn 120.32 uchod),[48] ac felly hefyd yn niweddglo 'Cystudd Cariad' lle mae darfod yr awen yn ganlyniad i ballu'r awch rhywiol – er bod y gerdd ei hun yn dystiolaeth baradocsaidd i'r gwrthwyneb sy'n cyd-fynd â'r tro cyfrwys yn y gynffon:

> Darfu'r awen am wenferch,
> Darfu'r sôn am darfwr serch.
>
> Ni chyfyd ynof, cof cerdd,[49]
> Gyngyd llawen nac angerdd,
> Na sôn diddan amdanun',
> Na serch byth, onis eirch bun. (82.19–24)

Gwelir yma y term *cyngyd* 'arfaeth, amcan' sydd hefyd yn gysylltiedig â'r cof mewn mannau eraill. Yn ôl 'Achau Hiraeth' *cyngyd* yw tad *cof* (90.21), a'r awgrym felly yw bod amcanion neu ewyllys yn rhagflaenu neu'n creu cof.[50]

Er na ddigwydd y gair *cof* fel y cyfryw yn 'Taith i Garu', trwy restru'r lleoedd ar ei daith i ymweld â Morfudd mae'r gerdd fel petai'n mapio ac ail-greu tirwedd y cof:

> Nid oes dwyn na dwys dyno
> Yn neutu glyn Nant-y-glo
> Nas medrwyf o'm nwyf a'm nydd*   *helynt
> Heb y llyfr, hoywbwyll Ofydd. (96.39–42)

Gair sy'n perthyn i'r un maes semantaidd â *cof* yw *myfyr*, benthyciad o'r Lladin *memoria* a roes y Ffrangeg *mémoire* a'r Saesneg *memory*. Gwelir *myfyr* yn gysylltiedig â chof neu ddysg y pencerdd gan Lygad Gŵr, bardd o'r drydedd ganrif ar ddeg:

> A mi mal athro ethrylithawg,
> Myfyr yw ynof cof cadeiriawg.[51]

Ansoddair yw *myfyr* yn y tair enghraifft yng ngwaith Dafydd yn yr ystyr 'cofus'. Fe'i ceir yng nghyd-destun y cof wrth sôn am ei daith arfaethedig yn 'Y Fiaren', a dichon mai'r ddawn i gofio'r ffordd at ei gariad a feddylir (fel yn y darn o 'Taith i Garu' uchod):

> Cefais i'm cyngor cyfun,
> Cof a bair hir lestair hun,
> Dawn myfyr, dinam ofeg*,   *amcan
> Dwyn taith i garu dyn teg. (56.5–8)

Ymddengys mai'r cof am gyfnewidiad y lleuad a feddylir yn 'Y Lleuad':

> Myfyr wyf, mwyfwy yr â
> Hon yny fo dau hanner (58.28–9)

Yn y farwnad i Lywelyn ap Gwilym mae *myfyr* yn gysylltiedig â phoen emosiynol, ac efallai fod y syniad o feddwl dwys a ddatblygodd yn yr iaith fodern yn berthnasol yma:

> Gwae fi, Grist Celi, calon doll—yw'r fau,
> Wyf fyfyr am ddygngoll (6.37–8)

Un o'r pethau a gollwyd yn sgil marwolaeth Llywelyn yw *myfyrdawd* (6.126), ac mae'n debyg bod y term hwnnw'n cwmpasu ystyron y ddwy elfen yn y pâr *cof a barn* yn gynharach yn y farwnad (6.92).[52] Ac yn debyg i *cof*, defnyddir *myfyr* am farddoniaeth yn y gair cyfansawdd *myfyrglod* am ferch (129.36, gw. y dyfyniad ym mhen. 2).[53]

Elfen bwysig yng nghyfansoddiad y seice oedd yr enaid, ac mae ystyr y gair hwn yn amrywio gryn dipyn. Fe'i ceir mewn cyd-destun crefyddol yn cyfeirio at y rhan anfarwol a gâi wobr neu gosb yn ôl ei haeddiant ar ôl marwolaeth y corff (48.53, 66.30, 96.51, 110.36, 116.23, 142.33, 148.24, 28, 34, 39), a hefyd yn yr ystyr ffigurol 'anwylyd' am gariadon (12.30, 73.8, 97.8, 104.27, 111.16), a gwelir chwarae ar y ddwy ystyr yn 98.41 (gw. pen. 10). Mwy anghyffredin yw'r defnydd o *enaid* i gyfleu hanfod yr hunan. Gwelsom eisoes yr hwb a gafodd y bardd i'w ysbryd gan yr adfywiad yn y byd o'i gwmpas yn 'Cyngor y Bioden': *A'r enaid yn ir ynof* (36.20). Wrth ymhyfrydu yn ei lwyddiant i ennill Morfudd yn ôl wedi iddi briodi, honna fod ynddo *Enaid cath anwydog hen* (110.20), sef un na ellir ei ladd.[54]

Cofier mai'r galon oedd eisteddle'r enaid yn ogystal â'r cof yn ôl dealltwriaeth gyffredin yr oes.[55] Yn y gerdd 'Merch Ragorol' trinnir y galon a'r enaid yn gyfochrog, y ddau'n cael eu poenydio gan y cof am y ferch. Ymgais i fynegi'r boen feddyliol fwyaf posibl yw'r gair *cyfyw* (nas gwelir yn unman arall) sy'n dynodi'r man hydeimlaf (y bywyn), ac sy'n digwydd cynganeddu â *cof*:

> Poed â'r gyllell hirbell hon
> Y cordder gwâl ei galon
> A'i cymerai yn hyfryd
> Maddau bun a meddu byd.
> Po mwyaf fai fy nghyfoeth
> A'm canmawl cynhwynawl* coeth,   *priod
> Fwy fwy y clwyfai ar naid,
> Cof ynof, cyfyw f'enaid. (130.43–50)

Trown nawr at y termau am ansawdd gweithgarwch y cyneddfau meddyliol, sef yr hyn a elwir heddiw yn ddeallusrwydd neu allu meddyliol. Y geiriau cadarnhaol sydd gan Ddafydd yn y maes hwn yw'r enwau *synnwyr*, *deall* a *pwyll*, yr ansoddeiriau *call* a *doeth*, a'r enw haniaethol *doethineb*, ac ar y llaw arall mae ganddo amryw eiriau sy'n cyfleu diffyg neu salwch meddwl yn sgil dioddefaint serch.

Cyfyngedig yw ei ddefnydd o *synnwyr*, a chyfeirir yn bennaf at arwyddocâd pethau y tu allan i'r meddwl. Fe'i ceir ddwywaith am serch, gan ddynodi dysgeidiaeth serch cwrtais mae'n debyg, un am Rydderch ab Ieuan Llwyd:

> Gwybodau, synhwyrau serch,
> Gwmpas rodd gampus Rydderch (10.33–4)

Ac eto am Ifor Hael, gyda'r un brifodl, gan gyfeirio at Rydderch Hael y tro hwn:

> Rhwyddynt, gyhafal Rhydderch,
> Rhagod, synnwyr wybod serch (16.19–20)

Fel rhan o'r ymadrodd *synnwyr a sôn* a geir ddwywaith yn 20.26 a 149.3 (gw. isod) mae'n cyfleu'r cyferbyniad rhwng sylwedd a mynegiant mewn iaith. Ac wrth gyflwyno'r ddelwedd estynedig yn 'Serch Dirgel' mae'n dynodi greddf ryfeddol yr adar i wneud eu nythod er mwyn magu cywion:

> Gwylltion adar, glaear glod,
> Anian uthr, a wna nythod.
> A sef y gwnân' dan y dail
> Ym mhlethiad gwead gwiail
> Yn lle diarffordd rhag llu
> O fygr synnwyr i fagu. (78.3–8)

At allu meddyliol dyn y cyfeirir yn yr ansoddair *synhwyrawl* 'yn meddu ar reswm', a welir yn 'Ei Gysgod',[56] a chreir effaith ddigrif gan yr odl rhwng yr ansoddair dysgedig hwn a'r rheg sathredig yn y llinell nesaf:

> Pa anaf arnaf amgen
> A wyddost ti, wddw ystên,
> Ond a ŵyr pob synhwyrawl
> O'r byd oll? Y ty baw diawl! (63.41–4)

Fel enw mae *deall/dyall* (< *dy* + *gallu*) yn golygu dealltwriaeth neu synnwyr, er enghraifft am ddysg farddol Gruffudd Gryg:

> Lluniad pob dyall uniawn
> A llyfr cyfraith yr iaith iawn (22.13–14)

Un o ystyron y ferf *deall(u)* oedd 'gafael yn, meddiannu', fel y gwelir yn niweddglo 'Morfudd fel yr Haul' lle cynigir rhannu dyletswyddau rhwng y ferch a'r haul:

Paham, eiddungam* ddangos,   *cam dymunol
Na ddeaill y naill y nos,
A'r llall yn des ysblennydd,
Olau da, i liwio dydd? (111.63–6)[57]

Ac fe dâl cofio'r ystyr gorfforol honno yn y cwpled hwn am y bardd a'i gariad yn dechrau closio'n serchus cyn i'r rhugl groen aflonyddu arnynt:

A ni felly, any* oedd,   *swil
Yn deall serch ein deuoedd (62.11–12)

Os berf sydd yn 'Rhybudd y Brawd Du', yr ystyr mae'n debyg yw mai Duw yn unig sy'n medru amgyffred y brodyr:

Duw a ŵyr, synnwyr â sôn,
Deall y brodyr duon. (149.3–4)

Odl amlwg â *deall* oedd yr un â'r ansoddair *call* a welir yn 16.14 a 135.39/40. Roedd *call* yn gyfystyr â *doeth*, a phrawf o'i rym cadarnhaol yw'r defnydd am Grist yn 4.30. Fel *doeth*, fe'i ceir am ferched, er enghraifft, *gwen gymen, gall* (67.4), a *hylwyddgall* am un o ferched Llanbadarn (137.26). Rhan o'r darlun anthropomorffig o'r ehedydd yw'r gair cyfansawdd *callais* yn 36.12. Ac am aradr (109.21 a 118.22) a'r deildy (37.30) mae'n debyg mai at fedrusrwydd y saer a'u lluniodd y cyfeirir.

Mae *doeth* yn debyg iawn i *call* o ran ei ystyr a'i ddefnydd, fel yr awgryma'r gair cyfansawdd *doethgall* (100.23). Ond efallai fod mwy o elfen o gyfrwystra bydol yn *call*,[58] a bod cynodiadau moesol *doeth* yn gryfach. Defnyddir *doeth* am Dduw ddwywaith (32.53, 46.47), am Bedr (35.30) ac am Ddwynwen (48.46). Yng nghyswllt merched mae *doeth* fel arfer yn cyd-fynd â phwyslais ar ddiweirdeb, fel am Ddyddgu (92.5) ac am y ferch a ganmolir yn 'Campau Merch' lle mae pwyslais neilltuol ar y gair tua diwedd y gerdd: *ddoeth ŵyl* (124.50), *tawelddoeth* (54) a *iesin ddoethineb* (55).

Benthyciad o'r Lladin *doctus* 'dysgedig' oedd *doeth*, ac mae'n gysylltiedig â dysg yn aml, fel yn y farwnad i Lywelyn ap Gwilym lle ceir yr ansoddair – *gŵr da doeth* (6.124) – a'r enw haniaethol am ei ddysg farddol – *cerddwriaeth ddoethineb* (6.102)[59] – ac eto yn englyn olaf y gerdd yng nghyd-destun *dadl*, sef ymresymu, un o bynciau'r *trivium* yn y prifysgolion:

> Truan ac eirian*, pawb a garo—dadl,   *disglair
>   Aed Landudoch heno;
>   Doethineb neud aeth yno,
>   Diwyd grair dan dywod gro. (6.137–40)

Yr un yw'r cyd-destun mewn moliant i Ifor Hael, yr honnir ei fod yn rhagori ar bobl Ffrainc, gwlad a oedd yn enwog am ddysg ei phrifysgolion:

> O ddoethineb, neb nid nes ataw—Ffranc
>   Nog o Ffrainc i Fanaw,
>   I fwrw dadl swrth oddi wrthaw,
>   Ofer dri wrth Ifor draw. (12.9–12)

Un o eiriau sylfaenol yr iaith am allu neu gyflwr meddyliol yw *pwyll*, a dyma un o'r geiriau mwyaf arwyddocaol yng ngherddi Dafydd gyda 33 o enghreifftiau gan gynnwys nifer o eiriau cyfansawdd. Mae'i rym cadarnhaol yn amlwg yn y canu cynnar yng nghwestiwn rhethregol Heledd, lle mae'n gyfystyr ag iechyd meddwl: *Namyn Duw, pwy a'm dyry pwyll?*[60] Felly hefyd yn y ddihareb *Gwell pwyll nog aur* a ddyfynnir gan Ddafydd yn 110.27–8 (gw. isod). Fel yn achos *doeth*, mae'r cynodiadau moesol yn amlwg yn y cyfuniad â *rhad* 'bendith' am Angharad, *pwyll rhadfaith* (9.35),[61] ac am y llun o'r apostolion:

> Llawn o rad ŷnt, bellynt bwyll,
> Lle y doded mewn lliw didwyll. (4.39–40)

Gwelir yr un odl â *didwyll* am y bardd Madog Benfras (20.23), ac yn y darn hwn am gerddi Dafydd i Forfudd lle mae *pwyll* yn creu sylwedd dwfn:

> Dilonydd bwyll, ddidwyll ddadl,
> Dilynais fal daly anadl.

Defnyddio i'i hurddo hi,
Defnyddiau cerdd dwfn iddi. (99.41–4)

Fe'i defnyddir i gyfleu rhinweddau merched, am Santes Dwynwen sy'n *wyry ei phwyll* (48.28), ac yn y gair cyfansawdd *diweirbwyll* yn 'Dan y Bargod':

Morfudd, fy nghrair diweirbwyll,
Mamaeth tywysogaeth twyll (98.11–12)

Ond sylwer ar y gwrthgyferbyniad yn yr odl y tro hwn. Mae'n debyg bod yr ail linell i'w llefaru o'r neilltu wrth y gynulleidfa'n unig (gw. pen. 2), yn wahanol i'r mawl cwrtais i wyneb Morfudd. Ceir yr un odl yn 'Telynores Twyll', a'r tro hwn mae'r gair cyfansawdd yn amwys ei ergyd ac efallai'n awgrymu gallu meddyliol heb egwyddorion moesol:[62]

Da dlyy, wen gymhenbwyll,
Delyn ariant, tant y twyll. (135.45–6)

Gwelir yr un brifodl yn y cwpled nesaf ond un (peth go anghyffredin mewn cywydd), lle mae *gyrddbwyll* yn dynodi ystyr sicr gair (sef y gair thematig *twyll* mae'n debyg):

Enwog y'th wnair, gair gyrddbwyll,
Armes*, telynores twyll. (135.49–50)   *darogan

A dilyn trywydd yr odlau ymhellach, mae *hydwyll* yr un mor gyffredin â *didwyll* fel odl ddiacen, a rhydd wedd wahanol ar y math o bwyll sydd dan sylw. Cyferbyniad digon syml sydd yn 'Trech a Gais nag a Geidw' rhwng y Gŵr Eiddig a'i wraig:

Cadw y mae Eiddig hydwyll
Ei hoywddyn bach hyddawn bwyll. (112.3–4)

Mwy cymhleth yw'r cwpled hwn yn 'Dyddgu a Morfudd' lle mae Dafydd yn sôn am brynu gwraig er mwyn ei rhoi i'r Gŵr Eiddig yn gyfnewid am Forfudd, gan frolio ei glyfrwch ei hun mewn un sangiad ac yna'n cydnabod anfoesoldeb y cynllun yn y llinell ddilynol:

> Be prynwn, befr ddidwn* bwyll,   *perffaith
> Wraig o'm hoedl, rhyw gam hydwyll (92.47–8)

Ceir yr odl *pwyll/twyll* ddwywaith yn 'Hwsmonaeth Cariad'. Y tro cyntaf mae'r bardd yn brolio ei allu mewn sangiad tebyg iawn i'r un uchod, a thwyll y ferch sy'n achosi diffyg cwsg:

> A thrimis, befr ddewis bwyll,
> Gwanhwyndymp, gwayw anhundwyll (109.23–4)

Ond cariad ei hun sy'n hydwyll yr ail dro, a gallu'r bardd yn ddiffygiol:

> Oio gariad, had hydwyll,
> Gwedy'r boen, gwae di o'r bwyll,
> Na ellais, braisg oglais* brad,   *clwyf
> Dy gywain rhwng dwy gawad. (109.63–6)

Felly er bod *pwyll* yn derm cadarnhaol gan amlaf, ac yn rhywbeth i frolio amdano, fel y gwelsom gyda *hoywbwyll Ofydd* am gof y carwr yn 'Taith i Garu' (96.42 uchod), gellid ei amodi'n negyddol,[63] yn enwedig yn sgil effeithiau serch, fel yn yr hunan-bortread yn 'Sarhau ei Was', darn lle nad yw'r odl â *didwyll* yn ddigon i godi'r naws:

> Minnau o'm clwyf a'm anhun
> Yn wylo byth yn ôl bun.
> A fu was a fai faswach*   *mwy masweddus
> Ei fryd didwyll a'i bwyll bach? (74.15–18)

Ac wrth ymateb yn chwyrn i'r anrheg o win mae'r ferch yn rhoi gwedd foesol ar y gair:

> 'Pell ynfyd yw, pwyll anfoes,
> Pei rhôn, dywaid pwy a'i rhoes.' (74.41–2)

Mae *pwyll* yn air blaenllaw mewn darn dwys am effaith cariad ar y meddwl yn 'Yr Adarwr' lle mae llygaid ac aeliau'r ferch yn cyfateb i'r ffynhonnau a'r gwiail gludiog a ddefnyddid i ddal aderyn. Pwyll cellweirus y ferch a olygir y tro cyntaf, a gwelir yr odl nodweddiadol *modd-dwyll* am ei llygaid:

> Pefrlys pen cytgamus* pwyll,   *cellweirus
> Medd-dod y llygaid modd-dwyll (131.31–2)

Wedyn cawn *pwyll* yn cyfeirio at y cariad dirgel sy'n glynu'n barhaus ym meddwl y carwr (gan fanteisio ar y trawiad cynganeddol *pwyll/pell* a welwyd yn 4.39 a 74.41 uchod):

> Hir gariad, dybrydiad bryd,
> Pwyll dirgel, pell yw d'ergyd. (131.35–6)

Sail y gair unigryw *dybrydiad* yw'r ferf (nas cofnodwyd) *dybrydu* 'hagru', felly 'hagrwr', gan gyfeirio at effaith cariad ar y meddwl. Ac at yr un peth y cyfeiria'r drydedd enghraifft o *pwyll*, sy'n dreuliedig yn sgil caethiwed y cof:

> Breiniawlwedd wybren eilun,
> Hydraul bwyll, hyd ar ael bun,
> Hualwyd, cadwynwyd cof,
> Haul y dawn, hoelied ynof. (131.41–4)

Mae *pwyll* hefyd yn bwysig fel sail i ddau air negyddol sy'n cyfleu meddwl obsesiynol y carwr fel gwallgofrwydd, sef *amwyll* a *gorffwyll*.[64] Ceir y ddau am gyflwr truenus y bardd y tu allan i dŷ Morfudd yn 'Dan y Bargod'. Yn y llinell hon honnir bod diffyg ymateb y ferch yn ddigon i beri gwallgofrwydd:

> Gorffwyll, myn Mair, a bair bai. (98.6)

Ac ar ddiwedd y gerdd mae caethiwed meddwl y bardd yn ganlyniad i'r gwallgofrwydd a barodd iddo fod yn y fan honno:

Ymaith fy meddwl nid â,
Amwyll a'm peris yma. (98.43–4)

Un enghraifft arall o *gorffwyll* a geir yng ngherddi Dafydd, sef hon yn 'Gwayw Serch' lle mae'r cyfnewidiad yn ei hwyliau a'i olwg yn adlewyrchu gwallgofrwydd serch:

Gorwyf o'm gwiwnwyf a'm gwedd,
Gorffwyll am gannwyll Gwynedd. (127.21–2)

Mwy cyffredin yw *amwyll* gyda naw enghraifft, ac mae achos y cyflwr i'w weld o'r odl â *twyll* mewn chwech ohonynt. Ond odl wahanol sydd yn 'Y Pwll Mawn' ac mae'r trawiad cynganeddol ag *yma*, fel yn 'Dan y Bargod' uchod (98.44), yn pwysleisio na ddylai fod yn y naill le na'r llall oni bai am ffolineb serch:

Tywyll draw, ni ddaw ym dda,
Tywyll, mau amwyll, yma. (59.5–6)

Yn y disgrifiad ohono'i hun fel *dyn drud amwyll* (125.10) yn rhedeg yn wyllt i gwrdd â merch, cryfheir ergyd *amwyll* gan *drud*, gan fod 'ffôl' ymhlith ystyron yr ansoddair cymhleth hwnnw (cymh. Gwyddeleg *drúth* 'ynfyd').[65] Yn 'Trafferth mewn Tafarn' mae *amwyll* yn rhan o linell swnllyd sy'n cyfleu symudiadau trwsgl a gwyllt yr adroddwr:

Mynych dwyll amwyll ymwrdd* (73.37)   *gwrthdaro

Llinell sy'n cyfleu argraff debyg o ddryswch, y tro hwn wedi ei achosi gan dreigl amser, yw hon tua diwedd 'Yr Adfail':

Amryw bwnc ymwnc* amwyll.   *disymwth
Ai hwn yw'r bwth twn* bath twyll? (151.39–40)   *toredig

Negyddol iawn yw *amwyll* yn yr holl enghreifftiau hyn, ond tybed a oes awgrym gwahanol yn y ddau gwestiwn rhethregol hyn yn 'Ddoe':

Gwell ymhell, ger gwayw llifnwyf,
Pwyll nog aur, pellennig wyf.
O Dduw, ai grym ym amwyll?
A wddant hwy pwy yw Pwyll? (110.27–30)

At y gynulleidfa y cyfeirir yn y llinell olaf, mae'n debyg, a gellir
tybio mai cwestiwn iddynt hwythau sydd yn y drydedd linell. Er y
byddid yn disgwyl ateb negyddol iddo yng ngoleuni'r ddihareb yn
y cwpled blaenorol, efallai mai cyfeirio a wneir at y ffolineb a barodd
i Ddafydd ddal ati i garu Morfudd er gwaethaf ei phriodas, gan
awgrymu bod hynny wedi talu ei ffordd iddo yn y pen draw wrth
iddynt ailgydio yn eu carwriaeth. (Cymh. y sangiad paradocsaidd
cawddnwyf call 'serch gofidus, cyfrwys' yn ll. 23.) Cofier hefyd fod
Pwyll yn gymeriad nodedig am weithredoedd byrbwyll yng nghainc
gyntaf y *Mabinogi*.

Gair arall yn y maes hwn a luniwyd trwy negyddu term cadarnhaol
yw *annoeth*. Moesol yn hytrach na meddyliol yw ei ergyd am dylwyth
y ferch sy'n cysgu *megis teulu moch* yn 'Lladrata Merch' (70.13–16),
ac am ymddygiad y Forwyn Fair – *ni bu annoethair* (97.45). Ond
mae'r enw haniaethol yn 'Serch Dirgel' yn sicr yn dynodi ffolineb
y carwr:[66]

Cariad a wnaeth, caeth yw'r cof,
Annoethineb, nyth ynof. (78.11–12)

Gair hynafol a hanfodol ym maes salwch meddwl, a barnu wrth
y cytrasau Celtaidd a'i ddefnydd yn yr iaith lafar hyd heddiw,[67] yw
ynfyd 'gwallgof'. Ceir hwn am obsesiwn serch yn 'Y Seren' (50.14),
ac yn 'Serch fel Ysgyfarnog' mae'n disgrifio'r ysgyfarnog ei hun
(75.18) a hefyd meddwl y carwr, a gwelir *drud* yn yr un cyd-destun
eto:

Ni ŵyr unne* eiry llannerch,   *o'r un lliw
Y meddwl drud, symud serch;
Heiniar* ofn, hyn o ryfel,   *cynnyrch
Hwn nid â, o'r henw y dêl,
Hwyl ynfyd ei fryd, o'i fro,
Hawl y dyn, hoelied yno. (75.61–6)

Patrwm a welir yn y cerddi lle mae cymeriadau eraill yn lleisio barn am Ddafydd yw'r defnydd o *ynfyd* i'w ddisgrifio, gan y bioden (36.48), y ferch o Rosyr (74.41) ac un o ferched Llanbadarn lle mae naws lafar y gair yn amlwg iawn:

> 'Ateb nis caiff tra fo byd,
> Wtied i ddiawl, beth ynfyd!' (137.33–4)

Diau mai'r un cywair a welir yn yr awdl ddychan i Rys Meigen (31.1 ac *ynfydferw* 87) ac am Gruffudd Gryg yn yr ymryson (26.29). Ac mae *ynfydrwydd* yn un o esgusodion y bardd am ei air cellweirus yn 'Gofyn Cymod' (97.26).

Benthyciad o'r Saesneg oedd *ffôl*, ac roedd ei ystyr yn gryfach gynt nag yn yr iaith fodern – 'gwallgof' yn hytrach na 'twp'. Fe'i defnyddir yn bur ddiraddiol am y Gŵr Eiddig (92.36), am yr ystôl y baglodd y bardd arni yn 'Trafferth mewn Tafarn' (73.34), ond hefyd yn anuniongyrchol amdano'i hun yn y gymhariaeth â'r dyn ffôl yn cwrso ei gysgod ei hun (80.3, 27).

Gair benthyg arall yw'r ferf *hurtio* a welir mewn araith gan ferch yn edliw ei lyfrdra:

> 'Hir y'th faddeuaf, Ddafydd.
> Hurtiwyd serch. Hort* i ti sydd   *sen
> O fod, rhyw gydnabod rhus*,   *rhwystr
> Yn rhylwfr, enw rheolus.' (72.9–12)

Tarddodd *hurtio* o'r ansoddair *hurt*, ac ymddengys bod hwnnw'n fenthyciad o'r Saesneg Canol *hurt(e)*, rhangymeriad y ferf *hurten* 'taro, niweidio'.[68] Yr enghraifft gynharaf o'r ansoddair yw un yn y cyfieithiad Cymraeg o *Gynghorau Catwn* a geir yn Llyfr Coch Talgarth (*c*.1400):

> Kymer arnat vot yn anoeth pan dechreuych wneuthur lles y dyn. Kanys doethineb mawr yw ymwneuthur yn hurt yn llawer lle.[69]

Yr ymadrodd Lladin a gyfieithir gan *ymwneuthur yn hurt* yw *stultitiam simulare*, ac felly roedd cynodiadau meddyliol y gair modern, 'ynfyd, syfrdan', yn amlwg o'r dechrau (er nad hawdd gweld sut y datblygodd y rheini o'r gair Saesneg). Fe'i ceir yng nghyd-destun serch gan Ddafydd ab Edmwnd yn y bymthegfed ganrif:

> Dyn hurt am gerdded yn hwyr,
> Dros hyn Duw a ro synnwyr.[70]

Mae defnydd Dafydd o'r ferf dipyn yn gynharach na'r enghreifftiau hyn o'r ansoddair (a dwy ganrif yn gynharach na'r enghraifft nesaf o'r ferf a nodir yn GPC), a gwnâi ystyr nes at y Saesneg 'niweidio' y tro'n iawn, gan gyfeirio at y modd yr amharodd llyfrdra'r bardd ar serch y ferch tuag ato. Ond eto, mae'n anodd anwybyddu cynodiadau diweddarach *hurt* a *hurtio* 'syfrdanu', yn enwedig o ystyried y sylw a roddir i effeithiau serch ar y meddwl. Digwydd un o gyfystyron pennaf *hurt*, sef *syfrdan*, am y tro cyntaf yng ngwaith Dafydd yn yr un cyswllt, gan gyfeirio at ei ymdrechion i hudo merched Llanbadarn:

> Talmithr* ym rheg y loywferch,   *syndod
> Tâl bychan am syfrdan serch. (137.35–6)

Ni chynigir tarddiad i *syfrdan* yn GPC, ond os yw'r geiriau cyfatebol a nodir yn y Llydaweg a'r Gernyweg yn gytras yna mae'n sicr yn hen air, a dengys y ffurfiau amrywiol niferus iddo fod yn gyffredin iawn ar lafar ers yr Oesoedd Canol. Ansoddair ydyw yn yr iaith fodern, ac mae hynny'n bosibl yma ('serch syfrdan' felly), ond efallai fod enw 'syfrdandod, dryswch' yn fwy tebygol, fel mewn cywydd brud gan Ddafydd Llwyd: *Y mae syfrdan ym Manaw.*[71]

Roedd gan Ddafydd eirfa helaeth i fynegi'r poenau a achosir yn y meddwl gan serch, fel y nodwyd wrth drafod cyfystyron ym mhennod 2. Mae nifer o'r geiriau pwysicaf wedi cael sylw yn y bennod hon ac mewn mannau eraill eisoes, fel *cawdd, cur, gwewyr, nych* a *hoed* (pennod 3). Trafodir yma un gair y tybir, yn gam neu'n gymwys, ei fod yn cynrychioli emosiwn nodweddiadol Gymreig, sef *hiraeth*. Mae hwn yn air amlwg yn yr hen lenyddiaeth yng nghyd-destun tristwch o fod wedi gwahanu oddi wrth geraint a chyfeillion neu fro gynefin. Gweld eisiau pethau a gollwyd oedd hanfod y teimlad, felly, er bod awydd am rywbeth sydd allan o gyrraedd yn rhan ohono hefyd.[72] Roedd yn rhan o ieithwedd marwnadau Beirdd y Tywysogion, ac fe'i ceir yng nghyd-destun rhwystredigaeth serch gan Gynddelw a Hywel ab Owain Gwynedd yn y ddeuddegfed ganrif.[73] Mae'r pymtheg enghraifft yng ngwaith Dafydd yn cwmpasu cryn rychwant o amgylchiadau emosiynol, gan gynnwys ymwahaniad oddi wrth noddwr (7.4) ac oddi wrth geraint (116.4), marwolaethau noddwyr (9.80, 17.1, 18), a gweld eisiau tymor yr haf (34.47, 143.4). Ond serch yw prif achos hiraeth, fel y gwelir yn 'Achau Hiraeth' (90), cerdd sy'n personoli hiraeth fel cennad oddi wrth Ddyddgu ac yn olrhain ei ach hyd serch, ac yn 'Y Galon' (102.6, gw. uchod).[74] Awgryma *cangau*, lluosog *cainc* yn yr ystyr 'pwl o salwch' yn 95.8 mai gwedd ar salwch serch yw hiraeth. Trawiad cynganeddol arwyddocaol yw'r un â *herw* a *herwr* a welir yn 'Cystudd y Bardd' (103.18, 20), gan fod y syniad o fod ar herw neu yn alltud yn awgrymu hiraeth am gynefin yn ogystal â hiraeth serch. Ac mae'r ddeuoliaeth hon yn arwain at amwysedd yn 'Pererindod Merch', lle mae merch yn mynd ar bererindod o Fôn i Fynyw i geisio maddeuant am ladd y bardd:

> O alanas gwas gwawdferw
> Yr aeth, oer hiraeth, ar herw. (129.11–12)

Ai hiraeth am ei chynefin yw hwn, ynteu am ei chariad – neu o bosibl hiraeth y bardd amdani hithau? Amwys hefyd, efallai, yw *hiraethlawn* am ei gysgod:

> Tebygach wyd, tebyg chwith,
> I drychiolaeth hiraethlawn
> Nog i ddyn mewn agwedd iawn. (63.24–6)

Gallai ysbryd fod yn llawn hiraeth am ei amser ar y ddaear, neu am ollyngdod o'r purdan. Ond gan mai cysgod y bardd ei hun yw hwn, ac yntau'n aros am ferch yn y goedwig, efallai mai hiraeth serch a adlewyrchir gan wedd y cysgod. Mae amwysedd y ddwy enghraifft hyn yn cynnig rhagflas o bwnc y bennod nesaf.

10

Amwysedd

Tystiodd Gerallt Gymro yn y ddeuddegfed ganrif i hoffter y Cymry o ffraethebau a geiriau mwys.[1] Amlygir yr hoffter hwnnw ar un olwg yn arddull rethregol ffraeth beirdd llys y cyfnod, ond eto roedd ystyr ddiamwys yn hanfodol i'r canu mawl ac roedd sefydlogrwydd iaith hefyd yn hollbwysig er mwyn sicrhau y byddai'r molawdau'n parhau'n ddealladwy i genedlaethau'r dyfodol gan anfarwoli clod y noddwyr.[2] Mae chwarae cyfrwys ar ddeuoliaeth ystyr i'w weld yn achlysurol yn yr ychydig ganu serch a oroesodd o gyfnod y tywysogion, fel y gwelwyd gan Hywel ab Owain Gwynedd eisoes,[3] ond ni ddaeth y nodwedd honno i'r amlwg yn llawn tan y bedwaredd ganrif ar ddeg, ac erbyn hynny cynigiai newidiadau o fewn yr iaith gyfleoedd i greu amwysedd er mwyn digrifwch ac awgrymusedd. Enw'r gramadegau barddol ar y math hwnnw o ganu oedd teuluwriaeth, ac un o'r tair cainc a berthynai i'r radd honno oedd: *gorderchgerd o gywydeu teulueid drwy eireu amwys* (canu serch mewn cywyddau diddan gyda geiriau amwys).[4]

Canolbwyntir yn y bennod hon ar amwysedd ar lefel y gair neu'r ymadrodd (*lexical ambiguity*), ond rhoddir peth sylw hefyd i amwysedd cystrawennol, yn enwedig o ran y berthynas rhwng sangiadau a'r brif frawddeg. Mae amwysedd geiriol yn digwydd pan fo un gair neu ymadrodd yn gallu dynodi dau neu fwy o bethau gwahanol, a phob un o'r ystyron yn berthnasol yn y cyd-destun dan sylw. Bydd y gwahanol ystyron weithiau'n nacáu ei gilydd, ond gall rhai gydfodoli hefyd (e.e. *hylaw* am y gwynt yn 47.1).

Cafodd amwysedd lawer o sylw gan feirniaid ôl-strwythurol o'r 1960au ymlaen, yn rhannol am ei fod yn tarfu ar y strwythurau perthynol mewn iaith a gynigid gan y strwythurwyr.[5] O dderbyn mai'r darllenydd, ac nid yr awdur, biau'r hawl i bennu ystyr gwaith llenyddol, gall amwyseddau amlhau bron yn ddibendraw, gan adlewyrchu natur ansefydlog iaith ei hun. Yn y drafodaeth hon cyfyngir y sylw i amwysedd sy'n thematig o fewn y gerdd, gan ragdybio felly ei fod yn deillio o fwriad yr awdur ac yn bodoli'n wrthrychol yn y testun (yn hytrach nag yn gynnyrch dehongliad goddrychol y darllenydd). Gwelir weithiau fod rhywbeth yn y cyd-destun sy'n tynnu sylw'n gynnil at y ddeuoliaeth ystyr, ac mae'r achosion hyn yn bwysig fel prawf bod amwysedd yn rhan o farddoneg Dafydd ap Gwilym (gw. isod ar *tywydd* yn 37.27 a *rheg* yn 137.35).[6] Ond mae swyddogaeth bwysig i'r darllenydd wrth wireddu amwysedd sy'n bodoli fel potensial mewn gair trwy benderfynu bod mwy nag un ystyr yn berthnasol yn y cyd-destun dan sylw. Yn achos *cwyn* yn 73.3 mae'n debyg na fydd perthnasedd yr ystyr 'achwyniad' yn taro'r darllenydd nes iddo ail-ddarllen, neu ail-glywed, y gerdd gan wybod am ganlyniad yr helynt, er bod y cyd-destun dinesig yn ddigon o arwydd i gynulleidfa gyfoes efallai.

Dwy nodwedd ieithyddol sy'n cynhyrchu amwysedd yw amlystyredd (*polysemy*), lle mae'r un gair yn golygu mwy nag un peth, a'r ystyron yn wahanol ond yn gysylltiedig (e.e. *bron* yn 109.19 a 22), a chyfunffurfedd (*homonymy*), lle mae dau neu fwy o eiriau'n rhannu'r un ffurf seinegol (homoffonau) a/neu yr un sillafiad, ond eu hystyron yn ddigyswllt (e.e. *cwyn* 'achwyniad' a 'cinio' yn 73.3). Ond mae'r gwahaniaeth rhwng y ddau yn dibynnu i raddau helaeth ar egwyddorion geirdarddiad modern ac ar ddosbarthiad ystyron mewn geiriaduron; cyn y cyfnod modern roedd y ffin rhyngddynt yn llawer llai pendant oherwydd y gred nad damweiniol oedd unrhyw debygrwydd mewn iaith. Di-fudd yn y pen draw yw ceisio penderfynu ym mhob achos o amwysedd a oedd Dafydd yn gweld un gair amlystyr neu ddau air gwahanol.

Bu chwarae geiriol yn nodwedd ar lên serch ysgafn ers amser y bardd clasurol Ofydd.[7] Yn yr Oesoedd Canol roedd amwysedd yn elfen gydnabyddedig mewn dysg rethregol, ac roedd yn bwnc o'r pwys mwyaf gan fod amgyffrediad o luosowgrwydd ystyr yn angenrheidiol i'r gwaith o ddehongli'r Beibl mewn esboniadau diwinyddol ac mewn pregethau.[8] Credid bod arwyddocâd cudd y tu ôl i bob amwysedd, a bod sylw i amledd ystyron geiriau'n fodd i ddysgu mwy am greadigaeth Duw. Roedd etymolegwyr hefyd yn ymhyfrydu mewn amwysedd, gan gynnig amryw esboniadau ar darddiad ac arwyddocâd un gair, ac awgrymodd y brodyr Rees fod enwau priod yn llenyddiaeth gynnar y Celtiaid yn gweithio fel mwyseiriau a bod enw'n cyfleu hanfod ei berchen.[9]

Gellir dadlau, fel y gwnaeth William Empson yn ei glasur dylanwadol *Seven Types of Ambiguity*, fod amwysedd yn hanfodol i farddoniaeth am fod beirdd yn defnyddio iaith mewn ffordd ddwys sy'n amlygu holl amrediad ystyron geiriau.[10] Awgryma rhai ymhellach fod cymhlethdod mydryddol yn arbennig o gynhyrchiol o ran amwysedd, a hynny oherwydd yr elfen gref o ailadrodd seinegol a geiriol.[11] Esiampl dda o'r duedd honno yw gwaith William Langland, awdur y gerdd gyflythrennol Saesneg *Piers Plowman* ac un arall o gyfoeswyr iau Dafydd ap Gwilym.[12] Os yw'n wir bod cymhlethdod mydryddol yn fagwrfa i amwysedd, dylai cerdd dafod Gymraeg fod gyda'r cyfundrefnau mwyaf ffrwythlon iddo.

Math o amwysedd sy'n neilltuol i'r Gymraeg yw'r un sy'n deillio o dreigladau lle mae ansicrwydd am y ffurfiau cysefin, yn benodol y sain /f/ a allai ddod o /b/ neu /m/, a'r sain /l/ a allai ddod o /ll/ neu /gl/. Ceir esiampl o'r amwysedd cyntaf yn y ffug-farwnad i Rydderch ab Ieuan Llwyd:

> Darfu'r foes dirfawr o fedd,
> Darfu daearu dewredd.
> Gorwyn alarch yng ngwarchae,
> Gorwedd mewn maenfedd y mae.
> Natur boen, nid hwy yw'r bedd,
> Syth drudfalch, no saith droedfedd.
> Pregeth ryfedd oedd weddu
> Dan hyn o dywerchyn du (10.26–32)

Prif ystyr y llinell gyntaf yma yw bod yr arfer o roi medd yn helaeth wedi darfod, ond gellid deall *fedd* fel ffurf dreigledig *bedd* hefyd, hynny yw, bod y foes wedi darfod oherwydd y bedd.[13] Dylid gweld hyn yn rhan o'r ailadrodd yn y llinellau dilynol ar yr elfen *fedd* yn y geiriau *maenfedd* < *bedd*, *troedfedd* < *-fedd* 'mesur' a *rhyfedd* < *medd* 'nerth'. Dyma dechneg sy'n mynd y tu hwnt i amwysedd penodol gan amlygu amrediad ystyron posibl yr un sillaf. Cofier mai ffug-farwnad oedd hon, sef genre amwys a chwaraeus yn ei hanfod.

Esiampl o amwysedd y ffurf dreigledig /l/ a drafodwyd ym mhennod 6 yw'r gair *hylaw* yn disgrifio'r gwynt (47.1) a allai gynnwys *llaw* (h.y. 'rhwydd') neu *glaw* (h.y. 'llawn glaw'). Gallai unrhyw air sy'n dechrau â llafariad fod yn ffurf dreigledig wedi colli /g/, a cheir esiampl bosibl o amwysedd yn llinell gyntaf y cwpled hwn lle mae'r bardd yn sôn amdano ei hun yn ei ieuenctid:

> Yn lluniwr berw oferwaith,
> Yn llawen iawn, yn llawn iaith (82.9–10)

Mae *oferwaith* yn ddigon synhwyrol fel ffurf gysefin, gan fod Dafydd yn defnyddio *ofer* amdano'i hun a'i farddoniaeth (e.e. *oferfardd* 111.11), ond byddai *gofer* hefyd yn ystyrlon iawn fel elfen gyntaf yma gan gyfleu'r syniad sy'n ymhlyg yn y gair *berw* fod yr iaith sy'n ei lenwi yn gorlifo'n fwrlwm geiriol.[14]

Cynigiai'r bwlch rhwng geiriau dipyn o gyfle am amwysedd, yn enwedig mewn perfformiad llafar lle na fyddai'r gwrandawyr yn cael eu harwain gan y testun ysgrifenedig. Yn ail linell y cwpled hwn o gyngor brawd bregethwr mae'r gynghanedd yn mynnu bod yr /dd/ ar ddechrau *Ddofydd* ('Duw') yn cael ei llyncu gan y /th/ o'i blaen, ac felly byddai'r ddau air yn swnio'r un fath â 'iaith Ofydd',[15] hynny yw, y bardd serch clasurol, gan wyrdroi cyngor y brawd:

> Ni thalai ffaen gwyrddflaen gwŷdd
> Na thafarn, eithr iaith Ddofydd. (147.15–16)

Gallai amwysedd ddeillio hefyd o ansicrwydd parthed rhannu geiriau. Ceir esiampl bosibl ar ddiwedd 'Mis Mai':

> Duw ddoeth gadarn a farnai
> A Mair i gynnal y Mai. (32.53–4)

Mae'r testun printiedig yn rhagdybio mai enw'r Forwyn Fair sydd yma, a'r cysylltair o'i flaen, ac mae hynny'n ddigon rhesymol yn dilyn y cyfeiriad at Dduw ac o gofio am y cyswllt poblogaidd rhwng y Forwyn a mis Mai. Ond wrth glywed y llinell ni fyddai modd gwahaniaethu rhwng hynny ac *Am air*, ac o'i deall felly y gair perthnasol fyddai *mwyn* (gw. isod).[16] Gall geiriau cyfansawdd gynhyrchu amwysedd, fel y gwelir yn achos y gair *tywydd* yn y darn hwn am y deildy:

Dewin fy nhŷ a'i dawnha*,	*bendithia
Dwylo Mai a'i hadeila,	
A'i linyn yw'r gog lonydd	
A'i ysgwîr* yw eos gwŷdd,	*sgwâr
A'i dywydd yw hirddydd haf	
A'i ais yw goglais* gwiwglaf,	*clwyf
Ac allor serch yw'r gelli	
Yn gall, a'i fwyall wyf fi. (37.23–30)	

Mae'r gair cyfansawdd *tŷ* + *gwŷdd*, 'coed defnydd', yn rhan o ddelweddaeth bensaernïol thematig y darn, ond mae'n digwydd bod yn unsain â'r gair cyffredin am yr hin, a dyna sy'n ysgogi *hirddydd haf*, sy'n gwbl briodol oherwydd y cyswllt rhwng yr haf a serch. Rhaid i'r gwrandawr/darllenydd newid ei ddealltwriaeth o'r gair erbyn cyrraedd diwedd y llinell felly. Dyma esiampl lle mae dwy ystyr y gair amwys yn cael eu hamlygu gan y cyd-destun o'i flaen ac ar ei ôl. Diau fod *fwyall* yn y llinell olaf hefyd yn air mwys gyda symbolaeth rywiol.

Enghraifft arall o amwysedd yn deillio o bâr o eiriau cyfunffurf yw *cwyn* yn 'Trafferth mewn Tafarn' (73.3, gw. y dyfyniad isod). Yr hyn a fwriedir gan y siaradwr yw'r hen fenthyciad o'r Lladin *cēna* 'cinio', gan olygu bod y ddinas hon yn lle da i gael cinio.[17] Ond nid oes dim i rwystro'r gynulleidfa rhag ei ddeall fel y gair mwy cyffredin 'complaint', ystyr ddigon addas am fod trefi fel hon ar y pryd yn aml yn elyniaethus i'r Cymry a bod y siaradwr yn cael digon o reswm i gwyno am ei helynt yno.[18] Gallwn gymryd bod Dafydd yn gwybod yn iawn mai dau air hollol wahanol oedd y ddau *cwyn*, a'i fod yn manteisio'n gyfrwys ar gyfunffurfedd damweiniol. Mewn achosion eraill lle mae'r ystyron yn agosach gall fod yn anodd barnu. Achos go gymhleth yw *mwyn*, gair y ceir dros drigain o enghreifftiau ohono yng ngherddi Dafydd ac sy'n un o'i dermau cadarnhaol pwysicaf. Gwahaniaetha GPC rhwng tri gair â'r un ffurf, sef yr ansoddair 'tyner, addfwyn', a dau enw, y naill yn golygu 'mineral, ore' a'r llall 'lles, cyfoeth' (gan gydnabod mai'r un gair o bosibl yw'r ddau enw). Yr ansoddair sydd fwyaf cyffredin yng ngherddi Dafydd, ac roedd ystyr y gair hwnnw wedi ei chymhlethu gan ddylanwad o'r Ffrangeg *gentil* 'bonheddig' (gw. pen. 8). Yr unig esiamplau pendant o'r enw yw tair ar ddeg o'r ymadrodd *er mwyn*. Ond mae'r syniad o gyfoeth a'r cyswllt â metelau yn sicr yn arwyddocaol yn 'Mis Mai' (32), a dyma lle y gwelir amwysedd yn codi.[19] Dichon mai'r un gair amlystyrol oedd yr ansoddair a'r enw(au) ym meddwl Dafydd, yn enwedig o gofio'r cyswllt rhwydd â chyfoeth trwy'r ystyr 'bonheddig'.

Sefydlir *mwyn* yn air thematig yng nghwpled agoriadol 'Mis Mai' lle mae'n disgrifio'r tyfiad newydd ac yn cyflythrennu ag enw'r mis mewn cynghanedd sain gadwynog:

> Duw gwyddiad* mae da gweddai   *gwyddai
> Dechreuad mwyn dyfiad Mai. (32.1–2)

Daw eto yn y cwpled nesaf, y tro hwn mewn gair cyfansawdd sy'n caniatáu ei ddeall fel enw ('glân ei gyfoeth') yn ogystal ag ansoddair ('mwyn a glân'):

> Difeth irgyrs a dyfai
> Dyw Calan mis mwynlan Mai. (32.3–4)

Mae perthnasedd yr ystyr 'cyfoeth' yn dod i'r amlwg yn yr ail baragraff lle personolir y mis fel bonheddwr hael yn rhoi *mwnai* (arian bath, sef cyfoeth metelaidd) i'w ddilynwyr:

> Harddwas teg a'm anrhegai,
> Hylaw ŵr mawr hael yw'r Mai.
> Anfones ym iawn fwnai,
> Glas defyll glân mwyngyll Mai,
> Ffloringod brig ni'm digiai,
> Fflowr-dy-lis gyfoeth mis Mai. (32.9–14)

Dail y coed cyll yw'r arian bath, ac felly gellir deall *mwyngyll* fel 'cyll cyfoethog'. Sylwer hefyd ar amwysedd rhyngieithyddol posibl *dy-lis* yn y llinell olaf, y gellid ei ddeall fel *dilys* (cymh. *iawn fwnai*, a gw. pen. 5).

At bobl y cyfeiria *mwyn* yn y paragraff nesaf, sef y gariadferch a'r beirdd (20, 22). Ond daw'r cyswllt â chyfoeth yn ôl ym mharagraff olaf y gerdd, lle gallai *mwyn* fod yn ansoddair neu'n enw:

> Eurgoeth mwyn aur gywoeth Mai. (32.48)

Gallwn nodi un amwysedd posibl arall a awgrymwyd gan Eurys Rowlands yng nghyswllt *mwyn* yn y gerdd hon, sef y radd eithaf *mwynaf* yn y cwpled hwn:

> Pyllog, gorau pe pallai,
> Y gaeaf, mwynaf yw Mai. (32.45–6)

Gan mai mis cyntaf yr haf oedd Mai, a bod sôn am y tymor gwrthgyferbyniol yma hefyd, nid afresymol yw gweld *mwynaf* yn air cyfansawdd, *mwyn* + *haf*, yn enwedig o gofio bod /h/ yn rhan o derfyniad y radd eithaf yn wreiddiol.[20] Y pwynt fyddai mai mis mwyn yr haf yw Mai, o ran tynerwch yr hin ac o ran y tyfiant toreithiog, ac felly mae hyn mewn ffordd yn uchafbwynt ar yr amwysedd sy'n crynhoi o gwmpas y gair hwn trwy'r gerdd (ac felly'n cyfiawnhau deall 'Am air' ar ddechrau'r llinell olaf fel y nodwyd uchod).

Yn y mwyafrif o'r enghreifftiau eraill o *mwyn* yng ngwaith Dafydd yr ansoddair yn unig sy'n berthnasol (ac fel y gwelwyd ym mhen. 8 mae cynodiadau hwnnw'n ddigon cyfoethog, gan gynnwys awgrym o barodrwydd rhywiol wrth ddisgrifio merched). Ond mae'r cyswllt â chyfoeth a metelau gwerthfawr yn codi eto mewn mannau. Delwedd ganolog 'Yr Euryches' yw bod Morfudd fel gof aur yn gweithio cae bedw yn rhodd i'r bardd, ac felly er mai'r ffordd amlycaf o ddeall *mwyn* yma yw fel ansoddair yn disgrifio *eurgrair* (sef Morfudd), digon priodol hefyd fyddai cymryd *mwyn* fel cyfoeth (sef y rhodd), ac *eurgrair* yn ei ddisgrifio ('fy nghyfoeth o drysor aur'):

Â'i neddair*, fy eurgrair fwyn, *llaw
Y nyddodd fedw yn addwyn; (94.9–10)

Ac ar ddiwedd cerdd arall yn diolch am rodd gan ferch, 'Garlant o Blu Paun', gwelwn *mwyn* mewn dau air cyfansawdd yng nghyddestun aur eto:

Rhodd serch meinferch oe mwynfardd,
Rhoes Duw ar hon, rhestri hardd,
Bob gwaith a mwyniaith manaur,
Bob lliw fal ar bebyll aur. (134.37–40)

Mae lle i gredu bod deuoliaeth ystyr *mwyn* wedi ysgogi delwedd ym meddwl y bardd yn y cwpled hwn am aderyn, lle mae *arianllais* ar ddechrau'r ail linell yn cydio yn ystyr amgen *mwyn* ac yn peri i'r gynulleidfa ail-ddehongli'r gair:

Nid âi ef, mygr waslef[21] mwyn,
Arianllais edn, o'r unllwyn (38.29–30)

Delwedd sydyn yw honno, dim mwy nag un gair, ond yr un fyddai'r broses o fyfyrio ar ystyron deublyg a roes fod i'r ddelweddaeth thematig yn 'Mis Mai' – o bosibl yn sgil y darnau byrrach hyn.

Gwelir cyswllt rhwng amwysedd a delweddaeth estynedig yn y gerdd 'Hwsmonaeth Cariad' lle datblygir cyffelybiaeth rhwng carwriaeth a gwaith yr amaethwr yn gofalu am ei gnwd. Fe ymddengys i Ddafydd gael model ar gyfer y gyffelybiaeth hon yn y gerdd Ffrangeg *Le Roman de la Rose*,[22] ond yr hyn sy'n arbennig am ymdriniaeth Dafydd yw'r modd y mae'n lleoli'r gwaith amaethyddol yn ei gorff ei hun. Man cychwyn y trosiad beiddgar hwn yw deuoliaeth y gair *bron*, sy'n enw ar ran o'r corff a hefyd, trwy estyniad cyffredin sy'n synio am dirwedd fel y corff dynol, yn gyfystyr â bryn neu lethr lle y byddai'r amaethwr yn trin y tir. Hwylustod i'r ddelwedd yw deuoliaeth *deau* ('right/south') hefyd:

Arddwyd y fron ddewrlon ddwys,
Onengyr ddofn, yn ungwys.
Y swch i'm calon y sydd

A chwlltr y serch uwch elltydd.
Ar y fron ddeau, glau glwyf,
Hëu a llyfnu llifnwyf,
Ac aradr cyweirgadr call
I frynaru'r fron arall. (109.15–22)

Mae hon yn ddelwedd dreisgar iawn sy'n darlunio serch yn treiddio
i gorff y carwr gan rwygo'i galon. Cyflwyniad eithafol sydd yma o
thema gwewyr serch, ac mae'r term hwnnw yn enghraifft arall o
drosiad sy'n seiliedig ar ystyron deublyg. Roedd *gwayw* 'spear' wedi
datblygu'r ystyr ffigurol 'poen' erbyn y drydedd ganrif ar ddeg, a
hynny am boen emosiynol yn ogystal â phoen gorfforol.[23] Daeth y
ffurf luosog *gwe(y)wyr* yn air annibynnol gyda'r ystyr 'poen(au)' yn
unig yn yr iaith fodern (gyda *gwaywffyn* yn cymryd ei le fel lluosog
gwayw),[24] ac yng ngherddi Dafydd y ceir yr enghreifftiau cynharaf,[25]
yn benodol am boenau serch ond gydag elfen gref o artaith gorfforol
eto:

Gweywyr serch gwaeth no gwŷr saint
A gefais drwy ddigofaint. (135.11–12)

Gweywyr, cyfeddachwyr cof,
A â'n wân trywan trwof (81.1–2)

Yn 'Gwayw Serch', cywydd am y profiad ysgytwol o weld merch
brydferth yn Eglwys Gadeiriol Bangor, mae'r gair *gwewyr* yn fan
cychwyn ar gyfer delwedd sy'n troi'n ôl at ystyr lythrennol y gair:

Deugur, bryd Fflur, i'i brawd fflwch*   *hael
Weled y wenferch wiwlwys,
Wi o'r dydd! mau wewyr dwys.
Â seithochr wayw y'm saethawdd
A sythdod, cymhendod* cawdd . . .   *haerllugrwydd
Nis tyn dyn dan wybr sygnau,
I mewn y galon y mae. (127.8–12, 15–16)

Mae'n debyg mai'r cywydd hwn a sbardunodd Gruffydd Gryg i
ymosod ar Ddafydd yn y cywydd a ddechreuodd yr ymryson

rhyngddynt, gan fynnu deall *gwewyr* fel lluosog *gwayw* ac ar sail hynny ei wawdio am ei ormodiaith:[26]

> Yn difa holl gorff Dafydd
> Gwewyr rif y sŷr y sydd. (23.15–16)

Gallai amwysedd godi o ganlyniad i ddatblygiad ystyr gair i fwy nag un cyfeiriad, fel y gwelwyd yn achos *cainc* (gw. pen. 2).[27] Enghraifft o hynny yw *glân*, gair sy'n digwydd 41 o weithiau yng ngherddi Dafydd, ac mewn amryw gyd-destunau. Gellir olrhain ei darddiad i wreiddyn yn golygu 'disgleirio', a'r syniad o burdeb a sancteiddrwydd sydd amlycaf yn yr enghreifftiau cynnar.[28] Ond byddai disgleirdeb yn wedd ar harddwch gweledol hefyd, a defnyddir *glân* gan Gynddelw ynghyd â *gloyw* i ddisgrifio cleddyf.[29] Mae cynodiadau moesol y gair yn amlwg yn nefnydd Dafydd ohono am yr apostol Mathew (4.35), am addoliad i Ddwynwen (48.5) ac yn yr ymadrodd *calon lân* amdano'i hun mewn cyferbyniad â malais ei elynion yn 'Caer rhag Cenfigen' (122.21). Mae *glân* hefyd yn air blaenllaw yn ei ganu natur, am adar (22.29, 44.33, 52.29) ac am ddail y coed (19.20, 32.12, 34.37, 38.36, 40.18, 46.33, 75.26, 134.25), a thebyg mai purdeb dilwgr a olygir, fel am ddŵr ffynhonnau (131.8). Ond mae harddwch disglair yn berthnasol yno hefyd, a dyna'r brif ystyr yng nghyswllt llysoedd (10.13, 45.14, 68.49, 125.33) a lliwiau peintiedig (138.31). Ymddengys mai Dafydd oedd y cyntaf i ddefnyddio *glân* i gyfleu prydferthwch merched,[30] a dyma le mae potensial am amwysedd arwyddocaol. Erys yr amwysedd yn ymhlyg yn unig yn y rhan fwyaf o'r achosion (e.e. a oedd y cusan a roddodd *Luned lân* (83.50) i'r bardd yn arwydd nad oedd honno'n foesol bur?). Ond wrth annog merch i gymodi efallai fod y ddadl foesol yn fodd i dynnu sylw at ddeuoliaeth yr ansoddair ystrydebol:

> Nid oes bechawd, fethlgnawd faith,
> Marwol mwy ei oferwaith
> No thrigo, mawr uthr ogan,
> Mewn llid, eiliw Enid lân. (97.47–50)

Mae amwysedd *enaid* yn 'Dan y Bargod' yn amlygu dwy ystyr *glân* hefyd. Os deellir *enaid* yn ei brif ystyr, 'ysbryd' mewn cyferbyniad â chorff y bardd sy'n sefyll y tu allan i'r tŷ (ei *ellyll*[1]), yna 'sanctaidd' yw ystyr briodol *glân*. Ond os deellir ystyr eilradd *enaid*, 'anwylyd' gan gyfeirio at Forfudd y tu fewn i'r tŷ (cymh. *f'un enaid teg* am y ferch yn 'Trafferth mewn Tafarn', 73.8, gw. isod), yna 'hardd' sy'n addas.[32] Mae hyn yn enghraifft dda o'r modd y gall un gair mwys arwain at ddeuoliaeth mewn geiriau eraill yn yr un cyd-destun:

Yna y mae f'enaid glân
A'm ellyll yma allan. (98.41–2)

Mae deuoliaeth ystyr *glân* yn berffaith ddealladwy fel datblygiad mewnol yn y Gymraeg. Serch hynny, dylid nodi bod datblygiad tebyg iawn wedi digwydd yn achos y gair Saesneg Canol *clene* (Saesneg Modern *clean*), sydd hefyd yn golygu 'pur, dilwgr' gyda chynodiadau moesol cryf yn y cyfnod cynnar ac yn magu'r ystyr ddirywiedig 'hardd' yn y bedwaredd ganrif ar ddeg.[33] Mae'n debyg mai diwylliant cyffredin oedd yn gyfrifol am y cyfochredd hwn.

Gair arall sy'n amrywio o ran ei gynodiadau moesol yw *dwyn*: niwtral oedd yr ystyron craidd, 'cludo, gwisgo, arfer, profi', ond fel datblygiad o'r ystyr 'cipio' (a welir mewn marwnadau, e.e. 22.1) cafwyd 'lladrata' fel y gwelir am y gwynt sy'n dwyn nythod (47.19, cymh. 50.26, 92.30, 102.30). Manteisiodd Dafydd ar y ddeuoliaeth yng nghwpled cyntaf 'Y Serch Lladrad':

Dysgais ddwyn cariad esgud,
Diwladaidd, lledradaidd, drud. (133.1–2)

Nodir yr enghraifft hon yn GPC dan 'teimlo, profi', ac mae 'arfer' hefyd yn ystyr addas, ond mae *lledradaidd* yn yr ail linell yn gorfodi ailddehongli trwy wthio'r ystyr 'lladrata' i flaen y meddwl, gan gysylltu â'r ddelwedd o'r carwr fel lleidr a welir mewn nifer o gerddi eraill megis 'Lladrata Merch' (70). Mae'r ansoddair *drud* hefyd yn ddeublyg ei gynodiadau, fel y gwelir isod.

Geiryn bach y gellid meddwl y buasai'n peri tipyn o amwysedd yw'r adferf *rhy*, gan ei fod yn gallu golygu 'yn fawr iawn' yn ogystal â 'gormodol'. Mae'r iaith fodern wedi osgoi'r amwysedd trwy ollwng yr ystyr gyntaf, ond mewn gwirionedd gallai'r ddwy ystyr gydfodoli'n iawn mewn Cymraeg Canol gan fod y cyd-destun yn

gymorth gan amlaf i benderfynu rhyngddynt lle roedd angen. Mae
gan y gramadegau barddol gyngor synhwyrol yn hyn o beth:

> O byd geir mywn kerdd a deu ystyr arnaw, ystyr da ac ystyr drwc,
> os brydyad vyd, barner ef herwyd y synnwyr da; os kerdd ddechan
> vyd, barner herwyd y synnwyr ddrwc, kanny frytta neb y'r drwc, ac
> ny dechana neb y'r da.
>
> Ac o byd deu ystyr dda neu ddeu ystyr ddrwc
> ac ar vn geir y gyt, barner herwyd y gweddo nessaf ac goreu yn y
> synnwyr, ony byd kael gwybod yn yspys bod ewyllys y neb a'e kano
> yn y gwrthwyneb.[34]

Hynny yw, dylai'r math o gerdd fod yn ganllaw i benderfynu rhwng
ystyr gadarnhaol, a ddisgwylir mewn cerdd fawl (*prydiad*, sef gwaith
y prydydd), ac ystyr negyddol a ddisgwylir mewn cerdd ddychan.
Mae hyn yn gweithio'n iawn lle bo *rhy* yn rhagflaenu ansoddair
sy'n gadarnhaol ynddo'i hun, gan mai naturiol mewn canu mawl
yw ei ddeall yn gryfhaol. Er enghraifft, pan ddywed Dafydd fod y
gwisgoedd ysgarlad a roddai Ifor Hael yn *rhydeg* (15.45), mae'n
amlwg mai hardd iawn a olygid, nid gormodol o hardd, ac felly
hefyd am y llwyn celyn, *rhydeg adail* (40.9). Moliant ac nid cŵyn
sydd yng nghwpled agoriadol y cywydd i'r cleddyf (er na fyddai'r
gynulleidfa'n gwybod hynny efallai wrth glywed y gerdd am y tro
cyntaf):

> Rhyhir wyd a rhy gyflun*,   *cymesur
> Rho Duw, gledd, ar hyd y glun. (71.1–2)

Mae'r defnydd cryfhaol o *rhy*, mewn cyfansoddeiriau llac a chlwm,
yn gyffredin yn awdlau Beirdd y Tywysogion, ac ymddengys mai
dull barddonol ydoedd yn bennaf.[35] 'Gormodol' yw ystyr arferol yr
adferf *rhy* mewn testunau rhyddiaith Cymraeg Canol, ac mae'n
debyg mai dyna'r unig ystyr yn yr iaith gyffredin erbyn amser Dafydd
ap Gwilym.[36] Ceir enghraifft glir o'r ystyr honno yn cyfleu uchelgais
y bardd yn 'Caru Merch Fonheddig', a sylwer ar gyd-destun llafar
y geiriau:

> Rhy uchel, medd rhai, uchod
> Y dringais pan gludais glod. (87.9–10)[37]

Ond mewn gwirionedd ni fyddai'r ddeuoliaeth ystyr yn debyg o achosi amwysedd o bwys gydag ansoddeiriau negyddol beth bynnag, gan nad oes fawr o wahaniaeth rhwng drwg iawn a rhy ddrwg. Felly lle mae merch yn cyhuddo Dafydd o fod yn *rhylwfr* (72.12) mae 'llwfr iawn' yn sicr yn ormod yn ei golwg hi, ac os yw'r rhyfelwr yn *rhy filain* (72.26) mae unrhyw fileindra yn ormod. Mae enghraifft arall o *rhyhir* mewn sgwrs rhwng y bardd a'r ferch yn 'Y Cwt Gwyddau' (67.7) yn cyfeirio at yr amser y bu'r bardd yn aros amdani, ac yn amlwg mae hynny'n ormodol o hir. Gwelir yr un peth yn y canu dychan, fel *rhygrin* am Rys Meigen (31.80), a hefyd wrth fynegi galar mewn marwnadau, fel *rhy irad* ('trist') a *rhydost* am farwolaeth Angharad (9.21, 43).

Cyfyd amwysedd arwyddocaol lle mae *rhy* yn cyfuno ag ansoddair sy'n gadarnhaol yn ei hanfod ond mewn cyd-destun sydd heb fod yn bendant yn folawd, ac fe geir yr amodau hyn yn y canu serch lle bo tyndra ar ran y carwr rhwng edmygedd a rhwystredigaeth. Yr esiampl gliriaf yw hon yn 'Campau Merch', lle mae'r ystyr gryfhaol yn gwbl briodol wrth ganmol diweirdeb y ferch, ond mae 'gormodol' hefyd yn berthnasol iawn gan gyfleu rhwystredigaeth y bardd oherwydd ei diweirdeb:

Yn rhy ddiwair ei heirioes* (124.51)   *natur

Yn achos y gerdd honno mae cwynion y bardd wedi paratoi'r gynulleidfa ar gyfer yr amwysedd hwn (gw. pen. 6 ar y rhagddodiad *di-*). Mewn achosion eraill gall fod yn anodd barnu a yw'r ddeuoliaeth yn berthnasol, fel yn y llinell hon am y ferch yr anfonwyd yr wylan ati:

Rhagorbryd rhy gyweirbropr* (45.26)   *trwsiadus

Naturiol yw deall *rhy* mewn ystyr gryfhaol yma, yn cyd-fynd â *rhagor*, ond tybed a oes awgrym hefyd fod harddwch neilltuol y ferch yn ei rhoi y tu hwnt i gyrraedd y bardd?

Esiampl ddiddorol o amwysedd posibl *rhy* yw llinell glo 'Llychwino Pryd y Ferch', cerdd am effaith andwyol anadl y Gŵr Eiddig ar groen ei gymar ifanc:

Rho Duw a Chadfan, rhaid oedd
Rhad a geidw; rhydeg ydoedd. (115.45–6)

Gwelwyd uchod enghreifftiau o *rhydeg* mewn ystyr ganmoliaethus,[38] ond yma ymddengys mai'r ergyd yw ei bod yn rhy hardd i fod gyda'r gŵr. Ac eto, tybed a oedd y gerdd hon mewn gwirionedd yn debyg ei hamcan i 'Morfudd yn Hen', gan rag-weld difodiant harddwch a'i gyflwyno fel petai wedi ei gyflawni eisoes? Sylwer mai *hi a fu deg* yw ail hanner llinell olaf 'Morfudd yn Hen' (150.42); yn sgil y gyfatebiaeth hon efallai y dylid cadw ystyr arall *rhy* yn y meddwl a deall *rhydeg ydoedd* fel canmoliaeth i harddwch eithriadol y ferch, a hynny mewn gwirionedd yn yr amser presennol.

Gair a newidiodd ei ystyr yn llwyr, ac i bob golwg yn sydyn hefyd, yw *rheg*. Roedd yn gyffredin iawn yng nghanu Beirdd y Tywysogion yn yr ystyr 'rhodd', ac fe'i ceir gan Ddafydd yn yr ystyr honno am noson olau sy'n rhodd gaethiwus iawn i leidr:[39]

A fu ddim waeth, rygaeth reg,
I leidr no nos oleudeg? (58.33–4)

Ond ni ddigwydd *rheg* yn yr ystyr honno ar ôl dechrau'r bymthegfed ganrif, heblaw mewn geiriaduron, a llenwyd y bwlch gan *anrheg* a *rhodd*. Mae'n debyg mai'r rheswm am ddiflaniad yr hen ystyr oedd bod ystyr hollol wahanol wedi dod i'r amlwg yn y bedwaredd ganrif ar ddeg, sef 'llw anweddus, melltith'. Gan Ddafydd y ceir yr enghraifft gynharaf, ac os oedd yr ystyr honno yn hen gellir ystyried hyn yn esiampl o'i barodrwydd i dynnu ar yr iaith lafar.[40] Yn 'Merched Llanbadarn' y digwydd yr enghraifft, a hynny fel sylw ar eiriau llym un o'r merched:

'Ateb nis caiff tra fo byd,
Wtied i ddiawl, beth ynfyd!'

Talmithr* ym rheg y loywferch,   *syndod
Tâl bychan am syfrdan serch. (137.33–6)

Mae'r darn hwn yn dystiolaeth bwysig am ddefnydd Dafydd o amwysedd gan fod y bardd yn mynd ati'n benodol i dynnu sylw at

ddwy ystyr y gair. Yr ystyr newydd yw'r un amlwg, gan fod *wtied
i ddiawl* yn rheg ddifrifol iawn (cymh. *Pla ar holl ferched y plwyf* sy'n
gosod naws y gerdd yn y cwpled cyntaf), ond mae'r llinell ddilynol
yn cyfeirio at yr hen ystyr trwy alw rheg y ferch yn dâl am ei
ymroddiad serchus, gan orfodi'r gynulleidfa i ailddehongli'r gair.
Yn wyneb hyn nid afresymol yw gweld amwysedd tebyg mewn
enghraifft arall o *rheg*. Ar ddiwedd 'Dewis Un o Bedair' dywedir
am y ferch ddienw:

> Be gwypai, gobaith undyn,
> Mae amdani hi fai hyn,
> Bai cynddrwg, geinwen rudd-deg,
> Genthi â'i chrogi wych reg. (120.51–4)

Yn y testun golygedig cymerwyd *wych reg* fel goddrych y ferf ar
ddechrau'r drydedd linell, gyda'r ystyr 'byddai'r anrheg wych cyn
waethed yn ei golwg â'i chrogi'. Ond mae cystrawen y frawddeg
yn gyflawn heb hynny, a gellid trin *wych reg* fel sangiad sy'n sylw ar
farn y ferch, a byddai'r ystyr 'melltith' yn briodol iawn wedyn gan
gyfeirio at y defnydd o *crogi* mewn llwon fel 'tros fy nghrogi'. Ac
nid annichon fod amwysedd bwriadol hefyd yn yr enghraifft o *rheg*
yn 58.33 a ddyfynnir uchod.

Mae'r duedd i eiriau cadarnhaol fagu ystyron negyddol i'w gweld
mewn nifer o achosion eraill, ac fe ymddengys fod Dafydd yn effro
iawn i'r math hwn o ddatblygiad ac yn barod i fanteisio arno i greu
amwysedd. Gair sy'n digwydd ganddo nifer o weithiau yn gadarnhaol
ac yn negyddol yw'r ansoddair *mul*.[41] Ei ystyr hanfodol, mae'n
debyg, oedd 'syml, gwylaidd, addfwyn',[42] ac fe'i defnyddir gan
Ddafydd yn yr ystyr honno wrth foli merched, er enghraifft, yr
addfeinferch ful (80.18),[43] a'r gwrthwyneb *diful* 'anfwyn' yn nodwedd
i gwyno amdani:

> Mul yn chwarae â chlaear*,   *llugoer
> Diful wrth y cul a'i câr. (124.25–6)

Ond magodd *mul* gynodiadau negyddol o ddiniweidrwydd ffôl,
oherwydd y cysylltiad â phlant efallai, fel y gwelir yn yr enghraifft
gynharaf o'r gair, mewn testun o'r drydedd ganrif ar ddeg: *mab ...*

yeuanc o oet a mvl o synnvyr.[44] Fe'i ceir gan Ddafydd gydag ergyd negyddol iawn am y Gŵr Eiddig (71.12, 114.34), am ferched a'i siomodd (74.56, 144.27), yn y gair cyfansawdd *anwydful* am serch Sais (14.16) ac amdano'i hun yng nghyngor sarhaus y bioden sy'n dangos blas y gair ar lafar:

> 'Nychlyd* fardd, ni'th gâr harddfun,　　　　*gwanllyd
> Nid oes yt gyngor ond un:
> Dwys iawn fydr, dos yn feudwy,
> – Och ŵr mul – ac na châr mwy.' (36.65–8)

Rhwng y ddau begwn hyn y mae pedair enghraifft o *mul* yn cyfeirio at y bardd ei hun yn ei rôl fel carwr ymroddedig, y gellid eu deall y naill ffordd neu'r llall. *Dogn mul* yw'r cerddi mawl a luniodd i Ddyddgu (89.14), sef cyfran fwyn bid sicr, ond ai ffôl hefyd am ei bod hithau'n amharod i'w dalu amdanynt? Hyd yn oed lle mae'r bardd yn ymhyfrydu am gusan a gafodd gan ferch megis yn sêl ar y gwefusau a gynhyrchodd y cerddi, a *mul* yn cynganeddu â *mawl*, mae'n anodd anghofio'r cynodiadau negyddol posibl:

> Inseiliodd* a haeddodd hi,　　　　*seliodd
> Mul oeddwn, fy mawl iddi. (83.45–6)

Gan fod *mul* yn gallu cyfeirio at y ferch a'r bardd fel ei gilydd, mae cyferbynnu rhyngddynt yn gyfle i greu amwysedd mewn dwy gerdd. *Mul ddyn ŵyl* yw'r ferch mewn un, a *mula' treigl* yw taith y bardd ati (123.32, 38) – ai taith ffolaf, ynteu taith wyleiddiaf? Ac yn 'Campau Merch' cyn defnyddio *mul* a *diful* am y ferch, fel y gwelwyd uchod (124.25–6), ceir y defnydd amwys hwn am y bardd:

> Mi a ddeily swrn meddyliau,
> Byth neud mul, am beth nid mau (124.9–10)

Gair tebyg iawn i *mul* o ran ei ddatblygiad, neu ei ddirywiad, semantaidd yw *gwirion*.[45] Er iddo gychwyn o gyfeiriad mwy moesol, sef 'pur, dieuog', daeth *gwirion* i olygu 'ffôl' yn yr un modd, ac mae'n debyg mai'r syniad o ddiniweidrwydd plentynnaidd oedd y ffactor gyffredin rhwng y ddau air. Yr enghraifft gynharaf o'r ystyr 'ffôl' a roddir yn GPC yw hon mewn englynion dychan i'r bardd Ieuan Brechfa gan Iorwerth Fynglwyd, bardd o Forgannwg tua dechrau'r unfed ganrif ar bymtheg:

> Pysgodwr yw'r gŵr gwirion a'i rwydau
> a'i fadau ynfydion[46]

Ond tybed a oes amwysedd yn y ddwy enghraifft a geir yng ngwaith Dafydd ap Gwilym? Mae'r cyd-destun yn ymwneud ag ansicrwydd y ddau dro, ac mae ffolineb yn thematig yn 'Y Ffŵl a'i Gysgod', a'r sangiad hefyd yn cryfhau'r amwysedd gan nad oes sicrwydd at beth y mae'n cyfeirio:

> Ped fai Ddoethion, wirion wedd,
> Rhufain, llyna beth rhyfedd,
> Yn ceisiaw, alaw* eilun,   *lili
> Nychu yr wyf, ni châi'r un
> Adnabod, nod anniben,
> O nawd gwir anwydau* gwen. (80.45–50)   *nodweddion

Ai golwg y ferch sy'n bur, ynteu ai dull y Doethion honedig sy'n ffôl?[47] Mae'r ail enghraifft yn dilyn amwysedd *mul* yn y cywydd 'Rhagoriaeth y Bardd ar Arall' (123.32, 38 uchod), gan fwrw amheuaeth ar eirwiredd y ferch:

> Gwydn wyd yn gwadu'n oedau,
> Gwirion yw'r atebion tau. (123.47–8)

Yn wahanol i *mul*, a ddiflannodd o'r iaith erbyn y cyfnod modern, efallai oherwydd pwysau oddi wrth y gair cyfunffurf *mul* 'asyn', mae *gwirion* wedi parhau'n gyffredin, yn bennaf yn yr ystyr 'ffôl' ond hefyd yn yr hen ystyr 'pur, diniwed' yng Ngheredigion o leiaf. Mae datblygiad *gwirion* yn hynod o debyg i eiddo'r Saesneg *silly* a olygai 'pur, duwiol' yn wreiddiol, a gellid dadlau bod dylanwad o du'r Saesneg ar y gair Cymraeg, yn enwedig o gofio bod y ddau air yn cyfateb ym meddyliau rhai siaradwyr dwyieithog heddiw. Ond gellid esbonio'r tebygrwydd fel datblygiadau annibynnol yn deillio o agweddau diwylliannol cyffredin a ystyriai rywun diniwed yn dwp.[48]

Esiampl arall o ddatblygiad cyfochrog yn y Gymraeg a'r Saesneg yw *cyfrwys* a *cunning*. Ystyron cadarnhaol a berthynai i'r ddau air yn wreiddiol, sef 'medrus, celfydd, hyfforddedig', a datblygodd y ddau yr ystyr negyddol 'dichellgar' yn unig erbyn y cyfnod modern. Y tebyg yw bod hynny'n adlewyrchu drwgdybiaeth pobl o fedrusrwydd eithriadol (fel sydd wedi digwydd i raddau yn achos *clever/ clyfar* yn ein hoes ni), ac os felly gallai fod yn ddatblygiad annibynnol yn y ddwy iaith. Yr enghraifft sydd gan Ddafydd ap Gwilym yw'r dystiolaeth gynharaf o'r ystyr negyddol yn y naill iaith neu'r llall.[49] Mae'r gair ganddo yn yr ystyr 'medrus' am y gelfyddyd farddol (24.49), ac *anghyfrwys* am y cyffylog trwsgl (53.27), ond y defnydd arwyddocaol yw hwn yn yr awdl ddychan i Rys Meigen lle mae natur y gerdd yn gymorth i ddatrys unrhyw amwysedd posibl:

> Cyfrwys ddifwyn cwys, cyd ceisiai—gyhwrdd
> Ag ewybr* nis gallai; (31.21–2)   *un chwim

Gair yn yr un maes semantaidd sydd hefyd yn dangos datblygiad negyddol, ac felly potensial am amwysedd, yw *cymen*. Yr ystyr gychwynnol oedd 'doeth, medrus' (< *pen*?), fel y gwelir yng ngherddi Dafydd yn yr ymadrodd *cymen call* (67.4, 120.41), am grefftwaith Morfudd (94.33) ac yn y gair cyfansawdd *cymhenbwyll* (135.45, ond gw. pen. 9 ar amwysedd posibl yno). Fe'i ceir ganddo hefyd yn yr ystyr fodern 'destlus, hardd' am Forfudd, *cymen wen wych* (112.9), a naturiol ar yr olwg gyntaf yw ei ddeall yn yr un ystyr lle mae Dafydd yn ymateb i gyhuddiad o lwfrdra gan ferch:

> Cwfl manwallt cyfliw manwawn,
> Cam a wnai, ddyn cymen iawn. (72.15–16)

Ond mae tystiolaeth fod *cymen* wedi magu cynodiadau negyddol o ffraethineb gwatwarus a fyddai'n briodol iawn yma gan fod y ferch newydd ddweud ei barn am Ddafydd yn ddiflewyn-ar-dafod. O'r unfed ganrif ar bymtheg y daw'r enghreifftiau cynharaf o'r ystyr hon a nodir yn GPC, ond ceir ateg mewn dwy gerdd arall o waith Dafydd lle mae cymeriadau'n lladd arno'n llym. Dywedir am y brawd du sy'n proffwydo hagrwch Morfudd: *Huawdl o'i ben gymhennair*

248

(150.13). Ac wrth y bioden a wawdiodd obeithion carwriaethol yr hen fardd, dywedir:

Cymorth fi, cyd bych cymen,
A gosod gyngor gorau
A wypych i'r mawrnych mau. (36.62–4)

Nodwedd arbennig ar y ddwy gerdd hyn yw'r defnydd o sangiadau i roi sylwadau dilornus o'r neilltu (gw. pen. 2), ac felly rhesymol yw gweld *cymen* yn amwys y ddau dro, gyda 'doeth' yn ystyr barchus a 'tafodrydd' yn cyfleu gwir farn y bardd.[50]

Mae'n demtasiwn gweld amwysedd mewn rhai enghreifftiau o *gwawd* oherwydd ystyr fodern y gair, 'gwatwar', fel yr awgrymodd Bromwich.[51] Ond ni nodir esiampl o'r ystyr honno yn GPC cyn Beibl 1588, ac mae'r ystyr wreiddiol 'cerdd foliant' yn hollol sicr mewn nifer fawr o enghreifftiau yng ngherddi Dafydd, er enghraifft, 1.5, 6.128, 11.4.[52] Byddid yn disgwyl i Ddafydd fanteisio ar y ddeuoliaeth ystyr petai'n bodoli yn ei gyfnod ef, a phe gellid profi hynny byddai'r amwysedd yn ddigon priodol yn achos y gair cyfan-sawdd *gwawdrydd* ('a folir yn rhydd' neu 'sy'n gwatwaru'n rhydd') yn disgrifio Morfudd yn 111.57 (cymh. *Gŵyr hi gwatwaru gŵr hyll* yn ll. 10 o'r un gerdd), ac efallai hefyd yn y darlun digrif o'r bardd yn cuddio yn y mwdwl gwair (66.14 a 18) ac am bregeth lem y Brawd yn 'Morfudd yn Hen' (150.15, cymh. deuoliaeth *cymhennair* yn 150.13 a nodwyd uchod).[53]

Hyd yn hyn ystyriwyd esiamplau o amwysedd achlysurol sy'n codi yma a thraw mewn amryw gerddi. Trown nawr at gerdd lle mae'r geiriau mwys mor niferus fel y gellir sôn am strategaeth fwriadol yn nodweddu'r gerdd, ac un y disgwylid i'r gynulleidfa ei gwerth-fawrogi. Y gerdd yw 'Trafferth mewn Tafarn', a'r hyn sy'n creu'r amodau ar gyfer gweithredu'r amwysedd yw'r defnydd o bersona naïf i adrodd yr hanes.[54] Mae yma batrwm cyson o eiriau a ddefnyddir gan yr adroddwr mewn modd ymffrostgar ond sy'n agored i'w deall mewn ystyron negyddol. Mae'r gynulleidfa felly mewn sefyllfa uwchraddol, yn clywed yr hanes fel y dymunai'r adroddwr ei gyflwyno ond hefyd yn ei weld mewn goleuni nas bwriadwyd ganddo. Mae hiwmor slapstic y gerdd yn ddigon amlwg, ond mae digrifwch cynilach ynddi hefyd sy'n dibynnu ar gyfres o eiriau mwys.

Mae'r adroddwr ar ei fwyaf ymffrostgar yn rhan gyntaf y gerdd
lle mae'n sôn am ei waith deheuig yn hudo'r ferch, cyn i bethau
fynd o chwith wrth iddo geisio cyrraedd ei gwely. Yn y dyfyniad
sy'n dilyn mae'r geiriau mwys mewn du:

> Deuthum i **ddinas dethol**
> A'm hardd **wreang** i'm hôl.
> Cain hoywdraul, lle **cwyn** hydrum,
> 4 Cymryd, **balch** o febyd fûm,
> Llety, urddedig ddigawn,
> **Cyffredin**, a gwin a gawn.
> Canfod **rhiain** addfeindeg
> 8 Yn y tŷ, f'un **enaid** teg.
> Bwrw yn llwyr, liw haul dwyrain,
> Fy mryd ar **wyn fy myd** main,
> Prynu rhost, nid er bostiaw,
> 12 A gwin **drud**, mi a gwen draw.
> Gwaraeau a gâr gwŷr ieuainc,
> Galw ar fun, ddyn **gŵyl**, i'r fainc,
> A gwledd am anrhydedd mawr
> 16 A wnaethom, mwy no **neithiawr**.
> Hustyng, bûm ŵr **hy astud**,
> **Dioer** yw hyn, deuair o **hud**.
> Gwedy myned, dynged yng,
> 20 Y rhwystr gwedy'r hustyng,
> Gwneuthur, ni bu **segur** serch,
> Amod dyfod at **hoywferch**
> Pan elai y minteioedd
> 24 I gysgu; bun **aelddu** oedd. (73.1–24)

Un math o amwysedd sy'n rhedeg trwy'r darn hwn yw geiriau'n
ymwneud â statws cymdeithasol a ddefnyddir gan yr adroddwr i
greu argraff fawreddog. Mae *dinas* yn y llinell gyntaf yn esiampl
dda, oherwydd er na nodir lleoliad penodol i'r stori, ac er nad oedd
y cyferbyniad modern rhwng *dinas* a *tref* yn bodoli yn y bedwaredd
ganrif ar ddeg, mae tystiolaeth bod y term *tref* yn dod yn arferol
ar gyfer y trefi newydd lle ceid tafarnau fel hon.[55] Roedd *dinas*
yn hen air am gadarnleoedd, a gellir gweld ei ddefnydd yma yn

ymgais gan yr adroddwr i swnio'n fawreddog, rhywbeth tebyg i *citadel*.

Wrth alw'r lle'n ddinas *dethol*, diau fod yr adroddwr yn golygu ei bod yn lle dewisol, ond mae'r syniad o ddethol yn awgrymu hepgor neu wahardd hefyd, a'r rhai a waherddid o drefi Cymru yn aml iawn yn y cyfnod hwn oedd y Cymry. Cofier hefyd fod *dethol* yn ffurf amrywiol ar *deol* 'alltudio' sy'n ategu'r un syniad.[56] Nodwyd eisoes y gair mwys amlwg *cwyn* yn ll. 3 a ddefnyddir gan yr adroddwr yn yr ystyr 'cinio' ond a fyddai hefyd yn awgrymu cwynion y Cymry am y trefi Seisnigaidd.

Lleoliad penodol yr hanes yw *llety . . . cyffredin* (5–6), sef llety a oedd yn agored i bawb o'r cyhoedd a allai dalu am eu lle (cyfieithiad mae'n debyg o'r Saesneg *common lodging*).[57] Nid testun ymffrost fyddai aros mewn lle o'r fath, a dyna pam, efallai, fod yr adroddwr yn rhannu'r ymadrodd dros ddwy linell gan brysuro i ychwanegu bod y llety'n ddigon urddasol (gw. y drafodaeth ar sangiadau ym mhen. 2). Ar y cyfan mae *cyffredin* wedi osgoi cynodiadau negyddol y Saesneg *common* 'vulgar' (sy'n amlycach yn y gair benthyg *comon*), ond efallai fod arlliw ohonynt i'w weld yn y modd y defnyddir y gair gan y ferch drahaus yn 'Sarhau ei Was' sy'n synnu derbyn anrheg o win gan rywun nad yw'n ei adnabod, ac yn gresynu bod y dref yn agored i bawb:

> 'Pond cyffredin y dinas?
> Paham na'th adwaenam, was?' (74.39–40)

Mae gwas gan yr adroddwr yn 'Trafferth mewn Tafarn' hefyd, a hwnnw'n un hardd, fel y mae'r adroddwr yn prysuro i ddweud yn yr ail linell. Ond mae'r gair amdano, *gwreang*, yn un a oedd yn y broses o symud i lawr y raddfa gymdeithasol. Yn air cyfansawdd, *gŵr* + *ieuanc*, dynodai'n wreiddiol ŵr rhydd neu uchelwr, ond erbyn diwedd yr Oesoedd Canol daethai'r ffurf gywasgedig *gwreng* i ddynodi'r bobl gyffredin mewn cyferbyniad â'r boneddigion (cymh. y Saesneg cyfatebol *yeoman*). Ni fyddai'r gwas hwn yn debyg o gadarnhau safle cymdeithasol uchel yr adroddwr yng ngolwg y gynulleidfa, felly.

Gellir dweud rhywbeth tebyg am y gair sy'n cyflwyno'r ferch yn ll. 7. Roedd *rhiain* yn gytras â'r Lladin *regina* 'brenhines', ac mae'r defnydd canoloesol yn adlewyrchu statws uchel y term, ond erbyn y cyfnod modern cynnar ni olygai fawr mwy na 'llances'.[58] Mae'r adroddwr yn amlwg yn bwriadu'r gair yn fawreddog, a'r ansoddair cyfansawdd *addfeindeg* yn cyd-fynd â hynny, ond gallai'r gynulleidfa ei weld yn llai dyrchafedig. Ac mae ansoddeiriau eraill yn ddeublyg o ran yr hyn a awgrymir am natur y ferch hon. Wrth ei galw'n *ddyn gŵyl* yn ll. 14 bwriadai'r adroddwr ganmol ei gwyleidd-dra, ond gallai ystyron eraill y gair, 'tirion, hael', awgrymu merch hawdd ei chael yn rhywiol – a dyna'n union a welir.[59] Roedd ystyron *hoyw* (22) yn bur eang, gan gynnwys harddwch a bywiogrwydd, ond dylid nodi bod cynodiadau rhywiol cryf yn perthyn i'r gair hefyd (gw. ymhellach pen. 8). Gellir deall *aelddu* (24) fel moliant syml i harddwch y ferch, ond cofier hefyd fod aeliau duon yn arwydd hysbys o anlladrwydd.[60]

Dull arall sydd gan yr adroddwr o gyfeirio at y ferch yw'r ddau ymadrodd crefyddol, *f'un enaid teg* (8) a *gwyn fy myd* (10). Dengys enghreifftiau eraill o'r ddau yng ngwaith Dafydd eu bod yn ystrydebau yn y canu serch,[61] ond mae'r patrwm o amwysedd yn y gerdd hon yn tanlinellu'r ystyron deublyg, ac efallai y daw'r cabledd i gof yn niweddglo'r gerdd lle mae'r adroddwr yn diolch i Iesu a'r saint am achub ei groen. Term crefyddol sy'n gyffredin yng ngherddi Dafydd a thestunau eraill y cyfnod yw *dioer*,[62] llw yn wreiddiol (< *Duw a ŵyr*) sy'n golygu 'sicr' yma, ond sy'n fodd hefyd efallai i atgoffa'r gynulleidfa fod Duw yn gweld meddwl y pechadur.[63]

Mae *neithiawr* (16) yn derm a ddylai fod â goblygiadau crefyddol gan mai gwledd briodas oedd neithiawr yn wreiddiol, ac felly mae ei ddefnydd yma am bryd o fwyd a oedd i ragflaenu godineb yn pwysleisio cyflwr pechadurus yr adroddwr. Atgyfnerthir hyn gan gyfres o dermau moesol sy'n tynnu sylw'n anfwriadol at ei gam-weddau. Y cyntaf o'r rhain yw *balch* yn ll. 4, gair sy'n dal i fod yn ddeublyg ei ystyr heddiw, ac a ddefnyddir gan yr adroddwr i feddwl 'gwych' ond y bydd y gynulleidfa, ar sail y brolio a glywodd eisoes, yn ei ddeall yn yr ystyr foesol, sef y mwyaf o'r saith pechod marwol.[64]

Mae dau o'r pechodau marwol yn amlwg yn bresennol yn y naratif hefyd er nas enwir hwy fel y cyfryw, sef glythineb o ran y bwyd a'r ddiod, a godineb. Digrif, gyda llaw, yw honiad yr adroddwr yn ll. 11 nad er mwyn brolio y prynodd y rhost, o feddwl mai hudo'r ferch i bechod gwaeth o lawer oedd y nod mewn gwirionedd.

A chrybwyllir un arall o'r saith pechod, sef segurdod, yn sylw hunanfoddhaus yr adroddwr *ni bu segur serch* (21). Ymffrost am ei garu egnïol yw hynny, ac eto mae osgoi un pechod yn fodd i gyflawni un arall. Ac mae amwysedd mwy yn y gair *segur* gan fod dwy ystyr hollol wahanol yn perthyn iddo mewn Cymraeg Canol. Mae'r adroddwr yn ei ddefnyddio i olygu 'diog, llonydd' (unig ystyr y gair yn yr iaith fodern), ond roedd 'hawdd, sicr' hefyd yn ystyr gyffredin, ac mae honno'n berthnasol iawn yma o gofio'r helynt drychinebus sy'n dilyn. Benthyciad oedd *segur* o'r Lladin *securus*, fel y Saesneg *secure* a gadwodd ystyr arall y gair. Ac wrth i'r gair Cymraeg gyfyngu i un ystyr yn unig daeth benthyciad arall i lenwi bwlch yr ystyr arall, sef *sicr* < Saesneg *siker* a oedd hefyd yn ei dro yn fenthyciad hŷn o'r un gair Lladin. Byddai'r cysylltiadau rhyngieithyddol hyn yn gefndir pwysig o ran hwyluso ymateb y gynulleidfa i'r math hwn o amwysedd.

Dau ansoddair sy'n taflu goleuni'n anfwriadol ar gymeriad moesol yr adroddwr yw *hy* ac *astud* yn ll. 17. Mae'n siŵr mai 'hyderus' yw'r ystyr a oedd gan yr adroddwr mewn golwg ar gyfer *hy*, ond mae 'digywilydd' yn ymgynnig hefyd.[65] Eiddgarwch y carwr a gyfleir gan *astud* (< Lladin *astutus*), ond awgryma'r Saesneg cyfatebol *astute* fod elfen o gyfrwystra'n perthyn i'r gair hefyd.[66] Ac mae'r gair hwnnw'n arwain at odl sy'n un o ystrydebau'r canu serch, sef *hud*. Hoffai'r adroddwr feddwl ei fod wedi cyfareddu'r ferch, ond mae awgrym o ddenu trwy dwyll yma hefyd, fel y gwelir yn gliriach yn y ferf *hudo* 'seduce'.[67]

Hawdd iawn fyddai colli amwysedd *drud* sy'n disgrifio'r gwin yn ll. 12, gan mai 'costus' yw unig ystyr y gair yn yr iaith fodern, a dyna sut roedd yr adroddwr yn ei fwriadu, gan frolio am ei wariant hael. Ond mewn gwirionedd mae hon ymhlith yr enghreifftiau cynharaf o'r ystyr honno, ystyr a ddatblygodd yn sgil twf economi ariannol y trefi.[68] Gair a ddisgrifiai ymddygiad pobl yn bennaf oedd *drud* cyn hynny, yn cyfleu dewrder ond â chynodiadau o ryfyg ffôl (cymh. 6.10, 26, 7.43 a'r enghraifft yn 133.2 a ddyfynnwyd uchod). *Drud byd* yw'r gwynt (47.4), sef ffŵl y byd, ac yma yr ergyd yw bod y gwariant ar y gwin yn ormodol ac afradlon. Gwelir amwysedd tebyg yn *drygioni drud* yn nes ymlaen yn y gerdd (47), lle mae'r adroddwr yn cwyno bod ei fethiant i godi'n sydyn wedi costio'n ddrud iddo.

Mae'r amwysedd yn llai dwys yn ail ran y gerdd gan fod mwy o bwyslais ar gyflwyno'r helynt ddigrif, ond mae'r adroddwr yn dal i ddefnyddio ieithwedd foesol mewn ystyron dirywiedig, gan gwyno am ei anffawd heb ddangos gwir edifeirwch am ei bechodau. Syrffed wedi gorfwyta oedd ystyr wreiddiol *alar* (28), ond y diflastod o fethu yn ei amcan a olyga ef (cymh. *alaru*). Sylw ymarferol am beryglon rhuthro yw *drwg fydd tra awydd* (35), nid barn ar ei drachwant fel y gellid ei ddeall. Am iddo fethu cyrraedd gwely'r ferch y'i galwodd ei hun yn ŵr *gorwag* (45, 'gwaglaw'), ond ystyr foesol y gair oedd 'ofer, ffôl'.[69] Ei ddoluriau corfforol yw'r *hagr wyniau hyll* (65), ond gallai *gwŷn* olygu 'chwant' hefyd, sef yr hyn a achosodd ei anffawd. Gellid meddwl bod yr adroddwr yn dangos edifeirwch pan ddywed *bu chwedl edifar* (49), ond nid yw'r gair o reidrwydd yn cyfleu agwedd ysbrydol, a thebyg mai edifaru a wna yma am godi ger gwely'r tri Sais.[70] Anodd yn sgil hyn oll yw gweld troedigaeth sydyn yr adroddwr ar ddiwedd y gerdd yn ddim ond rhagrith.

Mae un achos arall o amwysedd tua diwedd y gerdd sy'n fodd i danlinellu gweddnewidiad yr adroddwr, yn y disgrifiad hwn ohono'n cuddio rhag y criw sy'n chwilio amdano:

> Gweddïais, nid gwedd eofn,
> Dan gêl, megis dyn ag ofn (73.67–8)

Gallai *dyn* gyfeirio at unrhyw fod dynol, yn wryw neu'n fenyw, gan gynnwys plant, ond gan amlaf yng nghanu serch Dafydd mae'n cyfeirio at ferched. Naturiol, felly, yw deall bod yr adroddwr yn debyg i ferch ofnus, ac mae cyferbyniad amlwg rhwng hyn a'i ddefnydd cyson o *gŵr* amdano'i hun yn gynharach yn y gerdd. Gwelir yr un math o chwarae ar y ddau air y ffordd arall yn un o'r cywyddau mawl i Ifor Hael. Siarsiodd y bardd ei was i fynd i Wynedd â'r neges:

> Fy mod es talm, salm Selyf,
> Yn caru dyn uwch Caerdyf. (14.9–10)

Naturiol fyddai deall mai merch a olygid, yn enwedig o gofio enw Dafydd fel carwr, ond mewn gwirionedd dathlu'r berthynas glos rhwng bardd a'i noddwr fel dau gyfaill gwrywaidd a wneir yn y gerdd hon. Ac wrth fynd ati i foli Ifor yng ngweddill y gerdd rhoddir lle blaenllaw i'r gair *gŵr* er mwyn gwrthweithio unrhyw awgrym o ddiffyg gwroldeb yn y cyfeiriad ato fel *dyn*, gan wyrdroi felly y patrwm o ddi-rywiad a welir yn 'Trafferth mewn Tafarn'.

Mae 'Trafferth mewn Tafarn' yn sefyll allan ymhlith cerddi Dafydd ap Gwilym o ran dwyster yr amwysedd ynddi, ac mae'n esiampl o fabwysiadu strategaeth farddol ar gyfer un gerdd benodol, braidd fel y cywyddau unodl a'r cerddi'n seiliedig ar un ddelwedd. Trwy sefydlu patrwm cyson ar hyd y gerdd llwyddwyd i amlygu ystyron deublyg a fyddai fel arall yn botensial yn unig, a gellir ei gweld i raddau'n ffrwyth myfyrdod ar oblygiadau moesol rhai o ystrydebau'r canu serch.

Gellir gwerthfawrogi natur arbennig 'Trafferth mewn Tafarn' trwy gyferbynnu â cherdd bur debyg o ran cefndir, sef 'Sarhau ei Was', lle gwelir eto adroddwr diniwed sy'n methu'n drychinebus yn ei ymdrech i ddenu merch. Mae iaith eto'n fodd i ddatgelu hunan-dwyll yr adroddwr, ond y tro hwn un gair thematig sydd dan sylw yn bennaf, sef *gwych*. Mae hwn yn un o eiriau mawl mwyaf cyffredin Dafydd, ac yng nghyswllt pobl mae'n dynodi ymddangosiad gweledol yn bennaf, gan gyfateb efallai i'r Ffrangeg *galaunt*, Saesneg *gallant*.[71] Mae'r odl ag *edrych* yng nghwpled cyntaf y cywydd yn arwyddocaol, a'r cyd-destun yw gŵyl mabsant lle roedd pawb am gael eu gweld yn eu gwisgoedd gorau:

> Gŵyl Bedr y bûm yn edrych
> Yn Rhosyr, lle aml gwŷr gwych,
> Ar drwsiad pobl, aur drysor,
> A gallu Môn gerllaw môr. (74.1–4)[72]

Defnyddir yr un gair wedyn ddwywaith am y ferch (8, 36) ac unwaith am yr adroddwr ei hun (26), ac mae'r ailadrodd yn anogaeth i ystyried goblygiadau'r gair. Yn wahanol i'r geiriau mwys a welsom yn 'Trafferth mewn Tafarn', un ystyr yn unig a berthynai i'r gair hwn, a honno'n ganmoliaethus yma ac ym mhobman arall yng ngwaith Dafydd. Os oes deuoliaeth yma, yna mater o wahaniaeth agwedd tuag at ymddangosiad hardd yw hi, wrth i ymddygiad anghwrtais y ferch yn tywallt y gwin am ben y gwas ddangos nad yw harddwch arwynebol yn unrhyw warant o natur fonheddig.

Gair thematig arall a ddefnyddir mewn modd amheus gan adroddwr diniwed yw *ir* yn 'Cyngor y Bioden'. Mae'r gair yn disgrifio tyfiant newydd y gwanwyn bedair gwaith yn rhan gyntaf y gerdd, ac mae'r adroddwr hefyd yn ei ddefnyddio i ddisgrifio ei enaid ei hun wrth iddo ymuniaethu â'r bywyd newydd o'i gwmpas:

> Minnau, fardd rhiain feinir,
> Yn llawen iawn mewn llwyn ir,
> A'r galon fradw* yn cadw cof,   *treuliedig
> A'r enaid yn ir ynof
> Gan addwyned gweled gwŷdd,
> Gwaisg nwyf*, yn dwyn gwisg newydd (36.17–22)   *egni bywiog

Un o brif bwyntiau'r gerdd hon yw mai hunan-dwyll yw'r fath ymuniaethu gan nad yw bywyd dyn yn mynd mewn cylch fel byd natur. Eto, nid amwysedd hanfodol i'r gair *ir* sydd yma, ond gwahaniaeth o ran dirnadaeth. Serch hynny, efallai fod amwysedd seinegol yma hefyd: os gellir derbyn colli /h/ yn ll. 20 a deall bod yr enaid wedi bod yn hir yng nghorff yr hen ddyn hwn, fel ei galon dreuliedig, byddai'r ergyd yn fachog yng ngoleuni gwawd y bioden yn nes ymlaen yn y gerdd.[73] Anodd yw gwybod faint o ryddid i'w ganiatáu o ran deuoliaeth seinegol fel hyn, ond yn yr achos hwn efallai fod y ffurf ddiacen fel ail elfen *meinir* yn ll. 17 yn ateg i'r amwysedd.[74] Ac efallai fod amwysedd tebyg rhwng *hoed* 'hiraeth' ac *oed* 'oes' (a hefyd cyfarfod rhwng cariadon) mewn cerdd am gae bedw a gafwyd yn rhodd gan Forfudd (yn enwedig gan fod sôn am *hiroes* yn y cwpled blaenorol):

> Fy nghae bedw, da y'i cedwir,
> O'r coed a wnâi hoed yn hir. (94.23–4)[75]

Anodd hefyd yw barnu a fwriedid amwysedd rhwng homonymau. Gair sy'n digwydd yn aml iawn yng nghyswllt harddwch merched yw *lliw*, ac mewn un achos yn unig y gellir gweld amwysedd arwyddocaol rhwng hwnnw a'r gair cyfunffurf 'cyhuddiad' (cf. *edliw*):

Ni wn pa un, fun feinir,
Yw hyn, lliw gwyn, yn lle gwir,
Ai gwatwar, cynnar y cad,
Am wir gur, ai mawr gariad. (80.51–4)

Gan fod y gerdd gyfan yn gŵyn am ymddygiad anwadal y ferch mae'n demtasiwn deall *lliw* yma fel 'cyhuddiad', a *gwyn* yn yr ystyr 'golau, amlwg'.[76] Ac yn yr un modd gellir gweld adlais arwyddocaol rhwng *ymliw* y bardd a *loywliw* y ferch sy'n crynhoi'r tyndra rhwng mawl a chŵyn yn 'Merch yn Edliw ei Lyfrdra' (72.5–7, gw. y dyfyniad ar ddechrau'r rhagymadrodd).

Gellid awgrymu amwysedd pellach yn yr un ymadrodd trwy gymryd *gwyn* fel *gŵyn* ('cwyn gyhuddgar'), ond byddai hynny'n amheus am ei fod yn difetha'r odl â *hyn* sy'n angenrheidiol ar gyfer y gynghanedd sain. Gan mai cerddi i'w perfformio oedd y rhain, rhaid gwrthod unrhyw amwysedd sy'n seiliedig ar ffurfiau ysgrifenedig yn unig a heb fod yn gweithio i'r glust. Esiampl arall sy'n ategu'r pwynt yw'r gair *dioer* yn llinell gyntaf 'Yr Wylan':

Yr wylan deg ar lanw, dioer,
Unlliw ag eiry neu wenlloer (45.1–2)

Dengys hyd y llinell, y gynghanedd a'r brifodl acennog mai gair unsill yw *dioer* yma, sef cywasgiad o'r llw 'Duw a ŵyr' (gw. pen. 4 a'r enghraifft o ergyd ddeublyg yn 'Trafferth mewn Tafarn' uchod), ac felly wrth ddatgan y llinell ni fyddai modd ei ynganu fel *di-* + *oer* 'cynnes'.

Amheus hefyd yw amwysedd sy'n dibynnu ar ystyron modern nad oes tystiolaeth dros eu bodolaeth yng nghyfnod Dafydd, fel *cerrig* (= ceilliau?!) y rhugl groen (62.29), ond serch hynny mae ystyr aflednais yn weddol amlwg yn y llinell *Cloch ddiawl, a phawl yn ei ffwrch* (62.36), yn enwedig o gofio bod y rhugl groen yn cael ei ddarlunio'n *feichiog* (34).[77] A chan fod enghraifft o'r ferf *digoni* yn yr ystyr 'bodloni'n rhywiol' yn 53.23 (gw. y dyfyniad ym mhen. 6 a chymh. 62.21), teg yw gweld sen ddeublyg ar wrywdod y bardd yn nefnydd Eiddig o'r gair:

'Arfau drwg i ddigoni
Yw'r cywyddau sydd dau di.' (67.19–20)

Gan fod Dafydd mor barod i fachu ar gyfleoedd am amwysedd,
mae'n debygol iawn fod esiamplau eraill yn llechu heb eu canfod
eto yn ei gerddi. Achos dadleuol yw'r ffurf *ynod* yn y darn hwn:

Ym Mynyw, rwyf* Wenhwyfar,	*balchder
Ym Môn yr haeddaist fy mâr*.	*dicter
Fy mun, mi a fûm ynod;	
Geri* fu i mi fy mod. (128.33–6)	*chwerw

Roedd Thomas Parry yn bendant ei farn mai amhersonol yw *ynod*
yma, sef ffurf ar *yno* (cymh. *iso/isod, ucho/uchod, yngo/yngod*), ac nid
ail berson unigol yr arddodiad *yn*.[78] Er na wyddys am enghraifft arall
o *ynod* yn adferfol, mae'r enwau lleoedd yn y cwpled blaenorol yn
rhywfaint o ateg i ddehongliad Parry. Serch hynny, anodd iawn
fyddai anwybyddu'r ystyr rywiol o ddeall *ynod* fel arddodiad, 'ynot
ti', ac mae'n rhaid cyfrif hwn ymhlith geiriau mwys mwyaf beiddgar
Dafydd.[79]

Mae tystiolaeth Gerallt Gymro yn awgrymu bod chwarae geiriol
yn beth cyfarwydd yn llysoedd Cymru'r Oesoedd Canol, ond hyd
yn oed a derbyn hynny, byddai gofyn i'r gwrandawr fod yn hynod
effro a chraff i ddal ar y mathau o amwysedd a welwyd yn y bennod
hon, ac maent yn codi cwestiynau am y berthynas rhwng y bardd
a'i gynulleidfa. Tybed a fyddai Dafydd, neu ddatgeiniaid ar ei ôl,
yn amlygu'r geiriau mwys trwy oslef neu ystum mewn perfformiad,
ac efallai'n ailadrodd y gerdd er mwyn rhoi cyfle i amgyffred y
pwyntiau cynnil? Roedd cerddi Dafydd yn agored i'w deall ar sawl
lefel, gan gynnig rhywbeth i bawb, a thebyg mai'r rhai craffaf a
dysgedicaf yn unig a fyddai'n gwerthfawrogi'r holl amwyseddau.
Cofier hefyd fod diwylliant llenyddol rhai o'r noddwyr yn uchel
iawn ei safon, er enghraifft Rhydderch ab Ieuan Llwyd a'i gyfyrder
Llywelyn Fychan sydd dan sylw yn y ffug-farwnad y dyfynnwyd
darn ohoni ar ddechrau'r bennod (cerdd 10), dau uchelwr ifanc
llengar a dysgedig yn y gyfraith.[80]

Diau y byddai gwrandawyr o'r fath yn cael cryn foddhad o'r
chwarae geiriol cyfrwys, ac yn ddigon treiddgar hefyd i weld

arwyddocâd dyfnach yr amwysedd. Cyfoethogi a chymhlethu'r darlun a wna'r amwysedd trwy gynnig ffordd amgen o edrych ar y peth dan sylw, gan awgrymu beirniadaeth foesol neu ddatgelu hunan-dwyll. Trwy gydio pethau anghymarus a phontio rhwng y llythrennol a'r ffigurol, rhwng y diriaethol a'r haniaethol, mae amwysedd wrth wraidd cryn dipyn o ddelweddaeth y cerddi. Fel y dadleuwyd am Chaucer hefyd,[81] roedd gweledigaeth Dafydd ar fywyd yn hanfodol ddeuol, a dyna efallai'r rheswm sylfaenol pam ei fod mor hoff o ddull sy'n cynnal deuoliaeth o fewn yn yr un ymadrodd.

11

Casgliadau

Mae'r astudiaeth hon wedi amlygu amryw agweddau ar gelfyddyd eiriol Dafydd ap Gwilym, ond darlun darniog a gyflwynwyd o'i eirfa trwy ganolbwyntio ar bob agwedd ar wahân. Wrth gloi mae angen tynnu'r cwbl at ei gilydd i weld yr effeithiau yn eu crynswth, gan sylwi ar y modd y mae dulliau ymadrodd yn cydblethu ac yn cyferbynnu o fewn cerddi. Nod amgen iaith Dafydd ap Gwilym yw ei natur gymysgryw, y cyfuniad o elfennau anghydnaws, yn hen a newydd, llenyddol a llafar, brodorol ac estron. Ystyriwn yn awr ambell ddarn estynedig er mwyn ennill golwg gliriach ar ei arddull eclectig.

Edrychwn yn gyntaf ar ddau baragraff o 'Basaleg', un o'r cywyddau mawl i Ifor Hael, lle cyflwynir dwy wedd gyferbyniol ar ddelfryd yr uchelwr, sef ar y naill law ei gryfder milwrol yn erbyn ei elynion ac ar y llall ei addfwynder wrth westeion yn ei lys. Adlewyrchir y ddwy wedd trwy gyferbyniad mewn ieithwedd rhwng y ddau baragraff:

Goludog hebog hybarch,	
Gŵr ffyrf* iawn ei gorff ar farch.	*cadarn
Gŵr yw o hil goreuwawr,	
Gwiw blaid, helm euraid, hael mawr;	
Cwympwr aer cyflymdaer coeth,	
Cwmpasddadl walch campusddoeth;	
Carw difarw, Deifr* ni oddef,	*Saeson
Cywir iawn y câi wŷr ef;	
Ufudd a da ei ofeg*,	*ymadrodd
Ofer dyn wrth Ifor deg.	

Mawr anrhydedd a'm deddyw*:   *daeth i'm rhan
Mi a gaf, o byddaf byw,
Hely â chwn, nid haelach iôr,
Ac yfed gydag Ifor,
A saethu rhygeirw* sythynt   *ceirw gwychion
A bwrw gweilch i wybr a gwynt,
A cherddau tafodau teg
A solas* ym Masaleg;   *diddanwch
Gware ffristiawl a thawlbwrdd
Yn un gyflwr â'r gŵr gwrdd. (14.23–42)

Mae arddull y paragraff cyntaf yn llawer mwy traddodiadol ac addurnedig nag eiddo'r ail, gyda chymeriad cynganeddol ar ddechrau'r rhan fwyaf o'r llinellau a nifer o eiriau cyfansawdd. Yn llinell gyntaf y paragraff defnyddir ôl-ddodiad a rhagdddodiad yn gelfydd i odli a chyflythrennu â *hebog* ar gyfer y gynghanedd sain. Trosiadau nodweddiadol o'r hen ganu arwrol yw'r hebog, y gwalch a'r carw, ac felly hefyd yr enw *Deifr* am y Sacsoniaid a'r ansoddair *ffyrf* 'cadarn'.[1] Mae'r gair *gŵr* a ailadroddir ar ddechrau'r ail linell a'r drydedd hefyd yn cyfrannu at y darlun o'r arwr gwrol, gan gyferbynnu'n arwyddocaol â'r gair amwys *dyn* yn gynharach yn y gerdd ac yn llinell olaf y paragraff.[2] Ceir y gair *hael* yn y ddau baragraff: awgryma'r pwyslais ar hil yn y paragraff cyntaf mai'r hen ystyr 'bonheddig' sydd yno (gw. pen. 8), a gwedda'r ystyr ddiweddarach yn well yn yr ail baragraff lle pwysleisir lletygarwch Ifor. Mae arddull yr ail baragraff yn symlach a'r eirfa'n fwy cyfoes ei naws. Sylwer ar y gair benthyg *solas* sy'n sefyll allan yn sgil y gyfatebiaeth gynganeddol â'r enw lle.[3] Gwelir hefyd bod dau o'r anifeiliaid a gafwyd fel trosiadau arwrol yn y paragraff cyntaf, y gwalch a'r carw, yn ail-ymddangos fel creaduriaid go-iawn yng nghyd-destun hela yn yr ail baragraff. Mae ieithwedd y ddau baragraff yn cyferbynnu mewn sawl ffordd, felly, a dyma esiampl glir o amrywio arddull yn strategol o fewn cerdd.

Yn yr esiampl nesaf gwelir cyferbyniadau chwyrn o fewn yr un darn. Paragraff cyntaf 'Rhag Hyderu ar y Byd' yw hwn, un o gerddi chwerwaf Dafydd ap Gwilym sy'n cwyno am i Eiddig ddwyn ei gyfoeth, sef Morfudd:

Mau aflwyddiant, coddiant* cawdd*,   *llid *digofaint
Mefl iddo a'm aflwyddawdd!
Sef yw hwnnw, byw ni baidd,
Eiddig leidr, Iddew gwladaidd.
Ni adawdd, ni bydd nawdd nes,
Da i'm helw, Duw a'm holes*.   *erlynodd
Cyweithas, hoywdras, hydrum*,   *grymus, rhydd?
Cyfoethawg, rhuddfoawg fûm;
Ethwyf o wiwnwyf yn iach,
Wythlid bwyll, a thlawd bellach.
Ciried*, deddf cariad diddim,   *haelioni
Digardd* wyf, a'm dug ar ddim. (108.1–12)   *di-fai

Mae geirfa'r darn hwn yn gymysgedd o'r llafar sathredig a'r llenyddol
aruchel, gyda defnydd helaeth o ffurfiau eilradd a chyfansawdd.
Mae'r ailadrodd yn y cwpled cyntaf yn gweithio trwy amrywiadau
ar yr un bôn, *aflwyddiant/aflwyddawdd* (y ddwy'n enghreifftiau
cynharaf) a *cawdd/coddiant*, gan gyfleu rhwystredigaeth a dicter y
bardd. Ffurfir cymeriad cynganeddol gan yr ebychiad melltithiol
mefl iddo sy'n ddolen gyswllt seinegol rhwng dechrau'r llinell gyntaf
a diwedd yr ail (gw. pen. 2 ar y nodwedd hon), gan greu cwpled
tyn ei wead. Byddai ebychiad arall yn y llinell ddilynol pe darllenid
bw yn lle *byw* (gan odli â *hwnnw* yn hytrach nag *yw*), ac nid annichon
fod potensial yr amrywiad hwn yn fwriadol.[4] Cryfheir y blas llafar
gan y difenwi yn y llinell nesaf gyda chyhuddiad moesol, sarhad
hiliol a dirmyg cymdeithasol (gw. pen. 8 ar *gwladaidd* 'taeogaidd').
Mae'r ieithwedd sarhaus yma yn cyferbynnu'n arw â'r ansoddeiriau
dethol yn y pedwerydd cwpled sy'n cyfleu statws uchel y bardd
gynt, a'r mwyaf trawiadol o'r rheini yw'r gair hynafol *rhuddfoawg*
sy'n adleisio'r hen ganu mawl ac efallai'n golygu 'cefnog' yma
(gw. pen. 3). Mae'r un naws i'w deimlo yn y geiriau sy'n disgrifio'r
cariad a achosodd ei dlodi, gyda'r gair cyfansawdd *wiwnwyf* a'r
hen air *ciried* 'haelioni'. Ceir llinyn o eirfa gyfreithiol yma hefyd,
yn dechrau gyda *holes* 'erlynodd', *hydrum* efallai,[5] *deddf* a *diddim* 'heb
eiddo' (gw. pen. 8). Arweinia *diddim* at y brifodl acennog *ddim* sy'n
glo affwysol o foel a llwm wedi'r holl eirfa fawreddog, ac yn enghraifft
gynnar o *dim* mewn ystyr negyddol.[6]

Daw ein trydedd esiampl o 'Morfudd yn Hen', cerdd sy'n rhag-
weld henaint ei gariad. Wrth resynu am ddifrod anochel amser mae'r
gerdd hefyd yn cydnabod grym harddwch presennol Morfudd, ac
adlewyrchir y ddeuoliaeth honno yn ieithwedd gymysg y paragraff
clo:

Brenhines bro anhunedd,
Brad y gwŷr o bryd a gwedd,
Braisg oedd, un anun einioes,
Breuddwyd yw; ebrwydded oes!
Ysgubell ar briddell brag,
Ysgawen lwydwen ledwag.
Hudolaidd y'i hadeilwyd,
Hudoles ladrones lwyd.
Henllath mangnel Gwyddeleg,
Hafod oer; hi a fu deg. (150.33–42)

Sylwer yn gyntaf ar y modd y mae'r cymeriad dechreuol yn rhannu
deg llinell y paragraff yn dair uned o bedair, dwy a phedair eto.
Natur dwyllodrus yr harddwch a fu sydd dan sylw yn yr uned gyntaf,
a delweddau'n cyfleu cyflwr truenus corff hen wraig a geir yn y
ddwy uned arall. Haniaethol a deublyg yw'r ieithwedd yn yr uned
gyntaf: *brad* a *breuddwyd* yw'r geiriau thematig ac er bod *brenhines*
yn derm clodforus, ffigurol a negyddol yw ei bro. Mae *braisg* 'nerthol'
yn air annisgwyl am ferch; cyfleu iechyd Morfudd gynt a wna yma,
ond am ddynion y'i defnyddir fel arfer,[7] ac fe'i ceir eto'n cyflythrennu
â *brad* yng nghyswllt twyll Morfudd yn 109.65.

Geirfa fwy materol a geir yng ngweddill y paragraff er mwyn dar-
lunio corff yr hen wraig. Dyma'r enghraifft gynharaf o *ysgubell* yn yr
ystyr 'brwsh', esiampl arall o'r ieithwedd ddomestig a drafodwyd ym
mhennod 4,[8] a'r ergyd yma yw bod ei chorff wedi plygu fel brwsh
a ddefnyddiwyd i ysgubo llawr bragdy. Er mai blodau gwynion sydd
gan yr ysgawen, nid yw'n un o'r delweddau arferol am liw croen
merched,[9] a'r pwynt yma yw bod y goeden wedi colli ei lliw. Deu-
blyg yw ergyd *hudolaidd* a *hudoles*, fel y gwelwyd wrth drafod *hud* ym
mhennod 10. Merch swynol a dengar yw hon, yn ddiau, ond mae
awgrym cryf o dwyll yma hefyd,[10] ac mae *lladrones* yn cydio yn y cyn-
odiadau moesol negyddol gan gyfeirio at ddwyn cwsg. Lliw henaint

yw *llwyd* yma, gan adleisio *llwydwen* yn y cwpled blaenorol, ond y mae hefyd yn chwarae ar gyfenw Morfudd Llwyd (gw. pen. 9).

Mae'r ddwy ddelwedd yn y cwpled clo gyda'r rhai mwyaf nodedig yn holl farddoniaeth Dafydd ap Gwilym. Trafodwyd delwedd y *mangnel* eisoes yng nghyswllt geiriau benthyg a hefyd terminoleg filwrol, a nodwyd mai barbaraidd yw ergyd *Gwyddeleg* (gw. pen. 5). At hynny dylid nodi yma fod llath ynddo'i hun yn ddelwedd bositif am gorff syth merch, fel y gwelir yn y disgrifiad o Ddyddgu *yn lath aur* (92.14). Yr elfen *hen* yn y gair cyfansawdd *henllath* sy'n troi hon yn ddelwedd negyddol am drawst plygedig y catapwlt. Ac yn yr un modd ar ddechrau'r llinell nesaf delwedd bositif ynddi'i hun yw'r hafod (lle byddai pobl yn trigo gyda'r anifeiliaid ar yr ucheldir yn ystod yr haf), a'r ansoddair *oer* sy'n ei throi'n ddarlun o wacter llwm lle bu bywyd braf, ac felly'n symbol o fyrhoedledd harddwch.[11] Y tro hwn mae gwedd gadarnhaol y ddelwedd yn amlycach oherwydd y bôn *haf* a chysylltiadau'r tymor hwnnw â charwriaeth ac ieuenctid, gan arwain felly at gydnabod harddwch Morfudd gynt yn ail hanner y llinell.

Mae'r llinell honno'n esiampl ardderchog o allu'r gynghanedd i greu argraff o ddweud priodol, fel petai *hi a fu deg* yn ddilyniant anochel i *hafod oer*. Mae hi hefyd yn esiampl dda o'r elfen sylweddol yn iaith Dafydd sydd yn berffaith ddealladwy i siaradwyr Cymraeg addysgedig heddiw. Ond y pwynt pwysig yma yw bod angen gweld y llinell yng nghyd-destun y paragraff cyfan a gwerthfawrogi'r cyferbyniad rhwng symlder y gosodiad olaf a'r cymhlethdod cyfoethog sy'n ei ragflaenu. Un elfen mewn darlun amryliw yw'r symlder, ac fe'i defnyddir at bwrpas strategol yma i daro ergyd gyfrwys – a chymryd bod Morfudd yn dal ym mlodau ei dyddiau pan gyfansoddwyd y gerdd hon.

Er bod y rhan fwyaf o'r nodweddion ieithyddol a drafodwyd yn y gyfrol hon yn gyffredin i holl gerddi Dafydd ap Gwilym, mae eu defnydd strategol mewn cerddi penodol hefyd yn haeddu sylw. Roedd y Cywyddwyr cynnar yn hoff iawn o ddyfeisiau a fyddai'n darparu strwythur arbennig i gerdd ac felly'n ei gwneud yn unigryw a chofiadwy. Iolo Goch oedd un o'r goreuon yn hyn o beth, gyda cherddi neilltuol fel ei ddisgrifiad o Gastell Cricieth trwy gyfrwng breuddwyd ac ymddiddan y corff a'r enaid i adrodd taith glera, ac mae defnydd Llywelyn Goch o ddyfais y serenâd ym 'Marwnad

Lleucu Llwyd' yn enghraifft drawiadol arall.[12] Gwnaeth Dafydd yntau ddefnydd creadigol o ddyfeisiau strwythurol mewn cerddi megis 'Achau Hiraeth' (90), 'Taith i Garu' (96) a 'Pererindod Merch' (129). Ond gwelwyd sawl enghraifft yn ystod yr astudiaeth hon o nodweddion geiriol yn creu hynodrwydd mewn cerddi, boed y rheini'n eiriau unigol thematig, yn fathau o eiriau neu hyd yn oed yn seiniau neilltuol.

Trafodwyd y defnydd o seiniau i greu unoliaeth mewn cerdd ym mhennod 2, a'r enghreifftiau amlycaf yw'r ddau gywydd unodl (32 a 34), a'r ddau sy'n cynnal yr un cymeriad dechreuol ar eu hyd (89 a 103). Cynilach, ond mwy arwyddocaol hefyd, yw'r cymeriad ar *T* yn 'Mawl i'r Haf' (35) sy'n cysylltu nifer o eiriau thematig perthnasol i'r personoliad o'r haf, ac yn arbennig *tad* a *tywysog*. Gallai prifodl fod yn thematig mewn rhan o gerdd ar fesurau'r awdl neu'r englyn, fel y gwelwyd ym mhennod 6 yn achos *didaer/ aer/ Caer* sy'n cyflwyno cyferbyniad rhwng natur heddychlon y grog a grym milwrol y castell yn neuddeg englyn cyntaf 'I'r Grog o Gaer' (1). A gallai'r gynghanedd chwarae rhan strwythurol hefyd, fel y gwelwyd yn achos y gair *euryches* sy'n agor ac yn cloi cerdd 94, yn ddigynghanedd yn y llinell gyntaf ac wedi'i gynganeddu yn y llinell olaf gydag ergyd rywiol feiddgar (gw. pen. 8).

Mae geiriau thematig yn tueddu i fod yn ddeublyg eu hystyr, a daw eu hamwysedd i'r amlwg wrth iddynt gael eu hailadrodd yn ystod cerdd, fel y gwelwyd ym mhennod 10. Yr enghraifft orau o air thematig yw *mwyn* yn 'Mis Mai' (32), ac mae cynodiadau cymhleth y gair fel ansoddair ac enw yn ganolog i ddelweddaeth y gerdd. Gair y mae ei ergyd yn newid wrth gael ei ailadrodd yn ystod y naratif, gan amlygu'r thema o ymddangosiad twyllodrus, yw *gwych* yn 'Sarhau ei Was' (74). A gallai gair thematig fod yn gyfyngedig i un rhan o gerdd yn unig, fel *ir* yn rhan gyntaf 'Cyngor y Bioden' (36), gair sy'n briodol i ddisgrifio byd natur ond yn amheus am yr adroddwr ei hun.

Nodwedd a drafodwyd ym mhennod 8 yw'r clwstwr o eiriau o fewn un maes semantaidd. Gall hyn fod yn fodd i greu delwedd estynedig, fel yr eirfa eglwysig yn 'Offeren y Llwyn' (39) a'r eirfa amaethyddol yn 'Hwsmonaeth Cariad' (109). Man cychwyn y ddelwedd yn y gerdd gyntaf yw'r personoliad o'r ceiliog bronfraith a awgrymir gan y termau am wisg offeiriadol, *camsai* a *casul* (39.13

a 15). Felly hefyd am y personoliad o'r un aderyn fel cyfreithiwr sy'n sbarduno cyfres o dermau priodol i achos llys yng ngherdd 49. Llai amlwg, am nad yw'n ffurfio un ddelwedd, yw'r ieithwedd thematig yn ymwneud ag eiddo yn 'Dyddgu a Morfudd' (92) sy'n sail i'r cyferbyniad rhwng Dyddgu fel etifedd tir a Morfudd fel perchennog tŷ a gŵr, gan arwain at y syniad o brynu gwraig er mwyn ei chyfnewid am Forfudd.

Mae diddordeb Dafydd yn natur geiriau ar ei fwyaf amlwg mewn cerddi sy'n arddangos un dull ymadrodd yn arbennig. Gall hyn fod yn fater o ffurfiant geiriau, fel y gyfres gyda'r rhagddodiad *cyd-* yn 'Y Serch Lladrad' (133), y rhagddodiad thematig *di-* yn 'Campau Merch' (124) a'r berfau gydag *ym-* sy'n cyfleu'r dynfa rhwng y cariadon yn 'Tri Phorthor Eiddig' (68). Mae'r dilyniant o eiriau cyfansawdd yn 'Serch fel Ysgyfarnog' (75) yn fodd i osgoi enwi creadur anfad ac ar yr un pryd i amlygu ei natur anwadal, yn enwedig yn y ffurf baradocsaidd *gwrwraig* (75.9). Mae rhegfeydd yn thematig yn 'Merched Llanbadarn' (137) rhwng cwyn y bardd ar ddechrau'r gerdd, *Pla ar holl ferched y plwyf* (2), melltith un o'r merched arno yntau, *wtied i ddiawl* (34), a'r enghraifft gynharaf o'r gair *rheg* yn yr ystyr honno (35). A'r enghraifft fwyaf trawiadol o nodwedd ieithyddol thematig mewn cerdd unigol yw'r rhes hir o eiriau deublyg eu hystyr sy'n datgelu hunan-dwyll yr adroddwr yn 'Trafferth mewn Tafarn' (73), fel y gwelwyd ym mhennod 10.

Mae cyfosod cyweiriau iaith anghydnaws yn beth cyffredin yng nghywyddau Dafydd ap Gwilym a'i gyfoeswyr, a gellir gweld bod rhai o nodweddion y cywydd cynnar fel petaent yn hwyluso neu hyd yn oed yn annog gwrthdrawiad ieithyddol o'r fath. Un yw'r sangiad, ac yn enwedig y sangiadau sy'n gwrth-ddweud moliant cwrtais yn y brif frawddeg trwy sylwadau dilornus wedi eu llefaru o'r neilltu wrth y gynulleidfa, dyfais unigryw i waith Dafydd hyd y gwyddys (gw. pen. 2). Un arall yw dyfalu, dyfais y manteisiodd Dafydd arni i greu deuoliaeth deimladol mewn cerddi fel 'Y Niwl' (57) ac 'Y Gal' (85), a thebyg yw'r dechneg yn y darn o 'Morfudd yn Hen' a ddyfynnwyd uchod.

Gwedd arall ar y cywyddau cynnar a arweiniodd at iaith gymysgryw oedd y duedd i gymysgu genres. Roedd y canu mawl traddodiadol yn genre sefydlog ac iddo ei briod ieithwedd gyson o ran cywair aruchel uwchlaw iaith gyffredin. Gwrthwyneb llwyr iddo oedd dychan a'i ieithwedd isel a di-urddas. Gwelwyd uchod esiampl o ieithwedd amrywiol mewn cywydd mawl, ond y peth chwyldroadol a wnaeth Dafydd ac ambell un o'i gyfoeswyr, yn groes i ddeddfau'r gramadegau barddol,[13] oedd chwalu'r ffiniau rhwng genres trwy gynnwys mawl a dychan o fewn yr un cerddi, megis 'Mis Mai a Mis Tachwedd' (33) a 'Gwallt Morfudd' (114 – yr unig gerdd i wallt merch sydd hefyd yn rhoi sylw i 'foelwallt' ei gŵr), cywydd Madog Benfras yn melltithio'r drych a ddatgelodd harddwch merch, 'Cywydd y Llong' o waith Iolo Goch ac, yn briodol iawn, marwnad Iolo i Ddafydd ei hun lle cyfleir y golled trwy ddirmygu'r cywydd amddifad – 'Tydi gi, taw di gywydd!'[14] Aeth Dafydd ei hun ymhellach na hynny yn rhai o'i gerddi serch gan ansefydlogi'r gwahaniaeth rhwng mawl a dychan yn llwyr trwy gyfuniad o edmygedd a beirniadaeth, o ymffrost a hunan-wawd, a dyna'r amodau perffaith ar gyfer amwysedd cyfrwys, heb genre clir yn ganllaw i bennu ystyr.

Trwy gofleidio anghydnawsedd fel egwyddor lenyddol creodd Dafydd ap Gwilym yr eirfa gyflawnaf a fu erioed mewn barddoniaeth Gymraeg, gan gyfuno amryw fathau o ieithwedd a fu'n perthyn cyn hynny i wahanol genres neu heb ymddangos mewn llenyddiaeth o gwbl. Ac mae'r syniad o gyflawnder yn dod â ni yn ôl at y gair *llawn* a welwyd yn disgrifio iaith y bardd ei hun mewn dau ddyfyniad ar ddechrau'r rhagymadrodd. Mae modd deall *iaith oleulawn* (72.7) yn ddigon syml fel iaith lawn golau, hynny yw disglair, ond o ystyried mor gadarnhaol y defnyddiodd Dafydd y gair *llawn* mewn cerddi eraill camgymeriad fyddai peidio â gweld dwy elfen y gair cyfansawdd yn gytbwys o ran ystyr, a bod y bardd yn ymffrostio yn nisgleirdeb ac yn llawnder ei iaith. Un o ddadleuon y bardd yn erbyn piwritaniaeth y Brawd Llwyd oedd y ddihareb *Wyneb llawen llawn ei dŷ* (148.73), ac amlygir yr un gred yn yr awdl fawl i Lywelyn ap Gwilym wrth ddisgrifio tŷ *llawenfab Gwilym* yn *llawnwaith* ac yn *llawnaf* ei ddaioni a'i luniaeth (5.14, 25, 31).[15]

Gwelir y cyswllt cynganeddol rhwng *llawen* a *llawn* eto yn yr ail ddyfyniad, lle darlunnir y berthynas rhwng y bardd a'i iaith yn llai ymffrostgar ac yn fwy cilyddol. Fel y Grog o Gaer yn *llawn . . . o ddawn* (1.9), fel yr apostolion yn *llawn o rad* (4.39), fel merch yn *llawn . . . o serch* (140.4), roedd y bardd yn anterth ei ddyddiau *Yn llawen iawn, yn llawn iaith* (82.10). Yn hytrach na bod yn offeryn yn ei ddwylo, mae iaith yma fel rhodd o'r tu allan yn ei lenwi yntau ac yn llifo allan ohono. Ceisiwyd dangos yn yr astudiaeth hon fod amgylchfyd ieithyddol Dafydd ap Gwilym yn ffactor allweddol yn llwyddiant ei farddoniaeth. Os atgyfnerthwyd y ddelfryd gyfarwydd ohono fel meistr ar yr iaith – ac anodd yn wir fyddai osgoi gwneud hynny – teg honni, efallai, mai ei gamp bennaf oedd gwireddu potensial y Gymraeg ar adeg drawsnewidiol yn ei hanes trwy gwmpasu holl gyweiriau'r iaith yn ei farddoniaeth.

Nodiadau

Rhagymadrodd

1 Gw. pen. 2.

2 Mae'r astudiaeth hon yn seiliedig ar y corpws o 147 o gerddi sicr eu hawduraeth yn y golygiad diweddaraf, DG.net (gw. n. 5 isod).

3 *Rhyddiaith Gymraeg o Lawysgrifau'r 13eg Ganrif, http://cadair.aber.ac.uk/ dspace/handle/2160/5813, a Rhyddiaith Gymraeg 1300–1425, http:// www.rhyddiaithganoloesol.caerdydd.ac.uk.*

4 Rwy'n ddiolchgar i Andrew Hawke, Golygydd Rheolaethol GPC, am ganiatáu i mi fynediad i gasgliad slipiau Uned y Geiriadur yng Nghanolfan Uwchefrydiau Cymreig a Cheltaidd Prifysgol Cymru, ac am sawl cymwynas arall a hwylusodd fy ngwaith ar yr astudiaeth hon, yn enwedig rhestr o'r holl eiriau yn GPC a gofnodwyd am y tro cyntaf yng ngwaith Dafydd ap Gwilym.

5 'Dafydd ap Gwilym.net', *http://www.dafyddapgwilym.net* (DG.net). O'r golygiad hwn y daw pob dyfyniad o gerddi Dafydd yn y gyfrol hon; yr un yw rhifau'r cerddi a'r llinellau yn y gyfrol brint, *Cerddi Dafydd ap Gwilym*, gol. Johnston et al. (2010). Ceir aralleiriadau, cyfieithiadau Saesneg a nodiadau ar y wefan sy'n rhoi mwy o gymorth i ddeall y darnau a ddyfynnir.

6 *Language contact* yw'r term Saesneg, a'r astudiaeth arloesol yn y maes oedd cyfrol Sarah G. Thomason a Terrence Kaufman, *Language Contact, Creolization and Genetic Linguistics.* Cymharol ychydig o waith a wnaed ar gydgyffyrddiad ieithoedd yn yr Oesoedd Canol oherwydd diffyg tystiolaeth, ond ar Loegr gw. Tim William Machan, 'Language contact and linguistic attitudes in the Later Middle Ages', ac ar Gymru gw. Helen Fulton, 'Negotiating Welshness: Multilingualism in Wales before

and after 1066', Dafydd Johnston, *Language Contact and Linguistic Innovation in the Poetry of Dafydd ap Gwilym* a Paul Russell, 'Bilingualisms and multilingualisms in Medieval Wales: evidence and inference' (rwy'n ddiolchgar i Paul Russell am adael i mi weld y papur hwnnw cyn ei gyhoeddi).

[7] Gw. Llinos Beverley Smith, 'The Welsh and English Languages in Late-Medieval Wales', a Marie E. Surridge, 'Romance linguistic influence on Middle Welsh'. Sylwer ar y ganmoliaeth i Ffrangeg llafar tad-yng-nghyfraith Owain Glyndŵr, *Hoffai'r Eingl ei hoyw Ffrangeg*, Bleddyn Owen Huws, 'Rhan o Awdl Foliant Ddienw i Syr Dafydd Hanmer', 60, ll. 32.

[8] Cymh. *A phob iaith bybyriaith bell a ddysgud* am y bioden (36.59), ac *wych araith Fyrddin a farddawdd chwŷl pobiaith* (1.134). Sylwer mai 'cyfieithydd' yw ystyr *ieithydd* yn yr enghreifftiau cynharaf, e.e. *Historia Gruffud vab Kenan*, 26, *datkanu y'r brenhin trwy yeithydd*.

[9] Gw. Morgan Davies, 'Dafydd ap Gwilym and the shadow of colonialism', Dylan Foster Evans, '"Bardd arallwlad": Dafydd ap Gwilym a Theori Ôl-drefedigaethol', ac Angharad Wynne George, '"Mwtlai wyd di"? Ôl-drefedigaethedd, Cymru'r Oesoedd Canol a Dafydd ap Gwilym'. Mae'r astudiaethau hyn yn tynnu ar ddwy ysgrif arloesol ar y cefndir hanesyddol gan Rees Davies, 'Colonial Wales' a 'Race Relations in Post-Conquest Wales: Confrontation and Compromise'. Gw. hefyd ei ysgrif sy'n trafod cefndir hanesyddol Dafydd yn benodol, 'Cymru yn Oes Dafydd ap Gwilym'.

[10] George, '"Mwtlai wyd di"?', lle dehonglir lliwiau cymysg y bioden yn 'drosiad ar gyfer y portread cymhleth o elfennau diwylliannol yng ngwaith Dafydd' (11); Foster Evans, '"Bardd arallwlad"', lle gwelir y medlai cymysgliw yn arwydd o 'hunaniaeth gymysgryw' Elen a Dafydd (t. 62).

[11] Daw'r dyfyniad o gofnod Parry ar Ddafydd ap Gwilym a gyhoeddwyd yn *Y Bywgraffiadur Cymreig* yn 1953 ond a luniwyd cyn cyhoeddi *Gwaith Dafydd ap Gwilym* yn 1952. Cymh. ei ysgrif 'Dafydd ap Gwilym' yn *Lleufer*, xii (1956 – ailgyhoeddwyd yn *Ysgrifau Beirniadol IX* (1976), tt. 41–56), lle sonnir am y bardd canoloesol fel 'gŵr a fu wrthi am flynyddoedd yn ennill meistrolaeth ar bopeth y gellid ei wneud â geiriau'r iaith', ac am Ddafydd ei hun yn 'feistr mawr ar eirfa'r iaith' (tt. 47 a 54).

[12] D. J. Bowen, 'Dafydd ap Gwilym a datblygiad y cywydd'.

[13] Zumthor, *Essai de poétique médiévale*, tt. 246–54.

[14] Gw. penodau 4 a 6 isod.

15 Fulton, *Dafydd ap Gwilym and the European Context*, tt. 54–8. Ceir nifer o esiamplau o ebychiadau a ffurfiau bachigol yn y cerddi o waith Muset a ddyfynnir yno.

16 Gw. Fulton, *Dafydd ap Gwilym and the European Context*, tt. 54–5, Peter Dronke, 'Serch fabliaux a serch cwrtais', t. 3, lle pwysleisir amrywiaeth tôn y ddau fardd, a Sabine Heinz ac Andrea Kutschke, 'Herausragende Minnesänger im Vergleich: Der Waliser Dafydd ap Gwilym und Walther von der Vogelweide'.

17 Zumthor, *Essai de poétique médiévale*, t. 251.

18 Am gyflwyniad i genre y fabliau gw. Dronke, 'Serch fabliaux a serch cwrtais', a John Hines, *The Fabliau in English* (gyda sylw i esiamplau Cymraeg tt. 247–50).

19 Gw. yn enwedig Stephen Knight, 'Chaucer's British rival', lle crynhoir y tebygrwydd rhwng y ddau fardd fel hyn: 'Both being generic and linguistic innovators, mediators of historic strain into the displacements of poetry, perpetrators of a puzzled persona, producers of not so much a new poetic as a newly poetic politics, the two British master authors of the fourteenth century have much light to cast on each other' (97).

20 Gw. Simon Horobin, *Chaucer's Language*, pen. 5 ar eirfa, a phen. 8 ar iaith lafar a llwon.

1 Y Bardd a'i Gefndir

1 Am drafodaeth lawn gw. Dylan Foster Evans a Sara Elin Roberts, '"Myn Pedr, ni wn pwy ydwyd", ar drywydd Dafydd ap Gwilym' ar DG.net.

2 Ceir cerdd fawl ddienw i Guhelyn Fardd yn Llyfr Du Caerfyrddin, CBT I, cerdd 2.

3 R. M. Jones, *Meddwl y Gynghanedd*, t. 288.

4 Gw. D. J. Bowen, 'Dafydd ap Gwilym a'r Trefydd Drwg'. Ar boblogaeth gymysg y trefi gw. Ralph Griffiths, 'Who were the Townsfolk of Medieval Wales?', ac ar agweddau deublyg y beirdd tuag at drefi Cymru gw. Dafydd Johnston, 'Towns in Medieval Welsh Poetry'.

5 GIG XXI.1–2.

6 Am gyflwyniad i'r cefndir llenyddol yn fwy cyffredinol, gan gynnwys themâu a dylanwadau Ewropeaidd, gw. Huw Meirion Edwards, 'Y Cefndir Llenyddol' ar DG.net.

7 Gw. 107.21–3, a Dafydd Johnston, 'Dafydd ap Gwilym and oral tradition'.

[8] Ymddengys mai disgrifiad ffigurol o'r grog yw *loyufron lyfr Biblglaer* (1.33), sef Beibl â chlawr addurnedig, ond anodd yw bod yn sicr gan fod y llinell ganlynol yn anghyflawn. Tebyg mai ffigurol hefyd yw'r ddau gyfeiriad at *lyfr Ofydd* (72.20, 95.1) a gynrychiolai ddysg serch cwrtais (gw. Paul Russell, *Reading Ovid in Medieval Wales*, tt. 206–8).

[9] Cymh. 16.34, 20.27, 22.2, 45.23–4, a 1.133, *wych araith Fyrddin*, lle defnyddir un o dermau Beirdd y Tywysogion am gyfansoddiad barddol (e.e. CBT I, 21.26).

[10] Golygwyd eu cerddi yn saith cyfrol Cyfres Beirdd y Tywysogion.

[11] Defnyddiodd Gruffudd Gryg yr un ansoddair i ddisgrifio cerdd Dafydd yn ei farwnad iddo: *Cynddelwaidd ei weddaidd wawd* (GGGr 4.42).

[12] CBT III, 24.108–22 (rhan o farwnad i Ririd Flaidd ac Arthen ei frawd).

[13] CA llau 1174, 106, 89.

[14] CA llau 132, 647, 4, 161, TYP triawd 33. Defnyddiodd Iolo Goch *mechdëyrn* yn ei gywydd marwnad i Dudur Fychan o Benmynydd, GIG IV.5.

[15] Gw. Daniel Huws, 'The Hendregadredd Manuscript', yn *Medieval Welsh Manuscripts*, tt. 193–226.

[16] GLlGMH 4.49.

[17] CBT III, cerdd 4, 'Awdl i ferch anhysbys', cerdd 5, 'Rhieingerdd Efa ferch Madog ap Maredudd', CBT V, cerdd 14, 'Mawl Gwenllïan ferch Hywel o Wynllŵg'.

[18] CBT II, cerddi 6–11. Trafodir dylanwad Hywel ar Ddafydd a'i gyfoeswyr gan Dafydd Johnston, 'Hywel ab Owain a Beirdd yr Uchelwyr' (2009).

[19] CBT II, 7.11, cymh. *Fy nyn bychanigyn* 104.12.

[20] CBT I, cerdd 9; gw. pen. 6, n. 37 ar y cyfuniad *haf/hyfryd* (ll. 148 yn y gerdd honno) sy'n achub y blaen ar 34.8.

[21] CBT VII, 29.14, 30.21.

[22] CBT VII, 30.39–40. Ceir enghraifft arall mewn cerdd serch gan Gruffudd ap Dafydd ap Tudur, un arall o ragflaenwyr Dafydd (GGDT 4.70).

[23] CBT VII, 30.22, 60, 63. Cyfeiria Hywel ab Owain at Ofydd hefyd, CBT II, 6.40.

[24] *Nid diboen na'm atebud, / Nid hawdd ymadrawdd â mud* (6.27–8), cymh. GGDT 4.3–4.

[25] GGDT 4.89–92.

[26] GGDT 4.77–88; cymh 'Yr Haf' (34).

[27] GGDT 4.37.

[28] GGDT 2.14.

29 GGDT 4.58–60, cymh. DG.net 98.41.

30 GC 5.29–32.

31 Cymh. *gwawr fwynfalch* (GC 3.28), a *forwyn fwyn, fawrhydig* mewn awdl serch a briodolir i Gynddelw, CBT III, 4.1.

32 GC 11.142.

33 GC 11.109, GGDT 13.71.

34 GC 11.107.

35 GC 11.83.

36 GC 11.83.

37 GC 1.8.

38 Cyferbynner GC 11.7.

39 Cyferbynner GC 11.41, 49. Anodd barnu ystyr a naws yr enghraifft gan Hywel ab Owain Gwynedd, CBT II, 6.53.

40 Cyferbynner GGDT 13.57, 72, a gw. ymhellach ben. 4 ar hanes y gair.

41 GC 11.28.

42 GLlBH 19.110. Geiriau newydd eraill a geir yng ngwaith Llywelyn a Dafydd fel ei gilydd yw *llorp* (19.104), *ffwrch* (19.104), *eisingrug* (19.67) ac efallai enghraifft o *cyfrwys* yn yr ystyr fodern (19.61, gw. pen. 10). Cadwyd awdl fawl o waith Llywelyn yn nhrydedd haen Hendregadredd.

43 GEO cerdd 1. Dyfynnir darn o'r awdl ym mhen. 7 isod.

44 Yr adlais cliriaf yw yr un yn 'Rhag Hyderu ar y Byd' (108.23–8), sy'n aralleirio pennill enghreifftiol am y fwyalchen, GEO Atodiad C 17.

45 Ar leoliad cyfansoddi'r gramadeg a'i ddylanwad ar Ddafydd gw. Rachel Bromwich, 'Gwaith Einion Offeiriad a Barddoniaeth Dafydd ap Gwilym', a Jones, *Meddwl y Gynghanedd*, tt. 282–3. Am holl benillion enghreifftiol y gramadeg gw. GEO.

46 Gw. Bromwich, 'Gwaith Einion Offeiriad', tt. 178–9, a Daniel Huws, *Medieval Welsh Manuscripts*, t. 231 (ar y plygion coll) a t. 252 am yr awgrym bod gan Rydderch gopi o'r gramadeg yn ei lyfrgell.

47 GEO Atodiad C 12. Cymh. y pennill o hir a thoddaid (mesur a ddyfeisiwyd gan Einion ei hun) i Angharad, GEO Atodiad C 28, sy'n llwythog iawn o ran geiriau cyfansawdd.

48 GEO Atodiad C 33; ceir fersiwn llawnach (ond heb yr ail gwpled) yng ngramadeg Dafydd Ddu yn Pen 20, GEO Atodiad Dd 37.

49 'Llyma Gyfrinach Beirdd Ynys Brydain, yr hwnn a elwir y Dwned yng [Ng]hymraec' (GP 67, yn llaw Gutun Owain tua 1455).

50 GP 16.

51 GP 17.

52 Yr un gair (yn y ffurf *eulun*) sy'n disgrifio cysgod y bardd yn 63.5; gw. Morgan Davies, 'Dafydd ap Gwilym and the Shadow of Colonialism',

t. 259, lle'r awgrymir bod y gair hwn yn cyfleu 'the notion that the speaker is neither what he should be nor what he professes to be, that there is an element of duplicity or a touch of sham in his character'.

[53] LlA 40.

[54] DG.net 13.18, 43.13, 86.11, 91.18; cymh. *clerwyr* a *clerwraig* am adar (37.18, 39.29).

[55] Ceir *digrifwch* yn lle *cyfanheddu* yng ngramadeg Llanstephan 3, ac nid yw'r triawd hwn yn Peniarth 20, felly mae hyn yn arwydd o ddylanwad penodol y fersiwn o'r gramadeg a welir yn y Llyfr Coch ac a darddodd efallai o gylch Glyn Aeron (gw. n. 45 uchod), fel y nododd Bromwich, 'Gwaith Einion Offeiriad', t. 180.

[56] Noder hefyd *teulueiddferch* am Ddyddgu (89.7) a *teuluwriaeth* 'cwrteisi' am osgordd llys (7.10).

[57] Yn ôl GPC benthyciad o'r Hen Wyddeleg *crossán* yw *croesan*. Fe'i defnyddir yn y cyfreithiau am ffŵl llys (yn cyfateb i'r Lladin *ioculator* eto, fel *clêr*), ac yng ngramadeg barddol Peniarth 20 fe'i ceir yn ansoddair yn disgrifio'r clerwr (GP 56 a 57).

[58] Gw. Daniel Huws, 'Llyfr Gwyn Rhydderch', *Medieval Welsh Manuscripts*, tt. 227–68 (t. 228 ar y dyddiad).

[59] Am restr o gynnwys y llawysgrif gw. Huws, 'Llyfr Gwyn Rhydderch', t. 231. Ar y cyfieithiadau o'r Lladin a'r Ffrangeg gw. Fulton, 'Translating Europe in Medieval Wales'. Dadleuir yno mai 'the multilingual context of south and east Wales' (t. 174) oedd cyd-destun pennaf y gweithgarwch cyfieithu, ond cofier hefyd fod nifer o'r testunau hynny ar gael yng Ngheredigion yn y Llyfr Gwyn.

[60] Gw. nodyn ar 86.33–44 yn DG.net a CDG, lle dyfynnir y darn perthnasol o *Llyfr Gwyn Rhydderch*, tt. 70–1.

[61] Gw. Sioned Davies, *Crefft y Cyfarwydd*, tt. 23–6.

[62] PKM 21.

[63] Gw. pen. 8.

[64] Gw. R. Geraint Gruffydd, 'Cywyddau triawdaidd Dafydd ap Gwilym'.

[65] Nid yw'r triawd yn Llyfr Gwyn Rhydderch bellach, am fod dechrau'r casgliad ar goll, ond y mae fersiwn cyfatebol Llyfr Coch Hergest yn awgrymu ei fod yn y gynsail wreiddiol.

[66] Cywydd arall sy'n dyfynnu deunydd triawdaidd yw 'Telynores Twyll' (135), cymh. TYP triawdau 27 a 28, ac am yr awgrym bod 'Gofyn Cymod' (97) yn cyfeirio at y triawd 'Tair Rhiain Ardderchog Llys Arthur' (TYP triawd 88) gw. nodiadau rhagarweiniol y gerdd ar DG.net ac yn CDG, a sylwer na cheir copi o'r triawd cynharach na'r unfed ganrif ar bymtheg.

Nodiadau

67 *Kedymdeithyas Amlyn ac Amic*, gol. Patricia Williams.

68 *Chwedlau Seith Doethon Rufein*, gol. Henry Lewis; DG.net 80.45–50, 86.23–4.

69 Gw. LlA, Huws, 'Llyfr Gwyn Rhydderch', t. 239 a LlU 437–9 ar gynnwys y llyfr. Sylwer bod Gruffudd yn frawd i'r Dafydd a fu'n ail ŵr i Angharad, mam Ifor Hael.

70 Dyfynnir darn o *Fuchedd Dewi* am y sant yn dysgu *seilym yr holl vlwydyn ae llithion* (LlA 107) yn GPC fel yr enghreifftiau cynharaf o *salm* a *llith* (cymh. DG.net 1.88 a 39.6), ond ceir *llithyon* mewn cerdd grefyddol a briodolir i Gruffudd ab yr Ynad Coch yn Llyfr Coch Hergest, CBT VII, 39.13. Ar *gras* gw. pen. 8.

71 Cymh. *golwg rhuddell* mewn cywydd serch gan Fadog Benfras, GMBen 1.44.

72 PKM 58.

73 Fe'i ceir yn nhraethawd yr *Elucidarium* yn Llyfr yr Ancr: *Deu ryw natur yn bennaf aoruc duw. vn ysbrydawl. ac arall corfforawl* (LlA 6).

74 Fe'i ceir gan Fadog Benfras hefyd am ei wallt ei hun, *nid yng ngradd natur*, GMBen 6.22.

75 Ar y tebygrwydd rhwng llaw y llawysgrif gyfraith Cotton Titus D ix ac un o lawiau y Llyfr Gwyn gw. Huws, *Medieval Welsh Manuscripts*, tt. 234–9.

76 Gw. *Diarhebion Llyfr Coch Hergest*, t. 1 ar y casgliadau cynharaf.

77 *A ymreo y gont porthet y din*, ac *Alussen tam or carw*, Henry Lewis, 'Diarhebion ym Mheniarth 17', 3, 4. Ar *baw* gw. pen. 4.

2 Crefft Cerdd Dafod

1 Gw. LlU 50–3 ar ddatblygiad yr awdl yn y bedwaredd ganrif ar ddeg.

2 BDG CLXXXI a CLXXXV a CMOC 19. Ar hanes y traethodl gw. LlU 91.

3 Mae'n debyg bod yr esiampl o'r cywydd deuair hirion yn y gramadeg yn cynrychioli cam cynnar yn natblygiad y mesur, gan ei bod yn ddigynghanedd ac yn afreolaidd o ran aceniad yr odlau, gw. y dyfyniad ym mhen. 7, a LlU 91.

4 Gw. Ann Parry Owen, 'Cymeriad yn awdlau Beirdd y Tywysogion'.

5 Cymh. 108.1–2 a ddyfynnir ym mhen. 11, a 75.53–4.

6 Gw. T. D. Crawford, 'The Toddaid and Gwawdodyn Byr in the poetry of Dafydd ap Gwilym, with an appendix concerning the Traethodlau attributed to him', a 'The Englynion of Dafydd ap Gwilym'.

277

Nodiadau

7   Cymh. 1.16 a 128; ar y defnydd o sain ddwbl gan Gasnodyn gw. LlU 53.

8   Mae'r llinell *Na dwyn o'm blaen dân-llestri* (50.9) yn enghraifft o gynghanedd bengoll, h.y. heb gyrraedd diwedd y llinell, ac mae *O dra disgwyl, dysgiad certh* (137.41) yn enghraifft o gynghanedd braidd gyffwrdd, h.y. heb gynnwys dechrau na diwedd y llinell.

9   Cymh. 50.1, 3, 5, 11.

10   Ceir y ddyfais hon mewn tair o awdlau Dafydd, cerddi 8, 9 ac 17. Roedd yn dechneg gyffredin yng nghanu caeth Iwerddon dan yr enw *dúnad*, gw. Gerard Murphy, *Early Irish Metrics*, tt. 43–5.

11   Gw. ymhellach Dafydd Johnston, 'Cyngan Oll?' *Cynghanedd y Cywyddwyr Cynnar*, tt. 9–12.

12   Cymh. y defnydd o gynghanedd lusg yn llinellau cyntaf pedwar cwpled yn olynol wrth adrodd hanes yr hudo rhwydd yn 'Trafferth mewn Tafarn' (73.5–11).

13   Gan fod *ffelaf* yn sefyll y tu allan i'r gynghanedd roedd yn rhydd i amrywio wrth i'r gerdd gael ei throsglwyddo, ac fe geir *ffraetha* ac *ofera* yn amrywiadau arno yn y llawysgrifau.

14   Gw. T. D. Crawford, 'Cyfartaledd y Gynghanedd Sain yng nghywyddau Dafydd ap Gwilym'.

15   Mae'n bosibl bod hyn yn adlais o'r ymadrodd *ffraethLyw ffrwythlan* yn awdl Casnodyn i'r Drindod (GC 7.64). Cymh. hefyd *ffraethlwys ffrwythlawn* 21.17.

16   Gw. Nicolas Jacobs, 'Adjectival collocations in the poetry of the early Cywyddwyr'.

17   Mae aralleiriad Jacobs, 'Adjectival collocations', 60, 'possessing the eloquence of Ofydd', yn seiliedig ar ddarlleniad GDG, *araith Ofydd* (hefyd a choma o'i flaen) ond ni wna hynny unrhyw wahaniaeth i ddehongliad y gystrawen.

18   Gwyn Thomas oedd y cyntaf i dynnu sylw at y nodwedd hon yn 'Golwg ar y sangiad yng ngwaith Dafydd ap Gwilym'.

19   Noder mai yn yr aralleiriad y rhoddir y cromfachau yn nhestun DG.net.

20   Ar y gair hynafol *affan* a'i gysylltiadau ag uffern gw. pen. 3.

21   Gw. Huw M. Edwards, *Influences and Analogues*, tt. 137–52.

22   Dadleuodd Morgan Davies yn 'Dafydd ap Gwilym and the Friars: The Poetics of Antimendicancy', 251, fod defnydd Dafydd o ddyfalu yn adlewyrchu tynfa at y cyfnewidiol, yr anwadal a'r byrhoedlog: 'By inscribing his use of dyfalu within the context of a poetics that valorizes the quick, the evanescent, and the mutable, Dafydd capitalizes on its latent potentialities, brings into relief implications of the technique that in the hands of other poets remain for the most part dormant.'

23 Amlder Cymraeg yw un o'r *Tri pheth a gadarnhaa kerd* yn ôl y trioedd cerdd (GP 17).

24 Ar amwysedd *dyn* yn 14.10 gw. pen. 10.

25 Ar gynodiadau *rhiain* gw. y drafodaeth ar 73.7 ym mhen. 10.

26 Enw priod ydyw yn yr enghraifft gyntaf a nodir yn GPC, *gwenabwy vab gwenn* (CA ll. 299). Ond cymh. CBTII, 9.15.

27 Ceir *llywy* fel ansoddair, 'hardd, disglair', yn 102.37 a 131.19.

28 Cymh. GIG XV.103.

29 Ar gynodiadau *hoyw* gw. pen. 8.

30 Disgrifir Dafydd gan Gruffudd Gryg fel *gwehydd gwawd* (29.23).

31 Ceir *gwe* yn cyfeirio at gân yr eos yn 21.7.

32 Ceir yr ymadrodd *eiliwn wawd* gan Brydydd y Moch yn y drydedd ganrif ar ddeg (CBT V, 22.2).

33 Gw. pen. 8, a Morgan Davies, 'Dafydd ap Gwilym and the metaphorics of carpentry'.

34 GGDT 8.23–4 (cymh. ll. 8). Cymh. *Gwiawn auon* yn LPBT 7.66 sydd efallai'n drosiad am farddoniaeth Taliesin. Yn ei farwnad i Ddafydd cyfeiria Gruffudd Gryg at yr ymryson rhyngddynt fel *ferw cerdd* (GGGr 4.18).

35 Noder hefyd *na sawdd ferw awgrim* (1.149), a gw. pen. 5 ar y gair *awgrim* sydd efallai'n cyfeirio at destun ysgrifenedig y gerdd yma.

36 Cymh. *Nid ofergerdd gwawdiaith* (1.122).

37 Ar elfen gyntaf *fyfyrglod* gw. pen. 9.

38 Cymh. y defnydd o'r ferf yn *lle beirw Teifi* (5.22) a *Lliw ton geirw pan feirw ar fôr* (130.36).

39 Cymh. *Henynt o le ni hunir* (GLlGMH 4.1), llinell gyntaf awdl Llywelyn Goch i Rydderch ab Ieuan Llwyd a Llywelyn Fychan, cyfeiriad at thema'r carwr anhunog sydd hefyd yn chwarae ar enw cwmwd Anhuniog.

40 CBT III, 13.48.

41 Cymh. *Poetria Nova* Geoffroi de Vinsauf (13g.), *quae lex sit danda poetis*, dyfynnir gan Davies, 'Dafydd ap Gwilym and the metaphorics of carpentry', 75.

42 Gw. e.e. CBT IV, t. 6, a chymh. GIG VIII.3 am Owain Glyndŵr.

43 Dyna sydd am waith Rhys Meigen, *croesanaeth croyw a soniai* (31.19).

44 Anodd gwybod at beth y cyfeirir yn 1.178 gan fod y testun yn ddiffygiol, ond y tebyg yw mai cerdd y bardd sydd dan sylw.

45 Cymh. *croyw anadl* am gusan (83.34), *croyw epil cof* am gariad (109.4, gw. pen. 9), a'r gair cyfansawdd *croywglaer* am feddyliau (102.8)

46 Gw. pen. 8.

3 Geirfa Hynafol

[1] Gw. n. 31.29 yn DG.net am y cyfiawnhad dros adfer y gair.

[2] Heblaw geiriaduron yr unig enghraifft arall o'r gair a nodir yn GPC yw un gan Hywel Ystorm, un o gyfoeswyr Dafydd (GPB 6.45). Fe'i ceir hefyd mewn mwy nag un ddihareb yn Llyfr Coch Hergest, e.e. *Hir y byd enderic ych drycwr* (*Diarhebion Llyfr Coch Hergest*, t. 112).

[3] Ceir y ddihareb 'Hir ei lygad a wrthgri' gan John Davies, gw. GPC d.g. *gwrthgrif*.

[4] CA ll. 1116, a nodyn t. 324 lle cynigir darllen *llewyrn*. Cymh. yr enw lle *Llywernog*.

[5] Pen 7, 33v (gw. *Rhyddiaith Gymraeg 1300–1425*).

[6] Gw. GPC a nodyn Ifor Williams yn B 11 (1943), 77–83.

[7] Gw. GPC d.g. *gwerthefin*; ymddengys i Ddafydd ailddehongli'r ffurf fel petai'n cynnwys yr elfen *gwyrth*. Gw. ymhellach ben. 8 ar ieithwedd crefydd.

[8] CBT I 2.24. Ceir *muner* gan Gruffudd ap Maredudd am Dduw, GGM II 3.45.

[9] E.e. am Ynys Enlli ym 'Marwysgafn' Meilyr Brydydd (CBT I 4.31), ac yn *Buchedd Mair o'r Aifft* (y dyfyniad cyntaf yn GPC). Ond efallai fod 'Gorhoffedd' Gwalchmai yn ddylanwad o ran defnydd y gair mewn canu natur, CBT I, 9.7, 117, 135.

[10] E.e. *Rac uffern affan* ym 'Marwysgafn' Meilyr Brydydd (CBT I 4.36).

[11] Cymh. *eisyllydd* 'disgynnydd' am Ifor Hael yn 11.33 (dyfynnir ym mhen. 8).

[12] Ceir *gwerlin* mewn rhestr o hen eiriau yn llaw Simwnt Fychan, bardd o'r unfed ganrif ar bymtheg, dan y teitl 'henwau Arglwydd', gw. GP tt. xcii–ciii. Sylwer hefyd fod John Davies, Mallwyd yn dibynnu ar eirfa Wiliam Llŷn am ystyr y gair.

[13] TYP triawd 20, t. 39, lle cynigir yr ystyr 'red reaper' neu 'despoiler/ravager'. Sylwer ar y nodyn esboniadol ar y triawd a geir yn Llyfr Gwyn Rhydderch: *blwydyn ny doy na gwellt na llysseu y ford y kerdei yr vn o'r tri*.

[14] Cymh. y llinell debyg *Cywaethog ac enwog wyf* (16.28), lle nad yw'r ddau ansoddair yn gyfystyron.

[15] Unwaith eto mae'r gair wedi ei lurgunio yn y rhan fwyaf o lawysgrifau'r ddwy gerdd sy'n dangos mor fregus oedd cadwraeth hen eiriau. Mae'n debyg bod *rhuddfoawg* yn dipyn o benbleth i John Davies, Mallwyd hefyd, gan iddo newid y ffurf i *rhuddfaog* er mwyn ei gysylltu â *rhuddfa* (gw. GPC).

[16] Gw. Dafydd Johnston, 'Hywel ab Owain a Beirdd yr Uchelwyr'.

---

17 Cymh. CBT II 9.8 *llywy lliw ton dylan.*

18 GC 5.1, cymh. awdl Iorwerth Fychan i Wenllïan arall, CBT VII 30.18, 65 (dwy gerdd y gallasai Dafydd eu gweld yn Llawysgrif Hendregadredd).

19 GGM III 4.41; bu'n rhaid i John Davies, Mallwyd droi at eirfa Gwilym Tew i'w esbonio. Awgrymir yn GPC mai gair benthyg o'r Wyddeleg ydoedd.

20 Mae *hoed* yn gytras â *hoyw*, gw. pen. 8. Ceir enghraifft yn y darn o waith Cynddelw a ddyfynnir ym mhen. 1.

21 CBT VII 30.15, GGDT 4.9, 5.20, 47, GC 5.14, 6.50, GEO Atodiad C 4.1, 7.2.

22 Yr unig un o gyfoeswyr Dafydd a ddefnyddiodd y gair am wewyr serch oedd Madog Benfras yn ei gywydd i'r halaenwr, GMBen 5.53, 65.

23 CBT III 3.218, 10.26, 13.43, V 14.27. Gw. hefyd yr enghraifft yn y darn o waith Cynddelw a ddyfynnir ym mhen. 1.

24 CBT II 6.20, I 9.59.

25 CBT I 9.2.

26 DG.net 1.6, 1.92, 11.11, 32.26, 32.44, 38.29, 44.21, 49.49, 71.7, 74.29, 78.8, 88.34, 91.27, 102.39, 111.26 (*mygrglaer*).

27 E.e. mewn disgrifiad rhethregol o'r Forwyn Fair gan Hywel Dafi, GHDaf 96.35.

4   Geirfa Newydd

1 Dyma'r geiriau benthyg na cheir enghreifftiau ohonynt y tu allan i waith Dafydd: *als, chwitafad, griors, hwl, hymner, polart, sietwn, trimplai, ysbenser.*

2 Gw. e.e. y tarddiadau a gynigir yn GPC ar gyfer *llaid, mws, mynawyd, telm.*

3 Cofnodir *echdoe* yn gynharach, a gellid dadlau bod *echnos* yn ffurf ddiweddarach seiliedig ar yr un patrwm.

4 Gw. GPC d.g. *brochog,* a B iii (1926), 25 am y ddihareb o Lyfr Du'r Waun.

5 Gellir nodi hefyd *cyngerth* 'dyrys' (11.27, 44.53), *lluguy* 'llif' (90.35), *tydmwy/tytmwy* 'rhaff, gwregys' (56.65, 130.18), *ymefin* 'cythryblu' (47.41), *ymellin* 'manna' (88.28).

6 DG.net 9.63, 11.25, 36.22, 116.28, 130.8. Ceir dwy enghraifft mewn cerdd i uchelwraig gan fardd o'r enw Mab Clochyddyn o ail chwarter y bedwaredd ganrif ar ddeg, GGrG 6.8, 42.

7 Cofier hefyd am y geiriau cyfansawdd sy'n enwau ar yr ysgyfarnog yng ngherdd 75 (gw. pen. 7).

8 Ceir *bygegyr* gan Gasnodyn yn ei ddychan i Drahaearn, GC 11.142.

   Cofier am yr enw lle Brynffanugl yn sir Ddinbych a geir mewn cerdd gan Iolo Goch, GIG IV.48.

9 Ceir *mawn* a *mawnfwg* mewn cerdd ddychan gan Gasnodyn, GC 11.19, 107.

10 Ceir *cannaid* fel ansoddair hefyd, 1.23, 88.1, 114.27, ac mae'r rhain yn gyfoes â'r enghreifftiau o Lyfr yr Ancr a nodir yn GPC.

11 I'r ugeinfed ganrif y perthyn yr enghreifftiau o *plu* am eira a nodir yn GPC.

12 Nodir *twlc* yng ngramadeg Peniarth 20 (tua 1330) fel enghraifft o air yn terfynu â dwy gytsain, GP 41.

13 Ceir *cwch* yn ail elfen *bachgwch* yn nychan Trahaearn i Gasnodyn, GGDT 13.46, ond mae ergyd y gair cyfansawdd yn aneglur.

14 Defnyddir *crimog* am arfwisg y goes yn YBH, gw. GPC.

15 Dadleuodd Henry Lewis yn *Datblygiad yr Iaith Gymraeg*, t. 83 mai benthyciad yw *talcen* o'r Wyddeleg *tálcend* 'pen neddyf' gan gyfeirio at arfer mynachod Celtaidd o siafio blaen eu pennau, ond yn ôl GPC ansicr yw'r union berthynas rhwng y ddau air.

16 Ceir y ferf *gwynio* am effaith gwayw serch yn 127.27. Mae *gwŷn* yn gytras â'r Lladin *venus*, o wreiddyn sy'n golygu chwennych, a chan fod chwant ac anlladrwydd ymhlith ei ystyron gellir ychwanegu hyn at yr amwysedd helaeth yn 'Trafferth mewn Tafarn' (gw. pen. 10).

17 Cymh. Llydaweg *mab an lagat* a'r Lladin *pupilla*, defnydd ffigurol o'r ystyr 'merch fach'.

18 Ar *lledechwyrth* 'afreolus' (yr unig enghraifft y tu allan i eiriaduron) gw. pen. 6. Hon yw'r enghraifft gynharaf o *said* 'carn, gwreiddyn' hefyd, ond ceir *gwrmsaid* a *gwynsaid* mewn testunau cynharach.

19 Mae'n bosibl mai *hegl* yw ail elfen y gair cyfansawdd *tynhegl* sy'n disgrifio ton mewn cerddi gan Hywel ab Owain Gwynedd ac Einion ap Gwalchmai, gw. CBT I, 26.14n a II, 7.3n.

20 Ceir *palfais* am farch yn YCM, gw. GPC.

21 Ceir *geri* yn nychan Trahaearn i Gasnodyn, GGDT 13.61.

22 Gw. GPC d.g. *gosgel*².

23 Ceir *finfin* am gleddyfau'n gwrthdaro mewn mawl i Lywelyn Fawr gan Ddafydd Benfras, CBT VI, 25.23, a *deufiniog* am fwyeill yn *Historia Gruffudd vab Kenan* 15.10.

24 CBT II, 6.53–4.

25 GC 11.49, hefyd *min llwy* 49, a *blin yw maint ei fin* 173.

26 Ceir *soegfwch* a *rhwd* yn englynion dychan Trahaearn i Gasnodyn, GGDT 13.45 a 104, a *cefnrhwd* mewn awdl ddychan gan Lywelyn Ddu ab y Pastard, GLlBH 19.15.

27 Cymh. *Sothach o'i refr a saetha* mewn cerdd ddychan gan Fadog Dwygraig, GMD 14.43, a hefyd GDC 10.9, yr ansoddair *sothachled* mewn cerdd ddychan gan Lywelyn Ddu ab y Pastard, GLlBH 19.112, a'r gair cyfansawdd *sothachiaith* gan Gasnodyn, GC 1.8.

28 Mae'r ffurf debyg *crapach* (1.74) yn fenthyciad o'r Wyddeleg, ond ni chafwyd hyd i air Gwyddeleg perthnasol yn achos *sothach.*

29 B iii (1926), 28. Fe'i ceir hefyd mewn cerdd ddychan gan Gasnodyn, GC 11.53, 101, 142, a hefyd *bawlyd* a *bawai*, 11.109, 111. Sylwer fod y gair Ffrangeg *boue* yn fenthyciad o air Galeg cytras yn ôl GPC.

30 Nodir yn GPC i *mymryn* fod ar lafar yn Arfon yn ddifriol am berson, a dichon fod yr un naws yn perthyn i'r esiampl hon.

31 Cyferbynner 58.4 lle ceir yr un brifodl ond cystrawen negyddol, ac felly hefyd 107.27–8, eto am briodas Morfudd, *Ni chefais . . . dim o dâl.* Cymh. y diffiniad hwn yn Llyfr yr Ancr: *Sef yw dim, absenn a gwrthwyneb y bob ryw beth* (LlA 89, *Ymborth yr Eneit*, 12.132–3).

32 Gw. pen. 1, n. 77.

33 Ceir *darn* gan Gasnodyn, GC 11.7, ac mewn englyn dychanol yn y gramadegau barddol, GEO Atodiad C, 39.4.

34 Galwodd Gruffudd Gryg y lleuad yn *fursen*, GGGr 6.12.

35 Ni chynigir tarddiad yn GPC, ond tybed ai ffurf ar *hurt* + yr elfen *cen* a welir yn *bachgen*? Fe'i ceir mewn cerdd ddychan gan Ddafydd y Coed, GDC 9.10.

36 Sylwer fod y llinell yn wannach mewn fersiynau amrywiol yn y llawysgrifau gan fod *delff* wedi ei ddisodli gan *gwas* (darlleniad GDG) ac *un*, sy'n esiampl o'r duedd i symleiddio trwy golli geiriau hynod.

37 Ni cheir enghraifft o *sibrwd* cyn Beibl 1588.

38 Yr enghraifft sicr gynharaf yw un gan Lywelyn ab y Moel am ei dafod ei hun, GDBMW 12.64. Cymh. GLGC 123.40, a'r ansoddair *siaradus* gan Guto'r Glyn amdano'i hun, GG.net 117.5. Anodd credu mai cerdd o'r bedwaredd ganrif ar ddeg yw'r cywydd serch a briodolir i Sypyn Cyfeiliog lle ceir y llinell *O siarad â'm bun siriol* (GDBMW 5.41).

39 Ceir *ysgwd* mewn cerdd ddienw yn nhrydedd haen Llawysgrif Hendregadredd, GLlBH 12.6.

40 Ceir enghraifft o'r un cyfnod mewn cerdd ddychan gan Lywelyn Ddu ab y Pastard, GLlBH 19.110, ac un gan yr Ustus Llwyd, GMBen 20.8. Ceir y gair yn nheitlau dau driawd a gofnodwyd am y tro cyntaf yn Llyfr Gwyn Rhydderch, 'Tri Tharw Ellyll Ynys Brydein' a 'Tri Gwyd

Ellyll Ynys Brydein', TYP triawdau 63 a 64. Ac mae'n bosibl bod enghraifft gynnar yn y ffurf *ydellyll* (= *edellyll*?) yn CA ll. 1178. Yn 'Ymddiddan yr Enaid a'r Corff' Iolo Goch cyfarcha'r enaid y corff fel 'ellyll meingul' (GIG XIV.28). Nododd Morgan Davies, 'Dafydd ap Gwilym and the Shadow of Colonialism', t. 262, fod y gair yn 'especially apt choice for denoting the uncanny double'.

41 Sylwer ar y cyfeiriad at Wyn ap Nudd, pennaeth y tylwyth teg a brenin Annwfn yn ôl traddodiad, yn yr un cyd-destun â'r ellyllon yn 59.29–30.

42 Cymh. 44.61 (am Eiddig eto), 52.27, 68.4, 115.19, 116.17, 52, 128.5, 139.7, 147.11. Ceir *trychni* hefyd yn cyfeirio at dorri ei fwa (60.22), a dichon fod amwysedd bwriadol yno gan fod y gair i'w gael gan Feirdd y Tywysogion yn cyfeirio at doriad (gw. GPC). Cymh. *trychineb* a gofnodwyd am y tro cyntaf tua 1500.

43 Ond cymh. *trwch wyd* yn awdl ddychan Casnodyn i Drahaearn, GC 11.64.

44 Ceir dwy enghraifft o'r ffurf *trychiolaeth* mewn cywyddau o'r bymthegfed ganrif, IGE[1] LXIX.29 a LXXVIII.50, ac mae tystiolaeth yng nghasgliad slipiau GPC fod y ffurf wedi parhau tan y bedwaredd ganrif ar bymtheg.

45 Enghraifft gynharach o bosib yw *bwbach beirdd* mewn englyn dychanol yng ngramadeg Peniarth 20 a allai fod yn rhan o ddychan Casnodyn i Drahaearn Brydydd Mawr, gw. GEO Atodiad Dd 40.2.

46 GLGC 237.13.

47 Fe'i ceir yn awdl ddychan Casnodyn i Drahaearn, GC 11.83 (ond sylwer mai fel 'tylluan' y deellir y gair yn yr aralleiriad). Cymh. GLlBH 19.107.

48 Mae'r un gair hefyd yn digwydd yn nhestun GDG o 'Morfudd yn Hen' (GDG 139.42), ond sylwer fod y llinellau hynny wedi eu gwrthod yn DG.net am eu bod yn ailadrodd DG.net 75.69–72.

49 R. Geraint Gruffydd oedd y cyntaf i gynnig y dehongliad hwn yn 'Sylwadau ar gywydd "Yr Adfail" gan Ddafydd ap Gwilym'. Gosgordd o ddilynwyr oedd prif ystyr *teulu* cyn y bymthegfed ganrif, gw. Lowri Lloyd, 'Beth yw perthyn? Pedwar term teuluol ym marddoniaeth yr Oesoedd Canol'. Yr ystyr honno a welir yn 'Y Gwynt', *Ni'th ddeil swyddog na theulu* (47.29). Ar yr ystyr 'drychiolaeth o angladd' a gofnodwyd yn y cyfnod modern, ac sy'n berthnasol iawn i'r defnydd hwn gan Ddafydd, gw. GPC d.g. *toulu, teulu*[2].

50 Gw. 84.13 a ddyfynnir ym mhen. 2. Sylwer fod peth ansicrwydd am darddiad *gwamal* hefyd yn ôl GPC lle nodir geiriau perthnasol o'r Saesneg a'r Llydaweg.

Nodiadau

51 Ceir enghraifft arall o *trwsgl* yn nhestun GDG o'r awdl ddychan i Rys Meigen (GDG 21.29), ond disodlwyd y gair hwnnw gan *cynnwgl* yn DG.net 31.29 (gw. uchod ar eiriau hynafol). Yr enghraifft gynharaf o'r gair yw'r epithet yn TYP 5 (t. 11), 'Cynuelyn Drwsgyl' (Pen 16). Digwydd *trwsgl* a'r ffurf fenywaidd *trosgl* mewn englyn dychanol a briodolir i Fleddyn Ddu Was y Cwd, GBDd 10.1, 4 (cf. hefyd Atodiad ii), ond anodd bod yn sicr am ddyddiadau'r bardd hwnnw. Sylwer bod William Salesbury yn cynnig *gwladaidd* fel cyfystyr *trwsgl* yn ei Destament Newydd, gw. GPC d.g. *trwsgl* a phen. 8 isod ar *gwladaidd*.

52 Noda GPC fod *chwiltath* ar lafar fel berf 'chwilota' yn y gogledd. Berf yn unig ydyw yn ôl GPC, ond yn ansoddeiriol y'i defnyddir gan Ddafydd.

53 Ceir *chwydu* yn nhestunau Meddygon Myddfai, a'r enw *chwŷd* yn Llyfr Gwyn Rhydderch ac mewn cerddi dychan, gw. GPC d.g. a GC 11.109, GGDT 13.71, GEO Atodiad Dd 40.

54 Ceir y geiriau cyfansawdd *duffrom* a *iawnffrom* mewn cerdd ddychan gan Gasnodyn, GC 11.76, 86.

55 Mae hon yn enghraifft o ddefnyddio *tomog* fel enw am le o'r fath, h.y. tomen (cymh. *maunog* a *brwynog*). Manteisiodd Madog Dwygraig ar yr un cyfle cynganeddol mewn cerdd ddychan ychydig yn ddiweddarach: *Eistedd, leidr ffrom, ar domau* (GMD 13.27).

56 Mae enghraifft gynharach bosibl yn y gair cyfansawdd *trimws* yn awdl ddychan Casnodyn i Drahaearn, GC 11.83 (er nad yw'r ystyr yn llwyr argyhoeddi).

57 Yr enghraifft gynharaf sy'n hysbys yw un yn awdl ddychan Trahaearn i Gasnodyn, *bardd bach* (GGDT 13.72, cymh. *bachdlawd* 13.57, ac efallai *bachgwch* 13.46), cerdd sy'n debyg o fod yn gyfoes â dechrau gyrfa Dafydd yn y 1320au neu'r 1330au. Ceir ffurf ryfedd ar y radd gyfartal, *bached* ('lleied') mewn cerdd grefyddol gan Gasnodyn ei hun (GC 8.57), a sylwer mai cyfeirio at blentyndod dyn a wneir yn y fan honno. Tystiolaeth bwysig o'r defnydd o *bach* ar lafar yw'r enghreifftiau fel llysenw mewn cofnodion llys o Gaernarfon o 1361 ymlaen yn *Caernarvon Court Rolls 1361–1402*, e.e. *Llywarch Bach* (t. 15), *Madog Bach* (t. 24), *Phylip Bach* (t. 45), *Henry Bach* (t. 49), *Alice Bach* (t. 54), *Nest Bach* (t. 114). Anodd barnu blas yr enwau hyn, ond gallent fod yn ddilornus yn yr un modd ag enwau eraill am olwg corfforol fel *Dyddgu Dew* (t. 54). Tybed a ddatblygodd y defnydd hwnnw mewn llysenwau am fod *bychan* wedi magu'r ystyr benodol 'iau'? Cofier hefyd am Ddafydd Bach ap Madog Wladaidd, enw'r bardd Sypyn Cyfeiliog, un o gyfoeswyr iau Dafydd ap Gwilym, gw. GDBMW 3–6. Llyfr Coch Hergest yw ffynhonnell gynharaf yr enw hwnnw.

[58] Mewn enwau lleoedd yn unig (e.e. Dinbych) y ceir *bych*, gwreiddyn tybiedig *bychan*.

[59] Digwydd y ffurf luosog *bechgyn* mewn cerdd ddychan gan Drahaearn (GGDT 13.46), a'r unigol mewn dihareb yn Llyfr Coch Hergest, 'Rod ac atrod rod bachgen' (*Diarhebion Llyfr Coch Hergest*, t. 32).

[60] Gw. *Rhyddiaith Gymraeg 1300–1425* d.g. *vachan* am enghreifftiau o destunau'r Brutiau yn llawysgrifau Peniarth 20 a Cotton Cleopatra B V Rhan i, gan gynnwys *Iuor vachan* (Cotton Cleopatra B V, 159v), yr enghraifft gynharaf o enw Arglwydd Senghenydd a ddaeth yn adnabyddus yn ddiweddarach fel Ifor Bach; hefyd y ffurfiau ar yr enw Bwa Bychan yn n. 64 isod. Nodir y ffurf lafar *bachan* fel ffurf amrywiol ar *bachgen* yn GPC, ond mae lle i ddadlau ei bod yn ffurf ar *bychan* mewn gwirionedd.

[61] Noda T. J. Morgan yn *Y Treigladau a'u Cystrawen*, tt. 56–7, fod *bach* wedi disodli *bychan* bron yn llwyr yn y de, a'i fod yn cyfleu diffyg maint yn ogystal ag anwyldeb. Efallai fod dechreuadau'r datblygiad hwn i'w gweld yng ngwaith Dafydd. Sylwer mai beirdd o'r de oedd Trahaearn Brydydd Mawr a Chasnodyn hefyd (gw. n. 57 uchod).

[62] Sylwer fod *bach* weithiau yn gwrthsefyll treiglad (cymh. 50.22, ond gwrthgyferbynner 95.9 a 137.6), fel y gwna hyd heddiw yn iaith lafar y gogledd ac fel y gwelir hefyd yn yr enghreifftiau o lysenwau o gofnodion llys Caernarfon a nodir yn n. 57 uchod.

[63] Dirmygus hefyd yw'r enghraifft gan Fadog Dwygraig mewn dychan i'r llo: *Mantach bach, bychan y'i gwelaf* (GMD 10.55), llinell a ddengys y gwahaniaeth rhwng *bach* a *bychan*.

[64] Gw. GDG[1] tt. xlix–li am ddwy o'r enghreifftiau, sef *Ebowa baghan* a *Meredith ap y bowa vaghan*, a Ralph A. Griffiths, *The Principality of Wales in the Later Middle Ages*, tt. 438 a 453 am y drydedd (ond ni nodir yno y ffurf a geir yn y dogfennau). Mae'r ffurfiau *baghan/vaghan* yn cefnogi'r awgrym uchod am darddiad *bach* o *bachan*.

[65] Dyna awgrym Thomas Parry, GDG[1] l, ond anodd gwybod beth yw arwyddocâd y bwa yn yr enw.

[66] Rwy'n ddyledus i'r Athro Marged Haycock am yr awgrym hwn.

[67] Mae'n bosibl mai ffurf amrywiol ar yr hen air *maban* oedd *baban*, ond gallai fod wedi codi'n annibynnol hefyd, a chymh. Saesneg *baban*.

[68] Gw. GMW 245–7, WG 450–1, Fergus Kelly, 'Onomatopeic Interjections in Early Irish'.

[69] Gw. Simon Horobin, *Chaucer's Language*, pen. 8.

[70] Mae'r enghraifft hon yn gyfoes â'r un gyntaf a nodir yn GPC, o *Buched Meir Wyry* yn Llyfr Gwyn Rhydderch (gw. *Révue Celtique*, xxxiii (1912), 209) lle mae'n cyfleu teimlad cryf Anna cyn iddi weddïo ar Dduw.

Nodiadau

71 Mae *gwae* yn rhan o rethreg englynion marwnad Dafydd i'w ewythr, 6.29–53, 80, 93, fel y mae *och* hefyd, 6.113–20.

72 Ceir hefyd y berfau *ochain* (22.24) ac *ochi* (69.1).

73 Ceir yr ebychiad *ochan* Grist gan Owain Cyfeiliog yn y ddeuddegfed ganrif (CBT II, 14.95).

74 Ceir *wb* yn un o gerddi crefyddol Gruffudd ab yr Ynad Coch, CBT VII, 40.36.

75 Ceir *wi* yn mynegi hoffter Hywel ab Owain Gwynedd o'i fro yn ei Orhoffedd (CBT II, 6.19).

76 Ceir chwe enghraifft arall yng ngherddi Dafydd: 34.3, 46.7, 58.68, 71.2, 115.45 (*Rho Duw a Chadfan*), 120.30. Gwelir y ffurf lawn ar y llw, yn ogystal â *dioer*, yn y sgwrs rhwng Pwyll ac Arawn yng nghainc gyntaf y *Mabinogi* (PKM 2).

77 Cymharer meddyliau Efnisien yn ail gainc y *Mabinogi* wrth iddo resynu am y dinistr a achosodd: '*Oy a Duw,*' heb ef, '*guae ui uy mot yn achaws y'r wydwic honn o wyr Ynys y Kedyrn; a meuyl ymi,*' heb ef, '*ony cheissaf i waret rac hynn.*' (PKM 44) – esiampl dda o'r defnydd o ebychiadau a llwon mewn lleferydd yn y chwedlau.

78 Roedd *uno mefl ar farf* yn un o'r rhesymau a ganiatâi i ddyn guro ei wraig yn ôl Llyfr Iorwerth, LlI 28.

79 Gellir tybio mai *hawdd* yw elfen gyntaf y gair, ond nid yw'n glir beth yw ystyr *amor* (gair a esbonnir fel ôl-ffurfiant o *hawddamor* yn GPC).

80 Cymh. 11.14, 39, 18.1, 33.1, 35.42, 37.2, 55.62, 64.7, 83.1.

81 CBT III, 8.49. 53, IV, 2.39; y rhain yw'r unig enghreifftiau cyn Dafydd ap Gwilym.

82 Cymh. GIG VIII.39, XVI.1, 3, XXXIII.1, 7, 10, 57.

83 Cymh. cyfarchiad yr angel i'r Forwyn Fair yn *Y Modd ydd Aeth Mair i Nef* yn Llyfr yr Ancr, *hannpych gwell* (LlA 77).

84 Yr enghraifft gynharaf o *yn iach* a nodir yn GPC yw un yn *Buchedd Dewi* lle mae'r sant yn ffarwelio â'i bobl cyn marw (BD 21).

85 Ar gerddi sy'n ymdebygu i felltithion gw. Simon Rodway, 'Dychan Celtaidd?', 111–13.

86 Cymh. *torrid diawl* am y ffenestr (65.43).

87 Cymh. 62.39, 77.45 a 136.25.

88 Cymh. cerddi 33, 34, 37, 45, 59, 61, 71, 83, 92, 137 a 148. Gellir ystyried y cyfarchiad *tydi* a geir yng ngherddi 35, 46, 52 a 151 yn amrywiad ar yr un dull dramatig.

89 Cymh. cerddi 33, 34, 36, 59, 62, 90, 115, 144 a 148.

90 Ar y llysenw bychanol gw. uchod.

Nodiadau

5 Geiriau Benthyg

1 Ceir ychydig o fenthyciadau sy'n dynodi gwisgoedd bonheddig, megis *bliant*, *pali* ac *ysgarlad* (e.e. CBT V, 1.43–4, 23.187–8), a thechnoleg filwrol, megis *tŵr* a *tarian* (e.e. CBT III, 16.60 a 132). Mae Dafydd Benfras, CBT VI, 28, 5–8, i'w weld yn ymfalchïo yn ei anwybodaeth o'r Ffrangeg, y Saesneg a'r Llychlynneg, ond mae hyn hefyd yn awgrymu bod yr ieithoedd hynny'n dod yn gyffredin yn llysoedd Gwynedd yn y drydedd ganrif ar ddeg.

2 DG.net cerddi 5–8, 11, 12, 17 (awdlau ac englynion), 10, 13–16 (cywyddau). Mae'r awdl i Angharad (9) yn cynnwys tri hen fenthyciad (*macwy*, *bwrdd*, *ysgarlad*), a *gŵn* sy'n enghraifft gynharaf, ond efallai yn hŷn hefyd gan ei fod yn dynodi gwisg fonheddig.

3 Rhoddir rhestr o'r berfau benthyg yng ngherddi Dafydd ar ddiwedd pen. 6.

4 *The Letters of Goronwy Owen*, ed. J. H. Davies, t. 85. Cymh. condemniad mwy ysgubol byth mewn llythyr Cymraeg yn 1754: 'E fu achos [= agos] i'r llychwytgi gan Dd. Ap Gwilym a lladd y Gymraeg wrth gymmyscu Saesneg a hi; yr hyn a wnaethai yn ddifeth oni buasai rai o wyr Gwynedd heb fedru dim Saesoneg' (*Letters*, t. 111).

5 Cyfieithiad gan Ceri Davies, *Rhagymadroddion a Chyflwyniadau Lladin 1551–1632*, t. 113.

6 Gw. Llinos Beverley Smith, 'The Welsh language before 1536', a Dafydd Johnston, '"Ceidwad yr hen iaith"? Beirdd yr Uchelwyr a'r iaith Saesneg'.

7 Cymh. *cyd-wtreswyr* am gyd-gyfeddachwyr y bardd yn 74.24, gair a ddeilliodd o'r ferf *wtresu* 'cyfeddach'.

8 Gw. Henry Lewis, *Datblygiad yr Iaith Gymraeg*, tt. 61–94.

9 Gw. Henry Lewis, *Yr Elfen Ladin yn yr Iaith Gymraeg*, a'r rhestr o eiriau benthyg tt. 31–48. Sylwer mai *benffyg* oedd ffurf wreiddiol y benthyciad o *beneficium*, fel y gwelir gan Ddafydd yn 92.46, ond ceir y ffurf *benthig* ganddo hefyd yn 15.22.

10 Gw. T. H. Parry-Williams, *The English Element in Welsh*, tt. 22–47.

11 Gw. y drafodaeth ar y gair ym mhen. 1.

12 Benthyciadau posibl eraill o'r Wyddeleg yw *twlc* (68.30) < *tolg*, *crapach* 'gwywedig' (1.74), *cogor* 'cleber' (68.35, 99.33) < *cocur* fel yr awgrymir yn betrus yn GPC, a *talcen* (gw. pen. 4, n. 15).

13 PKM 37.

14 Diddorol yw awgrym Ifor Williams (PKM 186–7) fod dylanwad y Saesneg *sham* ar y gair Cymraeg, er na chofnodwyd *sham* tan yr ail ganrif ar bymtheg yn ôl yr OED.

15 Gw. Marie Surridge, 'Words of Romance Origin in the Four Branches of the Mabinogi and "Native Welsh Tales"', ac *eadem*, 'The Number and Status of Romance Words Attested in *Ystorya Bown de Hamtwn*'. Yr archwiliad trylwyraf o ddylanwad y Ffrangeg ar y Gymraeg, ond un sy'n gor-ddweud yr achos i raddau, yw eiddo Morgan Watkin, *La Civilisation française dans les Mabinogion*.

16 Ceir *twrneimant* yn awdl Einion Offeiriad i Syr Rhys ap Gruffudd, GEO 1.73.

17 Gw. y cyfeiriadau a nodir yn y rhagymadrodd, n. 7.

18 Gw. Marie E. Surridge, 'Romance and Anglo-Saxon Elements in the Poetry of Dafydd ap Gwilym', tt. 531–43, lle dadleuir bod y Ffrangeg wedi parhau'n ffynhonnell benthyciadau.

19 Am yr enghreifftiau yng ngwaith Dafydd gw. pen. 1.

20 Ceid y ffurf *casule* yn Hen Ffrangeg.

21 *The Riverside Chaucer*, ed. Larry D. Benson, ll. 3345.

22 Cymh. *Nid fal serch anwydful Sais* 14.16. Mwy cadarnhaol yw'r cyfeiriadau at ddiwylliant materol Lloegr yn 115.26 a 29, ac at gerddoriaeth y ddwy wlad yn 91.28–9.

23 Cymh. 138.2, 145.21 lle mae'r ffair eto yn lle i bobl ddangos eu hunain, er gwell neu er gwaeth; gw. ymhellach Helen Fulton, 'Fairs, feast-days and carnival in Medieval Wales: Some poetic evidence'. Gwedd fasnachol y ffair sydd dan sylw gan Fadog Benfras wrth sôn am ddrych fel *Aberth o ffyrddlingwerth ffair* (GMBen 1.41).

24 Sylwodd Surridge, 'Romance and Anglo-Saxon Elements in the Poetry of Dafydd ap Gwilym', t. 542: 'This is definitely not a new vocabulary enriched for purely referential purposes. It is tempting to suggest that some of these nonce words reflect the poet's linguistic exuberance more than anything else, a suggestion which might be supported by the frequency with which Romance words appear in a playful-seeming cluster.'

25 Gw. pen. 4, n. 1.

26 GDBMW, 13.25.

27 Cymh. hefyd 87.17 a sylwer ar *medd rhai* yn ll. 9.

28 GMBen 5.16.

29 Ceir *lwfer* yn drosiad am y lleuad gan Gruffudd Gryg, GGGr 6.24.

30 Gw. Rachel Bromwich, *Aspects of the Poetry of Dafydd ap Gwilym*, tt. 83–4.

31 Esiampl arall o air benthyg a ddefnyddir yn gadarnhaol iawn yw *coprs* ym 'Marwnad Madog Benfras' (20.32), gw. pen. 8 ar grefft yr arlunydd.

32 Mewn testunau Lladin y mae'r enghreifftiau cynharaf a nodir yn y *Middle English Dictionary* s.v. *gonne* (1330–1, 1339). Nis ceir mewn

testun Saesneg tan tua 1380. Ar y gwn ym marddoniaeth y cyfnod gw. Dylan Foster Evans, '"Y carl a'i trawai o'r cudd": Ergyd y gwn ar y Cywyddwyr'.

33 Fe'i ceir mewn casgliadau o ddiarhebion o'r drydedd ganrif ar ddeg, gw. GPC.

34 *Historia Gruffud vab Kenan*, gol. D. Simon Evans, t. 20. Nid oes gair cyfatebol yn y testun Lladin gwreiddiol heblaw 'aliis . . . instrumentis', *Vita Griffini Filii Conani*, ed. Paul Russell, t. 76.

35 Gw. ymhellach y nodyn ar 32.13 yn DG.net a CDG t. 624.

36 Yn ôl Stephen Knight, 'Chaucer's British Rival', 89, mae'r ddau air benthyg *mwnai* a *fflorin*, yn 'metaphorically re-naturalized' yn y darn hwn.

37 Ond dichon mai at lythrennau y cyfeiria *ferw awgrim* yn 1.149 (gw. y drafodaeth ar *berw* ym mhen. 2).

38 Gw. y dyfyniadau a'r drafodaeth fanylach, gan gyfeirio at erthygl bwysig R. Geraint Gruffydd, ym mhen. 8.

39 GIG IV.79–82.

40 LlI 19.

41 *Historia Gruffud vab Kenan*, t. 17.

42 Ceir *organ* yn ddelwedd am y beirdd Madog Benfras a Gruffudd ab Adda (20.33, 21.33), a gelwir Eglwys Gadeiriol Bangor yn dŷ *teg ei organ* (8.11).

43 Ceir *deifrblas* 'palas dŵr' am long yn 11.27.

44 Gw. *Middle English Dictionary* s.v. *chamelet*.

6 Ffurfiant Geiriau

1 Gw. Peter Wynn Thomas, *Gramadeg y Gymraeg*, tt. 633–80, Stefan Zimmer, *Studies in Welsh Word-formation*, tt. 227–560.

2 Oni nodir yn wahanol mae'r holl enghreifftiau a drafodir yn y bennod hon yn eiriau a gofnodwyd am y tro cyntaf yng ngwaith Dafydd ap Gwilym.

3 CBT III, 16.27–38 (gw. y gyfrol honno am aralleiriad o'r darn). Cymh. awdl fer Hywel Foel yn gofyn am ryddhau Owain ap Gruffudd o garchar (CBT VII, cerdd 22) lle ceir cyfres o linellau ar y cymeriad *di-*.

4 Rhagddodiaid a geir mewn geiriau y ceir enghreifftiau cynharach ohonynt, ond nid mewn geiriau newydd, yw *cyfr-* yn *cyfrgoll* 'distryw' (109.41), *try-* yn *trylwyn* 'deheuig' (107.15) a *trywan* (81.2), a *dir-* yn *dirfawr* (10.25, 111.27, 119.9, 129.23) a *dirmyg*. Er mai o waith Dafydd

ap Gwilym (28.1, cymh. 122.32) y daw'r enghraifft gynharaf a ddyfynnir yn GPC o'r gair *dirmyg*, dengys yr enw personol *Dirmyc mab Kaw* yn *Culhwch ac Olwen*, ll. 206 (cymh. *Etmyg mab Kaw* yn yr un llinell), fod y gair yn bodoli'n gynharach, fel yr oedd y ferf *dirmygu* hefyd.

5   Mae'r enghraifft o *adfyd* ychydig yn gynharach na'r un gyntaf a nodir yn GPC.

6   Yr unig enghreifftiau eraill o'r gair a nodir yn GPC yw rhai yng ngeiriadur Pughe a chan Iolo Morganwg, a dichon fod y rheini'n deillio o gywydd Dafydd (ond sylwer nad yw'r llinell yn BDG LXXIX).

7   Cf. *edlaes* 'trist' CBT II, 4.20 (Llywelyn Fardd I).

8   Gan Ddafydd ap Gwilym y ceir yr enghraifft gynharaf o *adyn* hefyd (99.51), ond mae tarddiad y gair hwnnw'n aneglur (gw. dan *a-* uchod).

9   Cadarnhaol yw ergyd yr unig enghraifft gynharach o'r gair, sef 'tanbaid' am filwr gan Brydydd y Moch (CBT V, 1.48). Defnyddir *tanbaid* hefyd yn yr awdl ddychan i Rys Meigen, 31.76.

10   CA ll. 363.

11   Awgrymir yn GPC mai bôn y gair yw'r elfen *llwyn* a welir yn *cynllwyn* a *gorllwyn* (62.4, 111.1).

12   Yr enghraifft a roddir yn GPC yw hon o *Bererindod Siarlymaen* yn Llyfr Gwyn Rhydderch: *Rodet hu gadarn y verch nosweith y gytorwed ami.*

13   GIG X.49.

14   Defnyddiodd Guto'r Glyn y ffurf luosog *cyfrestri* am ffenestri Abaty Ystrad-fflur, GG.net 8.57. Fe'i ceir gan Drahaearn Brydydd Mawr (o bosib ychydig yn gynharach nag enghraifft Dafydd ap Gwilym) fel ansoddair yn yr ystyr 'o'r un radd' (GGDT 13.7).

15   Ceir y gair cyfunffurf *difyr* 'hir' ganddo hefyd yn 9.1 a 105.25.

16   Cymerir mai *diwaradwydd* + *camp* yw elfennau'r gair cyfansawdd *diwaradwyddgamp* (87.1), ac mai *digoll* yw elfen gyntaf *digollwawd* (124.31).

17   PKM 4.

18   GP 16, 35; ceir *disymlrwydd* yn y darn cyfatebol yn Pen 20, GP, 56.

19   CBT V, 10.77–80. Gallai Dafydd fod wedi gweld y gerdd hon yn Llawysgrif Hendregadredd, a diddorol yw nodi bod prifodlau'r englyn hwn yr un fath â rhai englyn cyntaf ei gerdd yntau, ond ni ellir rhoi llawer o bwys ar hyn gan fod y dewis o eiriau ar yr odl hon yn gyfyng iawn (cymh. un o'r englynion i Ifor Hael, 12.5–8).

20   Cymh. cywydd Iolo Goch i'r Llafurwr lle cyfeirir yn ddifrïol at 'Arthur anrheithiwr' (GIG XXVIII.30).

21   Cymh. *lleferydd didaer* mewn awdl i ferch gan Iorwerth Fychan, CBT VII, 30.13.

22   Cymh. pennill olaf awdl gan Dudur Aled (GTA VI.107–10) lle ceir *di-welais, di-wneir, di-geir* a *di-gad*.

Nodiadau

23 Ond sylwer mai *dy-¹* yw elfen gyntaf *dyfryd* yn ôl GPC.

24 *Diddig* yw'r ffurf a geir yn y llawysgrifau yn 124.39 a *dibech* yn 110.1, sydd efallai'n awgrymu bod y rhagddodiad cryfhaol *dy-* yn anghyfarwydd erbyn y bymthegfed ganrif. Sylwer ar y ffurfiau amrywiol *dyhir* a *dihir* a nodir uchod.

25 Posibilrwydd arall yw bod yma ddau air gwahanol, er bod GPC yn dosbarthu'r holl enghreifftiau dan yr un gair.

26 Cymh. *Os gyr mor rhyfyr, 'Mae'r haf?'* 34.52, lle cyflawnir potensial cynganeddol *fyrred yr haf* yn ail linell y gerdd. Tynnodd Dafydd Elis Thomas sylw at yr amwysedd hwn yn 'Dafydd ap Gwilym y bardd', t. 93.

27 Cofnodir *dyludwr* am y tro cyntaf yn ei waith (47.44), ond cymerir mai enw yw hwnnw a ffurfiwyd o fôn yr hen ferf *dyludo*, yn hytrach nag un a luniwyd trwy ychwanegu'r rhagddodiad.

28 Gw. nodyn Ifor Williams ar rym *go-* mewn Cymraeg Canol, *The Poems of Taliesin*, t. 17. Ceir enghreifftiau clir gan Feirdd y Tywysogion, e.e. *godraws* a *gofirain*, CBT IV, 6.199, III, 3.159.

29 Efallai y dylid ystyried adfer *godrum* yn 61.7 yn lle *o drum*, cymh. GDG 26.7 a gw. nodyn Nicolas Jacobs yn 'Ailgyrchu tŷ'r dylluan', 95–8.

30 CBT VII, 36.34. Dadleuodd Ifor Williams dros yr ystyr 'provoke' i'r enghraifft hon o'r ferf (CLlH 236), ond 'clwyfo' yw'r aralleiriad yn CBT.

31 Gw. mynegai CBT IV am enghreifftiau o'r geiriau hyn yng ngherddi Cynddelw.

32 Gw. mynegai CBT IV eto, a *Llyfr Du Caerfyrddin*, gol. A. O. H. Jarman, 17.23 am enghraifft o *gorhoen*.

33 PKM 332–3.

34 GEO 1.101–17.

35 GEO 32.1; cymh. *hydwf Forfudd* 100.34.

36 Yn hyn o beth rwy'n anghytuno â Zimmer, *Studies in Welsh Word-formation*, t. 258, sy'n mynnu mai *pryd* 'golwg' yw'r ail elfen, ac mai *hybryd* oedd y ffurf wreiddiol. Mae sawl enghraifft yn y chwedlau rhyddiaith yn profi'r ystyr 'llawen', e.e. *Y vorwyn yn hyfryt lawen y nos honno*, *Historia Peredur*, gol. Glenys Goetinck, 26.29–30. Gw. ymhellach Dafydd Johnston, 'Welsh *hyfryd* and some related compounds'.

37 Cymh. 114.24, *Oedd hyfryd i'r byd ei byw.*

38 Ceir y cyfuniad *haf/hyfryd* yn 'Gorhoffedd' Gwalchmai, CBT I, 9.148: *Araf y rhiw haf hyfryd, dedwydd.* Dylid ystyried atalnodi'r llinell honno'n wahanol er mwyn cymryd *hyfryd* gyda *dedwydd*: *Araf y rhiw haf, hyfryd dedwydd* (h.y. llawen yw'r dyn dedwydd yn yr haf).

39 Ni nodir *lledlyth* yn GPC, am mai *ledryth* oedd darlleniad GDG, ond gw. *diledlyth*.

40 Ni nodir *lledweddw* yn GPC am mai *lledfeddw* oedd darlleniad GDG.

41 *Brut Dingestow*, gol. Henry Lewis, t. 102. Cymh. *A gorwedd y gyt a orugant, ac ymgaru a'r vorwyn yn serchawl. A heb ynemawr gohir ef a gytyawd a hi bymtheg weith* (YCM 200.1–3). Ni cheir erthygl ar *ymgaru* yn GPC.

42 Gw. GPC am ddyfyniad o destun cyfreithiol o ddechrau'r bedwaredd ganrif ar ddeg. Dichon mai adlais o gerdd Dafydd ap Gwilym yw'r esiampl debyg a geir yn llythyrau'r Morrisiaid (John Owen, 1758): 'gwell ydoedd peidiaw ymddyrysu ac ymgyhydu â Rhiain dwyllodrus o'r wlad honno' (*Additional Letters of the Morrises of Anglesey*, ed. H. Owen, t. 362).

43 Cymh. 54.10, 65.24, 98.13–14, 139.21, a gw. David Johnston, 'The Serenade and the Image of the House in the Poems of Dafydd ap Gwilym', 8–10.

44 *Tri lleidyr doholadwy sydd* (dyfynnir yn GPC).

45 Am enghraifft o Lyfr Blegywryd gw. GPC d.g. *taladwy*.

46 Ceir dwy enghraifft o *lleuedig* yn chwedlau Siarlymaen o'r bedwaredd ganrif ar ddeg, gw. GPC.

47 Ceir *Ffrengig* yn YCM 74.21, a *Seisnig* gan Iorwerth Beli yn chwarter cyntaf y bedwaredd ganrif ar ddeg (GGDT 15.47); gw. ymhellach pen. 5 ar *Ffrengig* a *Seisnig* yng ngherddi Dafydd.

48 Gw. Paul Russell, *Celtic Word-formation: The Velar Suffixes*, yn enwedig tt. 125–31 ar y gwahaniaethau rhwng *-og* ac *-ol*.

49 Gw. Zimmer, *Studies in Welsh Word-formation*, t. 469 am ffigurau.

50 Tybed a ddylid darllen *fawl wiwgamp* a derbyn cyfatebiaeth rhwng *f* ac *w*?

51 Ar *dwfn* 'byd' gw. pen. 3.

52 Ni chynhwyswyd *nigus* (15.27) yma am fod y tarddiad yn ansicr, gw. nodyn DG.net.

53 Yn DG.net cysylltwyd *gwragennus* â *gwragedd* gan gyfieithu 'womanly'. O'i ddeall fel disgrifiad o Robin Nordd ei hun dylid gosod coma ar ei ôl yn y testun.

54 Am drafodaeth ar y gair *trychiolaeth* gw. pen. 4.

55 Ceir yr enghraifft gynharaf o *llatai* gan un o ragflaenwyr Dafydd ar ddechrau'r bedwaredd ganrif ar ddeg, Gruffydd ap Dafydd ap Tudur, GGDT 2.14. Sylwer mai i'r bymthegfed ganrif y perthyn yr enghraifft gyntaf yn GPC, gw. Huw M. Edwards, 'Y Trioedd Serch', 25–40.

56 Tebyg mai benthyciad uniongyrchol o'r Lladin *auctoritat-* yw'r gair hŷn *awdurdawd* (44.16).

[57] Ceir *nychdawd* mewn testun cyfreithiol o'r drydedd ganrif ar ddeg, LlI 33.

[58] Cymh. *y cam a'r codyant a wnaethpwyt y Uranwen* (PKM 41).

[59] Cymh. *ual dyn a dynno ar vemrwnn llinyeu wrth linyawdr gyrgam* (YCM 168.6–7), testun o'r bedwaredd ganrif ar ddeg.

[60] Efallai fod ystyr ddatblygedig yr ansoddair i'w gweld ym marwnad Dafydd i Gruffudd ab Adda, *Powys . . . a oedd berllan gyfannedd* (21.17–19).

[61] Cymh. CBT VI, 24.29 lle mae *tywyllwg* yn odli â *drwg.*

[62] Fe'i ceir mewn llysenwau yn yr Oesoedd Canol, fel y beirdd Casnodyn (gw. GC 1), Cnepyn Gwerthrynion a Sypyn Cyfeiliog. Cymh. englynion dychan Dafydd y Coed i offeiriad o'r enw Dafydd sy'n cynnwys y ffurfiau *Dafyddyn* ac *effeiriedyn* (GDC 7.10 a 23).

[63] Y berfau a gofnodir yng ngwaith Dafydd yn unig yw: *ambrydu* (117.12), *barddawdd* (1.134), *catcenais* (63.45), *clydwyan'* (131.7), *cydachwyn* (133.38), *cydblannu* (133.29), *cydedrych* (133.32), *cydfwhwman* (133.27), *cyd-gyfeddach* (70.40), *cydlechu* (133.26), *cydlwynach* (133.25), *cydochel* (133.38), *cydowenu* (133.35), *dadeilaf* (34.39), *dawnha* (37.23), *difygylodd* (7.46), *ditanu* (28.54), *dywirir* (6.77), *golinio* (55.31).

[64] Gw. dadansoddiad hanesyddol John Morris-Jones yn WG 385–94, ac ar yr iaith fodern Thomas, *Gramadeg y Gymraeg*, tt. 670–2.

[65] Ni cheir enghreifftiau o'r dosbarth hwn o ferfenwau yng ngwaith Dafydd; y ffurfiau rhediadol *cordder* ac *oerai* a geir yn y testun.

[66] Yr un terfyniad gyda dadfathiad yw *-ian* ac *-ial* yn ôl Morris-Jones, WG 392. Ymddengys mai enw benywaidd yn hytrach na berfenw a geir yn *cyfnewidial wydn* (118.36). Cymh. hefyd *chweinial* (68.17, yr unig enghraifft o'r gair) lle mae'r terfyniad efallai'n ansoddeiriol, 'chweinllyd'.

7 Geiriau Cyfansawdd

[1] Ystyr *prifardd* yn yr Oesoedd Canol oedd bardd o'r radd flaenaf, pencerdd; fe'i ceir gan Ddafydd amdano'i hun a Gruffudd Gryg yn yr ymryson, 26.39, gw. hefyd 15.51, 143.16.

[2] Gw. ymhellach T. Arwyn Watkins, *Ieithyddiaeth*, pennod IX, a Peter Wynn Thomas, *Gramadeg y Gymraeg*, tt. 615–32. Ar y defnydd o eiriau cyfansawdd yn yr iaith fodern, yn llenyddol ac yn llafar, gw. hefyd Kevin J. Rottet a Steve Morris, *Comparative Stylistics of Welsh and English*, tt. 386–400.

[3] *The Poems of Taliesin*, ed. Ifor Williams, II.12, III.5, a CA 3–4.

[4] GEO 1.57–62.

[5] GEO cerdd 31.

Nodiadau

6   *Breudwyt Ronabwy*, gol. Melville Richards, tt. 11–12.

7   Cyfeiria Dafydd ati fel safon o brydferthwch yn 130.7.

8   Pen 47, 10–11 (dyfynnir yn *Rhyddiaith Gymraeg 1300–1425*, gol.
    P. W. Thomas, D. M. Smith a D. Luft; addaswyd yr atalnodi yma, a
    newidiwyd pob *6 > w*). Darn rhethregol cyffelyb sy'n llawn geiriau
    cyfansawdd yw 'Pryd y Mab' yn *Ymborth yr Eneit*, gol. R. Iestyn Daniel,
    tt. 16–22.

9   Ond 'passive participle' yw *gwinfaeth* yn ôl John Morris-Jones, *Welsh
    Syntax*, t. 32, 'nourished on wine'. Ceir *gwinfaeth* hefyd fel enw am
    wledd win yn y *Gododdin*, gw. CA 150.

10 Gw. Morris-Jones, *Welsh Syntax*, t. 30, Stefan Zimmer, *Studies in
    Welsh Word-formation*, t. 135.

11 Am y rheswm hwnnw gelwir y math hwn yn 'reversed bahuvrīhi' gan
    rai ieithegwyr, gw. Zimmer, *Studies in Welsh Word-formation*, t. 177.

12 Morris-Jones, *Welsh Syntax*, t. 32.

13 Gw. Morris-Jones, *Welsh Syntax*, t. 32, Zimmer, *Studies in Welsh
    Word-formation*, tt. 206–7.

14 Cymh. *hunddwyn* gan Gasnodyn, GC 5.30.

15 Gw. GPC d.g. *catganu*; Dafydd biau'r unig enghraifft y tu allan i
    eiriaduron, ac mae tarddiad y gair yn aneglur.

16 Defnyddiwyd *finfin* am gleddyfau mewn mawl i Lywelyn Fawr gan
    Ddafydd Benfras (CBT VI, 25.23).

17 Tebyg mai adlais o linell Dafydd ap Gwilym sydd gan Lewys Glyn
    Cothi yn y llinell hon am Grist: *lili Duw lawlaw â'i Dad* (GLGC 1.244).

18 Cymh. *hoyw ei llun* 120.57, *du ei friger* 86.12, *byr ei glod* 80.10, *da ei llun*
    59.10, *deg ei duthiad* 46.21.

19 Mae'r ffigurau hyn yn cynrychioli geiriau cyfansawdd rhywiog a hefyd
    rhai afrywiog, gan gynnwys ffurfiau a rhif yn elfen gyntaf megis *unnos*,
    ond nid geiriau a luniwyd trwy ychwanegu un neu ragor o ragddodiaid,
    megis *annisyml* a *diymwad* (gw. pen. 6).

20 Seilir y ffigurau ar y llinellau darllenadwy yn unig, a'r tebyg yw y
    byddai'r cyfartaledd hyd yn oed yn uwch petai'r testun yn gyflawn.

21 Yn ogystal â'r rhai a ddyfynnir cymharer cerddi 37, 40, 83, 86, 87,
    91, 97, 99, 102, 103, 106, 111, 115, 123, 127, 132, 145.

22 E.e. *Breudwyt Maxen Wledic*, ed. Brynley F. Roberts, ll. 60.

23 GPC s.v. *gwinfaeth* a n. 9 uchod.

24 Gw. y cyfeiriadau yn y nodiadau ar y gerdd ar DG.net, a chyferbynner
    cerdd 76 lle'r enwir yr ysgyfarnog yn y llinell gyntaf.

25 Gw. GPC d.g. *pengrych*.

8 Meysydd

1 Cymh. 'Marwnad Angharad', lle sonnir am y *cyfluniad diwael o ddawn
. . . a rhad* a roddasai Duw iddi (9.39–40); *Gras dawn oedd gan Grist o
nef* (41.22); ac am Santes Dwynwen: *Dangos o'th radau dawngoeth* (48.45).
Gw. ymhellach y drafodaeth ar *rhad a gras* uchod.

2 Cymh. ymateb y bardd pan welodd ei gysgod: *A chroesi rhag echrysaint
/ Y corff mau â swynau saint* (63.9–10), a hefyd *croesi* fel bendith ar yr
iwrch (46.50).

3 Cofier fod *dioer* hefyd yn llw crefyddol yn wreiddiol (< 'Duw a ŵyr'),
gw. pen. 4.

4 Am enghreifftiau eraill o lwon crefyddol gw. 35.11, 30, 36.27, 44,
41.18–20, 54.12, 67.14, 70.34, 93.14, 97.27, 117.13, 140.23–4.

5 Ar y cyfarchiad gwenieithus i Forfudd, *fy nghrair diweirbwyll* (98.11),
gw. pen. 2.

6 Dwy enghraifft o *eglwys* sydd yng ngwaith Dafydd, un fel y lle priodol
ar gyfer pader (148.69), a'r llall yn 'Y Fiaren' (56.30, gw. dyfyniad
uchod).

7 Cymh. *Awn, awn, anant ein ynys, / fry i Lan Ymddyfri lys* (GLGC
24.1–2).

8 Yn y côr yr oedd beddau Gruffudd ab Adda a Gruffudd Gryg yn ôl y
marwnadau iddynt (21.38, 22.38, 42), delw Santes Dwynwen (48.2)
a lleianod Llanllugan (43.20, 28, 30), ac mae'r gair hefyd yn ddelwedd
am dref Niwbwrch (18.23).

9 Cymh. 40.40 a 71.16 lle ceir *er* gydag enw.

10 Cymh. 7.9 am neuadd Ieuan Llwyd, ac *Owein*, ed. R. L. Thomson,
ll. 11 lle mae'r brenin Arthur yn eistedd *ar demyl o invrwyn*.

11 Y gog sy'n canu'r gloch osber yn 'Yr Haf' (34.21–4). Cymh. y ddelwedd
o'r coed fel *clochdy* yn 'Gwahodd Dyddgu' (88.26). Mae clochyddes
Llanllugan yn un o dargedau'r llatai yn 'Cyrchu Lleian' (43.30).

12 Cymh. *Gwir Fab Mair, gair o gariad* (4.53), a gw. hefyd 1.158. Parthed
nwyf, cofier fod y Ffrangeg *joie* yn gallu cyfeirio at gyfathrach rywiol
mewn llên serch canoloesol.

13 Sylwer ar y dyfyniad o fuchedd Beuno yn Llyfr yr Ancr lle defnyddir
caniadaeth am fawl i Dduw yn y nefoedd, gw. GPC d.g. a *Buchedd
Beuno*, ed. Sims-Williams, 22.3.

14 Cymh. 48.49, 61.37, 95.39, 97.53, 106.14, 143.2.

15 Cymh. 36.11–14 lle nad oes delweddaeth grefyddol (oni bai fod
cwcyllwyd yn awgrymu penwisg mynach).

16 Cymh. 4.27 am yr Apostol Iago, 50.43 am y seren a roddir i gysgu
gan Grist a 73.69 am weddi (ac yn odli â Iesu). Ond defnyddir *cu* hefyd

am ferched, e.e. 92.6 am Ddyddgu (yn ddigon priodol gan mai dyna ail elfen ei henw).

17 Sylwer ar ddyfyniad cyntaf GPC o *Frut y Tywysogion* am *y kantoryeit i wassnaethu duw a dewi.*

18 Yn y testun golygedig trinnir *Celi* fel enw ar Dduw, ond gwell efallai, o gofio'r tarddiad o'r Lladin *coeli* 'nefoedd', fyddai ei ddeall yma fel y ffurfafen neu'r nefoedd. Cymh. *Cannaid yr uchel geli* am y seren (50.23).

19 Ceir *miragl* am harddwch merch yn 139.17.

20 Sylwer hefyd ar y geiriau cyfansawdd *rhadlawn* 'hael, llawn bendith' (86.9, 105.39), *rhadlon* 'graslon' am lef yr ehedydd (44.5), *rhadfaith* 'llawn gras' am Angharad (9.35) a *rhadrwy* 'digonedd o roddion' (59.39).

21 Gw. ymhellach Dafydd Johnston, 'Paradwys Dafydd ap Gwilym'.

22 Cymh. *Edn glwys ei baradwyslef* am Gruffudd Gryg (22.61).

23 Cymh. 'Marwnad Llywelyn Goch' gan Iolo Goch lle honnir bod y bardd wedi mynd i Baradwys i brydu i Fair (GIG XXII.15–16 a 101–2). Mae Paradwys yn gyfystyr â'r nefoedd yma, cymh. DG.net 148.70.

24 Yr esiamplau cynharaf, efallai, yw'r tair ym muchedd Dewi Sant, yn yr ystyr dawn a roddir gan Dduw a hefyd gweddi cyn pryd bwyd (BD 12.1, 13.18, 14.14). Cymh. yr enghraifft yn *Hystoria Lucidar* (LlA 66) lle mae'n cyfieithu'r Lladin *gratia* am rinweddau blodau.

25 Sylwer ar y cyfuniad *pechawd fethlgnawd* yn 48.22 a 97.47.

26 Un enghraifft o'r enw *urdd* ei hun a geir gan Ddafydd, a hynny yng nghyd-destun barddoniaeth yn yr ymryson, 30.16, ond fe'i ceir fel ansoddair yn y radd eithaf am Grist, *Gun urdda'* (2.25).

27 Sylwer bod *urddas* yn cyfieithu'r Ll. *ordo* yn rhai o'r enghreifftiau a ddyfynnir yn GPC.

28 Noder hefyd y gair cyfansawdd *urddasreg* am wallt Morfudd (114.25).

29 Gw. GPC dan yr ymadrodd *marchog urddol* am enghreifftiau o chwedl *Historia Peredur* a thestunau eraill.

30 Ar y termau cyfatebol yng ngherddi Beirdd y Tywysogion gw. Rhian Andrews, 'The nomenclature of kingship in Welsh court poetry 1100–1300'.

31 Fel hyn y'i diffinnir yn y gramadeg barddol: *Arglwyd, megys brenhin, neu amerawdyr, neu dywyssawc, neu yarll, neu varwn, neu bennaeth arall* (GP 56).

32 *Tri ryw dyn yssyd: brenhin, a breyr, a bilaen* (LlB 5.12). Hwn yw'r term yn y fersiwn deheuol o'r gramadeg barddol yn Llyfr Coch Hergest (copi efallai o gynsail ym meddiant teulu Glyn Aeron, gw. pen. 2) sy'n cyfateb i *uchelwr* yn fersiwn gogleddol Peniarth 20 (GP 16 a 56).

[33] Dengys enghraifft ym marwnad Iolo Goch i Dudur Fychan o Fôn, *frehyrion fro* (GIG IV.53), nad oedd y term *brëyr* yn gyfyngedig i'r de.

[34] Cymh. disgrifiad Iolo Goch o Owain Glyndŵr yng nghyd-destun llinach frenhinol Deheubarth, *Edling o hen genhedlaeth* (GIG VIII.59).

[35] Mae'n bosibl bod cyfeiriad at ddihareb yn 112.32, a sylwer ar y defnydd o *gwledig* mewn dwy ddihareb, gw. Andrews, 'The nomenclature of kingship', 94.

[36] Er bod *tywysog* yn gyffredin mewn testunau rhyddiaith hanesyddol lle mae'n cyfateb i'r Lladin *princeps* a *dux*, mae'n gymharol brin yng nghanu llys Beirdd y Tywysogion, gw. Andrews, 'The nomenclature of kingship', 104–6.

[37] Tebyg mai'r enghreifftiau cynharaf o *iôn* yw'r un mewn cerdd o fawl i Dduw yn *Cysegrlan Fuchedd*, LlA 95, a dwy mewn awdl grefyddol gan Gasnodyn, GC 7.97 a 189. Am enghraifft o ieithwedd Beirdd y Tywysogion yn y maes hwn gw. y darn am Fadog ap Maredudd gan Gynddelw a ddyfynnir ym mhen. 1, lle ceir *gwledig, nen, rhwyf, mechdëyrn* a *peniadur*.

[38] Cymh. *bonheddfalch baun* (123.22) am gystadleuydd am gariad merch. Sylwer hefyd ar *dling* (< Ffrangeg *de ligne*) sy'n adleisio ail sillaf *edling* yn 6.133 (gw. pen. 5).

[39] Gw. TYP 6–7 lle dadleuir dros ddeall y gair yn nhriawd y 'Tri Hael' fel 'a term signifying a precise and recognised social status'. Cymh. y fformiwla *Arddwyreaf-i hael o hil* yn awdl Gwalchmai i Owain Gwynedd, CBT I, 8.1 ac ati, a aralleirir fel 'Clodforaf i un ucheldras o hil'.

[40] Cymh. 14.26 lle mae *hael* yn dilyn *o hil goreuwawr*.

[41] Cymh. 32.9–10 a ddyfynnir fel esiampl o *hylaw* ym mhen. 6, a noder hefyd yr haelioni ffôl a ddynodir gan *hael byrllofiawg* yn 102.18.

[42] Cymh. 86.9 am dad Dyddgu, lle mae *rhydd* yn cyflythrennu â *rhadlawn*. Tebyg mai *rhy* + **derch* yw etymoleg Rhydderch mewn gwirionedd, gw. GPC d.g. *ardderchog*.

[43] Cymh. 4.28, 12.35, 18.6, 19.22, 124.21, a *Wyneb y rhwydd-deb a'u rhoes* am y menig a roddodd Ifor Hael (16.38).

[44] Cymh. 96.19 am ei daith i garu.

[45] Cymh. 5.15 lle honnir bod Llywelyn yn siarad yn fwy gwylaidd na thaeog.

[46] Cymh. 76.27, 78.11, 93.12.

[47] Digwydd *mab aillt* yn fwy dilornus yn 'Gwahodd Dyddgu' (88.12).

[48] GC 11.28; mae'n debyg mai i ail hanner y bedwaredd ganrif ar ddeg y perthyn yr enghraifft mewn cerdd ddychan ddienw, GPB 8.44. Cywydd brud o'r bymthegfed ganrif yw ffynhonnell y dyfyniad cyntaf

yn GPC. Ceir *diwladaidd* mewn pennill enghreifftiol yn y gramadegau barddol, GEO Atodiad C 33 (gw. y dyfyniad ym mhen. 1).

49 Ceir yr un cyferbyniad mewn cerdd Ffrangeg gan Charles d'Orléans sy'n personoli'r haf yn *gentil* a'r gaeaf yn *villain*, gw. Huw M. Edwards, *Influences and Analogues*, t. 277.

50 *Ystoria Gereint Uab Erbin*, ed. R. L. Thomson, llau. 1354–5: *Pan deuaf o wneuthur negesseu o'r wlad*, lle gellir gweld cyferbyniad â'r dref yr â Geraint iddi yn nes ymlaen yn y darn. Efallai fod ystyr debyg i'w gweld yn nefydd Dafydd o'r lluosog *gwledydd* yn yr ymadroddion *merched y gwledydd* (91.9, 138.1) a *cerdded y gwledydd* (79.7). Ar *gwlad* yn y llyfrau cyfraith (Lladin *patria*), y diriogaeth sy'n cynnwys y *llys*, gw. Robin Chapman Stacey, *Law and the Imagination in Medieval Wales*, t. 56.

51 Mae enghraifft bosibl yn 'Y Fedwen' Gruffudd ab Adda, *gul oerni gwlad* (OBWV 92), er nad yw'n glir sut mae hynny'n cyd-fynd â'r cyferbyniad rhwng gwlad a thref yn y gerdd.

52 Defnyddid *paysan* fel ansoddair 'rustic, stupid' yn y drydedd ganrif ar ddeg, gw. OED d.g. *peasant* ac *Anglo-Norman Dictionary* d.g. *paisant*.

53 Mae *caredig* yn disgrifio'r personoliad o fis Mai yn 33.8 (gw. dyfyniad uchod yn y drafodaeth ar *urddedig*). Cymh. 26.6, 56.11, 95.28.

54 Ceir yr enw yn yr ystyr 'cwmni' yn 49.13.

55 PKM 23.10; defnyddir y gair yn yr un modd ddwywaith eto yn nes ymlaen yn y chwedl, 25.3–4 a 26.21–2.

56 Datblygodd ystyr fodern y Saesneg *gentle* yn ddiweddarach na'r bedwaredd ganrif ar ddeg, ac nid yw'n berthnasol i'r defnydd o'r gair gan Chaucer, gw. Simon Horobin, *Chaucer's Language*, tt. 5–6.

57 *Eiryf gwr mwyn a uyd arnaw gan y marchawc* (*Historia Peredur* 14.29–30), ac enghraifft arall o *gwr mwyn* yn nhestun y Llyfr Coch o chwedl Peredur, RM 202, sy'n cyfateb i *gwrda* yn y Llyfr Gwyn (*Historia Peredur* 19.4); cymh. *Ystoria Gereint*, ll. 1370, *Ystoryaeu Seint Greal*, gol. Thomas Jones, llau. 998–9 a GG.net 55.13–14: *Mae yno i ddyn mwyn a ddêl / Fwrdd a chwpwrdd a chapel*. Tebyg mai defnydd dysgedig yw'r ymadrodd *gwŷr mwynion* mewn llythyr gan William Morris, ML i, 167.

58 32.2, 12, 48, 38.33, 39.14, 36, 55.47, 88.22, 113.22.

59 32.4, 46.

60 4.16, 28.53, 32.20, 22, 45.20, 51.32, 54.53–4, 80.33, 83.30, 86.26, 92.4, 94.9, 95.18, 24, 100.18, 124.52, 125.19, 126.12, 128.2, 24, 134.37, 139.30, 142.30, 148.39, 151.36.

61 38.29, 40.8, 44.32, 45.29, 67.34, 134.39.

62 56.2, 20, 133.39, 137.5.

63 Ceir 24 o enghreifftiau yng ngherddi Dafydd; sylwer yn arbennig ar y cyfuniad cynganeddol â *cyweithas* yn 4.32 a 72.17, ac ar y cyferbyniad

rhwng *y ferch goeth* a *Duw gwiwgoeth* yn 137.21–2. Ar yr ansoddair *disyml* yn dynodi natur goeth a soffistigedig merched bonheddig cariadus gw. pen. 6.

[64] 32.20, 83.30, 95.24, 128.24.

[65] *Gweledigaetheu Y Bardd Cwsc*, gol. J. Morris Jones, t. 69.

[66] Ar yr amwysedd rhwng yr ansoddair a'r enw 'cyfoeth' gw. pen. 10.

[67] Mae'r enw personol *hoewgi* yn nhestun A y *Gododdin* yn cyfateb i *bleidgi* (*blaidd* + *ci*) yn nhestun B (CA llau 266 a 275). Defnyddir *hoyw* a *gohoyw* am geffylau yn 'Trioedd y Meirch' (TYP 103, 111) ac mewn barddoniaeth (e.e. GC 5.8, 11). Ar etymoleg a hanes cynnar y gair gw. ymhellach Dafydd Johnston, 'Welsh *hoyw*: a case study in language contact'.

[68] E.e. Iorwerth Fychan, CBT VII, 30.21, 29.14, a phenillion enghreifftiol yn y gramadegau barddol, GEO Atodiad C 11.3, 12.1.

[69] Sonnir yn *Troilus and Criseyde* am 'A lay of love that made hire herte fressh and gay', a dywed Gwraig Caerfaddon am un o'i gwŷr: 'But in oure bed he was so fressh and gay . . . whan that he wolde han my bele chose' (*The Riverside Chaucer*, ed. Larry D. Benson, t. 502 (llau 921–2) a 112 (llau 508–10). Nododd Paul Zumthor, *Essai de poétique médiévale*, t. 248, fod *gai* yn air prin yng nghanu llys Ffrangeg y ddeuddegfed ganrif, a'i fod yn perthyn i ieithwedd boblogaidd canu telynegol yr Oesoedd Canol diweddar. Dyfynnir enghraifft o waith Colin Muset, 'son cors tenir plus gai', gan Helen Fulton, *Dafydd ap Gwilym and the European Context*, t. 56. Cymh. hefyd y delyneg Saesneg 'Blow, Northerne Wind' lle disgrifir y ferch yn *gay* a *gentil*, *Harley Lyrics*, ed. G. L. Brook, 14.40–1.

[70] Roedd Iolo Goch yr un mor hoff o'r gair, gyda 35 o enghreifftiau mewn corff tipyn llai o gerddi, gan gynnwys un yn cyfeirio at Ddafydd ap Gwilym ei hun yn ei farwnad iddo, *Hoyw o ddyn pe hwy fai'i ddydd* (GIG XXI.2).

[71] GLlGMH 12.1–2. Ceir enghraifft arall o *hoywfardd* yn DG.net 97.39.

[72] Honnodd Gwyn Thomas ei fod yn rhannol gyfrifol am y datblygiad newydd hwn, *Dafydd ap Gwilym: Y Gŵr sydd yn ei Gerddi*, t. 16.

[73] Fersiynau eraill o'r un ddihareb yw *medwl serchawc syberw vyd* (*Early Welsh Gnomic Poems*, ed. Kenneth Jackson, VI 27c) a *Golwg serchawc syberw vyd* (*Diarhebion Llyfr Coch Hergest*, gol. Richard Glyn Roberts, t. 18); cymh. hefyd *Na uid ieuangc serchauc syberv warruy* (LlDC 17.137).

[74] Cymh. *Nid gwas . . . llwfr wyf ar waith llyfr Ofydd* (72.19–20, gw. y dyfyniad ym mhen. 2).

[75] Gw. Sara Elin Roberts, 'Dafydd ap Gwilym, ei ewythr a'r gyfraith'. Ar y gyfraith fel thema yng ngherddi Beirdd yr Uchelwyr gw. R. Gwynedd

Parry, *Y Gyfraith yn ein Llên*, pen. 3, a tt. 49–54 ar gerddi Dafydd ap Gwilym.

76 Gw. hefyd y drafodaeth ar *awdliaith ddysgraith* (84.13) ym mhen. 2.

77 Ar yr eirfa gyfreithiol Saesneg yn 'Cywydd y Gal' (85) gw. pen. 5.

78 Gw. Stacey, *Law and the Imagination*, tt. 188–9.

79 Yn 108.11 mae *diddim* yn disgrifio cariad di-fudd, a llw diwerth yn 141.15.

80 Cymh. *dlyy* 135.45, *dlywn* 116.34 a'r ffurf 3ydd un. *dyly* 4.16, 19.4, 87.13, 99.54.

81 Yn ogystal â'r enghreifftiau a drafodir yma, noder yr ymadrodd cyfreithiol *gweli tafawd* (6.125), yn llythrennol 'clwyf tafod' ac felly sarhad, enllib.

82 Yr iawndal a olygir yn 103.15, *Herwr glân heb alanas*, h.y. heb gefnogaeth gyfreithiol.

83 Gw. LIB 33 a Sara Elin Roberts, '*Tri dygyngoll cenedl*: the development of a triad', ac *eadem*, 'Dafydd ap Gwilym, ei ewythr a'r gyfraith', 106–7.

84 Awgryma'r ymadrodd *cyllell faelereg* (6.82) fod y llofrudd wedi ei gyflogi.

85 Ceir *maer* eto yn yr ystyr stiward yn gofalu am eiddo yn 13.8 lle mae'n cyfleu perthynas y bardd ag Ifor Hael.

86 GGDT cerdd 5; cymh. awdl gan Hywel ab Einion Lygliw yn cyhuddo merch o ddwyn ei gwsg, GGLl cerdd 1.

87 Ceir *ynad* hefyd am Ifor Hael (16.37) ac am un o hynafiaid merch ddienw (124.45).

88 Gw. R. Geraint Gruffydd, 'A glimpse of Welsh medieval court procedure in a poem by Dafydd ap Gwilym'.

89 Cymh. disgrifiad Gruffudd ab Adda o Lanidloes: *I dref o gyfnewid rwydd* (OBWV t. 90).

90 Cymh. *ocr* < Saesneg Canol *oker* 'usuriaeth' am serch yn 136.8, ac am enghraifft arall gw. y dyfyniad o Lyfr yr Ancr wrth n. 92 isod.

91 Noder hefyd y ferf *trafaelu* 'teithio (at ddibenion masnach)' am weithgaredd Ifor Hael (15.9–10).

92 LlA 40 (diweddarwyd yr atalnodi a rhannu geiriau).

93 Ceir *burdais* (< Saesneg Canol *burgeis*) am y mwdwl gwair yn 66.24.

94 Hon yw'r unig enghraifft ysgrifenedig yn GPC d.g. *hwcster*, ond nodir ei fod ar lafar yn y de am rywun sy'n prynu ymenyn ac wyau o'r ffermydd i'w hailwerthu.

95 Yr unig dro y defnyddir *prynu* yn gadarnhaol gan Ddafydd yw lle mae'r brawd llwyd yn sôn am Dduw'n prynu enaid dyn (148.28), sy'n ddefnydd ffigurol heb gynodiadau ariannol.

96 Mae *drud* yn rhan o batrwm o amwysedd yn y gerdd, gw. pen. 10.

[97] Cymh. 123.10, a *geubrid* am y tâl a gâi peintiwr am ei waith, sef punt (138.27–8).

[98] Cymh. 104.25, *heb gael proffid prudd*, am ei berthynas â Morfudd.

[99] Cymh. 56.19, 58.12, 65.29, 96.51, 97.13, 107.2, 112.39.

[100] Ceir *ceiniogau* yn ddelwedd am glustiau (61.10) ac am dethau merch (38.50). Ar y termau benthyg am arian bath gw. pen. 5.

[101] Gw. Nicolas Jacobs, 'Geirfa diota Dafydd: GDG 132, 1–6 *gildio*, *golden ladin*', lle nodir hefyd y posibilrwydd o ddylanwad gan y gair Llychlynneg *gildi* 'gwledd', a fyddai'n esbonio'r cyswllt penodol â diodydd a welir yn yr enghreifftiau o *gildio¹* a nodir yn GPC.

[102] Ceir *gild* yn yr ystyr honno yn 'Y Sêr', gwaith Llywelyn Goch ap Meurig Hen yn ôl pob tebyg, gw. Huw Meirion Edwards, 'Ar drywydd y Cywyddwyr cynnar: Golwg Newydd ar Gywydd y Sêr', 13 (ll. 78). Er na nodir enghraifft o *gildio* 'goreuro' yn GPC cyn y ddeunawfed ganrif, mae'r ferf honno'n hollol bosibl yma hefyd. Cymh. *goldyn* 'darn o aur' am y seren, 50.36.

[103] Cymh. *paement* am dref Niwbwrch, 18.19.

[104] Defnyddir *swllt* am nawdd Ifor Hael yn 13.13.

[105] Cymh. 44.7, 76.37, 82.9, 108.30.

[106] Ceir *lliwydd* yn Llyfr yr Ancr yn cyfieithu'r Lladin *pictor*, gw. GPC d.g.

[107] Cymh. 20.25–8 a 43 am Fadog Benfras, gw. pen. 2 a thrafodaeth Morgan T. Davies, 'Dafydd ap Gwilym and the Metaphorics of Carpentry', lle nodir, er bod y trosiad yn gyffredin mewn testunau clasurol a chanoloesol, nad oes enghraifft bendant ohono yn y Gymraeg cyn amser Dafydd (69). Ond sylwer ar y defnydd o drosiad yr adeilad yn y rhagymadrodd i'r cyfieithiad Cymraeg o'r *Elucidarium* yn Llyfr yr Ancr (LlA 2) a nodir gan Davies, 'Dafydd ap Gwilym and the Metaphorics of Carpentry', 77. Mae'r *trwyddew* (ebill) a'r *mynawyd* yn ddelweddau eilradd yn 'Y Gwayw' (127.32 a 33), ac mae *tobren* yn ddelwedd am y gal (85.33).

[108] Cymh. 38.37–40, 88.17–26.

[109] Mae lle i gredu bod *eurych* wedi magu'r ystyr negyddol 'tincer' yn gynnar, fel y dengys yr enghreifftiau yn adran b GPC, ond nid oes arlliw o'r ystyr honno yn nefnydd Dafydd o'r gair. Cymh. GMBen 1.2 lle cyfeiria Madog Benfras ato'i hun fel *eurych* clod Myfanwy.

[110] Ceir yr un gair am y lleuad yn 58.23.

[111] Ar *crwydr* yn disgrifio tarian gw. Jenny Day, 'Shields in Welsh Poetry up to *c*.1300: Decoration, Shape and Significance'.

[112] Gw. Jenny Day, '*Llachar fy nghleddau, lluch ydd ardwy–glew*: Rhai Agweddau ar Ddelweddaeth y Cleddyf ym Marddoniaeth yr Oesoedd

Canol', *Dwned*, 23 (2017), 41–77. Noder hefyd 71.27 a ddyfynnir ym mhen. 2 fel esiampl o gynghanedd sain ddwbl ac ieithwedd draddodiadol.

[113] Ceir yr un defnydd alegorïaidd o'r castell yn Ffrangeg yn *Le Roman de la Rose* a chan Guillaume de Machaut, gw. Edwards, *Influences and Analogues*, tt. 221–5.

[114] Ceir *arblastr* a *bwa* yn ddelwedd am Gruffudd Gryg yn 30.1–2 am ei fod yn saethu at bob nod yn ddiamcan, ac yn nes ymlaen yn yr un gerdd fe'i gelwir yn *gwufr*, sef cawell saethau (30.47, cymh. 132.19).

[115] *Welsh Walter of Henley*, ed. Alexander Falileyev.

[116] Gw. Edwards, *Influences and Analogues*, tt. 183–5.

[117] Braidd yn wahanol yw ergyd aredig yn 118.19–26, lle mae'r gŵr sy'n aredig â dau bâr o ychen am yn ail yn gyffelybiaeth am anwadalrwydd Morfudd (er bod sôn yn y fan honno am aredig grudd y bardd).

[118] Gw. GPC d.g. *gosymdaith*.

[119] Cymh. 99.13–16 am hau clod Morfudd, a'r trosiad *hëwr dail* am y gwynt (47.44).

[120] Cymh. 75.63 am yr ofn sy'n deillio o gariad, a 83.38 lle mae mawl yn ffrwyth cusan.

9   Y Synhwyrau a'r Meddwl

[1] Gw. Heather Webb, *The Medieval Heart*, yn enwedig pen. 2, 'The Porous Heart'.

[2] CBT VII, 33.25. Ar y pum synnwyr yn yr Oesoedd Canol gw. Jack Hartnell, *Medieval Bodies*, tt. 53–80; ar eu lle yn theori lenyddol y cyfnod, a'r dychymyg fel dolen gyswllt rhwng y synhwyrau a'r deall, gw. Vincent Gillespie, 'The senses in literature: The textures of perception'.

[3] Sylwer bod llawer mwy o bwyslais ar flas yn y tri chywydd am gusan gan Ddafydd ap Edmwnd, GDE XXVI–VIII.

[4] Rwy'n ddiolchgar i Dr Bleddyn Owen Huws am dynnu fy sylw at y nodwedd hon ar 'Trafferth mewn Tafarn'.

[5] Canfod y ferch a wnaeth yr adroddwr yn 'Trafferth mewn Tafarn' (73.7), cymh. 139.9–11 lle ceir y ffurf orffennol *cannwyf* yn ogystal â'r berfenw, y ffurf bresennol *cennyw* yn 83.27 ac *arganfod* yn 65.5. Defnyddir *synio* am y weithred o graffu yn y drych yn 132.3.

[6] Deellir *disgwyl* fel 'edrych' yma (ystyr sy'n dal yn gyffredin yn y de), er mai 'aros' yw cynnig aralleiriad DG.net. Cymh. 50.30, 112.11 a 137.41.

7   Am gyflwyniad defnyddiol i faes semantaidd lliwiau gw. Jessica
    Hemming, 'Pale horses and green dawns. Elusive colour terms in
    early Welsh heroic poetry'. Ar wahaniaethau rhwng y Gymraeg a'r
    Saesneg yn y cyfnod modern gw. Kevin J. Rottet a Steve Morris,
    Comparative Stylistics of Welsh and English, tt. 396–403.

8   Awgryma Hemming, 'Pale horses', 215, fod *gwyrdd* wedi dod i olygu
    lliw gwahanol i *glas* (sef 'green' yn benodol) tua dechrau'r bedwaredd
    ganrif ar ddeg.

9   Ar aeliau duon fel arwydd o natur anllad gw. y drafodaeth ar *merch
    aelddu* (73.24) ym mhen. 10.

10 Difyr yw nodi bod *du* yn disgrifio'r personoliad o gysgu (124.6) a hefyd
    anhunedd (90.29).

11 Gw. T. J. Morgan a Prys Morgan, *Welsh Surnames*, t. 151.

12 Cymh. *nid llwyd fy marf* yn 106.49.

13 Gellid gweld *gogam wddw* yr ŵydd (67.38) yn adlais o gyfenw ei dad,
    Gwilym Gam.

14 Gw. Hemming, 'Pale horses', 202–6 (ychwaneger yr enghraifft hon
    at yr ychydig a nodir yno), a chymh. GIG XIII.1 a 33.

15 Cymh. *lliw maroryn* am y llwynog (60.32).

16 Cymh. *Llywelyn, felyn filwr*, GPB 11.1 (dychan i'r bardd Llywelyn
    Goch o bosibl, gw. LlU 80), a *gwas difelyn gudynnau* mewn pennill
    enghreifftiol yn y gramadegau barddol, GEO Atodiad C 33 (gw. y
    dyfyniad ym mhen. 1).

17 Cymh. *Mihangel sy walltfelyn* yn 'Gwallt Llio' Dafydd Nanmor (OBWV,
    t. 153).

18 Cymh. *porffor ddillad* Myfanwy Fechan yn awdl serch Hywel ab Einion
    Lygliw, GGLl 1.64.

19 Defnyddir *braith* (ffurf fen. *brith*) yn fwy positif am furiau lliwiedig tref
    a llys yn 1.132 a 6.55.

20 Cymh. 1.77–8 (*y byddair a glyw yn gleuwymp*), 36.9, 38.22, 31, 39.30,
    98.9. Fe'i ceir hefyd yn yr ystyr 'sydyn' (sef 'clou' yn iaith y de heddiw)
    yn 54.51, 68.53, 85.34, 102.24 a 109.19.

21 Sylwer bod *bangaw* yn disgrifio'r gerdd y dylai bardd teulu ei chanu
    yn ystafell y frenhines yn ôl Cyfraith Hywel, gw. y dyfyniad o LlB
    25–6 yn GPC d.g. *bangaw*[1].

22 Gw. pen. 2 ar y sylwadau i'r gynulleidfa yn y cywydd hwn.

23 Dafydd Elis Thomas, 'Dafydd ap Gwilym y bardd', t. 91.

24 Cymh. PKM 47 am yr ysbaid yng Ngwales. Ni chynigir etymoleg ar
    gyfer *digrif/ digri* yn GPC, ond tybed ai *crai, cri* 'llym, trist' yw'r ail elfen?
    Sylwer ar y defnydd o *crai* am y meddwl yn 'Claf Abercuawg', *crei vym*

bryt (CLlH VI.11c). Ceir *crai* yn y gair cyfansawdd *oergrai* am Rys Meigen (31.58), cymh. CLlH XI.29, *Stauell Gyndylan ys oergrei heno*.

25 Cymh. 9.29, 15.51, 33.17, 38.7, 21, 39.1, 41.1, 53.13, 68.55, 82.12, 88.16, 123.36, 133.23, 33, a *digrifwch* 20.16, 22.28, 122.31, 148.49. Ffraethineb a awgrymir yn y defnydd am feirdd yn 19.58, 21.46, 22.8, ac efallai 82.12, a *digrifgall* am Rydderch yn 10.36. Ond fe'i ceir yn cynganeddu â *deigr/ dagrau* yn 19.58, 38.21 a 123.36.

26 Cymh. 83.13 am gusan, *chwarddwr* am y gwynt (47.45), *chwerddid* 108.23 sy'n adleisio englyn yn y gramadeg barddol, ac yn negyddol 22.27-8.

27 CBT III, 28.7-8. Cymh. *Neu chyfyd ynof cof i'm coddi* (CBT III, 21.39).

28 CBT III, 5.131.

29 CBT II, 11.7-8.

30 CBT VII, 29.1-2. Nodwyd dylanwad tebygol Iorwerth Fychan ar Ddafydd ym mhen. 1.

31 CBT VII, 30.29.

32 GGDT 4.15.

33 Ceir meddwdod yn drosiad am gyflwr meddyliol y carwr gan Ddafydd yn 70.22, 28, 93.49-50, 99.12 a 131.32.

34 GC 6.17-20.

35 Gw. Hartnell, *Medieval Bodies*, t. 135, a Webb, *The Medieval Heart*, tt. 19-26. Ar y galon fel lleoliad y cof gw. Mary Carruthers, *The Book of Memory*, tt. 59-60.

36 Cymerir mai cur pen corfforol a olygir yn 119.4, *Mae gwayw i'm pen am wen wiw*. Ni ddigwydd y gair *ymennydd* yng ngwaith Dafydd o gwbl.

37 PKM 1. Cymh. *y uryt ef a'e uedvl oed vrth urenhynaeth* (*Brut Dingestow*, t. 72).

38 Yn ogystal â'r tair enghraifft a ddyfynnir, fe'i ceir yn 12.39 a 16.31. Ceir enghraifft mewn cywydd o waith Sypyn Cyfeiliog, GDBMW 6.2, ond sylwer mai i Lywelyn ab y Moel y priodolir y cywydd yn y llawysgrifau.

39 Yn anffodus mae llinell olaf yr englyn yn annarllenadwy yn y llawysgrif.

40 Ni ddigwydd y gair *syniad* gan Ddafydd, ond fe geir y ferf *synio* 'ystyried, craffu' yn 68.47 a 132.3. Yn yr unig enghraifft o *syniad* o'r bedwaredd ganrif ar ddeg a nodir yn GPC, o awdl serch Hywel ab Einion Lygliw, GGLl 1.60, mae'n debyg mai'r weithred o syllu a olygir (cymh. *edrychiad* yn ll. 50 o'r un gerdd).

41 Cymh. 80.25, 97.32, 98.43.

42 Cymh. 102.8 (gw. y drafodaeth ar y galon uchod), 120.4 a 124.9.

43 Ffurf arferol y berfenw yw *meddylio/-aw* (115.13, 149.1), a cheir ffurfiau rhediadol yn 10.3, 70.29, 100.31 a 116.43.

44 Ceir 49 o enghreifftiau, gan gynnwys y lluosog *cofion* (54.9, 101.7) a'r gair cyfansawdd *gwangof* (110.19). Digwydd *bryd* 35 o weithiau, a *meddwl/meddyliau* 18. Ni chofnodwyd y ferf *cofio* tan Testament Newydd 1567, ond ceir *cofiad* gan Ddafydd (138.23) a chywyddwyr eraill. *Coffa/ coffáu* (87.18, 116.18) oedd y ferf mewn Cymraeg Canol, a defnyddid ymadroddion fel *kadw yn gofawdyr* (LlB 47.9–10).

45 E.e. 9.2, 115.5, ac efallai *ceiniogau cof* am y clustiau yn 61.10.

46 Cymh. *cadwynwyd cof* (131.43).

47 Gw. Carruthers, *The Book of Memory*, tt. 1–4, a chymh. 115.5–6 lle lleolir bwriad yn y cof.

48 Cymh. 26.4, 30.10 (er bod union ergyd yr ail yn aneglur), a gw. Morgan T. Davies, 'Dafydd ap Gwilym and the Metaphorics of Carpentry', 80–1, lle ystyrir hefyd y posibilrwydd (llai tebygol) mai profiad personol o garu yn y goedwig a olygir. Peth gwahanol yw 'Tri Chof Ynys Prydain', teitl traethawd o gyfnod y Dadeni am yr wybodaeth angenrheidiol i fardd, gw. LlU 28.

49 Cymh. *cof awdl* (75.43) am darddle'r meddwl serchus yn 'Serch fel Ysgyfarnog'.

50 Cymh. 6.91 lle ceir *cyngyd* eto yn yr un cyd-destun â *cof.*

51 CBT VII, 28.21–2.

52 Ceir *myfyrdawd* gan Gasnodyn am y meddyliau a ysgogir gan ganeuon yr adar (GC 6.34) ac yn y gramadeg barddol am y cof sydd angen i adrodd cerdd yn gywir (GP 18).

53 Cymh. hefyd *myfyr ieithydd* am y brithyll yn un o gerddi'r apocryffa, DG.net 160.1.

54 Ar y gred bod cathod yn eiddo i'r diafol gw. pen 4.

55 Gw. Webb, *The Medieval Heart*, t. 21.

56 Ceir *synhwyrawl* yn Llyfr yr Ancr am Iesu Grist, *yn dyn perfeith o eneit synnhwyrawl*, gw. GPC d.g. *synhwyrol.*

57 Cymh. 15.17 a 46.30.

58 Sylwer ar *rhygall edrych* am leidr yn 112.10.

59 Cymh. 20.18 am y bardd Madog Benfras, *doethwas* yn 21.20 am y bardd Gruffudd ab Adda, a *doeth* a *doethlef* am fydr yn 135.64 a 19.31.

60 CLlH XI.19c

61 Cymh. yr ansoddair cyfansawdd *pwyllwastad* am Angharad yn 9.41.

62 Ar amwysedd *cymen* gw. pen. 10.

63 *Pwyll pŵl* sydd gan y Gŵr Eiddig yn 116.15, a *pwyll bas* sydd gan y bardd yn ôl ei gariad yn 'Y Wawr' (69.34).

64 Dyfynnwyd uchod yr enghraifft gynharaf o *gorffwyll* o awdl serch gan
Iorwerth Fychan (CBT VII, 30.23). Ar *dibwyll* (124.15) gw. pen. 6.

65 Cymh. 28.10, 73.12 (gw. pen. 10), 47, ac efallai 131.29.
Sylwer hefyd
ar y dyfyniad o destun cyfraith Llyfr Colan yn GPC: *sef ev drut, dyn
enuyt.*

66 Ceir enghraifft o *annoeth* yn yr ystyr 'gwallgof' yn y darn o *Gynghorau
Catwn* a ddyfynnir isod.

67 Ymhlith yr esiamplau o ddefnydd *ynfyd* yn yr iaith lafar a nodir yn
GPC y mae'r ystyr 'dros ei ben mewn cariad'. Ceir enghraifft mewn
pennill enghreifftiol yn y gramadeg barddol a ddyfynnir ym mhen. 1
(n. 47).

68 Yn ôl GPC mae'r gair *hort* a welir yn ail ran y llinell hon yn fenthyciad
o ffurf amrywiol ar yr enw *hurt.*

69 B ii (1923), 24. Cerdd a gambriodolwyd i Iolo Goch ac sy'n debyg o
fod yn perthyn i ail hanner y bymthegfed ganrif yw ffynhonnell y
dyfyniad cyntaf yn GPC.

70 *Gwaith Dafydd ab Edmwnd*, gol. Thomas Roberts, t. 1 (diweddarwyd
yr orgraff a'r atalnodi).

71 GDLl 41.43.

72 Mae'n debyg mai gair cyfansawdd ydyw, *hir* + *aeth* 'tristwch' (dau air
a geir yn gyfuniad llac gan Elidir Sais, CBT I, 17.7, os cywir y darlleniad),
fel yr awgrymir yn betrus yn GPC, er bod dylanwad o'r Saesneg *longing*
ar ystyr y gair yn ddiweddarach efallai.

73 CBT III, 5.95 ('Rhieingerdd Efa' gan Gynddelw), II, 6.68 ('Gorhoffedd'
Hywel ab Owain), 11.7 (a ddyfynnir uchod). Ceir y ffurf luosog
anghyffredin *hireythydd* gan Iorwerth Fychan, CBT VII, 30.55.

74 Cymh. 77.6 lle ceir cynghanedd rhwng *rhag* hiraeth a *cariad.*

10 Amwysedd

1 Giraldus Cambrensis, *Descriptio Cambriae*, Llyfr I, pennod xiv. Dyma
gyfieithiad Thomas Jones, *Gerallt Gymro: Hanes y Daith trwy Gymru,
Disgrifiad o Gymru*, tt. 190–1: 'Bydd gwŷr llys a theulu, er mwyn codi
chwerthin yn y bobl o'u hamgylch ac ennill iddynt eu hun ganmoliaeth
am eu hymadroddion, yn defnyddio llawer iawn o arabedd yn eu
hymddiddan: gollyngant, yn gynnil a chellweirus, ffraethebau neu
eiriau gogan, yn awr â thafod ysgafn, dro arall ag un frathog, tan rith
gair mwys neu ystyr ddyblyg, gyda gwahanol ddull o'u hadrodd, trwy
drawsgyflead a thrawsosodiad geiriau.'

² Ar bwysigrwydd mathau llenyddol fel canllaw i benderfynu ystyr mewn achosion o amwysedd damweiniol gw. y dyfyniad o'r gramadegau barddol isod wrth n. 34.

³ Gw. pen. 4 ar *min.*

⁴ GP 6 (cymh. 25 a 46). Gw. ymhellach y drafodaeth ar *amwys* yn Dafydd Johnston, 'Semantic Ambiguity in Dafydd ap Gwilym's "Trafferth mewn Tafarn"', 60, lle nodir y cyswllt posibl â'r Lladin *ambages,* term a geir gan Virgil (*Aeneid* 6.99) am broffwydoliaethau deublyg y Sybil, a chan Chaucer (*Troilus and Criseyde* 5.897), gw. Christopher Cannon, 'Chaucer's Style', t. 246.

⁵ Am gyflwyniad cryno i strwythuraeth ac ôl-strwythuraeth gw. erthyglau Heather Williams yn yr Esboniadur, *https://wici.porth.ac.uk/index.php/ Categori:Beirniadaeth_a_Theori* (cyrchwyd 8 Mai 2019). Ymdrinnir ag amwysedd o safbwynt Strwythurol gan R. M. Jones yn *Seiliau Beirniadaeth,* cyf. 3, tt. 387–411 (yn enwedig tt. 405–7).

⁶ Ar bwysigrwydd cyd-destun a pherthnasedd wrth wireddu amwysedd gan y darllenydd gw. Soon Peng Su, *Lexical Ambiguity in Poetry,* 52–5 a 61–90.

⁷ Gw. Frederick Ahl, *Metaformations: Soundplay and Wordplay in Ovid and Other Classical Poets.*

⁸ Ceir cyflwyniad i syniadau'r Oesoedd Canol am amwysedd gan John Chamberlin, *Medieval Arts Doctrines on Ambiguity and Their Place in Langland's Poetics.* Am safbwynt mwy sgeptigol sy'n bwrw amheuaeth ar lawer o'r amwysedd cudd a welir mewn testunau Saesneg Canol gan feirniaid modern, gw. y bennod ar 'word-play' yn N. F. Blake, *The English Language in Medieval Literature,* tt. 101–15.

⁹ Alwyn a Brinley Rees, *Celtic Heritage,* tt. 347–8. Ceir chwarae ar elfennau enw Dyddgu yn 89.1 a 90.13 (gw. y dyfyniadau ym mhen. 7), ac efallai fod chwarae ar ystyr enw Hywel yn 8.15, *Ni chêl i Hywel.*

¹⁰ Gw. Su, *Lexical Ambiguity in Poetry,* t. 2, a Jonathan Culler, 'The Call of the Phoneme', t. 26.

¹¹ Ar bwysigrwydd odl wrth gynhyrchu mwyseiriau gw. Debra Fried, 'Rhyme Puns'.

¹² Gw. John Chamberlin, *Medieval Arts Doctrines on Ambiguity,* tt. 20–1.

¹³ Ceir esiampl arall o'r un amwysedd, ychydig yn ddiweddarach, ym 'Marwnad Lleucu Llwyd' Llywelyn Goch ap Meurig Hen, GLlGMH 12.60, *I edrych a fynnych fedd.* A gellir gweld yr un chwarae geiriol yn y gair cyfansawdd *glasfedd* yn y *Gododdin,* CA llau 69 a 1053.

¹⁴ Cymh. y term *goferu* am 'enjambement' mewn barddoniaeth (er na cheir enghraifft ohono cyn y cyfnod modern).

15 Sylwer mai *iaith Ofydd* a geir mewn tair o'r llawysgrifau, darlleniad sydd efallai'n deillio o berfformiad llafar.

16 Awgrymwyd hyn gan Eurys Rowlands mewn erthygl gyfoethog ar amwysedd y gerdd, 'Cywydd Dafydd ap Gwilym i Fis Mai'. Gw. hefyd ei erthygl 'Morfudd fel yr Haul'. Am enghraifft fodern o'r un amwysedd gw. Jones, *Seiliau Beirniadaeth*, t. 402.

17 Cymh. 70.9. Roedd y *cwyn* hwn yn air prin ar ôl cyfnod Dafydd (efallai am ei fod yn rhy debyg i'r gair am 'complaint'), ond parhaodd yn y gair cyfansawdd *cwynos* 'swper'.

18 Cofier bod *cwyn* yn derm cyfreithiol hefyd, gw. pen. 8.

19 Eurys Rowlands oedd y cyntaf i dynnu sylw at hyn, gw. n. 16 uchod.

20 Gw. GMW 39 lle nodir esiamplau o ysgrifennu'r *h* mewn Cymraeg Canol.

21 Ffurf ar *goslef/gwoslef* 'tôn' yw *gwaslef*, ond gellid hefyd ei ddeall fel gair cyfansawdd, 'llef gwas', gan fod yr aderyn yn gwasanaethu'r bardd fel llatai.

22 Gw. Huw M. Edwards, *Influences and Analogues*, tt. 183–5.

23 E.e. yn chwedl Peredur, am farwolaeth y fam o hiraeth am ei mab: *y llamwys gwayw yndi hitheu, ac o hynny y bu varw* (*Historia Peredur* 21).

24 Gw. GPC am enghraifft mewn testun meddygol am boenau yn yr ymysgaroedd.

25 Mae Dafydd hefyd yn defnyddio *gwewyr* am waywffyn, ond eto'n ffigurol am bibonwy (54.40).

26 Ni ddylid gweld hyn yn ymosodiad ar ddulliau serch cwrtais fel y cyfryw, gan fod Gruffudd Gryg yn arddel yr un dulliau yn ei ganu serch ei hun, gw. trafodaeth Barry Lewis yn GGGr 8–19.

27 Cymh. *teml* a drafodir ym mhen. 8. Noder hefyd awgrym Dylan Foster Evans, '"Bardd arallwlad": Dafydd ap Gwilym a theori ôl-drefedig-aethol', fod hen ystyr *cyfarwydd*, sef chwedleuwr, yn berthnasol yn 59.15 (gan gyferbynnu â *bardd* yn llinell gyntaf y gerdd), yn ogystal â'r ystyr gyffredinol 'gwybodus'.

28 Gw. GPC d.g. *glân*. Gwelir yr ystyr grefyddol yn glir ym Marwysgafn Meilyr Brydydd lle gelwir Ynys Enlli yn *ynys glân y glain* (CBT I, 4.33), gan ddefnyddio'r ffurf luosog yn yr ystyr 'saint'.

29 CBT IV, 5.133 a 137.

30 Yr enghraifft gynharaf o'r defnydd hwn a nodir yn GPC yw un gan Ddafydd ab Edmwnd o'r bymthegfed ganrif. Dyma'r rhai sydd gan Ddafydd ap Gwilym: 72.40, 78.19, 83.50, 86.54, 92.11, 97.50, 123.55, 131.23 (*aeron glân* yn gyffelybiaeth am lygaid merch), 143.13 a *glanwaith* (56.3).

[31] Gw. y drafodaeth ar *ellyll* ym mhen. 4.

[32] Gw. pen. 9 ar ystyron *enaid* yng ngherddi Dafydd.

[33] Gw. MED d.g. *clene*, a sylwer ar yr enghraifft o Chwedlau Caergaint Chaucer, lle mae Gwraig Caerfaddon yn dweud am ei phumed gŵr: 'me thoughte he hadde a paire of legges and of feet so clene and faire'.

[34] GP 33–4 (testun Llanstephan 3).

[35] E.e. *rhyfawr* 'mawr iawn, aruthr' (CBT III, 3.131).

[36] Cadwyd enghreifftiau o'r ystyr gryfhaol mewn rhai diarhebion, e.e. 'Ny bu ry gu na bai ry gas' (Salesbury, *Oll Synnwyr Pen*). Cymh. y defnydd o *rhywyr* yn yr ystyr 'hen bryd' (gw. GPC).

[37] Cymh. *rhyloyw* yn 58.46.

[38] Sylwer hefyd fod *rhydeg* yn cynganeddu â *rhad a geidw* eto yn 40.9.

[39] Cymh. *teg reg rhag organ* am y ceiliog bronfraith (49.5), a *rheg deg daith* am y Grog o Gaer (1.128), a GIG V.39.

[40] Mae GPC yn cymharu datblygiad y gair Lladin cytras **prex* 'deisyfiad, gweddi; melltith'.

[41] Dylid nodi hefyd ddwy enghraifft, 22.58, 56.52, lle gwedda'r ystyr 'trist/mud', gw. GPC d.g. *mul²*.

[42] Gwelir yr ystyr gadarnhaol yn glir yn yr enghraifft hon o'r bedwaredd ganrif ar ddeg: 'Y cath a arwydoccai y rei mul, gwiryon, didrwc [Lladin *simplices*] . . . Reinyard gatno ynteu a arwydocai y kyfreithwyr enwir' (*Chwedlau Odo*, gol. Ifor Williams, t. 10).

[43] Cymh. 95.10, 123.32.

[44] Pen 14, 35 (*c.*1250), gw. *Cylchgrawn Llyfrgell Genedlaethol Cymru*, v (1947–8), 60.

[45] Gw. n. 42 uchod am enghraifft o drin *mul* a *gwirion* fel cyfystyron.

[46] GIF 37.17.

[47] Cymh. y drafodaeth ym mhen. 2 ar y sangiad *em eurfalch* yn 50.40.

[48] Cymh. datblygiad semantaidd cyfochrog *hael* a *generous* a drafodir ym mhen. 8.

[49] Ni welir yr ansoddair *cunning* yn yr ystyr 'sly' tan yr unfed ganrif ar bymtheg yn ôl yr OED, ond fe geir enghreifftiau o'r enw yn yr ystyr fodern o 1375 ymlaen, gw. MED d.g. *conninge*. Mae blas negyddol i ddefnydd Llywelyn Ddu ab y Pastard (un o gyfoeswyr Dafydd ap Gwilym) o *cyfrwys* oherwydd y cyswllt â thwyll: *Cyfrwys ei dadwys ar odidog dwyll* (GLlBH 19.61). Defnyddiodd Dafydd *rhygall* i gyfleu ystyr fodern *cyfrwys* yn 112.10 a 123.50.

[50] Cymh. *cymheniaith* am ferch ddauwynebog (80.39). Mae'r defnydd am sgiliau areithio'r ceiliog bronfraith yn gadarnhaol, ond sylwer mai ceisio brad y ferch yw nod y gennad (49.41–2). Mae'r enw haniaethol *cymhendod* yn gadarnhaol yn 4.9, ond 'haerllugrwydd' yw'r ystyr sy'n

gweddu orau yn 127.12. Ar amwysedd y gair *benw* yn 'Cyngor y Bioden' (36.35 a 46), gw. pen. 2.

51 Rachel Bromwich, *Selected Poems*, t. 57 (gan gyfeirio at *gwawdrydd* 111.57). Gw. hefyd t. 21 ar yr enghraifft yn 34.43, ond nid yw'r ystyr fodern yn briodol yn y fan honno.

52 Anghywir yw honiad Bromwich, *Selected Poems*, t. 57, fod yr ystyr 'dychan' yn bendant yn 28.48 a 60, gan fod 'cerdd' yn gwneud y tro'n iawn yn y ddau achos.

53 Mae amwysedd hefyd yn bosib yn 70.9 a 117.2.

54 Awgrymodd Blake, *The English Language in Medieval Literature*, t. 105, fod y defnydd o adroddwyr yn un o'r rhesymau am y cynnydd mewn amwysedd yn llenyddiaeth y bedwaredd ganrif ar ddeg.

55 *Tref* a ddefnyddir am Niwbwrch (18.2, 22, 25), a honnodd Dafydd nad elai o gartref Ifor Hael *i drefydd drwg* (14.19), sef lleoedd tebyg i'r un yn 'Trafferth mewn Tafarn' mae'n siŵr. Noder hefyd enwau fel Y Dref Newydd a Trefechan sy'n dyddio o'r bewaredd ganrif ar ddeg. Ar y llaw arall ceir *dinas* am Niwbwrch yn 18.29 a 74.39, felly mae'n debyg bod y derminoleg yn dal yn ansefydlog yn y maes hwn.

56 Gw. GPC d.g. *deholaf*.

57 Yn y teitl modern yn unig y ceir y gair *tafarn* (ond digwydd *trafferth* fel berf yn cyfeirio at y Saeson yn poeni am eu heiddo, 73.53).

58 Gw. GPC d.g. *rhiain*, a sylwer yn arbennig ar y dyfyniad o waith y Ficer Prichard lle mae'n gyfystyr â *llances* ac yn odli â *putain*. Ar gynodiadau traddodiadol y gair gw. Rhian Andrews, 'The nomenclature of kingship in Welsh court poetry 1100–1300, Part I', 91.

59 Mae'r un amwysedd yn berthnasol i enghreifftiau eraill o *gŵyl* am ferched yng ngherddi Dafydd, e.e. 69.5, 71.46, 87.26, 93.5, 105.28, 106.58, 111.6, 118.32, 120.4, 124.22, 50, 139.4.

60 Aeliau duon sydd gan Alisoun yn 'The Miller's Tale' gan Chaucer; gw. Bleddyn O. Huws, '"Drwg fydd tra awydd": Cywydd "Trafferth mewn Tafarn" Dafydd ap Gwilym a'r bregeth ganoloesol'.

61 Chwaraeir ar ddwy ystyr *enaid* yn 98.41 (gw. y dyfyniad uchod), ac mae *gwyn fy myd* yn cyfeirio at ferch yn 130.34.

62 Ceir 17 enghraifft o *dioer* yng ngherddi Dafydd, gw. y drafodaeth ar *lwon* ym mhen. 4.

63 Cymh. *Duw a ŵyr meddwl pob dyn* (50.2).

64 Cofier mai 'llanc' yw ystyr *mebyd* yma, nid 'bachgendod' fel yr arferid ei ddeall yn y llinell hon.

65 Cymh. 74.52 lle defnyddir *hy* am y ferch ddigywilydd a dywalltodd win am ben y gwas.

66 Cymh. sylw Siôn Cent am y byd: *Astud fod ystad fydawl / A ddwg lawer dyn i ddiawl* (IGE[2] t. 279).

67 Mae'r cyswllt rhwng hud a thwyll yn thematig yn 'Telynores Twyll' (135).

68 Cymh. *y sarasinieit a brynyssant y mab yn drut nyt amgen yr y petwar p6ys o eur coeth* (*Ystorya Bown de Hamtwn*, Pen 5, 250). Gw. pen. 8 ar *prid* mewn cyd-destun tebyg am gost gwin yn 74.25, gair cysylltiedig â thâl yn y cyfreithiau ac sydd wedi parhau yn nhafodieithoedd y de.

69 Enghraifft sy'n ategu defnydd yr adroddwr o'r gair yw'r un a ddyfynnir yn GPC o *Frut y Tywysogion* yn Llyfr Coch Hergest, *yd ymchoelawd gwilym adref yn orwac heb ennill dim.* Cyferbynner GGMD II, 3.74, *gwae ef ddyn gorwag a fag falchder.*

70 Cymh. *Edifar oedd ym garu / Anghywir ferch* (107.3–4).

71 Un o brif ystyron *gallant* yn ôl yr OED oedd 'gorgeous or showy in appearance, finely dressed'.

72 Cymh. 130.19–20 lle sonnir am lu o bobl yn edrych ar ferch *wych* mewn eglwys, a 132.6 am y drych yn dangos i'r bardd *nad wyf wych o wedd.*

73 Cymh. *Mae ynof . . . Enaid cath anwydog hen* (110.19–20).

74 Sylwer fod yr esiampl a roddir yn y 'Pum Llyfr Kerddwriaeth' o air *a dav ddyall ynthaw, vn at y moliant, ac vn at y gogan* yn troi ar gamglywed llafariad ddiacen yn y pâr *ardderchawg/ordderchawg* (GP 126).

75 Cymh. *O cheraist eiliw ewyn, / Lliw papir, oed hir hyd hyn* (148.21–2), a *mawroed yw'r mau* (52.53). Mae amwysedd tebyg yn bosibl rhwng y geiriau cyfansawdd *hoedran* ac *oedran* yn 101.24 (gw. pen. 2).

76 Ceir *lliwio* 'edliw' yn 63.39, ac mae'n bosibl bod enghraifft arall o amwysedd *lliw* yn yr englynion ansicr eu hawduraeth, 171.7–8.

77 Gw. Gilbert Ruddock, 'Rhagor o Eiriau Mwys?'.

78 GDG t. 508.

79 Gw. DG.net 128.35n, a chyfieithiad Gwyn Thomas, *Dafydd ap Gwilym: His Poems*, t. 167, a chymh. geiriau'r Cymro wrth y Saesnes yn 'Ymddiddan' Tudur Penllyn: *Pes meddwn, mi a roddwn rod, / myn dyn, er myned ynod* (CMOC 14.17–18).

80 Cymh. GLlGMH cerdd 4, awdl i'r ddau sy'n dechrau trwy chwarae ar enw cwmwd Anhuniog, gw. pen. 2, n. 39.

81 Gw. Cannon, 'Chaucer's Style', t. 247 (gan gyfeirio at E. T. Donaldson, *Speaking of Chaucer* (London, 1970), tt. 11–12): 'In these larger forms this structure has been described as a double point of view or "double vision" which results from the assembling of "incongruous and in-harmonious parts into an inseparable whole which is infinitely greater than its parts", and in this form it is understood, not as a phenomenon

of words or sentences only, but also of character, situation, and narrative shape.'

11 *Casgliadau*

1   Ceir *ffyrf* yn y *Gododdin*, CA ll. 75, ac yng nghanu mawl Beirdd y Tywysogion, e.e. *ffyrf dëyrn* CBT III, 6.144.

2   Gw. pen. 10.

3   Ceir y Ffrangeg *solaz* mewn telyneg serch gan Colin Muset, gw. y dyfyniad yn Helen Fulton, *Dafydd ap Gwilym and the European Context*, t. 57.

4   Cymh. 44.56 a gw. y nodyn ar DG.net 108.3 am drafodaeth ar ddarlleniadau'r llawysgrifau. Ar y potensial ar gyfer amrywiadau mewn cynghanedd gw. Dafydd Johnston, 'Cyngan Oll?' *Cynghanedd y Cywyddwyr Cynnar*.

5   Gw. GPC d.g. *hydrum* am enghreifftiau o destunau cyfreithiol yn yr ystyr 'rhydd, hygyrch' am diriogaeth.

6   Gw. pen. 4, n. 31.

7   Cymh. 11.25, 58.48, 90.12, 122.56, am y ffŵl yn 80.9, ac am gân yr ehedydd yn 44.11 a sŵn y llanw yn 1.7, ac am fur yn 1.132.

8   Fe'i ceir am gudynnau o wallt mewn disgrifiad o Iesu Grist yn Llyfr yr Ancr, LlA 92.

9   Yr unig enghraifft arall yng ngwaith Dafydd yw un am y Gŵr Eiddig, *cawell ysgaw cau* (116.19).

10   Cymh. yn enwedig y defnydd o *hudoles* yn 'Telynores Twyll' (135.48), a sylwer ar *hudol* yn gynharach yn y gerdd hon (150.14) am y Brawd Du a bregethodd am ddarfodedigrwydd harddwch.

11   Ceir dwy enghraifft mewn barddoniaeth gynharach o'r hafod yn symbol o fyrhoedledd sy'n awgrymu bod Dafydd efallai'n tynnu ar symbolaeth hysbys: *pop pressent ys hawod* (LlDC 20.6); *Kalangayaf . . . gwedw hauot* (*Early Welsh Gnomic and Nature Poetry*, ed. Nicolas Jacobs, V.3).

12   GIG cerddi II a XIV, GLlGMH cerdd 12.

13   Mynnai awduron y gramadegau barddol fod mawl a dychan yn perthyn i fathau gwahanol o feirdd, gw. y dyfyniad o'r trioedd cerdd ym mhen. 1.

14   GMBen 1, GIG XXXIII a XXI.17.

15   Dyfynnir 5.31–2 ym mhen. 2, a sylwer ar lawnder y gynghanedd sain ddwbl yn yr ail linell. Dwy enghraifft arall mewn geiriau cyfansawdd yw *llawndraidd* am lanw Afon Tywi yn 1.20, a *llawnllef* am waedd bryderus y bardd yn 81.13.

Llyfryddiaeth

Testunau

Additional Letters of the Morrises of Anglesey, ed. H. Owen (London, 1947)

Barddoniaeth Dafydd ab Gwilym, gol. Owen Jones a William Owen (Llundain, 1789)

Breudwyt Maxen Wledic, ed. Brynley F. Roberts (Dublin, 2005)

Breudwyt Ronabwy, gol. Melville Richards (Caerdydd, 1948)

Brut Dingestow, gol. Henry Lewis (Caerdydd, 1942)

Buched Dewi, gol. D. Simon Evans (Caerdydd, 1965)

Buchedd Beuno, ed. Patrick Sims-Williams (Dublin, 2018)

Caernarvon Court Rolls 1361–1402, ed. G. P. Jones a Hugh Owen (Caernarfon, 1951)

Canu Aneirin, gol. Ifor Williams (Caerdydd, 1938)

Canu Llywarch Hen, gol. Ifor Williams (Caerdydd, 1935)

Canu Maswedd yr Oesoedd Canol/Medieval Welsh Erotic Poetry, gol. Dafydd Johnston (Caerdydd, 1991)

Canu Taliesin, gol. Ifor Williams (Caerdydd, 1960)

Cerddi Dafydd ap Gwilym, gol. Dafydd Johnston, Huw Meirion Edwards, Dylan Foster Evans, A. Cynfael Lake, Elisa Moras a Sara Elin Roberts (Caerdydd, 2010)

Culhwch ac Olwen, gol. Rachel Bromwich a D. Simon Evans (Caerdydd, 1988)

Cywyddau Iolo Goch ac Eraill, gol. Henry Lewis et al. (Bangor, 1925; ail arg. Caerdydd 1937)

Chwedlau Odo, gol. Ifor Williams (Caerdydd, 1957)

Chwedleu Seith Doethon Rufein, gol. Henry Lewis (Caerdydd, 1958)

'Dafydd ap Gwilym.net', *http://www.dafyddapgwilym.net*

Diarhebion Llyfr Coch Hergest, gol. Richard Glyn Roberts (Aberystwyth, 2013)

Early Welsh Gnomic and Nature Poetry, ed. Nicolas Jacobs (London, 2012)

Early Welsh Gnomic Poems, ed. Kenneth Jackson (Cardiff, 1935)

The Elucidarium and other tracts in Welsh from Llyvyr Agkyr Llandewivrevi, A.D. 1346, ed. J. Morris Jones a John Rhŷs (Oxford, 1894)

Gerallt Gymro: Hanes y Daith trwy Gymru, Disgrifiad o Gymru, cyf. Thomas Jones (Caerdydd, 1938)

Gramadegau'r Penceirddiaid, gol. G. J. Williams ac E. J. Jones (Caerdydd, 1934)

'Guto'r Glyn.net', *www.gutorglyn.net*

Gwaith Bleddyn Ddu, gol. R. Iestyn Daniel (Aberystwyth, 1994)

Gwaith Bleddyn Fardd a Beirdd Eraill Ail Hanner y Drydedd Ganrif ar Ddeg, gol. Rhian M. Andrews, N. G. Costigan (Bosco), Christine James, Peredur I. Lynch, Catherine McKenna, Morfydd E. Owen a Brynley F. Roberts (Caerdydd, 1996)

Gwaith Casnodyn, gol. R. Iestyn Daniel (Aberystwyth, 1999)

Gwaith Cynddelw Brydydd Mawr I, gol. Nerys Ann Jones ac Ann Parry Owen (Caerdydd, 1991)

Gwaith Cynddelw Brydydd Mawr II, gol. Nerys Ann Jones ac Ann Parry Owen (Caerdydd, 1995)

Gwaith Dafydd ab Edmwnd, gol. Thomas Roberts (Bangor, 1914)

Gwaith Dafydd ap Gwilym, gol. Thomas Parry (Caerdydd, 1952)

Gwaith Dafydd Bach ap Madog Wladaidd 'Sypyn Cyfeiliog' a Llywelyn ab y Moel, gol. R. Iestyn Daniel (Aberystwyth, 1998)

Gwaith Dafydd Benfras ac Eraill o Feirdd Hanner Cyntaf y Drydedd Ganrif ar Ddeg, gol. N. G. Costigan (Bosco), R. Geraint Gruffydd, Nerys Ann Jones, Peredur I. Lynch, Catherine McKenna, Morfydd E. Owen a Gruffydd Aled Williams (Caerdydd, 1995)

Gwaith Dafydd Llwyd o Fathafarn, gol. W. Leslie Richards (Caerdydd, 1964)

Gwaith Dafydd y Coed a Beirdd Eraill o Lyfr Coch Hergest, gol. R. Iestyn Daniel (Aberystwyth, 2002)

Gwaith Einion Offeiriad a Dafydd Ddu o Hiraddug, gol. R. Geraint Gruffydd a Rhiannon Ifans (Aberystwyth, 1997)

Gwaith Gronw Gyriog, Iorwerth ab y Cyriog ac Eraill, gol. Rhiannon Ifans, Ann Parry Owen, W. Dyfed Rowlands ac Erwain H. Rheinallt (Aberystwyth, 1997)

Gwaith Gruffudd ap Dafydd ap Tudur, Gwilym Ddu o Arfon, Trahaearn Brydydd Mawr ac Iorwerth Beli, gol. N. G. Costigan (Bosco), R. Iestyn Daniel a Dafydd Johnston (Aberystwyth, 1995)

Gwaith Gruffudd ap Maredudd I, gol. Barry J. Lewis (Aberystwyth, 2003)

Gwaith Gruffudd ap Maredudd II, gol. Barry J. Lewis (Aberystwyth, 2005)

Gwaith Gruffudd ap Maredudd III, gol. Ann Parry Owen (Aberystwyth, 2007)

Gwaith Gruffudd Gryg, gol. Barry J. Lewis ac Eurig Salisbury (Aberystwyth, 2010)

Gwaith Gruffudd Llwyd a'r Llygliwiaid Eraill, gol. Rhiannon Ifans (Aberystwyth, 2000)

Gwaith Hywel Dafi, gol. A. Cynfael Lake (Aberystwyth, 2015)

Gwaith Iolo Goch, gol. D. R. Johnston (Caerdydd, 1988)

Gwaith Iorwerth Fynglwyd, gol. Howell Ll. Jones ac E. I. Rowlands (Caerdydd, 1975)

Gwaith Lewys Glyn Cothi, gol. Dafydd Johnston (Caerdydd, 1995)

Gwaith Llywarch ap Llywelyn 'Prydydd y Moch', gol. Elin M. Jones (Caerdydd, 1991)

Gwaith Llywelyn Brydydd Hoddnant, Dafydd ap Gwilym, Hillyn ac Eraill, gol. Ann Parry Owen a Dylan Foster Evans (Aberystwyth, 1996)

Gwaith Llywelyn Fardd I ac Eraill o Feirdd y Ddeuddegfed Ganrif, gol. Kathleen Anne Bramley, Nerys Ann Jones, Morfydd E. Owen, Catherine McKenna, Gruffydd Aled Williams a J. E. Caerwyn Williams (Caerdydd, 1994)

Gwaith Llywelyn Goch ap Meurig Hen, gol. Dafydd Johnston (Aberystwyth, 1998)

Gwaith Madog Benfras ac Eraill o Feirdd y Bedwaredd Ganrif ar Ddeg, gol. Barry J. Lewis (Aberystwyth, 2007)

Gwaith Madog Dwygraig, gol. Huw Meirion Edwards (Aberystwyth, 2006)

Gwaith Meilyr Brydydd a'i Ddisgynyddion, gol. J. E. Caerwyn Williams (Caerdydd, 1994)

Gwaith Prydydd Breuan a Cherddi Dychan Eraill o Lyfr Coch Hergest, gol. Huw Meirion Edwards (Aberystwyth, 2000)

Gwaith Tudur Aled, gol. T. Gwynn Jones (Caerdydd, 1926)

Gweledigaetheu Y Bardd Cwsc, gol. J. Morris Jones (Bangor, 1898)

The Harley Lyrics, ed. G. L. Brook (Manchester, 1956)

Historia Gruffud vab Kenan, gol. D. Simon Evans (Caerdydd, 1977)

Historia Peredur vab Efrawc, gol. Glenys Witchard Goetinck (Caerdydd, 1976)

Kedymdeithyas Amlyn ac Amic, gol. Patricia Williams (Caerdydd, 1982)

Legendary Poems from the Book of Taliesin, ed. Marged Haycock (Aberystwyth, 2007)

The Letters of Goronwy Owen, ed. J. H. Davies (Cardiff, 1924)

The Letters of Lewis, Richard, William and John Morris, ed. J. H. Davies (Aberystwyth, 1907, 1909)

Llyfr Blegywyryd, gol. Stephen J. Williams a J. Enoch Powell (Caerdydd, 1942)

Llyfr Du Caerfyrddin, gol. A. O. H. Jarman (Caerdydd, 1982)

Llyfr Gwyn Rhydderch: Y Chwedlau a'r Rhamantau, gol. J. Gwenogvryn Evans (Caerdydd, 1973)

Llyfr Iorwerth, gol. Aled Rhys Wiliam (Cardiff, 1960)

Oll Synnwyr pen Kembero ygyd, William Salesbury (1547, adarg. gol. J. Gwenogvryn Evans, Bangor, 1902)

Owein, ed. R. L. Thomson (Dublin, 1975)

The Oxford Book of Welsh Verse, ed. Thomas Parry (Oxford, 1962)

Pedeir Keinc y Mabinogi, gol. Ifor Williams (Caerdydd, 1930)

The Poems of Taliesin, ed. Ifor Williams (Dublin, 1975)

Rhagymadroddion a Chyflwyniadau Lladin 1551–1632, gol. a chyf. Ceri Davies (Caerdydd, 1980)

Rhyddiaith Gymraeg 1300–1425/Welsh Prose 1300–1425, gol. P. W. Thomas, D. M. Smith a D. Luft (Caerdydd, 2013), *http://www. rhyddiaithganoloesol.caerdydd.ac.uk*

Rhyddiaith Gymraeg o Lawysgrifau'r 13eg Ganrif/13th Century Welsh Prose Manuscripts, gol. G. R. Isaac, K. Kapphahn, S. Nurmio, S. Rodway a P. Sims-Williams (Aberystwyth, 2010), *http://cadair.aber.ac.uk/dspace/handle/2160/5813*

The Riverside Chaucer, ed. Larry D. Benson (3rd edn, Oxford, 1988)

The Text of the Mabinogion from the Red Book of Hergest, ed. J. Rhŷs a J. Gwenogvryn Evans (Oxford, 1887)

Trioedd Ynys Prydein, ed. and trans. Rachel Bromwich (4th edn, Cardiff, 2014)

Vita Griffini Filii Conani, ed. Paul Russell (Cardiff, 2005)

Welsh Walter of Henley, ed. Alexander Falileyev (Dublin, 2006)

Ymborth yr Eneit, gol. R. Iestyn Daniel (Caerdydd, 1995)

Ystoria Gereint Uab Erbin, ed. R. L. Thomson (Dublin, 1997)

Ystorya Bown De Hamtwn, gol. Morgan Watkin (Caerdydd, 1958)

Ystorya De Carolo Magno, gol. Stephen J. Williams (Caerdydd, 1968)

Ystoryaeu Seint Greal, gol. Thomas Jones (Caerdydd, 1992)

Astudiaethau

Ahl, Frederick, *Metaformations: Soundplay and Wordplay in Ovid and Other Classical Poets* (Ithaca, 1985)

Andrews, Rhian, 'The nomenclature of kingship in Welsh court poetry 1100–1300, Part I: The terms', *Studia Celtica*, 44 (2010), 79–109; 'Part II: The rulers', *Studia Celtica*, 45 (2011), 53–82

Blake, N. F., *The English Language in Medieval Literature* (London & New York, 1977)

Bloch, R. Howard, *The Scandal of the Fabliaux* (Chicago & London, 1986)

Bowen, D. J., 'Dafydd ap Gwilym a datblygiad y cywydd', *Llên Cymru*, 8 (1964), 1–32

Bowen, D. J., 'Dafydd ap Gwilym a'r trefydd drwg', yn J. E. Caerwyn Williams (gol.), *Ysgrifau Beirniadol X* (Dinbych, 1977), tt. 190–220

Bromwich, Rachel, 'Gwaith Einion Offeiriad a barddoniaeth Dafydd ap Gwilym', yn J. E. Caerwyn Williams (gol.), *Ysgrifau Beirniadol X* (Dinbych, 1977), tt. 157–80

Bromwich, Rachel, *Selected Poems of Dafydd ap Gwilym* (Harmondsworth, 1985)

Bromwich, Rachel, *Aspects of the Poetry of Dafydd ap Gwilym* (Cardiff, 1986)

Cannon, Christopher, 'Chaucer's style', yn Piero Boitani a Jill Mann (eds), *The Cambridge Companion to Chaucer* (2nd edn, Cambridge, 2003), tt. 233–50

Carruthers, Mary, *The Book of Memory* (2nd edn, Cambridge, 2008)

Chamberlin, John, *Medieval Arts Doctrines on Ambiguity and Their Place in Langland's Poetics* (Montreal, 2000)

Clancy, Joseph, *The Poems of Dafydd ap Gwilym* (Bath, 2016)

Crawford, T. D., 'Cyfartaledd y gynghanedd sain yng nghywyddau Dafydd ap Gwilym', yn J. E. Caerwyn Williams (gol.), *Ysgrifau Beirniadol XII* (Dinbych, 1982), tt. 131–42

Crawford, T. D., 'The Englynion of Dafydd ap Gwilym', *Études Celtiques*, 22 (1985), 235–85

Crawford, T. D., 'The *Toddaid* and *Gwawdodyn Byr* in the poetry of Dafydd ap Gwilym, with an appendix concerning the *Traethodlau* attributed to him', *Études Celtiques*, 27 (1990), 301–36

Culler, Jonathan (ed.), *On Puns: The Foundation of Letters* (Oxford, 1988)

Culler, Jonathan, 'The call of the phoneme', yn *idem* (ed.), *On Puns: The Foundation of Letters*, tt. 1–16

Davies, Morgan T., 'Dafydd ap Gwilym and the Friars: The poetics of antimendicancy', *Studia Celtica*, 29 (1995), 237–55

Davies, Morgan T., 'Dafydd ap Gwilym and the metaphorics of carpentry', *Cambrian Medieval Celtic Studies*, 30 (1995), 67–85

Davies, Morgan T., 'Dafydd ap Gwilym and the shadow of colonialism', yn Helen Fulton (ed.), *Medieval Celtic Literature and Society* (Dublin, 2005), tt. 248–74

Davies, R. R., 'Colonial Wales', *Past and Present*, 65 (1974), 3–23

Davies, R. R., 'Race relations in post-Conquest Wales: confrontation and compromise', *Trafodion Anrhydeddus Gymdeithas y Cymmrodorion* (1974–5), 32–56

Davies, Rees, 'Cymru yn oes Dafydd ap Gwilym', yn John Rowlands (gol.), *Dafydd ap Gwilym a Chanu Serch yr Oesoedd Canol* (Caerdydd, 1975), tt. 58–75

Davies, Sioned, *Crefft y Cyfarwydd* (Caerdydd, 1995)

Day, Jenny, 'Shields in Welsh poetry up to *c.*1300: decoration, shape and significance', *Studia Celtica*, 45 (2011), 27–52

Day, Jenny, '*Llachar fy nghleddau, lluch ydd ardwy–glew*: Rhai agweddau ar ddelweddaeth y cleddyf ym marddoniaeth yr Oesoedd Canol', *Dwned*, 23 (2017), 41–77

Dronke, Peter, 'Serch fabliaux a serch cwrtais', yn John Rowlands (gol.), *Dafydd ap Gwilym a Chanu Serch yr Oesoedd Canol* (Caerdydd, 1975), tt. 1–17

Edwards, Goronwy, 'The language of the law courts in Wales: some historical queries', *Cambrian Law Review*, 6 (1975), 5–9

Edwards, Huw M., 'Y Trioedd Serch', *Dwned*, 1 (1995), 25–40

Edwards, Huw M., *Dafydd ap Gwilym: Influences and Analogues* (Oxford, 1996)

Edwards, Huw M., 'Ar drywydd y Cywyddwyr cynnar: Golwg newydd ar Gywydd y Sêr', *Dwned*, 16 (2010), 11–49

Empson, William, *Seven Types of Ambiguity* (London, 1930)

Evans, D. Simon, *A Grammar of Middle Welsh* (Dublin, 1970)

Foster Evans, Dylan, '"Y carl a'i trawai o'r cudd": Ergyd y gwn ar y Cywyddwyr', *Dwned*, 4 (1998), 75–105

Foster Evans, Dylan, '"Bardd arallwlad": Dafydd ap Gwilym a theori ôl-drefedigaethol', yn Owen Thomas (gol.), *Llenyddiaeth mewn Theori* (Caerdydd, 2006), tt. 39–72

Fried, Debra, 'Rhyme puns', yn Culler (ed.), *On Puns: The Foundation of Letters*, tt. 83–99

Fulton, Helen, *Dafydd ap Gwilym and the European Context* (Cardiff, 1989)

Fulton, Helen, 'Negotiating Welshness: Multilingualism in Wales before and after 1066', yn Elizabeth M. Tyler (ed.), *Conceptualizing Multilingualism in medieval England, c.800–c.1250* (Turnhout, 2011), tt. 145–70

Fulton, Helen (ed.), *Urban Culture in Medieval Wales* (Cardiff, 2012)

Fulton, Helen, 'Fairs, feast-days and carnival in Medieval Wales: Some poetic evidence', yn *Urban Culture*, tt. 223–52

Fulton, Helen, 'Translating Europe in Medieval Wales', yn Aidan Conti, Orietta Da Rold a Philip Shaw (eds), *Writing Europe, 500–1450: Texts and Contexts* (Cambridge, 2015), tt. 159–74

George, Angharad Wynne, '"Mwtlai wyd di"? Ôl-drefedigaethedd, Cymru'r Oesoedd Canol a Dafydd ap Gwilym' (traethawd PhD Prifysgol Caerdydd 2009)

Gillespie, Vincent, 'The senses in literature: The textures of perception', yn Richard G. Newhauser (ed.), *A Cultural History of the Senses in the Middle Ages* (London, 2014), tt. 153–73

Griffiths, Ralph A., *The Principality of Wales in the Later Middle Ages: South Wales, 1272–1536* (Cardiff, 1972)

Griffiths, Ralph A., 'Who were the townsfolk of Medieval Wales?', yn Fulton (ed.), *Urban Culture in Medieval Wales*, tt. 9–18

Gruffydd, R. Geraint, 'Sylwadau ar gywydd "Yr Adfail" gan Ddafydd ap Gwilym', yn J. E. Caerwyn Williams (gol.), *Ysgrifau Beirniadol XI* (Dinbych, 1979), tt. 109–15

Gruffydd, R. Geraint, 'Cywyddau triawdaidd Dafydd ap Gwilym: Rhai sylwadau', yn J. E. Caerwyn Williams (gol.), *Ysgrifau Beirniadol XIII* (Dinbych, 1985), tt. 167–77

Gruffydd, R. Geraint, 'A glimpse of Welsh medieval court procedure in a poem by Dafydd ap Gwilym', yn Colin Richmond ac Isabel Harvey (eds), *Recognitions: Essays Presented to Edmund Fryde* (Aberystwyth, 1996), tt. 165–78

Hartnell, Jack, *Medieval Bodies: Life, Death and Art in the Middle Ages* (London, 2018)

Heinz, Sabine a Kutschke, Andrea, 'Herausragende Minnesänger im Vergleich: Der Waliser Dafydd ap Gwilym und Walther von der Vogelweide', yn Helmut Birkhan (gol.), *Der achthundertjährige Pelzrock : Walther von der Vogelweide - Wolfger von Erla* (Wien, 2005), tt. 139–60

Hemming, Jessica, 'Pale horses and green dawns. Elusive colour terms in early Welsh heroic poetry', *North American Journal of Celtic Studies*, 1, 2 (2017), 189–223

Hines, John, *The Fabliau in English* (London, 1993)

Horobin, Simon, *Chaucer's Language* (2nd edn, Basingstoke, 2012)

Huws, Bleddyn Owen, 'Rhan o awdl foliant ddienw i Syr Dafydd Hanmer', *Dwned*, 9 (2003), 43–64

Huws, Bleddyn Owen, '"Drwg fydd tra awydd": Cywydd "Trafferth mewn Tafarn" Dafydd ap Gwilym a'r bregeth ganoloesol', *Dwned*, 14 (2008), 89–106

Huws, Daniel, *Medieval Welsh Manuscripts* (Cardiff, 2000)

Jacobs, Nicholas, 'Geirfa diota Dafydd: GDG 132, 1–6 *gildio, golden ladin*', *Studia Celtica*, 28 (1994), 174–7

Jacobs, Nicholas, 'Adjectival collocations in the poetry of the early *Cywyddwyr*. A preliminary survey', *Cambrian Medieval Celtic Studies*, 31 (summer 1996), 55–70

Jacobs, Nicholas, 'Ailgyrchu tŷ'r dylluan', *Dwned*, 18 (2012), 95–8

Johnston, Dafydd, 'Paradwys Dafydd ap Gwilym', yn J. E. Caerwyn Williams (gol.), *Ysgrifau Beirniadol XX* (Dinbych, 1995), tt. 114–24

Johnston, Dafydd, '"Ceidwaid yr hen iaith"? Beirdd yr Uchelwyr a'r iaith Saesneg', *Y Traethodydd*, 652 (2000), 16–24

Johnston, Dafydd, 'Dafydd ap Gwilym and oral tradition', *Studia Celtica*, 37 (2003), 143–61

Johnston, Dafydd, *'Cyngan Oll'? Cynghanedd y Cywyddwyr Cynnar* (Aberystwyth, 2007)

Johnston, Dafydd, 'Semantic ambiguity in Dafydd ap Gwilym's "Trafferth mewn Tafarn"', *Cambrian Medieval Celtic Studies*, 56 (winter 2008), 59–74

Johnston, Dafydd, 'Hywel ab Owain a Beirdd yr Uchelwyr', yn Nerys Ann Jones (gol.), *Hywel ab Owain Gwynedd: Bardd-Dywysog* (Caerdydd, 2009), tt. 134–51

Johnston, Dafydd, 'Towns in Medieval Welsh poetry,' yn Fulton (ed.), *Urban Culture in Medieval Wales*, tt. 95–115

Johnston, Dafydd, *Llên yr Uchelwyr: Hanes Beirniadol Llenyddiaeth Gymraeg 1300–1525* (ail arg., Caerdydd, 2014)

Johnston, Dafydd, 'The lexicon of Dafydd ap Gwilym's poetry', yn *'Yn llawen iawn, yn llawn iaith': Proceedings of the 6th International Colloquium of* Societas Celto-Slavica, ed. Dafydd Johnston, Elena Parina and Maxim Fomin (Aberystwyth, 2015), tt. 53–68

Johnston, Dafydd, 'Cynghorion Priodor o Garedigion i Ddeiliaid ei Dyddynod gan William Owen Pughe', *Llên Cymru*, 39 (2016), 14–32

Johnston, Dafydd, *Language Contact and Linguistic Innovation in the Poetry of Dafydd ap Gwilym* (Cambridge, 2017)

Johnston, Dafydd, 'Welsh *hyfryd* and some related compounds', yn Ailbhe Ó Corráin, Fionntán De Brún and Maxim Fomin (eds), *Scotha cennderca, cen on: A Festschrift for Séamus Mac Mathúna* (Uppsala, 2020), 289–99

Johnston, Dafydd, 'Welsh *hoyw*: a case study in language contact' (yn y wasg)

Johnston, David, 'The Serenade and the Image of the House in the Poems of Dafydd ap Gwilym', CMCS, 5 (1983), 1–19

Jones, R. M., *Seiliau Beirniadaeth* (Aberystwyth, 1987)

Jones, R. M., *Meddwl y Gynghanedd* (Cyhoeddiadau Barddas, 2005)

Kelly, Fergus, 'Onomatopeic interjections in Early Irish', *Celtica*, 25 (2007), 88–107

Knight, Stephen, 'Chaucer's British rival', *Leeds Studies in English*, xx (1989), 87–98

Lewis, Henry, 'Diarhebion ym Mheniarth 17', B, iv (1927), 1–17

Lewis, Henry, *Yr Elfen Ladin yn yr Iaith Gymraeg* (Caerdydd, 1943)

Lewis, Henry, *Datblygiad yr Iaith Gymraeg* (Caerdydd, 1946)

Lloyd, Lowri W., 'Beth yw perthyn? Pedwar term teuluol ym marddoniaeth yr Oesoedd Canol', *Dwned*, 6 (2000), 25–53

Machan, Tim William, 'Language contact and linguistic attitudes in the Later Middle Ages', yn Terttu Nevalainen and Elizabeth Closs Traugott (eds), *The Oxford Handbook of the History of English* (Oxford, 2012), tt. 518–27

Morgan, T. J., *Y Treigladau a'u Cystrawen* (Caerdydd, 1952)

Morgan, T. J., a Morgan, Prys, *Welsh Surnames* (Cardiff, 1985)

Morris-Jones, John, *A Welsh Grammar* (Oxford, 1913)

Morris-Jones, John, *Welsh Syntax* (Oxford, 1931)

Murphy, Gerard, *Early Irish Metrics* (Dublin, 1961)

Parry, R. Gwynedd, *Y Gyfraith yn ein Llên* (Caerdydd, 2019)

Parry, Thomas, 'Dafydd ap Gwilym', yn J. E. Caerwyn Williams (gol.), *Ysgrifau Beirniadol IX* (Dinbych, 1976), tt. 41–56

Parry Owen, Ann, 'Cymeriad yn awdlau Beirdd y Tywysogion', *Dwned*, 4 (1998), 33–58

Parry-Williams, T. H., *The English Element in Welsh* (London, 1923)

Rees, Alwyn a Brinley, *Celtic Heritage* (London, 1961)

Roberts, Sara Elin, '*Tri dygyngoll cenedl*: the development of a triad', *Studia Celtica*, 37 (2003), 163–82

Roberts, Sara Elin, 'Dafydd ap Gwilym, ei ewythr a'r gyfraith', *Llên Cymru*, 28 (2005), 100–14

Rodway, Simon, 'Dychan Celtaidd?', *Dwned*, 23 (2017), 79–120

Rottet, Kevin J., a Morris, Steve, *Comparative Stylistics of Welsh and English / Arddulleg y Gymraeg* (Caerdydd, 2018)

Rowlands, Eurys, 'Cywydd Dafydd ap Gwilym i Fis Mai', *Llên Cymru*, 5 (1958–9), 1–25

Rowlands, Eurys, 'Morfudd fel yr Haul', *Y Traethodydd*, 133 (1978), 95–101

Ruddock, Gilbert, 'Rhagor o eiriau mwys?', *Llên Cymru*, 11 (1970), 125–6

Russell, Paul, *Celtic Word-formation: The Velar Suffixes* (Dublin, 1990)

Russell, Paul, *Reading Ovid in Medieval Wales* (Columbus, 2017)

Russell, Paul, 'Bilingualisms and multilingualisms in Medieval Wales: evidence and inference', i'w gyhoeddi yn *Trafodion Anrhydeddus Gymdeithas y Cymmrodorion* (2020).

Smith, Llinos Beverley, 'The Welsh language before 1536', in Geraint H. Jenkins (ed.), *The Welsh Language before the Industrial Revolution* (Cardiff, 1997), tt. 15–44

Smith, Llinos Beverley, 'The Welsh and English Languages in Late-Medieval Wales', yn D. A. Trotter (ed.), *Multilingualism in Later Medieval Britain* (Woodbridge, 2000), tt. 7–21

Stacey, Robin Chapman, *Law and the Imagination in Medieval Wales* (Philadelphia, 2018)

Su, Soon Peng, *Lexical Ambiguity in Poetry* (London, 1994)

Surridge, Marie E., 'Romance linguistic influence on Middle Welsh', *Studia Celtica*, 1 (1966), 63–92

Surridge, Marie E., 'Words of Romance origin in the Four Branches of the Mabinogi and "Native Welsh Tales"', *Etudes Celtiques*, 21 (1984), 239–55

Surridge, Marie E., 'The number and status of Romance words attested in *Ystorya Bown de Hamtwn*', B, 32 (1985), 68–78

Surridge, Marie E., 'Romance and Anglo-Saxon elements in the poetry of Dafydd ap Gwilym', yn Gordon MacLennan (ed.), *Proceedings of the First North American Congress of Celtic Studies* (Ottawa, 1988), tt. 531–43

Thomas, Dafydd Elis, 'Dafydd ap Gwilym y bardd', yn John Rowlands (gol.), *Dafydd ap Gwilym a Chanu Serch yr Oesoedd Canol* (Caerdydd, 1975), tt. 76–94

Thomas, Gwyn, 'Golwg ar y sangiad yng ngwaith Dafydd ap Gwilym', *Llên Cymru*, 10 (1969), 224–30

Thomas, Gwyn, *Dafydd ap Gwilym: His Poems* (Cardiff, 2001)

Thomas, Gwyn, *Dafydd ap Gwilym: Y gŵr sydd yn ei gerddi* (Cyhoeddiadau Barddas, 2013)

Thomas, Peter Wynn, *Gramadeg y Gymraeg* (Caerdydd, 1996)

Thomason, Sarah G., a Kaufman, Terrence, *Language Contact, Creolization and Genetic Linguistics* (University of California Press, 1988)

Watkin, Morgan, *La Civilisation française dans les Mabinogion* (Paris, 1962)

Watkins, T. Arwyn, *Ieithyddiaeth* (Caerdydd, 1961)

Webb, Heather, *The Medieval Heart* (New Haven and London, 2010)

Williams, Ifor, 'Hen ddiarhebion', B, iii (1926), 22–31

Zimmer, Stefan, *Studies in Welsh Word-formation* (Dublin, 2000)

Zumthor, Paul, *Essai de poétique médiévale* (Paris, 1972)

Geiriaduron

Anglo-Norman Dictionary, http://www.anglo-norman.net

Geiriadur Prifysgol Cymru/A Dictionary of the Welsh Language, http://geiriadur.ac.uk/gpc/gpc.html

Llyfryddiaeth

Middle English Dictionary, *http://quod.lib.umich.edu/m/med* (cyrchwyd 6 Gorffennaf 2017)

Oxford English Dictionary, *http://www.oed.com* (cyrchwyd 6 Gorffennaf 2017)

Mynegai

Mynegai

Ffrangeg / Eingl-Normaneg

Mynegai